Der Reiki-Ratgeber

Els Valkenburg-Walsteijn

Der Reiki-Ratgeber

REIKI IN FRAGE UND ANTWORT

Über 800 Praxistips für Anfänger und Profis

IRIS
Bücher & mehr

Hinweis des Verlages:
Die Empfehlungen, Behandlungsmethoden, Informationen, Übungen, Rezepte, Aussagen usw. in diesem Buch wurden von der Autorin und dem Verlag so weit wie möglich erprobt und inhaltlich sorgfältig kontrolliert. Der Autor und der Verlag übernehmen keinerlei Haftung für eventuellen Schaden, der durch den Gebrauch oder Mißbrauch der Information in diesem Buch entsteht. Die Information in diesem Buch ist für Interessierte gedacht und nicht als Therapie- und Diagnoseanweisung im medizinischen Sinne zu verstehen.
Zur richtigen Anwendung und Dosierung aller in diesem Buch genannten Heilmittel befragen Sie bitte Ihren Arzt und/oder Heilpraktiker.

Im Internet erscheinen regelmäßig neue Informationen zum Thema Reiki. Die in diesem Buch vorgestellten Adressen unterliegen Änderungen und sind möglicherweise nach einer Weile nicht mehr aktuell. Die aktuellen Adressen und inhaltliche Änderungen finden Sie unter:
www.der-reiki-ratgeber.de

Auskünfte: **www.irisbuch.com**

Die Originalausgabe erschien unter dem Titel *Het ABC van Reiki*, Uitgeverij Schors, Amsterdam, Niederlande

Umschlaggestaltung: Studio Pollmann
Umschlagfoto Titelseite: Chase Swift/Corbis/TCS
Umschlagfoto Rückseite: Ruurd Valkenburg
Abbildungen: Willy van Elk-van Ussen
Foto's: Esther de Bruijn und Ruurd Valkenburg
Übersetzung aus dem Niederländischen: Jolanda ter Berg

ISBN 90-6361-040-8

Inhalt

Teil I: Praxis

Teil II: 2.Grad

Teil III: 3. Grad

Teil IV: Sonstige Informationen

Einleitung

Vorwort

Als ich zum ersten Mal, über meine Freundin, mit Reiki in Berührung kam, reagierte ich sehr skeptisch. Und das ist noch euphemistisch ausgedrückt. Tatsächlich konnte ich damit überhaupt nichts anfangen, Reiki reizte mich nicht im Geringsten.
Die legendären, damals ironisch gemeinten Worte, die ich am späteren Abend, nach dem Besuch bei meiner Freundin, zu meinem Mann sagte, habe ich bis heute nicht vergessen:

SIE HAT DAS LICHT GESEHEN.

Denselben Widerstand, denselben Unglauben sehe ich heute bei vielen Menschen, die zum ersten Mal von Reiki hören oder jemanden in ihrer Umgebung kennen, der eben einen Reiki-Kurs absolviert hat.
Auch bei meinen Kursteilnehmern bin ich in den vergangenen Jahren immer wieder auf großen Widerstand und Zweifel gestoßen. Die Erfahrung hat mich gelehrt, mit dieser Tatsache umzugehen, denn ich selbst hatte sie ja durchlebt, als ich meinen ersten Reiki-Kurs belegte. Damals war auch mir nicht ganz wohl dabei, schließlich wusste ich nicht, was mich erwartete.

1994 belegte ich als allerersten Kurs auf alternativem Gebiet einen Reiki-Kurs – seither haben mich das Thema Energie und die Methode des Reiki nicht mehr losgelassen. Ich habe Reiki intensiv studiert und viele Kurse darin gegeben. Und natürlich ist Reiki ein ganz wesentlicher Bestandteil meines täglichen Lebens.
Ich entdeckte, wie simpel Reiki ist und wie einfach anzuwenden. Und ich entdeckte, dass es auf dem esoterischen bzw. alternativen Gebiet eine ganze Menge überflüssigen Schnickschnack gibt. Die Erfahrung, dass das Wesen der universalen Energie alle Ebenen des Lebens berührt und dass dafür keine außergewöhnlichen Begabungen nötig sind, ist atemberaubend!
Fall du vorhast, einen Reiki-Kurs zu besuchen und du, ebenso wie ich, ein skeptischer und kritischer Mensch bist, dann suche dir einen Lehrer, der Erfahrung im Umgang mit Zweiflern hat. Man kann nämlich nicht mit Worten allein jemanden von der Wirksamkeit des Reiki überzeugen. Die eigenen Erfahrungen mit Reiki sind es, die überzeugen und nicht die Lehrer oder die Reiki-Behandler, auch wenn sie ihr Bestes tun.
Ich bin nun schon mehr als 10 Jahre in der Welt des Reiki zu Hause und mein anfänglicher Widerstand dagegen ist völlig verschwunden. Reiki ist eine wunderbare Methode, mit Energie zu arbeiten! Einfach durch Aufnahme von Energie aus dem universalen Energiefeld, fast wie eine tägliche Mahlzeit für dein Energiesystem, erhöhst du die Selbstheilungskräfte sowohl auf körperlicher als auch auf geistiger Ebene.

Der Einfluss, den Reiki auf mein Leben gehabt hat und noch immer hat, ist groß. Für mich persönlich war Reiki die wichtigste Entdeckung, der wichtigste Schritt in meinem Leben (und ich habe viele wichtige Schritte machen und Entschlüsse treffen müssen). Reiki ist zu einer täglicher, lebensnotwendige Stütze meines Lebens geworden, das so voller Einschränkungen war. Reiki hat mir Kraft gegeben und die hat wiederum dafür gesorgt, dass mein inneres Glück nicht mehr von äußeren Faktoren oder anderen Personen abhängt.

Die Möglichkeit, Energie aus dem universalen Energiefeld aufzunehmen, wünsche ich jedem. Ob du das nun mit Hilfe von Reiki tust oder dazu einen anderen Weg nutzt, ist nicht wichtig. Reiki ist aber ein sehr einfacher Weg, in Verbindung zum universalen Energiefeld zu gelangen. Reiki öffnet eine Tür, die du dann selbst weiter aufstoßen kannst.

Es liegt an dir, was du mit Reiki tust (oder ob du überhaupt etwas damit tust), wie es auch an dir liegt, was du mit diesem Buch tust. Ich wünsche dir jedenfalls viel Vergnügen beim Lesen und ich hoffe von Herzen, dass ich dir mit diesem Buch weiterhelfen kann. Auch wenn wir unterschiedliche Meinungen oder Überzeugungen haben, wir sprechen doch alle über dasselbe:

ENERGIE

Els Valkenburg-Walsteijn

Die Autorin hat sich für die ER-Form entschieden, nicht weil es ihre persönliche Vorliebe wäre, sondern weil viele Menschen diese Form als neutrale Anrede empfinden. Überall wo die Worte ER, LEHRER, usw. stehen, gelten sie natürlich genauso für die weibliche Form SIE, LEHRERIN usw.

Was sind die Ziele dieses Buches?

1. Vor allem ist es mein Ziel, meine Kenntnisse über Reiki als solches zu vermitteln, das bedeutet, Reiki ganz bodenständig wieder zu dem zu machen, was es ist: eine ganz gewöhnliche Methodik, die ganz alltäglich zum Leben dazugehört. Ebenso wie du täglich trinkst und isst, kannst du Energie aus dem universalen Energiefeld zur Unterstützung deines eigenen Energiesystems auftanken. Es geht dir dann einfach besser und du bist besser für jede körperliche oder geistige Situation im Leben gerüstet.
2. In zweiter Linie möchte ich Reiki von bestimmten Missständen und allerlei Firlefanz befreien, der sich im Laufe der Zeit darum herum entwickelt hat. Meine Erfahrungen auf diesem Gebiet möchte ich gerne mit dir teilen.

Warum diese Ziele?

Weil du keine übersinnliche, spirituelle oder glaubensabhängige Inititation brauchst, um Reiki anzuwenden. Es ist vielmehr dein Geburtsrecht, Energie als Unterstützung für deine inneren Prozesse aufzunehmen, welche das auch immer sein mögen. Du kannst Reiki so anwenden und in dein Leben integrieren, wie es sich für dich gut anfühlt, solange du dabei ein paar medizinische Aspekte berücksichtigst, die in diesem Buch auch angesprochen werden.

Und weil vielfach Reiki zu etwas hochstilisiert wird, was es in meinen Augen nicht ist. Meine persönliche Erfahrung mit Reiki und die Art und Weise, wie ich Reiki betrachte, haben die Linie, das Schreiben dieses Buches bestimmt. Du brauchst mit meiner Sichtweise nicht überein zu stimmen. Folge mir, so weit du willst und hole dir aus diesem Buch dasjenige heraus, was du gebrauchen kannst. Vielleicht empfindest du dieses Buch auch als ein Aufatmen nach langer Zeit der Distanzierung wegen all des Brimboriums, das um Reiki vielfach gemacht wird. Viele Kursteilnehmer waren erleichtert, nachdem sie meinen Unterrichtsstil und meine Art, Reiki zu lehren, kennen gelernt hatten.

Dieses alles ohne aus den Augen zu verlieren, dass etwas Besonderes und ungeheuer Kraftvolles anwesend ist, etwas, das wir nicht mit bloßem Auge sehen können, aber das doch mit Hilfe naturwissenschaftlicher Methoden gemessen werden kann. Etwas, das nie versiegend um uns ist, vielfältig und sicher genutzt werden kann und seit Jahrhunderten einen Namen trägt:

UNIVERSALE ENERGIE

Teil I

Theorie

A. Was ist Energie?

1. Was ist Energie?

Energie ist eine überall anwesende universale Kraft, die sich in vielen Formen und Schwingungen manifestiert. Energie ist Schwingung, immer und überall vorhanden, nie stabil, aber stark beeinflussbar. Diese Energie durchdringt alles auf Erden, also auch den Menschen. Man nennt sie auch Lebenskraft.
Wenn man Atome und Moleküle hinter sich lässt, bis zum absoluten Nullpunkt geht, wo augenscheinlich nichts mehr ist, dann ist dort immer noch messbare Energie, wie Naturwissenschaftler festgestellt haben.

2. Was ist das universale Energiefeld?

Energie ist überall vorhanden und verbindet alles miteinander. Eigentlich ist Energie darum ein großes Feld. In der Wissenschaft bezeichnet man das universale Energiefeld als *Zero Point Field.*
Das universale Energiefeld ist derart beeinflussbar, dass selbst die Ergebnisse wissenschaftlicher Tests zur Erforschung von Energie immer wieder anders ausfielen, weil die jeweils ausführenden Personen offensichtlich das universale Energiefeld je anders beeinflussten. Die Experimente zeigten, dass allein schon durch Zuwendung bestimmte Teilchen plötzlich sichtbar wurden. Energie reagiert also deutlich auf Zuwendung!
Zum Thema des *Zero Point Field* wurden einige sehr interessante Versuche durchgeführt. Mehr darüber findest du in dem Buch *Das Nullpunkt-Feld* von Lynne McTaggart (siehe *Teil IV: Sonstige Informationen*; dort findest du noch mehr wissenschaftliche Literatur).

3. Welche Bezeichnungen gibt es für die universale Energie?

Es gibt eine ganze Reihe Bezeichnungen für ein und dieselbe Energie. Hier einige Beispiele: Ki, Chi, Prana, Licht, Urkraft, kosmische Energie, göttliche Kraft, universelle Lebenskraft, Lebensenergie, Strahlen usw. In diesem Buch soll ausschließlich das Wort Energie bzw. universale Energie verwendet werden.

4. Woher kommt die universale Energie?

Wir wissen, dass ein unerschöpfliches universales Energiefeld existiert, welches allüberall gegenwärtig (universal) ist. Der Ursprung von Energie wird noch heute intensiv von Wissenschaftlern gesucht. Die Forschungen fokussieren sich auf unser Weltall, das ganze Universum und den Urknall, aus dem alles entstanden sein soll.

5. Was ist ein Energiesystem?

Ein Energiesystem ist ein System, welches aus einem ganzen Netzwerk von Energiebahnen und Energiepunkten besteht. Es sorgt dafür, dass die Energie dorthin transportiert werden kann, wo sie gerade benötigt wird. Das Energiesystem ist umgeben von einer Aura, die in direkter Verbindung mit dem universalen Energiefeld steht (siehe *Kapitel H. Teil I Theorie*).

6. Wie kann universale Energie sich fortbewegen?
Die Energiepunkte, auch Chakren genannt (Chakra bedeutet Rad), funktionieren wie ein Räderwerk (Zahnräder). Die Energiepunkte sorgen dafür, dass die Energie zügig durch die Energiebahnen strömt (siehe *Kapitel H. Teil I Theorie*).

7. Ist ein Energiesystem sichtbar?
Ein Energiesystem ist ebenso wenig sichtbar wie das universale Energiefeld selbst. Wenn man einen Menschen aufschneiden würde, fände man alles Mögliche, nur kein mit bloßem Auge sichtbares Energiesystem. Das hat damit zu tun, dass Energie keine feste Materie ist. Man kann es mit der Elektrizität vergleichen, die auch nicht sichtbar ist, aber sehr wohl messbar, ebenso wie die Energie, von der wir hier sprechen.

8. Warum können wir diese Energie nicht sehen?
Bis heute sind wir nicht in der Lage, Energie mit dem bloßen Auge zu sehen. Allerdings verfügt die Wissenschaft schon seit geraumer Zeit über Kameras, welche die Ausstrahlung von Energie fest halten können. Diese Art der Energiefotografie nennt man auch *Kirlian-Fotografie*.
Bakterien beispielsweise konnte man früher nicht sehen und man konnte sich ihre Existenz kaum vorstellen. Das hat sich mit der Erfindung des Mikroskops geändert. Mit den allerneuesten Mikroskopen öffnet sich der Blick in ganz neue Mikro-Welten. Auch bezüglich der Sichtbarmachung von Energie wird die Zukunft noch Einiges an technischen Hilfsmitteln bringen.

Beispiele für Kirlian-Fotografie kannst du dir im Internet etwa unter folgenden Adressen ansehen:
- ▷ www.Reiki-4-all.com/kirlian.html
- ▷ www.kirlian.org
- ▷ www.kirlian.com
- ▷ www.synergy-co.com/pages/kirlianphotos.html

Oder gib einfach in einer Suchmaschine (z. B. www.google.de) die Stichworte *Kirlian-Fotografie*, *Kirlian pictures* oder *Kirlianfotos* ein.

9. Wofür brauchen wir universale Energie?
Alles was lebt – Pflanzen, Tiere und Menschen – braucht Energie, um leben zu können, um zu wachsen und von Krankheiten zu genesen. Diese Energie ist überall um uns herum und ist unbegrenzt. Indem du aus dem universalen Energiefeld Energie aufnimmst, gibst du deinem Körper zusätzliche Kraft. Und das hat wiederum eine Auswirkung auf das Funktionieren der Wechselbeziehung von Körper und Geist.

10. Welches sind die Folgen eines nicht einwandfrei funktionierenden Energiesystems?

Wenn irgendwo in deinem Energiesystem ein Rädchen (Energiepunkt) nicht richtig funktioniert, dann hat das Folgen für das Funktionieren des Energiesystems als solches und die gesamte Körper-Geist-Funktion. Ein nicht einwandfrei arbeitendes Energiesystem zeigt also Folgen auf körperlicher und geistiger Ebene. Wenn nicht genügend Energie aus dem universalen Energiefeld aufgenommen werden kann, ist es für dein Energiesystem schwierig, das Gleichgewicht wieder herzustellen und zu funktionieren, wie es soll.

11. Was ist und was bewirkt ein Ungleichgewicht?

Ungleichgewicht bedeutet, dass etwas nicht ausbalanciert ist. Irgendwo ist zu viel Energie, irgendwo anders zu wenig, was eine Auswirkung auf das ganze System hat.

Ein Zuviel an Energie kann beispielsweise in deinem Kopf entstehen, wenn du sehr Kopf gesteuert bist, viel denkst und rationalisierst, gleichzeitig aber dein Körpergefühl und deine Emotionen vernachlässigst. In dem Bereich herrscht dann ein Mangel. Wenn du zu viel in dich hineinfrisst (im übertragenen wie im wörtlichen Sinne), dann können Magenprobleme auftreten: ein energetisches Ungleichgewicht des Nabel- oder Magenchakras.

Dass Gefühle sich auf den Körper auswirken (Wechselwirkung Körper-Geist), wissen wir seit langem. Dass aber auch das Energiesystem davon betroffen ist, sehen die wenigsten. Ungleichgewicht, Disharmonie ist die Ursache für Krankheiten. Bevor sich eine Erkrankung ausbildet, gehen immer Phasen der Unausgeglichenheit voraus, ob nun auf energetischen Niveau oder auf der physischen Zellebene.

12. Was behindert unseren Kontakt mit dem universalen Energiefeld?

Die Ursachen für unsere mangelnde Verbindung mit dem universalen Energiefeld finden wir in unserer Kultur, unserer Erziehung und unserer Religion. Es ist noch nicht so lange her, dass Menschen als Hexen verfolgt wurden. Zahllose Frauen und Männer fanden den Tod auf dem Scheiterhaufen, weil sie die Fähigkeit hatten, von dem Gebrauch zu machen, was die Natur zu bieten hat. Viele von ihnen waren sich der Energie, des Energiefeldes und seiner Wirkung auf die Gesundheit bewusst. Diese Fähigkeit, die jeder Mensch in sich trägt, wurde damals als Hexerei abgetan und musste mit dem Tod gebüßt werden. Ein eindringliches Signal für alle, sich diese Fähigkeit lieber nicht bewusst zu machen.

Die Angst davor scheint noch heute in unseren Knochen zu sitzen. Noch heute dürfen in manchen Gesellschaften diese Fähigkeiten nicht öffentlich bekannt werden, ohne dass derjenige ausgestoßen oder misstrauisch beäugt würde. Bis heute werden natürliche Erfahrungen wie die Verbindung mit dem umgebenden universalen Energiefeld als etwas Unsinniges oder sogar Böses abgetan. In der Folge werden viele Menschen schon früh in der Entwicklung ihrer diesbezüglichen Fähigkeiten behindert. Und das kommt dem Vermögen, Energie aufzunehmen nicht gerade entgegen.

B. Was ist Reiki?

13. Was ist Reiki?

a) Die wörtliche Bedeutung des japanischen Wortes *Reiki* ist 'universelle Energie'. *Rei* bedeutet 'universell' und *Ki* 'Energie'.

b) Reiki ist eine Methode der Arbeit mit Energie.

Wenn in diesem Buch Reiki gesprochen wird, dann ist hiermit die Methode der Arbeit mit Energie gemeint.

14. Was macht Reiki?

Reiki ist eine Methode, um Energie aus dem universalen Energiefeld aufzunehmen und für sich selbst oder andere zu nutzen. Auf physischer Ebene hat jeder Mensch ein Immunsystem, welches die Fähigkeit hat, körperfremde Stoffe, etwa Viren oder Bakterien, unschädlich zu machen. Diese Fähigkeit wird u.a. durch Energie genährt. Wenn unser Immunsystem gut arbeitet, sind wir weniger anfällig für Erkältungen oder Virusinfektionen oder sind sehr viel schneller wieder hergestellt, wenn wir uns trotzdem eine Erkrankung zugezogen haben.
Auf geistiger Ebene sorgt die Energie für eine Stärkung der inneren Kräfte, wodurch wir uns in unserer Haut wohler fühlen, was wiederum eine Wirkung auf die körperliche Gesundheit hat. Mit anderen Worten, Reiki unterstützt die Selbstheilungskräfte von Körper und Geist.

15. Wie wirkt Reiki?

Jeder ist von Natur aus (d. h. seit seiner Geburt) in der Lage, Energie aus dem universalen Energiefeld zu übernehmen. Diese Fähigkeit wird aus unterschiedlichen Gründen mehr oder minder stark behindert, wodurch viele Menschen nicht mehr in der Lage sind, ausreichend Energie aufzunehmen. Die Ursachen liegen in der Erziehung, der Kultur, der Religion, dem Naturerleben und in persönlichen Erfahrungen. Reiki bewirkt eine Wiederherstellung dieser Urfähigkeit der Energieaufnahme.

16. Muss ich eine spezielle Gabe besitzen, um mit Reiki zu arbeiten?

Nein, ganz und gar nicht. Wir alle sind ein Teil des großen universalen Energiefeldes, welches uns Energie spendet. Mit dieser universalen Energie umzugehen, lehrt uns die Reiki-Methode. Und diese Methode kann jeder erlernen.

17. Muss ich an Reiki **glauben?**

Nein, du musst an Reiki nicht glauben. Du kannst dich behandeln lassen oder sogar an einem Reiki-Kurs teilnehmen und dabei ganz kritisch, ja ablehnend sein. Die Erfahrungen, die du mit der Zeit machen wirst, werden dich überzeugen. Mit Worten allein lässt sich selten ein Mensch überzeugen.

18. Kann Reiki spontane Heilung bewirken?
Reiki ist kein Wundermittel gegen alle Arten von Krankheit. Reiki zielt darauf das Gleichgewicht wieder herzustellen. Und das ist ein häufig sehr lang dauernder Prozess. Reiki braucht also, um seine Wirkung zu entfalten. Oft hast du Jahre dafür ‚gebraucht', ins Ungleichgewicht zu geraten und so braucht auch die Wiederherstellung des Gleichgewichts oft eine lange Zeit und viel Zuwendung.
Reiki dient einzig und allein der Unterstützung eines Prozesses und ist kein Ersatz für eine reguläre Hilfeleistung. Allerdings sind Effekte, die Reiki auf unterschiedliche leichte Beschwerden wie Muskelschmerzen, Kopfschmerzen, Bauchweh, Müdigkeit, Erkältung usw. (die so genannten Alltagsbeschwerden), hat, oft sofort spürbar.

19. Ist Reiki an ein Mindest- oder Höchstalter gebunden?
Reiki ist nicht an ein bestimmtes Lebensalter gebunden Die Reiki-Methode selbst lernst du während eines entsprechendes Kurses. Der Kursinhalt kann aber sehr wohl auf das Alter der Teilnehmer eingestimmt werden, d.h. auf deren Lebenserfahrung, Verständigkeit oder Ausdauer etc.).

20. Macht es Sinn, auch noch in fortgeschrittenem Alter einen Reiki-Kurs zu besuchen?
Gerade auch ältere Menschen haben sehr gute Erfahrungen mit Reiki gemacht. Es kann ihnen helfen, Vergangenes loszulassen und damit wieder ins Hier und Jetzt zu kommen. Dass wiederum kann sie zu einer geistigen Ruhe und inneren Vollendung führen. Für sehr demente Personen sollte sich Reiki aber eher auf passive Behandlung als auf aktives Behandeln beziehen.

21. Kann jeder einen Reiki-Kurs belegen?
In einigen Fällen empfiehlt es sich aus medizinischen oder psychischen Gründen, keinen Kurs zu belegen (siehe dazu *Teil Praxis, Kapitel D. Spezielle Warnungen*).
Ansonsten ist Reiki für jeden, jung und alt, geeignet. Für Kinder gibt es spezielle Reiki-Kurse und für ältere Menschen empfiehlt es sich, Kurse individuell zu terminieren und z.B. auf zwei- oder mehrtägige Blockkurses zu verzichten, da diese zu anstrengend sein könnten.

22. Ist Reiki dasselbe wie Akupunktur, nur ohne Nadeln?
Die Akupunktur hat zum Ziel, mit Hilfe von Nadeln bestimmte Energiepunkte zu stimulieren. Diese Energiepunkte stehen über die Energiebahnen in Verbindung mit bestimmten Organen bzw. Körperregionen. Durch das Setzen von Nadeln in bestimmte Energiepunkte werden Reize über die Energiebahnen z.B. an das betreffende Organ geleitet. Eine derartige Stimulation des Organs regt dieses zur Gesundung an.

Reiki arbeitet mit Energieübertragung durch die Hände, wodurch ganz einfach dieselben Energiebahnen behandelt werden können. Bei der Akupunktur kommt es auf eine sehr genaue Platzierung der Nadeln an, was eine intensive und lang dauernde Ausbildung erfordert, bevor man als Akupunkteur überhaupt den ersten Stich wagen kann. Daher wird Akupunktur auch nur sehr Ziel gerichtet zur Stimulation von Energiepunkten angewandt, die mit bestimmten Krankheiten oder Beschwerden korrespondieren. Dieses umfangreiche Wissen über Energiepunkte und die korrespondierenden Krankheiten etc. lernst du in einem Reiki-Kurs nicht. Dort lernst du, dass universale Energie eine generelle Unterstützung bei der Wiederherstellung eines entstandenen Ungleichgewichtes sein kann. Natürlich kannst du bestimmte Problemgebiete auch mit Reiki intensiv behandeln. Reiki und Akupunktur nutzen dieselbe Energie nur auf unterschiedliche Weise.

23. Was ist der Unterschied zwischen Magnetisieren und Reiki?

Menschen, die magnetisieren, arbeiten mit derselben Energie wie Menschen, die mit Reiki arbeiten. Wenn aber Menschen, die magnetisieren, selbst nicht richtig auf das universale Energiefeld eingestellt sind, dann kann es geschehen, dass sie die Energie, die sie weitergeben, aus ihrem eigenen Reservoir entnehmen. Sie geben mehr Energie ab, als sie aus dem universalen Energiefeld aufzunehmen in der Lage sind.

Wer die Reiki-Methode anwendet, wird nie seine eigene Energie weggeben, denn in dem Moment, wo er Energie abgibt, wird diese über seinen Kanal direkt aus dem universalen Energiefeld wieder aufgefüllt. Ein Reiki-Anwender gibt und bekommt Energie also gleichzeitig. Das kannst du selbst erleben, wenn du selbst müde und erschöpft bist und dann einen anderen Menschen mit Reiki behandelst. Danach fühlt sich nicht nur der Behandelte besser, auch der Behandelnde fühlt sich erfrischt. Das ist beim Magnetisieren nicht immer der Fall. Es gibt aber durchaus Beispiele für Magnetiseure, die keinen Verlust von Eigenenergie kenne, da sie sehr gut auf das universale Energiefeld eingestimmt sind und so genug Energie nachtanken können.

24. Ist Reiki eine Form des Channelns?

Das englische Wort *channel* bedeutet unter anderem Kanal, doch wird in der Esoterik mit *channeln* ein anderer Kanal als der Energiekanal gemeint. *Channeln* steht für das in Kontakttreten mit den Geistern Verstorbener, mit Engeln, geistigen Führern etc. und hat mit Reiki überhaupt nichts zu tun. Mit Reiki bist du lediglich eine ‚Durchreiche' für Energie aus dem universalen Energiefeld und kein Medium, dass Botschaften aus dem Jenseits *channelt*.

Es gibt natürlich Menschen, die ebenso *channeln* wie sie Reiki nutzen. Das sind ihre persönliche Lebensform und ihr persönlicher Arbeitsstil. Mit Reiki selbst hat das nichts gemein.

25. Was macht Reiki nun so anders, als andere Energie-Methoden?

Reiki ist einfach. Es ist für jeden leicht zu lernen und es erfordert keine medizinischen Kenntnisse. Das gilt für viele andere Methoden nicht.

Reiki ist, bezogen auf die Energie, nicht anders als andere Energie-Methoden. Der Unterschied liegt allein in der Methodik. Jeder kann die Hände auflegen und daher ist Reiki auch für so viele Menschen nutzbar.
Reiki kann auch jede andere alternative Methode ergänzen und unterstützen, weshalb du auch vielfach Reiki in Kombination mit anderen Methoden finden wirst. Diese anderen Methoden sind nun deshalb nicht schlechter. Nur die Arbeitsweise ist eine andere.
Manchmal wirst du die eine spezielle Methode anwenden, für einen anderen Fall wiederum eine ganz andere Methode. Reiki kann dabei immer der ergänzende Faktor sein, ist aber kein Ersatz für andere Energie-Methoden. Reiki ist einfach eine sehr schöne und leicht handhabbare Ergänzung.

Die Effekte

26. Was geschieht, wenn ich nach der Reiki-Methode Energie übertrage?

Energie gelangt über viele Wege in dein Energiesystem. Der Scheitel ist ein besonders wichtiger Punkt für die Energieübertragung aus dem universalen Energiefeld. Der Energiefluss bei der Behandlung lässt sich wie folgt beschreiben:
Über den Scheitel fließt Energie über die Energiebahnen durch das ganze Energiesystem unter anderem zum Herzen, von dort in die Arme in die beiden Energiepunkte in den Handflächen und von dort in die 10 Energiepunkte der Fingerspitzen. Und von dort strömt sie zu den Punkten, die du mit deinen Händen behandelst. Mit beiden Händen (oder nur einer, wenn du nicht beide Hände gebrauchen willst) wird Energie übertragen*. Wenn du also jemand anderen behandelst, wird gleichzeitig dein Energiesystem aufgeladen, indem nämlich Energie durch dich hindurch zu dem Behandelten strömt.
Die Energienutzung wird auf der unbewussten Ebene von Körper und Geist bestimmt. Das ist insofern Vorteilhaft, als du die universale Energie nicht aktiv lenken oder gesondert ‚beauftragen' musst, die folgt einfach der Zuwendung bzw. der Intention. Das System weiß selbst, was geschehen muss und welche Blockade zu beseitigen ist. Du brauchst lediglich als Kanal zu fungieren und die Intention dazu zu haben. Das macht die Arbeit mit Reiki so einfach.

27. Wenn Energie der Zuwendung folgt, nehme ich dann nicht Einfluss auf das System eines anderen?

Mit 'Energie folgt der Zuwendung bzw. der Intention' ist gemeint, dass, wenn du die Intention hast, als Kanal für die Energie zu fungieren, diese das sofort ‚merkt' und unmittelbar zu strömen beginnt. Jeder Mensch hat einen freien Willen und bestimmt selbst, was geschieht und ob in einem bestimmten Moment Energie aufgenommen wird. Du kannst also die schönsten, liebevollsten Intentionen bei einer Behandlung hegen: Wenn das Sy-

* Der Empfänger 'saugt' die Energie auf und bestimmt auf unbewusster Ebene (die Selbstheilungskräfte), was weiter damit geschieht.

stem der anderen Person es nicht will, kannst du keinerlei Einfluss darauf nehmen. Der letztlich Verantwortliche ist der Energieempfänger!
Im *Kapitel G., Affirmationen/Visualisierungen (Teil II)*, kannst du nachlesen, wie du mit deiner Aufmerksamkeit und Intention etwa in Form von positiven Gedanken sehr wohl Einfluss ausüben kannst. Allerdings nur auf dich selbst und dein persönliches Lebens! Auch du bist für dein Leben und deinen Umgang mit Energie selbst verantwortlich!

28. Kann ein Mensch sich selbst heilen?
Jeder Mensch hat die Fähigkeit zur Selbstheilung. Auf den Körper bezogen nennen wir diese Fähigkeit Immunsystem. Dieses System ist u. a. durch Energie gestützt. Das Immunsystem ist ein System, welches nicht von dir selbst oder von anderen energetisch gelenkt werden kann. Das einzige, was du selbst oder ein Therapeut machen können, ist, das System mit Energie zu unterstützen. Mit Reiki hast du keinen Zauberstab in Händen, mit dem du alles und jeden heilen kannst. Du kannst aber dafür sorgen, dass dein System in jeder Hinsicht in seiner Funktion unterstützt wird, etwa durch gesunde Ernährung, ausreichend Bewegung, gesunde Umgebung und natürlich ausreichend Energie!

29. Kann ich Reiki auch anwenden, wenn ich gesund bin?
Du kannst Reiki anwenden, auch wenn kein physischer Behandlungsgrund vorliegt. Die Behandlungen sorgen dann dafür, dass das Energiereservoir stets gut gefüllt bleibt. Durch tägliche Eigenbehandlung erfahren viele Menschen, dass sie sich selbst näher kommen, kräftiger werden und stärkere Verbindungen zu ihren Gefühlen und zum universalen Energiefeld haben. Auch beruhigt es den Geist und du bekommst dadurch bessere Inspirationen, tiefere Einsichten und eine lebendigere Kreativität im täglichen Leben.

30. Werde ich ruhiger durch Reiki?
Ja, die Anwendung von Reiki ist ein Weg, ruhiger zu werden. Die meisten Menschen erleben bei einer Behandlung ein Gefühl, welches man als ‚sich selbst näher kommen' beschreiben kann. Dieses Gefühl vermittelt Sicherheit, Stabilität und damit innere Ruhe. Es sorgt dafür, dass die Energie, die durch zu viel Nachdenken und Grübeln im Kopf konzentriert ist, sich im ganzen Körper ausbreitet. Dadurch gewinnst du ein besseres Körpergefühl verbunden mit einer inneren Ruhe.
Manche haben das Gefühl, gerade durch Entspannung anfangs unruhiger zu werden. Das kann auch tatsächlich so sein, allerdings werden sie dann nicht faktisch unruhiger, sondern sie werden in diesem Moment vielmehr mit ihrer eigenen Unruhe erst richtig konfrontiert. In der Stille und während der Entspannung fühlst und erlebst du innere Unruhe viel stärker als mitten im Alltagstrubel. Wenn du dass einfach akzeptierst, werden die Unruhegefühle schließlich verschwinden.

31. Hat Reiki auch Einfluss auf genetische Anomalien oder angegriffene Organe?
Etwas, dass definitiv zerstört ist, kann auch nicht durch dein eigenes Energiesystem repariert werden.

Energie unterstützt aber die noch aktiven Körperfunktionen und wirkt damit wohltuend auf das allgemeine Wohlbefinden. Du wirst schneller den inneren Frieden finden und dich mit der aktuellen Lebenssituation versöhnen und es kann Kraft geben, mit Behinderungen umgehen zu lernen. Ja, Reiki hat einen Einfluss, aber eher auf dein Gesamtsystem!

32. Können chronisch Kranke von Reiki Verbesserungen erwarten?

Das kann nicht mit Sicherheit beantwortet werden. Zu viele Faktoren wirken hier ein und zudem gibt es so erschreckend viele chronische Krankheiten. Wenn Reiki angewendet werden darf (siehe zu den Ausnahmen *Kapitel D, Spezielle Warnungen (Teil I: Praxis))*, dann ist es sinnvoller, ebenso wie in allen anderen Situationen, zunächst keine direkte Verbesserung zu erwarten (siehe auch *Kapitel J. (Teil I: Theorie))*. Reiki ist kein Wundermittel! Die Erfahrung lehrt, dass auch bei chronischen Krankheiten auf längere Sicht wahrnehmbare Verbesserungen eintreten können, als da wären mehr Energie, weniger Stress, Akzeptanz der Krankheit, innere Kraft für die Suche nach Heilungs- bzw. Besserungswegen, usw. Der Genesungsprozess vollzieht sich im Menschen selbst und kann nicht durch dich als Behandelnden herbeigeführt werden. Du kannst lediglich als Kanal fungieren (und das ist schon ausgesprochen bemerkenswert!). Auch wenn nach einer bestimmten Zeit immer noch keine Verbesserungen zu sehen sind, mach einfach weiter. Energie ist immer eine wunderbare Unterstützung für jeden Menschen, wenn auch nur auf geistiger Ebene!

33. Was kann Reiki bewirken, wenn ich unter starken Einschränkungen leide?

Unter Einschränkungen leiden wir alle, die einen mehr, die anderen weniger. Reiki kann helfen, mit den Einschränkungen umgehen zu lernen, ein Akzeptanzprozess in Gang zu setzen und in die Lage zu versetzen, trotz oder wegen der Einschränkungen und anderer Rückschläge ein glücklicher Mensch zu sein.

34. Wirkt Reiki auch auf anderen oder nur auf der körperlichen Ebene?

Ja, Reiki wirkt überall. Nicht nur auf körperlicher Ebene, auch auf der emotionalen (deine Gefühle), der mentalen (deine Gedanken) und der spirituellen Ebene (dein Bewusstsein). Energie durchdringt alle Ebenen und der Zustand der einen hat Einfluss auf die andere Ebene. Wenn beispielsweise Ordnung in den Emotionen geschaffen worden ist, kann eine körperliche Beschwernis verschwunden sein! Diese Wechselwirkung zwischen Körper und Geist ist auch in der Schul-Medizin bekannt.

Universale Energie aktiviert deine Selbstheilungskräfte und nimmt Einfluss auf die Ursachen des Ungleichgewichts, auch wenn wir nicht wissen, auf welcher Ebene sich das vollzieht.

Die Ergebnisse unterscheiden sich dabei von Person zu Person. Einmal zeigt sich die Wirkung einer Energiebehandlung eher im emotionalen Bereich, ein anderes Mal eher auf körperlicher Ebene.

35. Macht Reiki einen anderen Menschen aus mir?

Das hängt von deiner persönlichen Entwicklung ab und wie du damit umgehst. Einige Menschen haben tatsächlich große Veränderungsprozesse erlebt, weil sie sich durch Reiki ihrer selbst bewusst wurden und sich für Wachstum und Veränderung öffneten. Andere Menschen nutzen Reiki ausschließlich zur Entspannung und für das Aufladen der eigenen ‚Batterien'. Sie kümmern sich nicht um Bewusstwerdungsvorgänge und das ist für sie auch gut so! Jeder Mensch und jeder Lebensweg ist einzigartig.

36. Wenn ich einen Reiki-Kurs belege, muss ich dann das Rauchen und Trinken aufgeben?

Nein, dass muss nicht sein. Häufig werden sich Kursteilnehmer ihrer eigenen Lebensgewohnheiten viel bewusster, ob es nun ums Rauchen und Trinken, um Aggressionen oder andere ungesunde Angewohnheiten geht. Bewusstwerdung ist der erste Schritt zur Veränderung. Etliche Menschen beginnen nach einem Reiki-Kurs von sich aus, gesünder zu leben, weil sie die energiereiche Auswirkung eines gesunden Lebens spüren und sich selbst, damit aber auch ihrer direkt Umgebung Gutes tun wollen.

37. Werde ich durch Reiki ‚abgehoben'?

Es liegt an dir selbst, was du mit Reiki machst. Ein eher rationaler Mensch kann wunderbar mit Reiki arbeiten, ohne ‚abzuheben'. Ein Schwärmer kann sich durch Reiki seiner selbst bewusster werden und so wieder mit beiden Beinen auf die Erde kommen. Menschen, die nach irgendeinem Kurs sofort alles ausprobieren wollen, was die esoterische Welt so hergibt (als ob Ruhe und Antworten außerhalb ihrer selbst zu finden wären), können ‚abheben', weil sie aus der Realität flüchten. Eine gute Erdung ist daher unumgänglich, um nicht ‚abzuheben' (siehe *Kapitel G. (Teil I: Praxis)).*

Die Behandlung

38. Was ist eine Behandlung?

Eine Behandlung ist ein Vorgang, bei dem der Behandelte zumeist auf einem Stuhl sitzt oder auf einer Behandlungsliege liegt und bei dem der Behandelnde seine Hände auf unterschiedliche Stellen des Körpers des Behandelten legt bzw. die Hände über diese Stellen hält. Der Behandelnde ist dabei lediglich ein Kanal für die Energie. Der Behandelte bestimmt unbewusst selbst, was mit der Energie geschieht und wie viel dafür nötig ist. Der Behandelnde ist dabei das Bindeglied zum universalen Energiefeld.

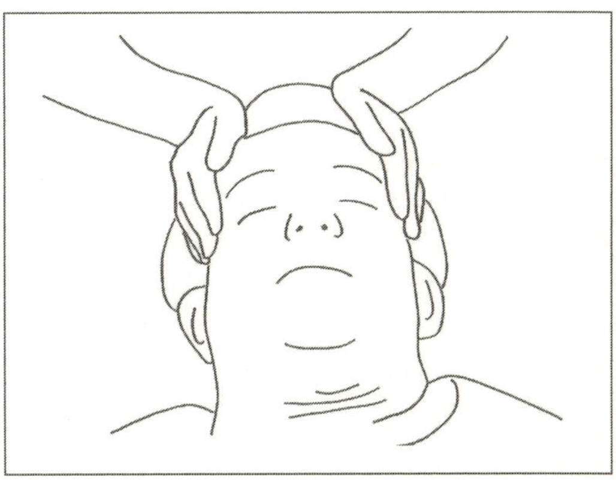

39. Wie lange dauert eine Behandlung?

Es gibt keine festgelegten Zeiten für die Dauer einer Behandlung. Sie kann zwischen 5 und 90 Minuten dauern. Behandelnde mit eigener Praxis setzen zumeist 60 bis 90 Minuten für eine Behandlung an.

Im Alltag lässt sich Reiki auch mal kurz zwischendurch anwenden. Ein Beispiel ist die Reiki-Chakra-Behandlung, bei der die großen Energiepunkte behandelt werden und die ungefähr 20 Minuten dauert (siehe *Kapitel E. (Teil I: Praxis)).*

40. Wie viele Behandlungen sind nötig?

Das ist unterschiedlich. Soll ein ganz spezifischer Vorgang oder ein spezielles Leiden mit Reiki unterstützend behandelt werden, kann sich der Behandlungsprozess über Wochen oder Monate hinziehen, manchmal dauert es sogar Jahre. In solchen Fällen sind viele Behandlungen notwendig und nicht wenige Leute beschließen dann, selbst Reiki zu lernen. Bei Erkältung, Krämpfen, Müdigkeit, Kopfschmerzen usw. ist es häufig schon mit einer einzigen Behandlung getan!

41. Kann eine Behandlung mir auch zu viel Energie zuführen?

Nein, dass kann nie geschehen. Das Energiesystem regelt nämlich die Energieaufnahme selbst. Voll ist voll. Selbst wenn du jemandem 24 Stunden ununterbrochen Energie überträgst, kann der Patient keinen Schaden nehmen. Wenn das System genug hat, dann stoppt es die Energieaufnahme einfach von selbst.

42. Kann ein Behandelnder positive oder negative Energie auf mich übertragen?

Nein, Energie ist eine neutrale, stützende Lebenskraft und kennt kein positiv oder negativ. Dein körpereigenes Energiesystem bestimmt was geschieht und auf welche Weise die Lebenskraft verwendet wird. Das kann jemand anderes gar nicht für dich bestimmen. Er kann bestenfalls der Kanal für den Energiefluss sein. Daher kann auch niemand dir negative Energie ‚einflößen', da dein System ausschließlich neutrale Energie über den Kanal aufnimmt. Die persönlichen Gedanken oder Angelegenheiten des Behandelnden spielen dabei gar keine Rolle. Dabei handelt es sich um seine eigenen Dinge, die mit den deinen nichts zu tun haben. Sollte der Behandelnde ‚schlechte' Gedanken haben, dann wirkt sich das ausschließlich auf seine eigene Gesundheit und Balance aus. Allerdings ist es sicherlich angenehmer, von einer liebevollen Person behandelt zu werden! Die freundliche Zuwendung zu Personen ist sehr angenehm und bereichernd, beeinflusst aber die Wirkung der Energie ebenso wenig wie schlechte Gedanken. Energie ist neutral. Dein eigenes inneres System bestimmt die Wirkung der Energie. Das darf nicht mit einer positiven oder negativen Lebenshaltung vermischt werden, die das eigene Leben des betreffenden Behandelnden betrifft.

43. Können Nebenwirkungen auftreten?

Eine Behandlung kann unterschiedliche Reaktionen beim Behandelten hervorrufen, schöne wie weniger schöne.

Schöne Reaktionen sind beispielsweise Gefühle von Trägheit, Ruhe, Fröhlichkeit, Verliebtheit, Entspannung oder des sich aufgeräumt Fühlens. Manche reagieren sogar euphorisch. Wenn dieses Gefühl allerdings sehr lange andauert, wird es Zeit für eine Erdungsübung. (siehe dazu *Kapitel G. (Teil I: Praxis)).*

Häufig als unangenehme Nebenwirkungen werden Entgiftungs- oder Heilungsanzeichen empfunden. Doch sind dies völlig normale Reaktionen, die auftreten, wenn der Körper zu einer Selbstreinigung angeregt wird. Als Anzeichen für die beginnende Heilung kann durchaus eine anfängliche Verschlechterung der Symptome auftreten, also etwa zunächst stärkere Schmerzen, erhöhte Müdigkeit usw.

Eine Reiki-Behandlung muss nicht zwangsläufig euphorische Gefühle liefern! Du kannst auch Veränderung sehen, etwa in der Farbe deines Urins (er wird dunkler), ältere Leiden können kurz wieder aufflammen oder du erlebst verstärkte Ausscheidungsbemühungen des Körpers (Schwitzen usw.). Zudem kann es sein, dass du dich labiler fühlst.

Meist gehen eventuelle Nebenreaktionen schon während oder kurze Zeit nach der Behandlung zurück. Allerdings können sie durchaus auch noch länger andauern. Wichtig ist es, viel Wasser zu trinken und dich selbst und andere regelmäßig zu behandeln, um die ablaufenden Prozesse dauerhaft zu unterstützen. Vor der Situation wegzulaufen könnte das Versäumen einer wichtigen Erfahrung bedeuten!

Es ist aber sinnvoll, wenn bestimmte Körperstellen die Berührung durch deine Hände nicht aushalten, eine allgemeine Behandlung zu verabreichen, ohne dieses spezielle Gebiet direkt zu behandeln (die Energie gelangt sowieso auch dorthin, nämlich über die Energiebahnen und Energiepunkte).

Skepsis

44. Legen wir uns nicht instinktiv die Hände auf, wenn wir Schmerzen empfinden?

In der Tat. Wenn du Schmerzen hast, dann wandern deine Hände ganz automatisch an die Stelle, die jetzt deine Zuwendung braucht. Man kann das auch bei Eltern sehen, die ihre Kinder trösten, wenn sich diese gestoßen haben. Sie reiben die Stelle mit ihren Händen und häufig geben sie auch noch einen Kuss darauf. Unter anderem durch diese Zuwendung (Energie folgt der Zuwendung) wird ein großer Teil der Schmerzen oft schon gelöst!

45. Kann ich nicht sowieso von Natur aus schon Energie aufnehmen?

Energie kannst du tatsächlich schon von Natur aus aufnehmen, was aber infolge von Blockaden (siehe *Kapitel I. (Teil I: Theorie)),* die sich im Lauf der Zeit summiert haben, und das dadurch entstandene Ungleichgewicht nicht mehr optimal stattfindet. Auch wenn du Blockaden hast, nimmst du stetig Energie auf, sonst könntest du nicht leben. Doch wird die Aufnahmemenge geringer und die Aufnahmefähigkeit schwächer, je mehr Hindernisse die Energiebahnen blockieren.

46. Ist Reiki Suggestion?

Das Lexikon sagt über *Suggestion*: 'von außen hervorgerufene Vorstellung oder Denkweise'. Die Essenz der Energie ist, dass sie der Zuwendung folgt. Energieteilchen werden in naturwissenschaftlichen Test einzig und allein dadurch sichtbar, dass man sich ihnen zuwendet (siehe *Frage 5*)! Mit anderen Worten, du sendest durch deine Zuwendung eigentlich Energie aus. Du beschließt, jemanden zu behandeln und die Energie reagiert darauf. Es ist immer zuerst eine Idee, eine Intention, wie klein auch immer, die dafür sorgt, dass die Energie in Gang kommt. Die Wissenschaft hat schon in zahlreichen Experimenten bewiesen, dass neben den Atomen ein leicht beeinflussbares Energiefeld existiert. Energie selbst ist also keine Suggestion und unmittelbar messbar und nachweisbar.
Reiki ist eine der vielen Methoden, sich der Möglichkeiten der Energie und des Energiefeldes bewusst zu werden und um dieses Bewusstsein zu vergrößern respektive zu entwickeln. Diese Methode kann wie ein Werkzeug gesehen werden, welches die Verbindung mit dem universalen Energiefeld herstellt und über den Geist aufrechterhält. Auch wenn das unter den Begriff 'Suggestion' fallen sollte, dann bleibt es dennoch eine wunderbare Methode, um Energiearbeit zu ermöglichen.

47. Wo finde ich die wissenschaftlichen Grundlagen für Reiki?

▹ Es gibt eine ganze Reihe von wissenschaftlichen Büchern über Energie, häufig in englischer Sprache. Einige Titel, die sehr viel tiefer als dieses Buch hier auf die wissenschaftliche Sicht eingehen, findest du im *Teil IV: Sonstige Informationen*:

Das Nullpunkt-Feld – Lynne McTaggart

in englischer Sprache:
Vibrational Medicine: New Choices for Healing Ourselves – Richard Gerber
Energy Medicine – The Scientific Basis - Dr. James Oschmann
(einen Artikel dieses Autors kann man von der Website www.Reiki.org unter der rubrik 'free down loads' kostenlos herunterladen)

▹ Unter 'Reiki und Wissenschaft' findest du in den Suchmaschinen im Internet zahlreiche Seiten, die sich ganz oder teilweise mit diesem Thema beschäftigen. Auch unter der Website www.Reiki.start4all.com findest du weiterführende Seiten über die wissenschaftlichen Aspekte.

48. Wirkt Reiki bei mir als skeptischem Menschen möglicherweise nicht?

Du brauchst an Reiki nicht glauben, das ist ein weit verbreitetes Vorurteil. Auch als kritischer Mensch kannst du Reiki erfahren. Das Nadelöhr ist einfach die Erwartungshaltung. Gerade skeptische Menschen werden von Reiki häufig sehr überrascht, weil sie nichts erwarten, und viele sehr erwartungsvolle Menschen zeigen sich in einem Kurs enttäuscht, weil sie viel zu hohe Erwartungen an Reiki hatten. Sie hatten im wahrsten Sinne des Worten gleich am ersten Tag Blitz und Donnerschlag in ihren Händen erwartet und keinen zarten Energiefluss. Es ist die Aufgabe eines guten Lehrers, den skeptischen ebenso wie die erwartungsvollen Schüler zu helfen, sich von Zweifeln und überzogenen Erwartungen zu lösen.

49. Warum ein Kurs, wenn ich nicht weiß, was danach anders ist?

Die meisten Menschen haben einen Grund, warum sie einen Kurs besuchen. Eigentlich wissen sie in ihrem tiefsten Innern, dass sie aus dem Gleichgewicht geraten sind, dass sie einen chronischen Energiemangel haben oder zu viel Stress ihr Leben bestimmt. Sie suchen nach einer Lösung ihrer Probleme, die an deren Wurzeln ansetzt.
Sie wollen sich mit Hilfe von Reiki weiterentwickeln, sich ihrer Blockaden entledigen und energiereichere Menschen werden. Diese Grundlagen helfen dir sicher weiter, als die bloße Abfrage der im Kurs erteilten Übungssequenzen. Ein Kurs öffnet lediglich die Tür, den Rest musst du selbst tun.

50. Gibt es noch andere Methoden, sich auf das universale Energiefeld einzustimmen?

Natürlich kannst du deinen Energiekanal und deine Fähigkeiten durch den Besuch von Kursen zu anderen Methoden der Energiearbeit und des Einstimmens auf das universale Energiefeld weiter ausbauen. Viele Kulturen kennen Wege der Verbindung zum Aufbau und zur Stabilisierung einer Verbindung zum universalen Energiefeld.
Eine häufig angewandte Methode ist auch die Meditation, die deinen Geist beruhigt und damit eine heilsame Wirkung auf Körper und Geist hat. Durch Meditation verbindest du dich mit dem universalen Energiefeld und kannst so auch Energie daraus aufnehmen.

51. Kann ich auch Reiki anwenden, wenn ich keinen Kurs besucht habe?

Der Umfang des Aufnehmens und Weitergebens von Energie ist davon abhängig, wie gut deine Verbindung zum universalen Energiefeld und deine Fähigkeit ist, daraus Energie aufzunehmen.
Du kannst Gefahr laufen, deine eigenen Energiereserven zu erschöpfen, wenn du anderen Menschen Energie gibst, selbst aber nicht in der Lage bist, ausreichend Energie nachzutanken. Du gibst dann mehr ab, als du aufnimmst. Als Folge davon fühlst du dich anschließend müde und ‚ausgepowert'.
Die Einstimmungen, die du während eines Ausbildungskurses bekommst, sorgen dafür, dass genau dies nicht geschieht. Sie versetzen dich in die Lage Energie abzugeben und zeitgleich aus dem universalen Energiefeld aufzunehmen. Auf diese Weise wirst du zu einer Art ‚Durchreiche'. Die gleiche Energiemenge, die du abgibst, strömt zeitgleich wieder in dich hinein. So ist gewährleistet, dass du nicht dein eigenes Energiereservoir erschöpfst und nach einer Behandlung womöglich selbst eine brauchst.

52. Wie kann ich mich von meinem Drang nach Bestätigung lösen?

Energie strömt freier ohne Beschränkungen, sprich ohne Erwartungen auf schnelle Resultate. Indem du unbedingt willst, dass ein Anderer das Wirken der Energie fühlen soll, schaust du schon auf ein Resultat.

Einfach davon auszugehen, dass man zunächst nichts spürt, hilft vielen Menschen durch die schwierige Anfangsphase, in der man so gerne eine Bestätigung haben möchte. Die Bestätigung, dass Energie etwas bei dir bewirkt, kommt ganz von selbst, wenn du ihr einfach den nötigen Freiraum lässt. Halte dir dabei immer vor Augen, dass du nur ein Bindeglied für die Energieaufnahme aus dem universalen Energiefeld bist. Du kannst das Energiesystem eines Anderen nicht beherrschen. Erwarte lieber keine spezifischen Ergebnisse, denn es kann etwas ganz anderes geschehen, als du erwartet hast. Auch das Erleben, das Erfahren der Energie kann man nicht erzwingen, weil Energie nicht fest ist und jedes Mal wieder etwas anderes bewirkt. Einmal kannst du sie fühlen, ein anderes Mal wieder nicht oder auf ganz andere Weise.

53. Wie gehe ich mit meinen Zweifeln um?

Viele Menschen suchen nach einem Beweis, dass Reiki wirklich ist und wollen auf Teufel komm' raus die Energie fassen, betrachten und fest ‚im Griff' haben. Erst sehen, dann glauben – diese Regel ist fest mit unserer Kultur verwoben. Gerade wenn du einfach mit Reiki beginnst, ohne großartig etwas davon zu erwarten, wirst du oft die größten Überraschungen erleben. Wenn zu Beginn einer Behandlung eine Veränderung eintritt, beispielsweise Kopfschmerzen, die plötzlich verschwinden, dann kommt immer wieder die Frage, ob dies nun infolge der Reiki-Behandlung geschehen ist, oder ob die Kopfschmerzen nicht sowieso durch die Entspannung verschwunden sind.
Wer länger mit Reiki arbeitet, wird mehr und mehr seine Wirkung spüren. Letztlich ist es gleichgültig, wodurch diese Wirkung entsteht. Wenn die Ursache für das Verschwinden der Kopfschmerzen nun tatsächlich in der Kombination verschiedener Faktoren liegt, der Reiki-Behandlung, der Zuwendung, der Entspannung, dann ist das doch wunderbar. Du machst es dir leichter, wenn du trotz aller Zweifel auf Reiki vertraust. So schaffst du den nötigen Freiraum für eventuelle spontane Bestätigungen.

54. Wie kommt es, dass so viele Reiki-Lehrer selbst krank geworden sind?

Reiki ist kein Wundermittel und die Energie wirkt ausschließlich unterstützend auf unser Energiesystem und unsere Selbstheilungskräfte. Reiki bringt nicht das ewige Leben und verhindert nicht, dass du krank wirst oder gar stirbst. Energie hilft dir bei jedem Prozess, selbst beim Sterben. Viele kranke Menschen erfahren, dass sie durch diese Unterstützung leichter mit ihrer Krankheit umgehen und sogar auf den Tod ruhiger zugehen können.
Alles besteht aus derselben Energie. Wenn du davon ausgehst, dass alles stetig einer Veränderung unterworfen ist (absterben / erblühen) und das Veränderung Transformation in eine andere Energieform bedeutet, dann verstehst du auch, warum der Tod auch keinem Reiki-Lehrer erspart bleibt. Auch ein Reiki-Lehrer ist Teil dieses ewigen Lebensprozesses von geboren werden und sterben.

- ▹ Usui, der Wiederentdecker des Reiki-Systems, starb nach zwei Schlaganfällen.
- ▹ Gautama Buddha starb an einer Lebensmittelvergiftung.

C. Vor einem Reiki-Kurs

55. Was bringt ein Reiki-Kurs?
Ein Reiki-Kurs hilft, deine Fähigkeit zur Energieaufnahme zu verbessern. Die Energie-Einstimmungen, die während des Kurses stattfinden, verhelfen dir zu einer besseren Ankoppelung an das universale Energiefeld. In einem Kurs lernst du auch die Anwendung einfacher Techniken, mit denen du andere oder dich selbst mit Energie aufladen kannst.

56. Wie schafft Reiki es, mich wieder mit dem universalen Energiefeld zu verkoppeln?
Ein Reiki-Lehrer hat Techniken erlernt, um die Koppelung ans Energiefeld zu optimieren. Diese Techniken werden auch Einstimmungen, Initiationen oder Einweihungen genannt. Indem er diese Techniken anwendet, fungiert der Reiki-Lehrer wie ein Katalysator, der demjenigen, der sich der Einstimmung unterzieht, die bessere Verbindung mit dem Energiefeld ermöglicht.

57. Wie groß ist der Unterschied in der Energieaufnahmefähigkeit vor und nach einem Kurs?
Jeder Mensch ist einzigartig und so wird sich auch die Auswirkung eines Reiki-Kurses auf den Energiekanal bei jedem Menschen anders zeigen. Es gibt also auch keinen idealen Vorher/Nachher-Zustand. Niemand ist gänzlich verschlossen und niemand ist gänzlich offen. Die Erfahrungen der Menschen und die wahrgenommenen Effekte unterscheiden sich daher auch ganz massiv. Die Veränderungen in deiner Aura z. B. (deinem Energiefeld) nach einem Reiki-Kurs könnte man bestenfalls noch durch eine Kirlian-Fotografie (ein Foto direkt vor und eines direkt nach dem Kurs) feststellen, wenngleich auch dies immer nur eine Momentaufnahme sein wird.

58. Werde ich nach einem Kurs sofort Energie spüren?
Energie muss nicht gleich am ersten Kurstag erfahren werden! Etliche Menschen nehmen im Laufe der Zeit die Energie zunehmend wahr, ohne spektakuläre Erlebnisse während eines Kurses gehabt zu haben.

59. Was kann ich eigentlich mit Reiki machen?
Nach einem Kurs kannst du jeden Tag dein Energiesystem aufladen. Indem du dich selbst regelmäßig mit Energie behandelst, kommst du näher zu dir selbst und kannst besser mit Stress umgehen. Auch wenn du Schlafbeschwerden hast oder unter Unruhe leidest, dann ist Reiki eine entspannende und beruhigende Methode. Du kannst fast alles energetisch behandeln: Schmerzen, Müdigkeit, Erkältungen, Krämpfe und fast alle Krankheiten mit Ausnahme der im *Kapitel D. Besondere Warnungen (Teil I: Praxis)* genannten.

60. Was kann ich sicher nicht mit Reiki machen?

Mit Reiki haben wir keinen Zauberstab in Händen, der uns ermöglicht, jedwedes Problem ‚wegzuzaubern', selbst wenn wir uns dies noch so sehr wünschen. Wenn du krank bist, gehst du zu einem Arzt und wenn du Zahnschmerzen hast, dann gehst du zu einem Zahnarzt. Halte dir immer vor Augen, dass Reiki deine Genesung auf körperlicher wie auf geistiger Ebene unterstützt, aber niemals ein Ersatz für eine reguläre medizinische Behandlung sein kann!

61. Was sind die Vorteile einer Eigenbehandlung?

Deine ‚Akku-Ladestation'

Du kannst jeden Tag dein Energiesystem auftanken, indem du deinen Bauch behandelst. Dort sitzt ein spezieller 'Aufladepunkt', ungefähr 2 Fingerbreit unter dem Bauchnabel: das 2. Chakra, dein ‚Hara'.

Wenn du nur wenig Zeit hast und schnell etwas Energie tanken willst, dann hilft eine kurze Behandlung dieses Punktes. Das kannst du überall und unbemerkt zwischendurch machen.

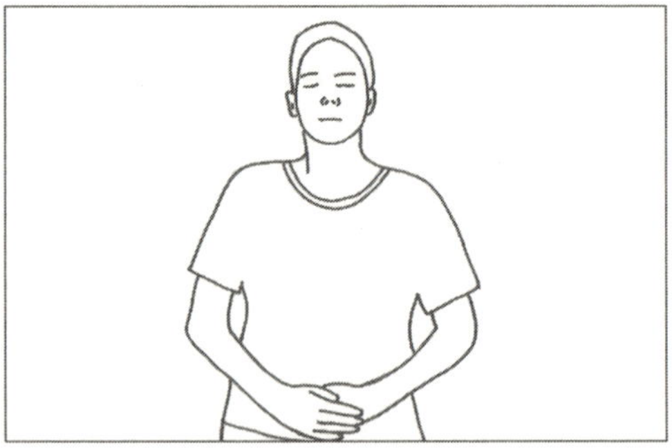

‚Akku-Ladestation'

Dein Schlaftrunk

Indem du deine Herzgegend behandelst, entspannst du dich und kannst leichter einschlafen. Wenn du nachts wach wirst und eine innere Unruhe spürst, dann gönne dir eine Viertelstunde, in der du Energie auf einen der Entspannungspunkte lenkst. Du wirst dann wieder leicht einschlafen können. Versuche dabei aber, nicht krampfhaft auf das Ziel ‚Einschlafen!' hinzuarbeiten.

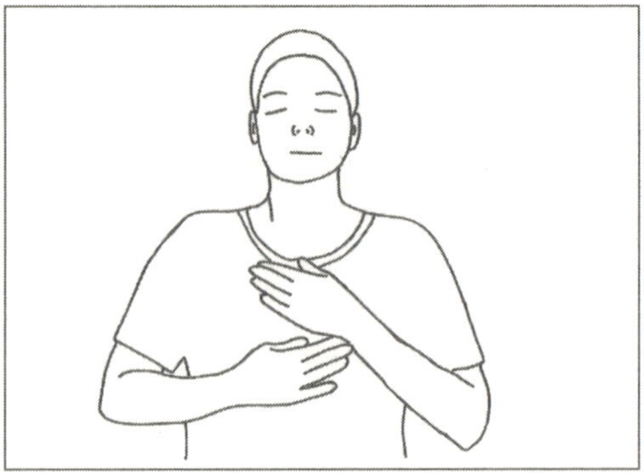

Schlaftrunk

Dein Anti-Stressmittel

Durch die regelmäßige Eigenbehandlung mit Energie kannst du besser mit Stress umgehen. Du wirst dir nämlich schneller über den Stress und seine Auswirkungen auf dich bewusst. Mit Reiki hast du eine Methode in Händen, zu dir selbst zu kommen und Entspannung zu finden.

Deine Liebespille

In Konfliktsituationen ist es gut, sich zurückzuziehen, etwa in ein Zimmer, wo du ungestört bist, um durch kurze energetische Behandlung der Entspannungspunkte (Herzgegend) wieder zu sich zu kommen.

Man nennt Reiki auch die Energie des Herzens, weil es unter anderem über diesen Energiepunkt zu den anderen geht. Darum kann ich mir gut vorstellen, dass Reiki dein Vermögen zu Liebe, dir selbst und anderen gegenüber, stärken wird.

Dein Fußwärmer

Reiki hilft wunderbar bei kalten Füßen! Behandle regelmäßig deine Leistengegend, denn die Energie stimuliert die Durchblutung deiner Beine und damit deiner Füße. Regelmäßig vor dem Zubettgehen angewandt, verschwindet das ‚Eisklumpengefühl' aus deinen Füßen.

Weitere Details findest du in *Kapitel E. (Teil I: Praxis).*

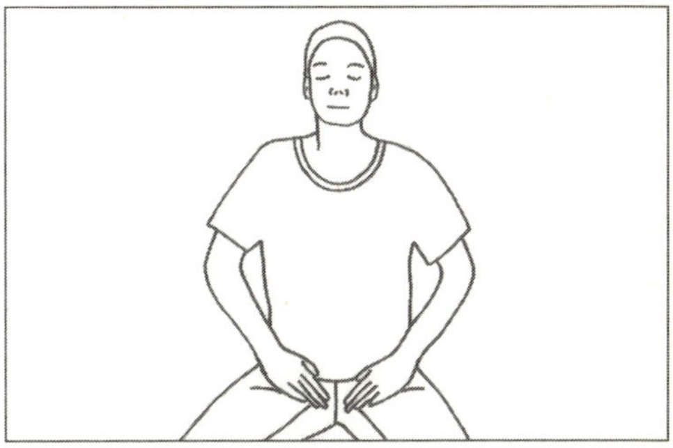

Fußwärmer

62. Welches sind die unumstößlichen Vorschriften des Reiki-Systems?

REIKI KENNT NUR EIN DOGMA: ERKENNE KEINE DOGMEN AN!

Reiki ist **keine** dogmatische (‚so muss es sein und nicht anders') Methode. Ein Reiki-Kurs hat zum Ziel, dass die Teilnehmer optimal mit dem Energiefeld verkoppelt werden und so Energie aufnehmen und weitergeben können. Danach kannst du in deinem eigenen Tempo, auf deine eigene Weise so arbeiten, wie es am besten zu dir passt. Übrigens solltest du dieses auch anderen zugestehen! Jeder hat das Recht auf seine eigene Manier mit Energie zu arbeiten!
In der Welt des Reiki gibt es so viele verschiedene Systeme und Arbeitsweisen, die alle ihre Berechtigung haben. Letztlich ist es auch gleichgültig, nach welchem System du arbeitest, denn wir arbeiten alle mit derselben Energie. Wenn du dir beispielsweise die japanische Methode anschaust, wirst du sehen, dass diese sich sehr stark von der europäischen Methode unterscheidet (siehe *Kapitel N. (Teil I: Theorie)).*

63. Gibt es einen Dissens zwischen Reiki und meinem/einem Glauben?

Reiki ist nicht an einen bestimmten Glauben gebunden. In der Praxis raten tatsächlich einige Kirchen ihren Anhängern von Reiki ab, weil es gefährlich sei, sich auf alternative Wege zu begeben. Meist ist dies jedoch eine Folge der Unkenntnis, was Reiki eigentlich ist. Reiki hat in keiner Hinsicht etwas Magisches, Okkultes oder Spiritistisches in sich. Reiki liegt mit keinem Glauben im Widerspruch. Gläubige Menschen vertiefen häufig nach einem Reiki-Kurs sogar den Glauben an (ihren) Gott und fühlen eine innigere Verbindung mit ihm. Infolgedessen beten sie öfter und leben bewusster.

Reiki (und) Therapie?

64. Kann eine Behandlung oder ein Kurs alte seelische Wunden bei mir aufreißen?
Dein Energiesystem regelt selbständig, wie viel Energie aufgenommen wird und wo momentan die Bedarfspriorität liegt. Der Behandler oder Lehrer kann dein System nicht steuern und also auch nicht bestimmen, wozu die übertragene Energie verwendet wird.
Eine Behandlung an sich kann dich nicht in eine Krise stürzen. Sie kann dir allerdings eine unglückliche Situation, in der du schon eine Weile steckst, bewusst machen und das kann natürlich Emotionen auslösen. Durch die Bewusstwerdung entsteht oft das Gefühl, die Zeit sei nun reif, auch uralte Verletzungen nun endlich aufzuarbeiten.
Natürlich gilt, dass, wenn sich Angelegenheiten auftun, die regulärer medizinischer Therapie bedürfen, dies dann auch gesucht wird. Bei körperlichen oder psychischen Problemen ist es besser, zum Arzt zu gehen und zusätzlich Reiki als unterstützende Maßnahme anwenden.

65. Werden alle meine Blockaden während eines Kurses gelöst?
Nein, absolut nicht. Lediglich innere Blockaden, die dafür verantwortlich sind, dass wir den Kontakt zum Energiefeld verloren haben, werden durch die Einstimmungen beseitigt. Die Lösung anderer physischer, emotionaler oder anderer energetischer Blockaden ist ein länger dauernder Prozess. Durch eine Bewusstwerdung, angeregt und entfaltet durch die Arbeit mit Energie, gelingt nach und nach der Abbau dieser Blockaden (siehe *Kapitel I. (Teil I: Theorie)).*

66. Ist ein Kurs eine Art Therapie?
Nein, in den meisten Kursen wird unterrichtet, wie man mit Energie arbeitet und wie man Energie aus dem Energiefeld aufnimmt. Dennoch gibt es eine Reihe von Lehrern, die aus ihren Kursen eine Art therapeutische Sitzung machen, indem sie auf die persönlichen Probleme der Kursteilnehmer intensiv eingehen. Die Teilnehmer werden dabei oft ungewollt in die intimen Dramen anderer Teilnehmer involviert. Und das geht auf Kosten des zu lernenden Stoffes. Wer das nicht will, sollte sich zuvor über den Unterrichtsstil und die Herangehensweise des Lehrer erkundigen. Für die Arbeit mit Energie bedarf es keiner Therapie. Hier geht es um die Fähigkeit, Energie aufzunehmen und weiterzugeben.

67. Wie kommt es, dass bei bestimmten Reiki-Kursen so viel geweint wird?
Das liegt am Arbeitsstil des Lehrers. Manche Lehrer gehen davon aus, dass je mehr Einzelheiten in der Gruppe diskutiert werden, um so mehr Blockaden kann der einzelne Teilnehmer überwinden. Sie wenden in diesem Zusammenhang oft auch spezielle Gesprächstechniken an, um so viele Emotionen wie möglich bei den Teilnehmern loszutreten. Ein Wochenende voller Tränen ist die Folge einer bestimmten Atmosphäre und liefert in der Regel keine besseren Ergebnisse als ein Kurs ohne jede Träne.

68. Muss ich während eines Kurses viel von mir selbst preisgeben?
Nein, du brauchst überhaupt nichts Persönliches von dir preiszugeben. Oft entsteht aber innerhalb eines Kurses eine so angenehme Atmosphäre unter den Teilnehmern, dass diese sich frei auch über intime Angelegenheiten auslassen. Jeder kann dabei so weit gehen, wie es ihm gefällt. Ein Muss ist dies jedoch absolut nicht.

69. Gerate ich nach einem Kurs in eine Krise?
Es kann jederzeit in deinem Leben geschehen, dass du in eine Krise gerätst, also auch nach einem Reiki-Kurs. Krise bedeutet wörtlich *Wendepunkt* und eröffnet so die Möglichkeit, an einer bestehenden Situation etwas zu ändern. Weil sich Energie auf das Bewusstseinsniveau auswirkt und du infolgedessen auch eher körperliche oder seelische Signale erkennen kannst, bemerkst du womöglich nach einem Kurs schneller eine herannahende Krise und kannst so aber auch eher Maßnahmen ergreifen, einem Zusammenbruch zuvorzukommen. Reiki ist kein Wundermittel und keine Betäubungspille. Reiki unterstützt Heilungsprozesse und damit können durchaus auch Schmerzen verbunden sein.

70. Kann ich einen Reiki-Kurs belegen, während ich noch in einer anderen Therapie bin?
Ja. Wenn ein alternativer Therapeut dir rät, mit Reiki oder der Teilnahme an einem Reiki-Kurs noch zu warten, weil Energie nicht mit seiner alternativen Therapie zusammen gehe, dann frage dich, was dahinter steckt. Reiki kann nämlich mit jeglicher Form alternativer Therapien kombiniert werden, weil diese Therapien in der Regel nämlich nur eine andere Form des Umgangs mit derselben Energie sind.

Nein. Wenn du beispielsweise wegen einer schweren Depression in einer regulären medizinischen Behandlung beispielsweise bei einem Psychiater oder einem Psychologen bist und an einem Reiki-Kurs teilnehmen willst, wo der Lehrer tief in die Emotionen der Teilnehmer eindringt, dann kombiniere diese beiden Dinge nicht miteinander. Was dein Arzt oder (regulärer) Therapeut nämlich auf der einen Seite erreicht hat, könnte durch den therapeutisch arbeitenden Reiki-Lehrer auf der anderen Seite wieder zerstört werden. Berate dich mit deinem eventuellen künftigen Reiki-Lehrer über die Art des Kurses, insbesondere inwieweit auf emotionaler Ebene gearbeitet wird. Die gleichen Überlegungen kannst du mit deinem Arzt oder medizinischen Therapeuten durchsprechen.

71. Ist ein Reiki-Lehrer ein Therapeut?
Ein Reiki-Lehrer wird in seiner Ausbildung zum Reiki-Lehrer nicht therapeutisch ausgebildet. Ein Reiki-Lehrer ist also kein Therapeut, es sei denn, er hat noch eine andere Ausbildung zum Therapeuten absolviert. Manche Reiki-Lehrer haben aber durchaus die Neigung, in ihren Kursen gelegentlich therapeutisch zu arbeiten und fußen dabei zumeist auf ihren eigenen Lebenserfahrungen. Betrachte einen Reiki-Lehrer weniger als Therapeuten sondern vielmehr als Brücke zum Energiefeld, als Vermittler, der dir beibringt, mit Energie zu arbeiten.

72. Kann ein alternativer Therapeut mich heilen?
Ein alternativer Therapeut kann dir lediglich Hilfe in deinen persönlichen Prozessen anbieten. Er kann dich Dinge erkennen lassen, indem er dir den Spiegel vorhält, dich lehren, besser für dich selbst zu sorgen und begleiten, dass du die richtigen Schritte in Richtung Gesundheit gehst. Ein Therapeut kann dich mit Energie oder jedweder anderen Methode behandeln, aber der Therapeut kann dich nicht heilen oder dir deine Probleme nehmen. Du selbst musst diese Schritte tun. Verantwortung für das eigene Leben und das eigene Verhalten zu übernehmen, dass sollte ein guter Therapeut dich lehren.

Worauf muss ich achten?

73. Wenn ich mich entschließe, einen Kurs zu belegen, worauf sollte ich achten?
Häufig gehen Menschen in einen Reiki-Kurs, weil sie von Bekannten gehört haben, dass dies gut sei. Wenn du nicht weißt, wo ein Reiki-Kurs angeboten wird, dann mache dich auf die Suche.
Lass dir einen Prospekt von den fraglichen Reiki-Lehrern schicken oder telefoniere direkt mit ihnen. Am Verlauf des Gespräches oder der Gestaltung und dem Inhalt des Prospektes kannst du schon ablesen, wie dieser Lehrer arbeitet bzw. ob dir sein Stil zusagt. Frage auch ruhig direkt nach seiner Arbeitsweise, nach welchem System er arbeitet und was der Kurs alles beinhaltet. Frage nach der Ausbildung des Lehrers und nach der Gruppengröße, dem Veranstaltungsort und wie du dorthin kommst. Frage, ob du Arbeitsmaterialien und nach Absolvierung des Kurses ein Zertifikat bekommst, usw. Du kannst auch um ein persönliches Kennenlern-Gespräch mit dem fraglichen Lehrer bitten. Siehe auch *Kapitel D. (Teil I: Theorie).*

74. Wann sollte ich lieber keinen Reiki-Kurs belegen?
In (Lebens-)Situationen, in denen folgende Themen eine Rolle spielen, ist es vielleicht besser keinen Kurs zu belegen:
- ▷ Bei Einnahme bestimmter Medikamente*,
- ▷ Transplantierte* und alle Patienten (beispielsweise mit einer Autoimmunkrankheit*), die Medikamente nehmen müssen, die das Immunsystem künstlich schwächen.
- ▷ Menschen, die an Psychosen und/oder anderen psychiatrischen Indikationen* leiden.
- ▷ Bei Abhängigkeit von Alkohol oder Drogen**.
  In diesen Fällen ist es besser, erst nach Abschluss entsprechender Behandlungen einen Reiki-Kurs aufzunehmen. Hier ist medizinische Hilfe wichtiger als ein Reiki-Kurs. Du kannst hier aber sehr wohl andere bitten, dich mit Energie zu unterstützen, bis du selbst wieder zu Kräften gekommen bist.

---

* Sie dazu auch *Kapitel D. Besondere Warnungen (Teil 1: Praxis).*
** Diese Warnung gilt nicht beim Gebrauch von weichen Drogen.

75. Kann ich einen Kurs machen, wenn ich (hoch)schwanger bin?

Ja, das ist kein Problem. Es kann womöglich unbequem werden, wenn du dich auf die Behandlungsliege legen musst und bei einer Rückenbehandlung kannst du auch nicht auf dem Bauch liegen. Doch die Behandlung kann deinem Zustand angepasst werden, indem sie im Sitzen angewandt wird oder indem du dich auf die Seite legst. Du selbst bestimmst dabei, was angenehm für dich ist und ob du beispielsweise auch eine Bauchbehandlung wünschst.

76. Stimmt es, dass man sich während eines Reiki-Kurses mit dem Alkoholgenuss zurückhalten sollte?

Das wird meisten geraten, weil man während eines Reiki-Kurses empfindlicher auf Alkohol reagiert und damit Gefahr läuft am nächsten Morgen mit einem heftigen Kater aufzuwachen!

77. Gibt es bestimmte Regeln, an die ich mich halten sollte?

Alles, was du in einem Kurs lernst, sind Leitlinien, keine festen Regeln. Wie du deine Hände genau auflegst, ist nicht so wichtig. Du lernst dies auf eine bestimmte Weise zu tun, weil es sich für den Behandelten meisten so am angenehmsten anfühlt. Doch auch wenn du deine Hände anders auflegst, als im Kurs gelernt, tut die Energie ihre Wirkung. Im Kurs bekommst du nur Handgriffe für die Arbeit mit Reiki beigebracht. Du machst keinen Fehler, wenn du davon abweichst. Wenn du vertrauter mit Reiki bist, wirst du bald deine eigene Arbeitsweise finden und auf deine Intuition und dein Gefühl hören.

D. Reiki-Kurse

78. Wie viel Kurse gibt es im Reiki?
Ein Reiki-Kurs wird in vier Abteilungen, auch ‚Grade' genannt, erteilt.

79. Wie zeitaufwändig sind die Kurse?
1. Reiki 1. Grad wird zumeist 2-tägig angeboten;
2. Reiki 2. Grad wird zumeist 1- bis 1,5-tägig angeboten;
3. Reiki 3. Grad A wird meist 1-tägig angeboten;
4. Die Dauer von Reiki 3. Grad B variiert stark. Dies ist der Lehrer-Grad und die Ausbildungsdauer hängt von verschiedenen Faktoren ab.
   3. Grad A und B werden häufig auch in Kombination angeboten.

80. Was beinhaltet der 1. Grad?
Der 1. Grad zielt vor allem auf die körperliche Ebene, denn in dieser Abteilung geht es um den Körper. Du lernst den eigenen und den Körper anderer zu behandeln. Die Energie selbst wirkt auf allen Ebenen, also auch auf der geistigen (siehe *Teil I - 1. Grad*).

81. Was beinhaltet der 2. Grad?
Der 2. Grad zielt auf die emotionale und die mentale Ebene. Hier lernst du, eine mentale Behandlung anzuwenden und die Weise, Energie zu verstärken, sodass diese tiefer, beispielsweise in emotionale Schichten, eindringt. In diesem Kurs lernst du auch, wie du auf Entfernung Energie steuern kannst, indem du dich über das Energiefeld auf einen Anderen einstellst (siehe *Teil II - 2. Grad*).

82. Was beinhaltet der 3. Grad A?
Der 3. Grad A zielt auf die spirituelle Ebene. Die Techniken, die du dort lernst, dienen der eigenen spirituellen Entwicklung (siehe *Teil III - 3. Grad*).

83. Was beinhaltet der 3. Grad B?
Der 3. Grad B ist die eigentliche Reiki-Lehrer-Ausbildung. Hier lernst du Techniken, um Andere auf das Energiefeld einzustellen und wie du andere Menschen im Umgang mit Energie unterrichten kannst. Nach Absolvierung dieses Grades kannst du selbst auch Lehrer ausbilden (siehe *Teil III - 3. Grad*).

84. Wie viel Geld kosten Reiki-Kurse?
Das variiert von Lehrer zu Lehrer. Die Preise liegen etwa in folgenden Bandbreiten:

Reiki 1. Grad	zwischen € 50 und € 200	Reiki 3. Grad A	zwischen € 100 und € 800
Reiki 2. Grad	zwischen € 100 und € 600	Reiki 3. Grad B	zwischen € 100 und € 10.000

85. Warum sind die Preisunterschiede so hoch?

Das hat unterschiedliche Ursachen. Es hängt etwa davon ab, welcher Reiki-Vereinigung der Lehrer angehört, welche kommerziellen Interessen der Lehrer hat usw. Siehe dazu auch *Kapitel N. (Teil I: Theorie).*

86. Hat die Höhe der Kursgebühr einen Einfluss auf die Energie?

Ein preisgünstiger Kurs muss kein schlechter Kurs sein und ein teurer Kurs garantiert nicht zwangsläufig eine hohe Qualität. Geld sagt lediglich etwas über den Lehrer und seine Ansichten aus, nicht aber über die Menge an Energie, die du aus dem Energiefeld aufnehmen kannst. Das nämlich bestimmst einzig und allein du selbst.

87. Wie viele Teilnehmer hat normalerweise ein Kurs?

Das kann von 2 bis 20 oder sogar noch mehr Teilnehmern reichen.

88. Wie sieht ein Kurs zum 1. Grad aus?

- ▷ Ein Kurs zum 1. Grad beinhaltet im Allgemeinen, dass du vier halbe Tage bei einem Lehrer zu Hause oder an einem anderen Ort verbringst. Die vier halben Tage sind meist zu zwei vollen Tagen verbunden. Manche teilen den Kurs auch auf zwei aufeinander folgende Abende und einen abschließenden vollen Tag. Die Kursgebühren beinhalten in der Regel keine Übernachtung, d. h. die Teilnehmer gehen nach dem Kursabschnitt nach Hause um zu essen oder zu schlafen, oder sie sorgen selbst für die Übernachtung. Es gibt aber auch ‚All-inclusive'-Kurse.
- ▷ Der Theorieteil dreht sich um Energie: Was ist Energie, was kann man damit tun und was nicht usw. Meistens wird hier auch ein Überblick über die Geschichte des Reiki gegeben.
- ▷ Im Praxisteil wird in Übungen das Behandeln gelernt. Abwechselnd legt sich jemand auf den Behandlungsliege und der Rest der Gruppe übt an dieser Person. Hier wird auch die Behandlung im Sitzen geübt.
- ▷ Während des Kurses wird jeder Teil von einer Einstimmung auf das Energiefeld begleitet. Zumeist erfolgt diese Einstimmung in vier Schritten, um diesen Prozess nach und nach in Gang zu setzen. Wie das geht, wird in den Fragen/Antworten ab *Nr. 120* beschrieben.

Jeder Lehrer hat seinen eigenen Arbeitsstil, daher kann es zu Unterscheiden in den Kursprogrammen kommen.

89. Dauert ein Kurs zum 1. Grad immer zwei Tage?

Das variiert von Lehrer zu Lehrer. Es gibt Lehrer, die eine Gruppe in zwei halben Tagen ausbilden und andere, die zwei volle Tage dafür ansetzen. Es ist klar, dass je mehr Zeit zur Verfügung steht, desto mehr Wissen kann auch vermittelt, desto mehr Übungen können gemacht und desto mehr Fragen können gestellt werden.

90. Wie halte ich zwei volle Tage durch?

Wenn das Kursprogramm gut strukturiert und variantenreich zusammengestellt ist sowie ausreichende Abwechslung zwischen Theorie und Praxis bietet, dann ist es kein Problem, zwei volle Tage durchzustehen, auch wenn es nicht jedem gefällt, zwei Tage zwischen 9 und 17 Uhr drinnen zu hocken. Die meisten Lehrer raten dann auch, in der Mittagspause hinaus zu gehen und ein wenig frische Luft zu schnappen. Für Menschen, die an einer Krankheit leiden, sollte der Lehrer Gelegenheiten schaffen, dass diese sich in den Pausen kurz in einen separaten Raum zurückziehen können, um sich auf einem Ruhebett oder auf der Behandlungsliege ausruhen zu können. Für Leute, denen es vor zwei vollen Programmtagen absolut graust, ist ein Individualkurs besser angeraten.

91. Kann der Kurs nicht in jeweils einen Teil pro Woche aufgeteilt werden?

Das ist durchaus möglich, doch werden in der westlichen Reiki-Tradition meistens alle vier Einstimmungen am gleichen Tag eingeplant. In dieser Tradition wird ein Zusammenhang zwischen den vier Schritten gesehen und es sollte daher besser nicht zu viel Zeit dazwischen verstreichen, ganz abgesehen davon, dass es eine Reihe von Lehrern gibt, welche die 4 Einstimmungen des 1. Grades sowieso auf einmal vornehmen. Das Unterrichtsmaterial ist häufig so aufgebaut, dass es sich empfiehlt, den Stoff in einer zusammenhängenden Phase von zwei Tagen oder vier Abenden zu absolvieren.
Wenn du berücksichtigst, dass der 1. Grad in der ursprünglichen japanischen Methode sich aus vier Graden zusammensetzte (daher vier Einstimmungen) und ein Schüler manchmal über ein Jahr brauchte, bis er alle vier Teilgrade durchlaufen hatte, dann tut ein heutiger Lehrer sicher nicht schlecht daran, von der westlichen Tradition abzuweichen. Er macht es dann nicht falsch, sondern nur anders.

92. Kann der Kurs auch individuell erteilt werden?

Das hängt vom Lehrer ab. Meistens dauert ein Individualkurs entweder zwei halbe Tage, zwei Abende oder einen ganzen Tag. Es fehlen dann natürlich die Erfahrungen anderer Kursteilnehmer und der Austausch darüber. Auch manche Praxiselemente können dann fehlen (etwa eine Gruppenbehandlung; siehe *Frage 115*). Es fehlt auch die Möglichkeit, sich regelmäßig in der Gruppe zu treffen, um sich über die Arbeit mit Reiki auszutauschen. Viele Lehrer bieten in solchen Fällen an, sich anderen Gruppen anzuschließen.

93. Bekomme ich Kursunterlagen?

Bei den meisten Kursen wird Unterrichtsmaterial gestellt, bei anderen muss es gesondert bezahlt werden. Frage dazu vorab bei deinem Lehrer nach. Wenn du nichts Schriftliches in die Hände bekommst, pflegt dein Lehrer vielleicht die ‚mündliche Überlieferungstradition', dann musst du dir im Kurs selbst entsprechende Notizen machen.

94. Bekomme ich ein Zertifikat?

Bei den meisten Kursen bekommst du ein Zertifikat und bei manchen sogar noch ein Erinnerungsfoto.

95. Muss ich einem Reiki-Verein oder -verband beitreten?
Nein, das ist nicht nötig. Einigen Vereinen/Verbänden kann man nur beitreten, wenn man Lehrer ist, andere nehmen auch einfache Reiki-Nutzer auf.

96. Was, wenn ich keinen Weihrauch und/oder andere Düfte vertrage?
Das kannst du sofort sagen, wenn es aktuell wird oder besser schon gleich zu Beginn eines Kurses deinem Lehrer mitteilen. Viele Menschen vertragen diesen oder jenen Duft nicht oder reagieren gar allergisch darauf. Sie empfinden den ‚Duft' als Gestank, bekommen Kopfschmerzen oder können sonst wie darauf reagieren. Es ist ratsam, ein naturreines Duftöl in einem elektrischen Verdampfer zu verdampfen, als mit Weihrauchbrennern, Duftkerzen oder Duftteelichtern zu arbeiten. Dies gilt insbesondere, wenn Asthmatiker im Kurs sind. Man kann auch ganz auf Düfte verzichten, denn sie schaffen lediglich eine für manche angenehme Atmosphäre, haben aber mit Reiki ansonsten nichts zu tun.

97. Gibt es spezielle Reiki-Kurse für Kinder?
Manche Lehrer haben sich auf Kurse für Kinder spezialisiert. Diese Kurse sind kürzer, weil die Aufmerksamkeit von Kindern schneller nachlässt. Insgesamt sind diese Kurse spielerischer aufgebaut, was auch für das Unterrichtsmaterial gilt.
Andere Lehrer, die normalerweise mit Erwachsenen arbeiten, bieten auch gelegentlich Kinder-Kurse an. Diese finden meist als individuelle Kurse statt und häufig ist auch ein Elternteil dabei. Der anwesende Elternteil kann dann während des Kurses die Vorgehensweise kritisch begutachten. Auch bei Kindergruppenkursen können natürlich die Eltern dabei sein.
Reiki ist nicht an ein Lebensalter gebunden. Man sollte aber darauf achten, ob das Kind Reiki tatsächlich lernen will und es nicht dazu zwingen, weil die Eltern es wollen. Auch ein Kind hat einen eigenen, freien Willen! In der Regel sollten die Eltern dann auch Reiki lernen, damit sie ihr Kind dann besser im täglichen Umgang mit Reiki begleiten können.

98. Was ist die Reiki-Umarmung (Reiki hug)?
Das ist eine Art Streicheleinheit, die du während mancher Kurse mit jedem Teilnehmer austauschen ‚musst'. Die Umarmung bedeutet, dass die Teilnehmer einige Minuten mit ihren Körpern eng aneinander geschmiegt und einander umarmend dastehen. Das hat an sich nicht mit Reiki zu tun und ist lediglich ein Atmosphäre schaffender Kunstgriff. Es hängt ganz von dem jeweiligen Lehrer ab, ob du in einem Kurs mit der Reiki-Umarmung konfrontiert wirst.

Über den Lehrer

99. Wie finde ich einen Reiki-Lehrer?

- ▷ Über die verschiedenen Verbände (siehe *Frage 259*).
- ▷ Über das Reiki-Magazin (www.Reiki-magazine.de).
- ▷ Über Prospekte in örtlichen Bioläden, Buchläden, Heilpraktiker oder andere Praxen.
- ▷ Über Anzeigen in Zeitungen oder auf speziellen Reiki-Seiten im Internet (z. B. www.Reiki-online.de)
- ▷ Über Esoterikmesse, die an verschiedenen Orten immer wieder stattfinden.
- ▷ Über Mundpropaganda und Empfehlungen von Bekannten.

Natürlich ist es gut, zuerst den Lehrer persönlich kennen zu lernen und/oder einen Informationsabend bei ihm zu besuchen. So kannst du herausfinden, ob dieser Lehrer deine Erwartungen erfüllt (Dauer des Kurses, Preis, Herangehensweise, etc.) und darüber hinaus, ob du es mit jemandem zu tun hast, der vielleicht sich selbst sehr, Reiki aber nicht ernst genug nimmt, was sich dann sicher negativ in der Qualität der Ausbildung niederschlägt (die übrigens nichts mit der Höhe der Kursgebühr zu tun hat!).

100. Ist ein Reiki-Lehrer/-dozent dasselbe wie ein Reiki-Meister/-master?

Ja, nur die Bezeichnung ist eine andere. Die Amerikaner haben damals den Titel *Master* als Bezeichnung hervorgebracht. Usui, der Wiederentdecker der Reiki-Methode, wurde *Sensei* genannt, was Lehrer oder Dozent bedeutet. Der Titel *Master* oder Meister kann schnell die Idee aufkommen lassen, man habe es mit einem Guru zu tun oder jemandem, der *erleuchtet* sei.

101. Was kann ich von einem Lehrer erwarten?

- ▷ Dass er vertrauenswürdig ist und ethische Grenzen beachtet.
- ▷ Dass er sich des Wesens der Energie bewusst ist; dass er keine allzu hohen Erwartungen bei dir erweckt, so, als sei Reiki ein Wundermittel.
- ▷ Dass er sein Ego im Zaum hält und die Unwissenheit der Kursteilnehmer nicht missbraucht.
- ▷ Dass das Kursprogramm von ihm gut strukturiert ist und dass die einzelnen Schritte sinnvoll aufeinander aufbauen; dass der Kursraum ordentlich und sauber ist.
- ▷ Dass der Lehrer in der Lage ist, sich in die Gruppe oder in einzelne Teilnehmer hinein zu versetzen.
- ▷ Dass er jederzeit Raum für Fragen eröffnet und auch nach dem Kurs für Fragen ansprechbar bleibt.
- ▷ Und selbstverständlich, dass er gut ausgebildet ist.

102. Wie weiß ich, dass ich es mit einem guten Lehrer zu tun habe?

Wenn du dich ausführlich über das, was der Lehrer zu bieten hat, informieren lässt, dann ergeben die gesammelten Informationen und Eindrucke schon ein gutes Bild vom Lehrer. Es gibt auch sehr gute Lehrer, die aber deinen Erwartungen womöglich nicht entsprechen, weil ihre Herangehensweise nicht der deinen entgegenkommt. Es ist also auch wichtig, sich mit der Didaktik des Kurses zu befassen. Siehe dazu auch *Kapitel N (Teil I: Theorie)* über verschiedene Systeme.

103. Muss der Lehrer einem Reiki-Verband angehören?

Nein, wenngleich sehr viele Lehrer einem der zahlreichen Reiki-Verbände angehören. Manche Kursteilnehmer finden es gut, wenn ihr Lehrer als solcher irgendwo registriert ist, wenngleich das nicht immer etwas über die Qualität des Lehrers aussagt. Viele gut ausgebildete Lehrer gehören keinem Verband oder einer sonstigen Organisation an. Einige nennen sich daher ‚freie Reiki-Meister'.

Sie wollen absolut selbständig sein und arbeiten dabei mit mindestens dem gleichen Respekt vor dem Reiki-System, wie organisierte Lehrer auch. Andere werden im Laufe der Zeit ‚frei', weil sie sich mit den Zielsetzungen ihrer Organisation nicht mehr identifizieren können und austreten.

104. Ist ein von einem Verband anerkannter Lehrer besser als ein freier?

Die Qualität eines Lehrers hängt von vielen Faktoren ab, vor allem wie er selbst ausgebildet wurde und wie ausgeprägt sein Verantwortungsbewusstsein und sein Gefühl für Reiki sind. Hat der Lehrer Reiki in seine eigene Existenz absolut integriert oder hat er die Ausbildung in einer derartigen Geschwindigkeit durchlaufen, dass es kaum ein Bewusstsein des Wesens der Energie ausbilden konnte? Die Anerkennung durch eine Organisation ist für sich allein noch keine Garantieerklärung für die Güte des Lehrers, da es keine Qualitätskontrolle während der Kurse gibt. Wichtiger ist es, sich den Lehrer zuvor gut anzuschauen und sich in das zu vertiefen, was er anbietet.

105. Was, wenn ich nicht mit meinem Lehrer zufrieden bin?

Wenn dieser Lehrer einem Verband angehört, dann kannst du dich dort über ihn beschweren. Wenn es allerdings um geschmackliche oder um Standpunktfragen geht, wird die Sache schwierig. Meistens hast du ja kein Vergleichsmaterial, sodass du über die Minimalanforderungen, die ein Lehrer erfüllen sollte, kaum Bescheid weißt. Wenn es allerdings um Missbrauch oder das Übertreten eines seitens eines Verbandes aufgestellten Ehrenkodex geht, dann sind deine Chancen besser und der Verband rügt ggf. das fragliche Mitglied.

106. Gibt es Lehrer, die Menschen missbrauchen?

Überall in dieser Welt gibt es Menschen, die andere missbrauchen und das kommt leider auch in allen Varianten auch in der Welt der alternativen Methoden vor. Je nach Situation ist es ratsam, den Missbrauch bei der örtlichen Polizei oder bei der zuständigen Reiki-Vereinigung anzuzeigen.

107. Muss ein Lehrer übersinnlich begabt sein?
Nein, ein Lehrer braucht keine übersinnliche Begabung. Ein Lehrer ist lediglich ein Bindeglied zwischen dir und dem Energiefeld. Die Funktion des Lehrers ist, dir beizubringen, mit Energie zu arbeiten und dir das Wissen so zu vermitteln, dass du die Essenz, das Wesen der Energie verstehst. Als Lehrer kann man leicht in Versuchung geraten, etwas vorzuspielen, um die Erwartungen der Kursteilnehmer zu erfüllen, dass ein Lehrer ja während der Einstimmungen und Behandlungen etwas gefühlt oder gesehen haben muss. Dies verschiebt natürlich die Aufmerksamkeit vom Schüler auf den Lehrer. Ein Lehrer sollte so bescheiden und integer bleiben, dass er andere lehrt, ohne die Aufmerksamkeit auf übersinnliche Fähigkeiten zu lenken. Um übersinnliche Fähigkeiten geht es hier überhaupt nicht.

108. Muss ich alle Grade bei demselben Lehrer erreichen?
Nein, du bist nicht an einen Lehrer gebunden. Meist kannst du relativ leicht zu einem anderen Reiki-Lehrer wechseln, sofern dieser im gleichen System arbeitet.

109. Darf mein Lehrer mich zwingen, nicht zu einem anderen Lehrer zu wechseln?
Du bist mit einem freien Willen auf diese Welt gekommen. Niemand darf dich in deiner Wahlfreiheit einschränken, also auch nicht in der Wahl deines Lehrers für den nächsten Grad. Ein solcher Druck seitens eines Lehrers basiert meist auf seinem eigenen Ego und auf Futterneid.

110. Muss ich meine Probleme während des Kurses mit meinem Lehrer besprechen?
Du bist völlig frei, zu entscheiden mit wem du sprechen möchtest und mit wem nicht. Ein Kurs ist auch keine Gruppentherapie, sondern sollte vor allem darauf zielen, den Teilnehmern den Umgang mit Energie beizubringen. Wenn du deine privaten Probleme für dich behalten möchtest, was dein gutes Recht ist, dann hat das keinen Einfluss auf deine Fähigkeit Energie aus dem Energiefeld aufzunehmen.

111. Wie gehe ich mit dem um, was mein Lehrer über mich sagt?
Inwieweit das, was er über dich sagt, Einfluss auf dich hat, liegt ganz in deiner Hand. Wenn es sich für dich gut anfühlt und du deine persönliche Wahrheit darin findest, dann kannst du es dir zu Herzen nehmen. Schließlich lernen wir alle voneinander. Ein Lehrer soll seinen Schülern viel beibringen, lernt aber umgekehrt auch sehr viel von seinen Schülern. Aussagen, die sich für dich nicht gut anfühlen oder mit denen du gar nichts anfangen kannst, vergiss einfach. Es geht bei allem um deine Wahrheit, deinen Weg und deine Kraft.

112. Manche Kurse sind geradezu ein Drama. Ist Reiki doch eine Therapie?
Für manche Lehrer ist ein Reiki-Kurs eine Methode, Probleme ihrer Kursteilnehmer in der Gruppe zu diskutieren. Nach dem Motto: Je mehr du heraus lässt, desto mehr wird aufgeräumt. Damit artet der Kurs zu einer Gruppentherapie aus und es geht nicht mehr um Wissensvermittlung und Energieübertragung. Manchmal heftige Dramen können dann so viel Zeit und Kraft verbrauchen, dass kaum noch genug Raum für die Vermittlung des Stoffes bleibt. Manche finden aber gerade das gut, während sie einen Stoff orientierten Unterricht als zu nüchtern und langweilig empfinden.

113. Ist ein Kurs ohne Gefühlsarbeit vollständig?
Es gibt viele Formen und Standards in den Reiki-Kursen und alle haben zum Ziel, den Teilnehmern die Arbeit mit Energie beizubringen. Wenn sich während eines Kurses die Emotionen Bahn brechen, heißt das noch nicht, dass ein Problem oder eine Blockade damit gelöst wäre. Wenn in einem Kurs plötzlich die Emotionen aufkochen, ist das nicht schlechter oder besser, als wenn sich gar keine Emotionen zeigen. Wichtiger ist, dass sich der Lehrer darüber bewusst ist, wozu er ausgebildet ist und wozu nicht.

114. Gibt es die Möglichkeit bei einem Lehrer weiter zu üben?
Viele Lehrer haben feste Übungsgruppen eingerichtet bzw. bieten Übungsabende oder Übungstage an. Das schöne an solchen Treffen ist, dass sie dich immer wieder anregen, Reiki in deinem täglichen Leben zu verankern. Du wirst dann regelmäßig von einer (großen) Gruppe behandelt. Wenn du das einmal erlebt hast und es genießen konntest, dann wirst du nur allzu gerne immer wieder an solchen Übungstreffen teilnehmen. In welcher Atmosphäre diese Abende oder Tage stattfinden, hängt allerdings sehr vom veranstaltenden Lehrer ab. Wenn es für dich gut ist, dann kannst du lange mit Vergnügen daran teilhaben.

Die Behandlungen

115. Was ist eine Gruppenbehandlung?
Bei einer Gruppenbehandlung stehen oder sitzen die Kursteilnehmer um die Behandlungsliege und behandeln gemeinsam den auf dem Tisch liegenden Teilnehmer (siehe auch *Frage 38*). Es liegen also möglicherweise eine ganze Menge Hände auf dem Kursteilnehmer. Meistens sitzt eine Person am Kopf, jemand an den Füßen, die anderen an den Seiten des Kursteilnehmers. Manchem ist es bei einer Gruppenbehandlung komisch zu Mute, wenn er so viele Hände auf seinem Körper fühlt, ich kann aber jedem nur zuraten, sich einmal in diese Situation zu begeben. Wer sich dabei unbehaglich fühlt, kann beispielsweise um eine Decke bitten, die er über sich legt und so ein zusätzliches Sicherheitsgefühl schaffen. Eine Gruppenbehandlung ist eine sehr intensive Turbobehandlung, die als sehr entspannend und wärmend empfunden wird.

116. Wie kommt es, dass es mir unangenehm ist, Fremde anzufassen?
Sich gegenseitig anzufassen ist nicht gerade typisch für unsere Kultur. Mit Ausnahme von Menschen, die uns beruflich anfassen oder die wir beruflich anfassen (müssen), werden wir selten von Fremden angefasst und fassen selbst auch selten jemand Fremden an. Es kann also manchem ein merkwürdiges Gefühl bereiten, seine Hände auf die Schultern von jemand Fremdem zu legen. Meistens ist es einfach eine Sache der Gewöhnung. Wenn du selbst eine Reiki-Behandlung erhältst und die wohl tuende Wirkung spürst, dann bist du auch schneller bereit, mögliche innere Widerstände zu überwinden und anderen das gleiche Erlebnis zu gönnen.

Wenn du dich nun gar nicht daran gewöhnen kannst, die Hände direkt aufzulegen oder das von vorneherein nicht willst, dann kannst du die entsprechenden Zonen auch behandeln, wenn du deine Hände nur dicht darüber *hältst*, ohne den Körper zu berühren. Wenn sich eine zu behandelnde Person nicht anfassen lassen möchte, kann sie ebenso behandelt werden.

117. Muss ich mich auf eine Behandlungsliege legen, auch wenn ich das gar nicht will?
Nein, das brauchst du nicht. Allerdings rate ich dir sehr, es einmal auszuprobieren. Die meisten Menschen finden es einfach herrlich. Wenn der eigentliche Grund für deinen Widerstand der ist, dass du die Anzahl der Menschen, die dir eine Gruppenbehandlung geben, zu hoch findest, dann bitte einfach nur zwei aus der Gruppe, dich zu behandeln, während der Rest nur zuschaut.
Wenn du nun absolut keine Behandlung im Liegen möchtest, kannst du den Lehrer/Reiki-Meister fragen, ob du nicht lieber eine Behandlung im Sitzen bekommen könntest.

118. Wie funktioniert eine Behandlung im Sitzen während eines Kurses?
Die Gruppe wird in Kleingruppen zu je zwei Personen geteilt. Je zwei Personen bekommen einen Stuhl und behandeln sich abwechselnd, die eine Person sitzt, die andere steht und behandelt (siehe *Kapitel E. (Teil I: Praxis*). Zwischen den Behandlungen werden die jeweiligen Erfahrungen ausgetauscht.

119. Was ist, wenn ich bestimmte Übungen nicht ausführen kann?
Tu das, was du vermagst, physisch oder emotional. Kein Reiki-Lehrer kann dich zwingen, eigene Grenzen zu überschreiten. Wenn du gehandikapt bist und womöglich nur einen Arm oder eine Hand hast, dann ist es logisch und völlig normal, dass du anders behandelst als jemand mit zwei Armen/Händen. Liegen die Widerstände im emotionalen Bereich, etwa dass du keine fremden Menschen anfassen magst und die Überwindung keine Sache der Gewöhnung ist, dann finde auch da einen eigenen Weg.

Die Einstimmungen

120. Was sind Einstimmungen?
Das Einstimmen ist eine Technik, bei der der Lehrer als Bindeglied, als Vermittler fungiert, der dich in einen besseren Kontakt zum Energiefeld bringt. Eigentlich werden deine von Natur aus vorhandenen Fähigkeiten durch diese Kopplungserneuerung nur wieder hergestellt.
Ursachen für die Lösung oder Trennung vom Energiefeld finden sich zahlreich in unserer Kultur, in der Religion und in persönlichen Erlebnissen.
Trennen bedeutet das Loslösen eines kleinen Teils vom großen Ganzen. Die Einstimmungen sorgen dafür, dass deine (teilweise) Trennung aufgehoben wird, so dass du wieder in der Lage bist, ausreichend Energie aus dem Energiefeld aufzunehmen und sogar an ande-

re weiterzugeben, ohne dass du selbst dabei Energie verlierst. Die Einstimmungen machen keinen Heiligen aus dir und du wirst dabei auch keine spontane ‚Erleuchtung' erfahren. Sie öffnen lediglich die Tür zum Energiefeld.

121. Was ist der Unterschied zwischen Einweihung, Initiation und Einstimmung?
Ein Lehrer verwendet den Begriff *Initiation*, ein anderer nennt das Ganze *Einweihung*, ein Dritter wieder nennt es *Einstimmung* oder *Einstellung*. Es ist alles dieselbe Technik, dieselbe Handlung.
Ich persönlich spreche am liebsten von Einstimmung, weil ich die Handlung auch genauso empfinde: als Einstimmung im Sinne von ‚in Übereinstimmung bringen mit etwas'. Initiation bedeutet für mich *einweihen* oder *einsegnen*, was viele Menschen in Verbindung bringen mit einer Einweihung in eine Geheimgesellschaft oder Sekte. Und damit hat Reiki nun wirklich nichts zu tun.

122. Warum sind die so genannten Einstimmungen nötig?
Die Einstimmungen versetzen dich wieder in die Lage ausreichend Energie für dich selbst aufzunehmen, wann immer du willst und zudem auch andere über deinen Energie-Kanal mit Energie aus dem Energiefeld zu versorgen. Die Einstimmungen machen dich zu einem Bestandteil des Reiki-Systems und gehören untrennbar zu dieser Methode. Möglicherweise fließen bei dir aber auch die Energien völlig frei, ungehindert von Blockaden oder Disharmonien, sprich, du bist noch im Vollbesitz deiner urnatürlichen Fähigkeiten. Dann brauchst du keine Einstimmung.

123. Wie funktioniert eine Einstimmung?
Der Lehrer hat Energietechniken gelernt, um eine Einstimmung auf das Energiefeld vornehmen zu können. Diese Techniken nutzen Symbole und Mantras (Formeln). Durch eine gezielte Anwendung dieser Techniken kann der Kontakt zum Energiefeld verbessert werden. Die Symbole und die Mantras werden zumeist still angewendet bzw. gesprochen, wodurch man von der Einstimmung selbst nichts hört. Du wirst aber merken, dass der Lehrer in deinem Energiefeld (Aura) bestimmte Bewegungen macht, was nichts anderes ist, als die Anwendung der Einstimmungstechniken. Unter anderem wird die Schwingungsfrequenz der Energie erhöht, wodurch bei dir die Energieampel wieder auf Grün geschaltet wird. Die Energie kann dann wieder frei strömen.

124. Welche Handlungen führt ein Lehrer an mir während einer Einstimmung durch?
Zumeist wird die Einstimmung in einem separaten Zimmer vorgenommen, wo du mit dem Lehrer allein bist. Du setzt dich auf einen Stuhl und der Lehrer steht hinter dir, legt seine Hände auf deine Schultern, um sich energetisch auf dich ein zu schwingen. Zwischen dir und dem Lehrer wird so eine Art Energiebrücke gelegt, die nach der Einstimmung nicht mehr besteht. Meistens bittet der Lehrer den Einzustimmenden die Augen zu schließen, damit nicht seine Bewegungen, die er in dessen Energiefeld (Aura) vollzieht, den Einzustimmenden irritieren und in seiner Konzentration ablenken. Die Einstimmung selbst

dauert nur wenige Minuten und findet im 1. Grad in vier Etappen statt. Nach verschiedenen Bewegungen in deiner Aura und Berührungen des Kopfes und deiner Hände wird der Lehrer dir mittels eines Glöckchens oder anders signalisieren, dass die Einstimmung vollzogen ist und du die Augen wieder öffnen kannst.

125. Warum muss ich während einer Einstimmung meine Augen geschlossen halten?

Während der Einstimmung läuft in dir ein Vorgang ab, den du sonst nicht wahrnehmen könntest. Durch die geschlossenen Augen bist du mehr auf dich selbst ausgerichtet und kannst nicht durch Bewegungen des Lehrers abgelenkt werden. Auch der Lehrer kann sich besser konzentrieren, wenn er nicht von deinen erwartungsvollen Blicken abgelenkt wird. Doch niemand kann dich zwingen, die Augen zu schließen. Wenn du das nicht willst, dann lass die Augen geöffnet.

126. Eigentlich habe ich ein wenig Angst davor. Wie soll ich damit umgehen?

Manchen Menschen fürchten sich vor den Einstimmungen, weil sie nicht wissen, was dort genau geschieht. Wissen vertreibt Ängste! In der Regel ist es die Angst vor dem Unbekannten, die uns einen Streich spielt. Vielleicht vergrößern die Antworten in diesem Buch dein Wissen derart, dass du deine Angst überwinden kannst. Falls nicht, dann kannst du immer noch mit deinem Lehrer intensiv darüber sprechen. Reiki hat nichts mit okkulten oder merkwürdigen ‚Zuständen' zu tun, aber alles mit der Aufnahme neutraler Lebensenergie. Die Einstimmungen werden von manchen auch argwöhnisch angesehen, weil sie aus der buddhistischen Kultur stammen. Ähnliche Rituale in unserer Kirche dagegen sehen wir als völlig normal an, weil wir es gar nicht anders kennen.
Viele Menschen vor dir haben sich mit den gleichen Ängsten geplagt. Wenn du dich erst einmal an die Handlungen bei der Einstimmung gewöhnt hast, dann wirst du die folgenden genießen, denn es ist ausgesprochen angenehm, sich ihnen zu unterziehen.

127. Ich finde so eine Einstimmung ziemlich nebulös. Was soll ich damit?

Viele Menschen erleben Berichte über eine Einstimmung als etwas Schwammiges, Nebulöses, weil es hier bereits hinein geht in die Arbeit mit Energie, die nicht greifbar, nicht dreh- und wendbar, nicht vergleichbar ist. Energie können wir nicht sehen, ebenso wenig wie Elektrizität, doch wir können sehr wohl ihre Auswirkungen wahrnehmen. So wirst du auch die Effekte einer Reiki-Behandlung und einer Einstimmung wahrnehmen. Hierbei kann dir dein Zweifel durchaus helfen. Indem du dein Streben aufgibst, alles hundertprozentig verstehen zu wollen, kannst du dich einfacher der Energie-Erfahrung hingeben. Wenn du trotz aller Zweifel auf Reiki vertraust, dann öffnest du dich neuen Erfahrungen. Genieße sie einfach, denn es wäre jammerschade, wenn du das nicht tätest. Die Einstimmung dauern ja auch wirklich nicht lange!

128. Werden während der Einstimmungen emotionale Blockaden beseitigt?

Die Einstimmungen heben ausschließlich die Trennung vom Energiefeld auf und sorgen dafür, dass wieder ausreichend Energie aufgenommen werden kann. Emotionale Blockaden können nicht durch die reine Energiearbeit beseitig werden. Emotionaler Blockaden muss man sich erst bewusst werden. Im Moment der Bewusstwerdung ist schon der 1. Schritt zu Veränderung getan. Durch regelmäßige Arbeit mit Energie werden sowohl der Bewusstwerdungsprozess als auch der Veränderungsprozess unterstützt.

129. Was fühle ich bei einer Einstimmung?

Energie ist ein sanfter Strom von Lebenskraft. Der eine fühlt bei einer Einstimmung diese Lebensenergie unmittelbar strömen, der andere weniger oder gar nicht. Es ist auch völlig belanglos, ob du während der Einstimmung Energieströme spürst oder nicht, wenngleich schwankende Kursteilnehmer durch ein solches Erlebnis in ihrem Vorhaben bestärkt werden. Wenn der Lehrer die Frage, ob während der Einstimmung etwas gespürt wurde, zu sehr in den Mittelpunkt stellt, dann besteht die Gefahr, dass all diejenigen, die tatsächlich nichts dabei gespürt haben, glauben, es habe bei ihnen nicht funktioniert. In den meisten Fällen spüren die Eingestimmten wenig oder nichts, es sei denn, sie zählen zu der kleinen Gruppe Menschen, die immer irgendetwas spüren, sehen oder ahnen und daraus jeweils eine große Geschichte machen. Skeptiker werden durch solche Berichte eher in ihrer Skepsis bestätigt. Das Einstimmen ist kein glorreiches Halleluja-Geschehen, sondern ganz simpel eine Einstimmung auf eine Frequenz, das Öffnen einer vorhandenen Tür. Auch ohne großes Tamtam ist dies ein wunderbarer Vorgang!

130. Muss ich bei einer Einstimmung mit Nebenwirkungen rechnen?

Der Eine zeigt tatsächlich körperliche oder emotionale Reaktionen, während ein Anderer nichts oder nur wenig fühlt. Menschen, die normalerweise sehr gestresst sind, können nach der ersten Behandlung und Einstimmung leicht mit Müdigkeit reagieren. Wasser trinken und die Behandlung fortsetzen ist meist der schnellste Weg, diese Nebenwirkungen wieder loszuwerden.

Oft sind die Nebenwirkungen beim 1. Grad am stärksten, weil die Einstimmung auf das Energiefeld eine große Veränderung bedeutet. Manche bekommen sogar etwas Fieber oder Durchfall, was aber auch sonst häufig vorkommt, wenn der Körper etwas zu beseitigen hat.

131. Welche Nebenwirkungen sind möglich?

Die ‚negativen' Nebenwirkungen können von einem allgemeinen Gefühl des Unwohlseins bis zu Kopfschmerzen, Müdigkeit, Harndrang, Missmutigkeit, erhöhte Transpiration, leichtem Fieber oder manchmal sogar Durchfall reichen. Dies sind die Folgen des aktivierten Entgiftungsprozesses, der durch die Einstimmung auf das Energiefeld ausgelöst wird. Die Beschwerden dauern in der Regel nur wenige Stunden, maximal einige Tage an. Der oft verspürte leichte Druck im Kopf verschwindet zumeist gleich nach der nächsten Einstimmung oder nach dem Trinken von viel Wasser. Auf emotionaler Ebene können Veränderungen in der Intensität von Gefühlen auftreten. Auch werden die Träume lebhafter.

‚Positive' Nebenwirkungen sind etwa euphorische Gefühle, ja Verliebtheit – die berühmte rosa Wolke – oder einfach das Gefühl vor Energie zu strotzen. Selbst nach einem an-

strengenden Tageskurs haben manche nicht übel Lust, zu Hause noch groß sauber zu machen (oder fällt das eher unter die Kategorie ‚negative' Nebenwirkungen?). Auch diese Nebenwirkungen dauern von wenigen Stunden bis wenigen Tagen an.
Der Eindruck des Reiki kann auch direkt erlebt werden. Du fühlst dich entspannter, ruhiger und glücklicher. Diese Phase nennt man die 21-Tage-Reinigungsphase (siehe *Frage 148*).

132. Warum muss nach einer Einstimmung genug Wasser trinken?
Dieses wird zur Minderung eventueller Nebenwirkungen empfohlen. Durch ausreichende Wasserzufuhr unterstützt du deinen Körper bei der Ausscheidung von Abfallstoffen (Reinigung). Es ist zwar ohnehin wichtig, täglich genug Wasser zu trinken, dies gilt aber insbesondere nach jeder Reiki-Behandlung.

133. Kann von einem erfahrenen Reiki-Lehrer besser eingestimmt werden als von einem unerfahrenen?
Die Erfahrung eines Lehrers hat nicht unbedingt etwas mit den Einstimmungstechniken zu tun. Ein Lehrer ist lediglich ein Vermittler, wenn er die Techniken anwendet. Auch wenn er die Einstimmung zum allerersten Mal vornimmt, so ist sie nicht besser oder schlechter als wenn die Einstimmung von einem Lehrer gemacht wird, der schon Tausende vollzogen hat. Das Energiesystem der behandelten Person bestimmt unbewusst selbst, was geschieht, nicht der Lehrer. Daher ist der Erfahrungsstand des Lehrers unerheblich.

134. Wenn ein Lehrer selbst Probleme hat, bekomme ich dann weniger Energie ab?
Nein. Der Lehrer ist lediglich ein Vermittler, der dir bei der Einstimmung auf das Energiefeld hilft. Der Reiki-Nutzer stellt selbst die Verbindung her und ‚nutzt' den Lehrer auf der energetischen Ebene als Katalysator, damit die Einstimmung vonstatten gehen kann. Persönliche Probleme des Lehrers haben mit der Energie nichts zu tun.

135. Können bei einer Einstimmung negative Energien übertragen werden?
Diese Frage beschäftigt manche Menschen völlig unnötig, weil sie davon in bestimmten (Reiki-)Büchern gelesen haben. Diese Bücher rufen in denen, welche die Essenz der Energie, ihr Wesen noch nicht völlig verstanden haben, nur unnötige Ängste hervor. Die Autoren erwecken dann leider den Eindruck, dass der Lehrer ein bestimmtes, spirituell reines Niveau haben muss, um andere einstimmen zu können. Tatsächlich spielt die Person des Lehrers bei der Einstimmung keinerlei Rolle (wohl aber in Bezug auf seinen Unterricht!).
Der Lehrer ist einzig und allein ein Kanal für eine neutrale Lebenskraft. Die Antwort ist also schlicht: Nein! Es können durch den Lehrer keine negativen Energien übertragen werden. Ebenso wenig können positive Energien übertragen werden! Energie ist eine neutrale Lebenskraft, die sämtliche Lebensprozesse unterstützt. Zu jeder Zeit bestimmt der Empfänger, was geschieht, wenn auch unbewusst. Menschen, die glauben negative Energie auf andere zu übertragen bzw. übertragen zu können, haben die Essenz des Reiki nicht begriffen. Niemand hat die Macht über dich, es sei denn, du gibst sie ihm. Und das hat nun mit Reiki gar nichts zu tun (siehe auch *Frage 42*).

136. Erfährt mein Lehrer etwas über mich während einer Einstimmung?

Wenn ein Lehrer jemanden einstimmt, dann können beide Seiten Energie wahrnehmen, ebenso wie bei einer Reiki-Behandlung. Jede Einstimmung ist einzigartig und jeder Mensch nimmt sie anders wahr. Der Lehrer kann dem Eingestimmten erzählen, was er gespürt hat, sollte sich aber davor hüten, sich damit interessant machen zu wollen. Indem du als Lehrer ein gutes Vorbild abgibst und dich nicht um übersinnliche Showeffekte kümmerst, sondern einfach nur den Umgang mit der Energie lehrst, lernen die Kursteilnehmer viel mehr darüber, wie natürlich, ja gewöhnlich es ist, sich aus dem Energiefeld aufzutanken.

137. Kann eine Einstimmung misslingen?

Eine Einstimmung ist ein Geschehen, in dem der Lehrer lediglich als Bindeglied zum Energiefeld fungiert. Derjenige, der eingestimmt wird, bestimmt unbewusst, inwieweit die Verbindung zum Energiefeld stattfindet. Jeder Mensch verfügt über einen freien Willen, kann also auch entscheiden, dass die Arbeit mit Energie nicht in sein Leben passt. Das Misslingen einer Einstimmung hängt daher nicht vom Lehrer ab, sondern ist einzig die Folge einer bewussten Wahl desjenigen, der eingestimmt werden sollte.

138. Kann eine Einstimmung ungeschehen gemacht werden?

Nein, das geht nicht. Du kannst lediglich beschließen, sie nie mehr zu benutzen. Energie folgt der Zuwendung. Wenn du also die Intention hast, Energie nicht mehr zu nutzen, wird Reiki bald wieder aus deinem Leben verschwinden. Die Energie selbst ist natürlich nicht weg und ist auch vorher nicht weg gewesen.

139. Wenn ich alle Einstimmungen zugleich bekomme, flippen dann meine Blockaden aus?

Nein, denn dein Energiesystem regelt das unbewusst. Der Lehrer ist nur ein Kanal, ein Vermittler. Dein System nimmt so viel Energie auf, wie nötig und nicht mehr. Daher kann es auch nicht ‚ausflippen'.

140. Wenn ich nichts gespürt habe, werde ich dann die Einstimmung im 2. Grad spüren?

Manche Menschen meinen, sie müssten bei den Einstimmungen unbedingt eine besondere Erfahrung machen. Wenn sie dann nichts spüren, machen sie sich sogleich an den 2. Grad, in der Hoffnung da dann spektakuläre spirituelle Erlebnisse zu haben.

Energie zu erfahren ist nicht abhängig vom Erlangen eines bestimmten Grades, und Wahrnehmungen von Energie wirst du viel häufiger in der täglichen Praxis haben als in den kurzen Momenten der Einstimmungen. Es kann durchaus sein, dass du bei keiner Einstimmung, bei welchem Grad auch immer, irgendetwas spürst. Allerdings werden die Einstimmungen von den meisten Menschen als etwas Angenehmes erfahren, da man in diesen Momenten ganz nah zu sich selbst kommt. Viele berichten von heiteren, friedlichen Gefühlen, während die Energie als solche nicht gespürt wird.

E. Nach einem Reiki-Kurs

141. Wo kann ich Reiki anwenden?

Du kannst Reiki fast überall anwenden (wenn es auch angenehmer ist, sich an einen ruhigen Ort zurückziehen zu können!). Versuche Reiki eher als eine Art Hausmittel zu sehen, etwas, das ganz normal zu deinem täglichen Leben gehört und nicht nur in besonderen Zusammenhängen (Weihrauch geschwängerter Luft, besonderen spirituellen Räumen o. ä.) genutzt wird. Abgesehen davon, dass die wenigsten die Lust haben werden, täglich den ganzen Aufwand der Vorbereitung zu treiben, werden ebenfalls die wenigsten über derartig viel Zeit und Platz verfügen.

Einige Beispiel, wo du Reiki überall einsetzen kannst:

Abends oder morgens im Bett: Für viele Menschen die idealen Zeitpunkte für eine Eigenbehandlung. Morgen können sie so ihren ‚Akku' aufladen, abends können sie sich entspannen und dadurch leichter einschlafen.

Bei der Arbeit: Mit einer Hand auf dem Bauch, mit der anderen tippend oder am Telefon usw. Während langweiliger Konferenzen oder Präsentationen ist Reiki ein wunderbares Mittel, wach zu bleiben (Hilft sicher!) Wenn Stress im Anmarsch ist, dann behandle, so es geht, deine Herzgegend!

Im Stau: Ein guter Zeitvertreib, zumindest macht es dich wieder munter und du kannst wacher weiterfahren, wenn es dann endlich losgeht. Während der Fahrt ist es aus Sicherheitsgründen besser, keine (Selbst-)Behandlung vorzunehmen.

Während einer (langweiligen) Geburtstagsparty: Reiki hältst du dich auch auf einer öden Geburtstagsfeier wach. Behandle deinen Bauch (das kann man machen, während man sich mit der anderen Hand an einem Glas oder einem Häppchen fest hält oder mit jemandem ein ‚spannendes' Gespräch führt). Achte einmal darauf, wie viele Menschen ganz automatisch ihre Hand auf den Bauch legen (oder sollten die alle einen Reiki-Kurs absolviert haben?).

Sogar auf dem WC!: Wenn's auf der Toilette mal etwas länger dauert, kannst du beispielsweise deinen Kopf in die Hände legen (die Hände über die Augen): eine wunderbare Haltung, um wieder zu sich zu finden.

Während eines schwierigen Gesprächs: In schwierigen Besprechungen ist es hilfreich, sich mit den Händen auf dem Bauch selbst zu behandeln. Logischerweise kannst du dich dabei nicht allzu sehr auf dich selbst konzentrieren, weil deine Hauptaufmerksamkeit natürlich beim Gespräch liegt. Es reicht schon, sich ab und zu der Position seiner Hände bewusst zu werden, das gibt schon genug Energie, denn Energie folgt der Zuwendung!

Bein einem Zahnarztbesuch: Wenn du nervös bist (und wer ist das nicht beim Zahnarzt!) ist es hilfreich, dich im Wartezimmer kurz selbst zu behandeln. Sogar im Zahnarztstuhl liegend kannst du dich behandeln, während der Zahnarzt sich deinen Zähnen widmet. Lege einfach eine Hand auf deinen Magen und die andere etwas höher darüber oder wähle eine andere dir angenehme Handposition. Zumindest verlagert das deine Aufmerksamkeit vom Mund zum Bauch und das ist schon die halbe Miete!

Bei Langeweile: Wenn du dich langweilst, dann ist Reiki ein schöner Zeitvertreib!

Beim Warten: Wie oft müssen wir nicht auf etwas oder jemanden warten? Im Wartezimmer beim Arzt, an der Bushaltestelle, am Bahnhof, im Stau, an der Kasse, auf den Mann, die Frau, aufs Taxi, auf den Flieger usw. Die Zeit fliegt nur so vorbei, wenn du die Wartephase für eine Eigenbehandlung nutzt. Zudem schützt es vor aufsteigender Ungeduld und Ärger.

Beim Fernsehen: Auch während du einen Film oder sonst ein Fernsehprogramm anschaust (etwa wenn die ganze Familie begeistert ein Fußballspiel sieht und du langweilst dich), kannst du die Zeit für eine schnelle Eigenbehandlung nutzen.

Im öffentlichen Nahverkehr: Herrlich ist es natürlich, wenn du beide Hände frei hast, etwa im Bus oder in der Straßenbahn, oder auch, wenn du mit jemandem mitfährst (Fahrgemeinschaften o. ä.). Nutze diese Zeit täglich, um dich selbst aufzuladen oder dich zu entspannen.

Im Wald: Reiki im Wald an einem ruhigen Ort ist eine wunderbare Erfahrung. Mitten in der Natur beruhigt es besonders und erhellt zugleich den Geist.

5 Minuten am Frühstückstisch: Lass das Frühstück kurz sacken und gönne dir als ‚Nachtisch' 5 Minuten Reiki, zumindest diese 5 Minuten, jeden Tag!

Nach dem Abendessen: Viele Menschen setzen sich oder legen sich nach dem Abendessen hin, um zu verschnaufen. Wäre doch schön, die Verdauung mit einer Extra-Portion Energie zu unterstützen, oder? Und wenn du anschließend wieder fit genug bist, könntest du doch noch etwas Schönes unternehmen?!

Im Bad: Ein sehr gut geeigneter Moment, die Hände für eine Eigenbehandlung zu benutzen ist der Aufenthalt in der Badewanne!

Wahrscheinlich hast du selbst noch eine Menge anderer Ideen, wo du Reiki anwenden kannst. Man kann es wirklich fast überall nutzen! Siehe dazu auch *Kapitel E. (Teil I: Praxis).*

142. Wie setze ich die Energie in Gang?

Energie folgt der Zuwendung, deiner Intention. Wenn du also die Intention hast, Reiki anzuwenden, dann ist dass eigentlich schon ausreichend. In dem Moment, wo du deine Hände niederlegst, folgt die universale Energie von selbst. Wenn du das schöner findest, kannst du aber auch zuvor den Kosmos um Energie bitten. Auch kannst du das Wort ‚Reiki' quasi als Startsignal für dich selbst aussprechen. Das sind nur zwei Varianten für den Beginn einer Behandlung!

143. Bin ich nach einem Reiki-Kurs ein Heiler?

Heiler bedeutet 'Gesundmacher'. Und das sind wir nach einem Reiki-Kurs sicher nicht. Wir sind lediglich ein Kanal für die Aufnahme und Weiterleitung von Energie in das Energiesystem einer Person. Die übertragene Energie unterstützt die Selbstheilungskräfte auf körperlicher wie geistiger Ebene, ob es nun dich selbst oder jemand anderen betrifft. Der ‚Heiler' ist das Selbstheilungsvermögen des Energieempfängers.

144. Ist der Reiki-Kanal bei jedem gleich ausgeprägt?

Die Größe des Kanals ist sicher bei jedem Menschen anders. Bei der Behandlung bestimmt der Empfänger unbewusst selbst, wie viel Energie er aufnehmen will oder kann und saugt genau diese Energiemenge durch den Kanal des Behandelnden aus dem Energiefeld ab. Die Größe des Kanals ist daher unwichtig.

Selbst wenn der Behandelnde keine Reiki-Ausbildung hat, kann er behandeln. Auch dann bestimmt der Behandelte selbst über die Energiemenge. Allerdings kann das auf Kosten des Energiereservoirs des Behandelnden gehen! (siehe *Frage 23*).

145. Darf ich nach einem Kurs gleich andere behandeln?

Natürlich, noch am selben Tag kannst du es ausprobieren. Zumeist wird geraten, zunächst an sich selbst zu ‚arbeiten' indem sich die Teilnehmer täglich selbst behandeln und erst nach einer ‚Übungsphase' beginnen, andere Menschen zu behandeln. Dieser Rat resultiert aus der Erfahrung, dass viele Menschen alles und jeden behandeln wollen, aber sich selbst vernachlässigen. Alle Aufmerksamkeit richtet sich dann auf andere, während man doch selbst mindestens ebenso viel Aufmerksamkeit bräuchte.

146. Muss ich jeden behandeln, wenn ich einen Kurs absolviert habe?

Nein, natürlich nicht. Müssen musst du gar nichts. Wenn du beschließt, den Rest deines Lebens nur noch dich selbst zu behandeln und niemanden sonst, dann ist das in Ordnung. Es ist dein Leben und dein Entschluss.

Reiki lernt man in erster Linie für sich selbst!

147. Wie behandle ich jemanden, der nicht weiß, was Reiki ist?

Es ist hilfreich, dem zu Behandelnden vorher etwas über Reiki zu erzählen, weil man sonst während der Behandlung zu viel erklären muss. Dann wird eigentlich mehr geredet als es sinnvoll ist und der Behandelte hat nicht die nötige Ruhe, seine Behandlung zu genießen und die Wirkung der Energie zu erfahren.

Das Selbsterleben bringt letztlich die Überzeugung! Versuche also nicht, den Reiki-Unkundigen schon vorher mit allen möglichen Argumenten zu überzeugen, welche gewaltige Wirkung Reiki habe! Man kann sich vorher auch absprechen, dass eventuell während der Behandlung auftretende Fragen anschließend bei einer Tasse Tee noch geklärt werden können, dass aber während der Behandlung Stille herrscht.

Halte die Person an, sich so weit wie möglich zu entspannen und keine allzu großen Erwartungen zu hegen. Häufig genug wird nämlich beim ersten Mal nichts gespürt. Auf diese Weise nimmst du den (Erwartungs-)Druck vom Behandelten und auch von dir.

148. Was ist eine Reinigungsperiode?

Das ist die 21-tägige Periode nach einem Kurs, die dafür vorgesehen ist, die vorgenommenen Einstimmungen ins Energiesystem zu integrieren, sowie Körper und Geist zu entgiften. Diese 21 Tage sind ungefähr die Zeit, die Körper und Geist benötigen, sich mit dem wieder gefundenen Strom der Energie vertraut zu machen. Mehr dazu in *Frage 242*.

Um diese Phase so effektiv wie möglich zu nutzen, ist es selbstverständlich, sich jeden Tag eine komplette Eigenbehandlung zu gönnen sowie viel Wasser oder Kräutertee zu trinken (möglichst wenig oder keinen Alkohol!), umso die Entgiftung zu unterstützen. Durch die tägliche Reiki-Routine wird Reiki zum Bestandteil deines täglichen Lebens. Wenn du dir in der Reinigungsperiode schon eine feste tägliche Zeit zur Eigenbehandlung wählst, dann hilft dies, auch nach der Phase mit Reiki ganz natürlich weiterzumachen.

149. Ich bin nach einem Kurs immer so reizbar. Ist das normal?

Das kann vorkommen. Wenn du dir bewusst wirst, dass es durch die Einstimmungen gekommen ist und sich bei dir offensichtlich eine Menge Veränderungen im Inneren abspielen, dann kannst du etwas dagegen tun. Eigenbehandlungen helfen dir, dich wieder zu stabilisieren. So verhinderst du, dass du dich unnötig an anderen abreagierst.

150. Wie kommt es, dass ich durch Reiki manchmal so leicht im Kopf werde?

Das kann mit dem *Erden* zu tun haben, also die Weise, in der du im Kontakt mit der Erde bist. Wenn deine Energie zu hoch sitzt, also zu viel im Kopf und zu wenig in den Füßen, dann kann das buchstäblich ein Gefühl des Schwebens hervorrufen. Indem du während einer Behandlung beide Füße fest auf den Boden stellst, ziehst du die Energie wieder nach unter und stellst so das Gleichgewicht wieder her. Siehe mehr dazu in *Kapitel G. (Teil I: Praxis).*

151. Stimmt es, dass nach einem Kurs meine Haustiere anders auf mich reagieren?

Haustiere sind im Allgemeinen sehr empfänglich für Energie und reagieren entsprechend empfindlich auf Veränderungen (etwa schon auf unterschiedliche Launen ihres Besitzers). Vor allem Hunde reagieren sehr stark. Das Ausmaß der Reaktion hängt wesentlich vom Ausmaß der Veränderungen in deinem Energiefeld ab. Gib deinen Haustieren etwas Zeit, sich an deine veränderte Aura und die Reiki-Behandlungen zu gewöhnen.
Siehe dazu mehr im *Kapitel G. (Teil I: Theorie).*

Das Reiki-Gefühl

152. Was fühle ich, wenn ich behandle?

Es ist möglich, dass du bei der Behandlung die Energie direkt wahrnimmst, es kommt aber immer wieder auch vor, dass du nur wenig oder gar nichts dabei spürst. Du kannst die Auswirkungen spüren als Wärme, Kälte, aufsteigende Hitze, als ein Gefühl des Strömens und Prickelns (so wie ein ‚eingeschlafenes' Bein prickelt, wenn es ‚wach' wird, aber etwas subtiler), Stechen, Bohren, ein Gefühl, das die Hände nicht weggenommen werden können, als ein Gefühl, dass die Hände nun unbedingt weggenommen werden müssen, als leichte Brise direkt an den Händen, wenn du diese ein wenig vom Körper abhebst, Wellen, ein Glückgefühl,

ein eher missmutiges Gefühl usw. Manche Menschen spüren nur ein leichtes Kribbeln in den Füßen. Die Empfindungsvarianten sind also vielfältig.
Wenn du von all dem nichts spürst, heißt das aber noch lange nicht, dass nichts geschieht! Möglicherweise nimmst du es nur einfach in dem Moment nicht wahr. Das Faktum, dass bei einer Behandlung der Eine sehr viel, der Andere aber gar nichts spürt, ist ein Beweis dafür. Es ist einfach eine Frage der zufälligen Wahrnehmung und des individuellen Erlebens. Du wirst erleben können, dass deine Hände an einer Position ganz warm werden, an einer anderen aber kalt bleiben, oder dass du an einem Tag während der gesamten Behandlung nichts wahrnimmst, am anderen Tag bei der Behandlung derselben Person aber wiederum sehr viel spürst. Das Gleiche gilt, wenn du dich selbst behandelst.

153. Was fühle ich, wenn ich behandelt werde?
Vorangestellt sei, dass du überhaupt nichts bei einer Behandlung empfinden brauchst. Wenn du etwas spürst, dann können es Empfindungen von Wärme, Kälte oder Kribbeln sein, ein Bohren, dann wieder als ob Wellen über bzw. durch deinen Körper schwappen, ein Gefühl der Leichtigkeit oder der Schwere, sehr angenehme ‚Wohlgefühle' bis hin zum Empfinden, dass es nun reicht.

154. Fühlen der Behandelnde und der Behandelte während einer Behandlung dasselbe?
Nein. Die Energie wird sogar meist von beiden sehr unterschiedlich erlebt. Es ist die Dynamik der Energie, die wahrgenommen werden kann und das empfindet der Behandelnde beispielsweise in dem Moment als Kältereiz, der Behandelte hingegen empfindet das als Wärme, was übrigens nichts mit der Körperwärme des Behandelnden bzw. des Behandelten zu tun hat.

155. Wie kommt es, dass ich die Energie zu Anfang sofort spürte und nun manchmal gar nicht mehr?
Menschen, die gleich zu Beginn sehr starke Empfindungen hatten (etwa direkt nach der Einstimmung 1. Grades), laufen Gefahr übermütig zu werden. Sie haben dann die Erwartungshaltung, dass sie nun immer gleich sofort die Energie strömen spüren müssten.
Energie fließt immer und wenn du das (zufällig) wahrnimmst, dann ist das sehr schön und gerade für Anfänger auch eine willkommene Bestätigung. Wenn du es nicht (mehr) strömen fühlst, dann heißt das nicht, dass keine Energie fließt. Energie fließt immer und der Empfänger bestimmt wie viel und in welchem Umfang. Du bist nur der Kanal, der manchmal spürt, was durch ihn hindurch strömt und manchmal eben nicht. Energie findet am einfachsten ihren Weg, wenn keine Einschränkungen oder Vorbehalte diesen Weg behindern. Etwas spüren zu wollen ist bereits ein solcher Vorbehalt. Siehe auch die folgende Frage.

156. Wie kommt es, dass mein Reiki-Gefühl nach ein paar Wochen verschwunden war?
Vor allem wenn du gleich zu Anfang sehr angenehme Empfindungen dabei hattest, fällt es manchmal schwer zu akzeptieren, wenn diese ‚normal' werden. Du denkst dann, dein (besonderes) Reiki-Gefühl sei verschwunden.
Du kannst davon ausgehen, dass die ‚positiven' Nebenwirkungen nachgelassen haben und Reiki nun zu einem normalen und natürlichen Energiestrom in deinem Leben geworden ist.

Du hast dich einfach an die Energie gewöhnt, die erst etwas Spektakuläres hatte und nun völlig normal für dich geworden ist. Nur weil die überwältigenden Anfangsgefühle nicht mehr da sind, kommen dir Zweifel. Und doch strömt die Energie weiter und du kannst es auch an den Effekten auf dein Leben ablesen. Betrachte die Energie als eine tägliche Nahrung deines Energiesystems und sei nicht enttäuscht, auch wenn die Schalmeien und Trompeten nicht mehr tröten.

157. Kann ich eine Besserung erwarten, auch wenn ich nichts gespürt habe?

Mit der Zeit wirst du lernen, dass auch bei Behandlungen, bei denen du nichts gespürt hast, Energie zugeführt wurde. Wir können nicht vorher sagen, was eine Behandlung bewirken wird, da wir das Energiesystem nicht aktiv steuern können. Wir können nur als Kanal für den Energiefluss dienen, den Rest macht das System allein. Verbesserungen können sich in vielfältigen Ausprägungen zeigen und daher sollten wir keine bestimmten Erwartungen hegen. Was auf den ersten Blick nicht als Verbesserung erscheint, kann auf längere Sicht genau der Wendepunkt gewesen sein, der nötig war. Auch wenn es scheint, dass nichts weiter geschehen ist, so können doch energetische Prozesse in Gang gesetzt worden sein, deren Ergebnisse sich erst viel später zeigen.

158. Wie weiß ich, dass ich nicht zu viel Energie übertragen habe, wenn ich selbst nichts spüre?

Energie fließt nur in dem Umfang, den der Empfänger unbewusst bestimmt und nur so viel, wie er braucht. Wenn er also genug aufgenommen hat, beendet sein System automatisch jede weitere Aufnahme, selbst wenn du als Behandelnder noch Stunden weiter arbeitest. Du kannst nie zu viel Energie übertragen, denn der Behandelte bestimmt selbst, wie viel er braucht bzw. will.

159. Gesetzt den Fall, ich spüre nie etwas: Wie gehe ich damit um?

Viele Menschen verrennen sich in den Gedanken, sie müssten unbedingt etwas spüren, wenn sie einen Reiki-Kurs gemacht haben und sie glauben, dass nichts geschehe, wenn sie es nicht auch fühlen. Wenn sie dann tatsächlich nichts spüren, kommen Zweifel hoch, ob man vielleicht nicht richtig auf das Energiefeld eingestimmt wurde. Diese Zweifel führen dann zu einem Teufelskreis. Sie erwarten bestimmte Ergebnisse und faktische Bestätigungen und dann könnten sie sich selbst leider im Weg stehen. Alles Reiki-Wissen werfen sie dann vielleicht unnötig in die Ecke. Entscheide dich im Zweifel immer zugunsten des Reiki und sage dir immer wieder, dass es nicht nötig ist, etwas zu spüren. Löse dich von deinen Erwartungen. Wichtig ist schließlich das, was der Energiestrom bewirkt und nicht, ob man ihn als solchen wahrnimmt.

160. Wenn ich nichts fühle, bin ich dann falsch eingestimmt?

Wenn Menschen bei einer Behandlung nur wenig oder gar nichts wahrnehmen, dann liegt das nicht an einer falschen oder schlechten Einstimmung, was allerdings immer wieder fälschlich behauptet wird (zumeist mit dem (finanziellen) Hintergedanken: Komm' lieber zu mir, ich kann das besser!). Auch dein Lehrer ist nur ein Kanal für die Energie, den Rest machst du letztlich unbewusst selbst. Du kannst jeden beliebigen Kanal des 3. Grades ‚benutzen' um den Einstimmungsprozess durch dein Energiesystem und dein (Un-)Bewusstsein vollziehen zu lassen. Ähnlich wie auch bei einer Reiki-Behandlung das System des Empfängers die Menge der aufgenommenen Energie bestimmt, so bestimmst auch hier du selbst. Die Fähigkeiten und persönlichen Angelegenheiten des Lehrers tun dabei gar nichts zur Sache. Das Spüren des Energiestroms ist absolut nebensächlich. Wenn du die Intention hast, ein Kanal für die Energieströme zu werden (und darum besuchst du ja einen Reiki-Kurs), und du dich auf das Energiefeld einstimmen lässt, dann ist das völlig ausreichend.

161. Wie kommt es, dass ich nicht so viel spüre?

Manche Menschen sind nun einmal sensibler als andere (was nicht bedeutet, dass weniger sensible Menschen weniger entwickelt wären!). Darüber hinaus kann es viele Ursachen haben, dass du weniger spürst.

Einige Möglichkeiten sind im Folgenden aufgeführt:

- ▹ Du bist ohnehin kein Gefühlsmensch sondern jemand der alles eher rational angeht, der nach seinem Kopf, weniger nach seinem Bauch lebt (durch die Energiearbeit findet diesbezüglich ein Ausgleich statt!)
- ▹ Du hast bedingt durch deine Erziehung und/oder durch die Emotionsfeindlichkeit unserer Kultur allgemein, den Umgang mit deinen Gefühlen verlernt. Das wird dir im Laufe der Reiki-Arbeit mehr und mehr bewusst – Bewusstwerdung ist der erste Schritt zur Veränderung.
- ▹ Möglicherweise hast du infolge einschneidender Erlebnisse gelernt, Gefühle zu verdrängen, schlicht um überleben zu können. Das ist ein Schutzmechanismus, der im Lauf der Energiearbeit umgewandelt werden kann, indem du deine eigene Mitte findest und dir deiner selbst bewusst wirst.

162. Was kann ich tun, um mit meiner Gefühlswelt wieder zusammenzukommen?

- ▹ Die vielfache Behandlung des eigenen Körpers, namentlich der Herzgegend, des Bauchs und des Magens verbinden dich wieder mit deiner Gefühlswelt.
- ▹ Regelmäßige Meditation und Behandlungen machen deinen Kopf leer und frei (siehe auch *Frage 233*) und du kommst wieder in Kontakt mit deinen Gefühlen, die unter all den Gedanken verschüttet waren.
- ▹ Wenn du den Eindruck hast, nicht mit dir selbst und deinem Körper ‚zusammen zu sein', dann solltest du dich vermehrt *erden*. Du wirst staunen, was eine gute Erdung alles bewirken kann und wie sie insbesondere deine Gefühle stärkt. Siehe *Kapitel G. (Teil I: Praxis).*

163. Wenn ich emotional wieder auf der Höhe bin, habe ich dann auch intensivere Wahrnehmungen?

Reiki kann tief greifende Änderungsprozesse in Gang, sowie innere Ruhe und Glück bringen. Und dass allein durch die Tatsache, dass es dich wieder mit deinen Gefühlen in Einklang bringt. Diese Prozesse sind doch viel wichtiger, als sich mit dem Wunsch nach Wahrnehmung des Energiestroms herumzuplagen?! Partout etwas spüren zu wollen ist wieder eine Kopfgeburt. Empfindungen, Wahrnehmungen kommen ganz von selbst, wenn du deinen Emotionen nahe und ganz und gar in deinem Körper bist. Für den Ablauf der inneren Vorgänge sind sie jedoch völlig unerheblich!

164. Gibt es eine Übung, um universale Energie fühlen zu lernen?

Lies dazu die Übung ‚Fühlen der Lebensenergie' im Buch von Brigitte Ziegler (*Erfahrungen mit Reiki*; die Angaben dazu in *Teil IV: Sonstige Informationen*). Ein Teil der Übung geht wie folgt:

Setze dich ganz ruhig hin und versuche, einen innigen Kontakt zu deinem Körper herzustellen, indem du intensiv an ihn denkst, an deine Füße, deine Beine, deinen Bauch usw.:

1. Leg die Hände mit den Handflächen aufeinander.
2. Spüre, was zwischen deinen beiden Händen geschieht.
3. Ziehe sie dann ganz langsam auseinander, bis sie 20-30 cm voneinander entfernt sind.
4. Führe sie dann wieder ganz langsam aufeinander zu.

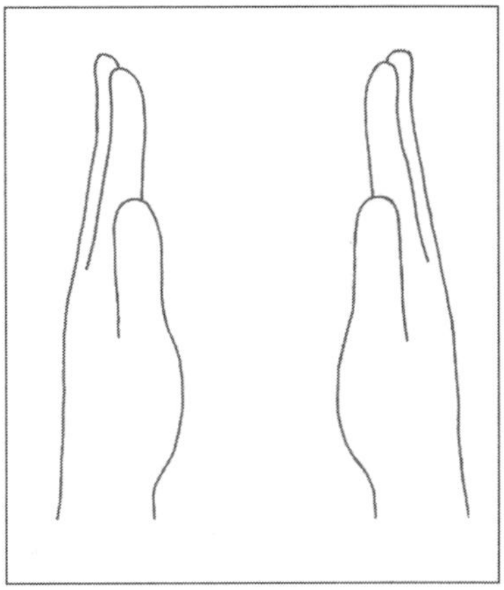

Die Entfernung zwischen den Händen kannst du frei variieren.

- ▹ Was fühlst du *in* deinen Händen?
- ▹ Was fühlst du *zwischen* deinen Händen?
- ▹ Spürst du eine Verbindung, wenn du sie auseinander ziehst?
- ▹ Spürst du etwas in deinen Fingerspitzen?

Falls du nicht fühlst, gerate nicht gleich in Panik!. Manchmal braucht es ein wenig Übung (und vor allem die Lösung von der Vorstellung, es müsse doch etwas zu spüren sein!), bevor sich tatsächlich Gefühle einstellen.

Verschiedenes

165. Warum nehme ich mir eigentlich nicht die Zeit für mich und Reiki?

- ▹ Möglicherweise bist du noch zu sehr in alten Gewohnheiten befangen. Nach dem Kurs ist dein Leben wieder in die alten Bahnen geraten und da gerät auch die Reiki-Behandlung schnell in Vergessenheit, vor allem wenn sie noch nicht zur täglichen Routine geworden ist. Mache es dir zur Gewohnheit in den ersten Wochen bzw. Monaten eine feste Zeit und einen festen Ort für eine Eigenbehandlung einzurichten. Oder behandle dich kurz zu verschiedenen Gelegenheiten den Tag über: beim Aufstehen, nach dem Essen oder vor dem Schlafengehen.

Wenn du nach einer Weile die wunderbaren Auswirkungen des Reiki erlebst, dann wirst du es schon vermissen, wenn du dich nur ein paar Tage nicht selbst behandelt hast. Integriere Reiki fest in deinen Tageslauf und du wirst dir die nötige Zeit dafür nehmen.

- Vielleicht gönnst du dir selbst aber auch nichts. Möglicherweise bist du jemand, der immer und jederzeit für andere da ist, um ihnen zu helfen, der sich selbst dabei aber vernachlässigt?! Wenn du dir schon diese Frage stellst, so hast du schon den ersten Schritt in Richtung einer Veränderung gemacht. Du wirst dir bewusst, dass du dir keine oder nicht genug Zeit für dich nimmst. Wenn du dich genügend um dich selbst kümmerst und dir Gutes tust, dann ist es auch leichter, anderen Gutes zu tun.
- Es kann auch mit einer Art Selbstsabotage zu tun haben. Vielleicht behandelst du dich ja mit Reiki, aber immer gerade dann, wenn du es am nötigsten bräuchtest, tust du es nicht. Wenn du beispielsweise lustlos oder depressiv bist usw. Dann ist reine Willenskraft gefordert, dich dann doch zu behandeln. Die Willenskraft brauchst du aber nur, um zu beginnen. Bald wirst du die wohltätige Wirkung des Reiki erleben und dich dann fragen: Wieso wollte ich eigentlich nicht? Gerade in Zeiten des Stresses und der Hektik ist Reiki eine wunderbare Methode, sich in positive Bahnen zu lenken, anstatt sich in eine negative Stress-Spirale hineinziehen zu lassen.
- Vor allem zu Anfang erkennst du vielleicht noch nicht den Wert des Reiki und lässt die Eigenbehandlungen daher in der Hektik deines Alltags schnell links liegen. Und dabei kann dir Reiki gerade jetzt wunderbare Dienste erweisen!
- Wenn du Zeit hast, zu essen, zu schlafen, zur Toilette zu gehen oder zu grübeln, dann bleibt auch immer etwas Zeit für Reiki. Verabreiche dir doch lieber eine Reiki-Behandlung, anstatt vor dich hin zugrübeln!

166. Kann ich Energie übertragen, während ich fernsehe?

Weil es nicht notwendig ist, innerlich ‚leer' zu sein, um eine Reiki-Behandlung zu geben, kannst du sogar beim Fernsehen behandeln. Wenn du allerdings zu sehr im Filmgeschehen gefangen bist, wird sich deine Aufmerksamkeit nicht mehr auf die Behandlung lenken lassen und der Energiestrom wird abbrechen. Energie folgt der Zuwendung.

167. Kann ich zugleich massieren und Energie übertragen?

Durch Massage werden Abfallstoffe frei und deren Abtransport wird angeregt. Die gleichzeitige Reiki-Behandlung sorgt für eine schnellere Ausscheidung und insofern ist eine Kombination von Massage und Reiki ideal. Wie du dann Reiki anwendest, hängt vor dir und der von dir praktizierten Massagetechnik ab.

Du kannst entweder massieren, zwischendurch damit aufhören, um Reiki zuzuführen und dann mit der Massage fortfahren. Du kannst auch eine Massage mit einer Reiki-Behandlung abschließen. Wenn jemand speziell für eine Massage zu dir kommt, frage am besten zuvor, ob er oder sie überhaupt auch eine Reiki-Behandlung möchte.

168. Kann ich eine Behandlung vornehmen, wenn ich Alkohol getrunken habe?

Wenn du alkoholisiert behandelst, kann es passieren, dass dir schwindelig dabei wird, so als ob sich der Alkoholgehalt deines Blutes abrupt erhöhen würde. Mein Rat: Trinke vor einer Behandlung keinen Alkohol. Aber letztlich ist es deine Entscheidung.

169. Spreche ich beim Reiki von Patienten oder Klienten?

Man spricht immer von Klienten und nicht von Patienten. Das Wort Patient impliziert medizinische Aspekte und suggeriert, dass du medizinische Fähigkeiten hast, Menschen heilen kannst und Befugnisse wie ein Arzt hast. Reiki ist immer nur Ergänzung nicht Ersatz für eine reguläre medizinische Therapie. Darum sprich lieber von Klienten.

170. Gibt es eine spezielle Reiki-Zeitschrift?

In zahlreichen esoterischen oder alternativ-medizinischen Zeitschriften wird immer wieder über Energie und auch über Reiki berichtet. Eine spezielle Zeitschrift ist das *Reiki Magazin* (siehe auch im Internet unter *www.Reiki-magazin.de*).

171. Darf ich für eine Reiki-Behandlung Geld fordern?

Viele Menschen haben Schwierigkeiten damit, für Energie, die doch im Überfluss da ist, Geld zu fordern. Wenn du eine eigene Praxis hast, dann ist es selbstverständlich, dass du für deine Dienste ein Honorar forderst. Im privaten Umfeld ist die Frage schwieriger zu beantworten, da dort ohnehin ein natürliches Geben und Nehmen stattfindet. Ein Beispiel: Ein Freund hat dir beim Anstreichen geholfen und möchte eine Reiki-Behandlung vor dir. In diesem Falle Geld zu fordern, könnte nicht gut für die Harmonie sein.
Manche Menschen fühlen sich verpflichtet, wenn du ihnen (zu) viel Zeit gewidmet hast und möchten darum lieber gar keine weitere Behandlung mehr von dir erbitten. In diesen Fällen kannst du sie ggf. tatsächlich deine Zeit (nicht die Energie) honorieren lassen, entweder mit Geld oder indem sie dir etwas Gutes tun (irgendwobei helfen, einen Kuchen backen o. ä.). Handle in dieser Frage so, dass du dich gut dabei fühlst. Regeln gibt es hier nicht.

172. Werden Reiki-Behandlungen von den Krankenkassen bezahlt?

In der Regel nicht. Informiere dich trotzdem vor einer Behandlung bei deiner Versicherungsgesellschaft, ob sie eine Behandlung zahlen oder nicht. Immer mehr Versicherungen gehen in ihrem Wettbewerb um Klienten dazu über auch alternative Heilmethoden zu bezahlen.

173. Kann ich schon eine Praxis eröffnen, wenn ich erst den 1. Grad habe?

Das geht, doch ist es ratsam, erst einmal eine Weile an sich selbst und anderen zu ‚üben', bevor man eine professionelle Praxis eröffnet.

Folgende Punkte sollen für die Entscheidung, eine eigene Praxis zu eröffnen, als Richtschnur dienen:

- ▷ Habe ich Reiki schon so in mein eigenes Leben integriert, dass ich die Essenz der Energie vollständig verstanden habe? (Das ist die absolute Minimalvoraussetzung für den Beginn einer professionellen Arbeit mit Reiki!)
- ▷ Habe ich mir die Theorie zu Eigen gemacht und ausreichend Praxiserfahrungen an mir und deren gesammelt?
- ▷ Bin ich mir bewusst, dass Reiki nur eine Ergänzung, nie ein Ersatz für reguläre medizinische Therapien ist?
- ▷ Kann ich jemand anderen so akzeptieren, wie er ist, auch wenn seine Lebensauffassung und seine Art zu leben sich von der meinen völlig unterscheidet?
- ▷ Habe ich die Einfachheit des Reiki erkannt?
- ▷ Ist mir bewusst, dass ich mit Reiki nicht heilen kann, sonder dass sich der Behandelte vielmehr nur selbst heilen kann?
- ▷ Bin ich ein ‚vorbehaltloser' Kanal?

  - ▷ Halte ich mich für weiter entwickelt als der Durchschnitt?
    (Dann warte noch etwas!)
  - ▷ Finde ich es toll, mein Wissen zu zeigen und halte ich Reiki für eine unverzichtbare Methode, die jeder nutzen müsste?
    (Dann bist du noch nicht reif für eine eigene Praxis!)
  - ▷ Neige ich dazu, Therapeut zu spielen?
    (Dann bist du ganz sicher noch nicht reif für eine eigene Reiki-Praxis!!)

Falls du schon eine eigene Praxis, etwa eine physiotherapeutische Praxis oder einen Kosmetik-Salon, hast, ist es einfacher Reiki-Behandlungen als Zusatzangebot anzubieten.

174. Was muss ich bedenken, wenn ich eine Praxis eröffne?

Bevor du eine eigene Praxis eröffnest, sind eine Menge Dinge zu regeln:

- ▷ Du musst ein Gewerbe anmelden und dich bei der zuständigen Behörde nach den Bedingungen für die Eröffnung einer Reiki-Praxis erkundigen.
- ▷ Ein Besuch beim Finanzamt oder einem Steuerberater ist wichtig zur Klärung der steuerlichen Aspekte (Umsatzsteuer, Einkommensteuer etc.)
- ▷ Hilfreich ist auch ein Kurs in Buchhaltung oder die rechtzeitige Einschaltung eines Bürodienstleisters, der die Buchhaltung etc. übernimmt.

F. Reiki und deine Familie und Freunde

175. Mein Partner will mit Reiki nichts zu tun haben, und jetzt?
Es kommt regelmäßig vor, dass Menschen einen Reiki-Kurs besuchen, deren Partner damit nichts zu tun haben wollen. Meistens beruht diese Ablehnung auf Unkenntnis. Die meisten Partner fürchten, ihr Mann oder ihre Frau würden durch einen solchen Kurs ‚abheben. Manchen glauben auch, dass Reiki etwas Okkultes oder Sektiererisches sei oder mit Magie (womöglich sogar Schwarzer Magie) zu tun habe, was absoluter Unsinn ist. Den Partner durch eine entsprechende Broschüre, ein Buch oder ein Gespräch mit dem betreffenden Lehrer zu informieren, ist meist schon die Lösung des Problems.
Allerdings kannst du niemanden zwingen an Reiki zu ‚glauben', erst recht nicht, wenn religiöse Argumente ins Spiel kommen. Etliche Kirchen lehnen alternative Methoden schlichtweg ab. Was man nicht kennt, lehnt man lieber ab.
Den Partner mit Worten zu überzeugen funktioniert meist nicht. Vielleicht kannst du ihm/ihr die größten Ängste nehmen, indem du erklärst, dass Reiki neutrale Energie ist, die dieses und jenes bewirken kann, anderes aber nicht. Sich darüber zu streiten hat keinen Sinn. Ansonsten kannst du den Partner nur insofern an deinem Weg teilhaben lassen, als du offen und ehrlich berichtest, was du erlebst und zeigst, dass du weiterhin mit beiden Beinen auf der Erde bleibst und nicht ‚abhebst'. Wenn sich die Gelegenheit ergibt, kannst du deinem Partner ja anbieten, ihm die Hände an der betreffenden Stelle aufzulegen (etwa wenn er sich gestoßen hat oder ihm irgendwie nicht wohl ist). Lege dann einfach kurz die Hände an ein, zwei relevanten Stellen auf, mehr nicht. Wenn er das nicht zulässt, dann respektiere das. Auch er hat wie du einen freien Willen!

176. Entwickeln mein Partner und ich uns deshalb nicht auseinander?
Warum? Dein Leben geht nach dem Reiki-Kurs einfach weiter. Wenn es in der Beziehung schon Probleme gab, werden sie dir möglicherweise nach dem Kurs bewusster. Das heißt aber noch nicht, dass ihr euch deshalb auseinander entwickelt. Im Gegenteil könnt ihr jetzt einander zeigen, dass ihr die Denkweise und die Gefühle des anderen respektiert. Gerade Unterschiede bereichern eine Beziehung und das Leben ungemein. In dem du mit dir selbst ins Reine kommst, kannst du auch leichter akzeptieren, das andere nicht mit dir einer Meinung sind, und dass dies nicht unbedingt ein Grund sein muss, auseinander zu gehen. Jeder Mensch, jeder Lebensweg ist einzigartig und es ist erhebend, sich dessen wirklich bewusst zu werden. Der Ying-Yang-Aspekt (Gegensätze ziehen sich an und bilden eine Ganzheit; so wie der Tag nicht ohne die Nacht auskommt und die Nacht nicht ohne den Tag) findest sich in vielen Beziehungen.

177. Wie kann ich jemanden von Reiki überzeugen?
Indem du einfach Reiki anwendest, wenn die Situation es zulässt (und der Behandelte zustimmt!). Jemanden mit Worten überzeugen zu wollen, gestaltet sich meist schwierig.

Menschen glauben etwas erst, wenn sie es selbst gesehen bzw. erlebt haben, nicht vorher. Wenn du dir bewusst bist, dass auch eine Behandlung nicht sofort eine überzeugende Wirkung haben muss, verhinderst du blockierende Erwartungshaltungen in dir selbst und in der Person, die du behandeln willst. Und so gehst du zugleich möglichen Enttäuschungen aus dem Weg.

178. Wie erzähle ich, was Reiki ist, ohne dass man mich auslacht?

Allein die Gewissheit, dass es selten gelingt, jemanden mit Worten über die Wirkung der Energie zu überzeugen, macht es in gewisser Weise leichter, mit skeptischen Menschen umzugehen.

Frage doch einfach, ob derjenige schon etwas über Akupunktur wisse, was meist der Fall ist. Davon ausgehend kannst du die Verbindung zu den Energiepunkten und zur Wirkung von Energie herstellen und erzählen, dass beim Reiki die Hände zur Übertragung von Energie genutzt werden. Vielleicht lachen dann immer noch einige. Bleib ganz du selbst und erinnere dich, dass du vielleicht auch anfangs sehr skeptisch warst und versuche dafür zu sorgen, dass die Diskussion nicht unnötig ausartet. Jeder hat das Recht auf seine eigenen Überzeugungen, als auch darauf anzunehmen, Reiki sei Unsinn.

179. Was, wenn ich eine bestimmte Person nicht behandeln will?

Niemand kann dich zwingen jemanden zu behandeln, wenn du dies nicht willst. Reiki ist zunächst einmal für die selbst, erst in zweiter Linie für andere. Wenn du ein schlechtes Gefühl dabei hast, warum solltest du dich dann dazu zwingen (lassen)?

180. Kann ich Kinder mit Reiki behandeln?

Kinder sind sehr empfänglich für Energie. Sie zeigen auch sehr schnell, wenn sie genug haben, weshalb du Kinder sehr gut ‚zwischendurch' behandeln kannst, beispielsweise ganz spontan, wenn sie bei dir auf dem Schoß sitzen. Die Behandlung selbst ist kurz und das ist für Kinder auch gut so. Kinder lassen sich auch meist nicht lange am Esstisch halten, weil sie es da zu langweilig finden. Wie solltest du sie dann auf eine Behandlungsliege bringen? Wenn sie schon ein bisschen über Reiki wissen, werden sich ihre Fragen von selbst einstellen, vielleicht wollen sie sogar mitmachen, wenn du jemand anderen behandelst.

181. Kann ich meine Großeltern mit Reiki behandeln?

Selbstverständlich. Es kann allerdings sein, das ihnen, wie vielen älteren Menschen, bei einer Behandlung leicht schwindelig wird. Hilf ihnen anschließend also vorsichtig von der Behandlungsliege herunter. Achte bei einer Behandlung im Sitzen darauf, dass sie beide Füße fest auf den Boden stellen. In beiden Fällen sollte die Behandlung nicht zu lange dauern.

G. Tiere, Pflanzen & Co.

182. Kann ich Tiere behandeln?

Tiere sind mit demselben Energiefeld verkoppelt wie wir Menschen. Darum können auch Tiere Energie aufnehmen, ja sie reagieren in der Regel sogar sehr gut auf eine Reiki-Behandlung. Bei Haustieren können sich beim ersten Mal durchaus merkwürdige Reaktionen zeigen, doch das gibt sich, wenn sie sich erst ein wenig daran gewöhnt haben. Ebenso wie manche Menschen, laufen auch manche Tiere vor Reiki weg. Das muss man einfach respektieren. Mit Zwang kommst du da nicht weiter und würdest nur Macht ausüben statt Energie zu übertragen.
Im Allgemeinen legst du deine Hände so auf, wie es für dich und das Tier am angenehmsten ist. Bei einer schmerzenden Pfote legst du die Hände auf die Pfote, sofern das Tier dies zulässt.

Hunde

Während der ersten Behandlung reagieren Hunde manchmal so, als ob sie etwas völlig Unbekanntem gegenüber stehen. Sie werden nervös und beginnen, sich um sich selbst zu drehen. Halte die Behandlung dann so kurz wie möglich und gib dem Hund die Chance, sich daran zu gewöhnen. Hunde reagieren sowieso sehr stark auf deine Aura, die wiederum sehr von deinen Stimmungen beeinflusst wird.

Katzen

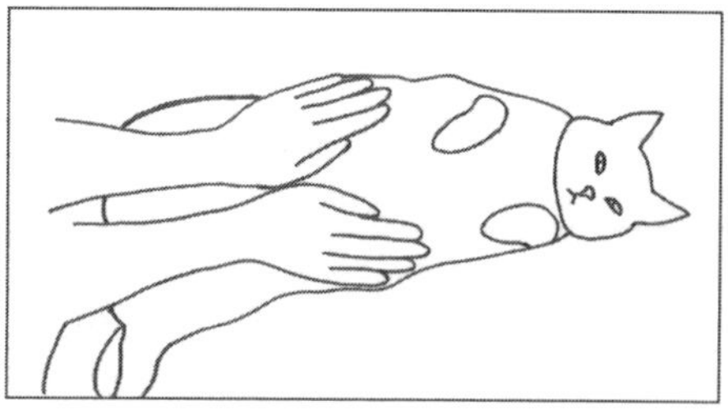

‚Katzen lieben Reiki' stand einmal in einer Zeitschrift. Für die meisten stimmt das tatsächlich, aber es gibt auch Katzen, die nichts davon wissen wollen. Das merkt man daran, dass sie zwar sofort zu dir kommen, um zu schmusen, aber sofort weglaufen, wenn du beginnst sie zu behandeln. Wenn eine Katze auf deinem Schoß liegt, ist es sehr einfach sie zugleich zu streicheln und mit Reiki zu behandeln. Ältere Katzen haben häufig Nierenprobleme. Zur Unterstützung kannst du ihren Rücken in Nierenhöhe energetisch behandeln.

Vögel

Einem verletzten oder unter Schock stehenden Vogel kannst du in deinen Händen halten und ihm etwas Energie übertragen, damit er wieder zu sich kommt. Möglicherweise braucht er aber auch fachkundige Hilfe von einem Tierarzt oder einer Vogelstation in deiner Nähe.

Pferde / Kühe

Pferde reagieren sehr sensibel auf Energie und sind geradezu wild auf Reiki. Schnell wirst du zu einer Art Pferdeflüsterer, wenn du sie behandelst! Allerdings werden manche Pferde

auch sehr unruhig davon, es ist also durchaus Vorsicht geboten. Wenn du von Pferden keine Ahnung hast, ist es besser, du lässt dich von einem erfahrenen Pferdefachmann begleiten.
Zwischenzeitlich gibt es auch eine Reihe von Landwirten, die Reiki im Stall anwenden. Sie haben gelernt, dass ihr Vieh sich viel wohler fühlt und ruhiger ist, wenn es regelmäßig mit Reiki behandelt wird und setzen die Energie auch ein, wenn ein Tier Schmerzen hat und Unterstützung braucht.

Neben den oben genannten Tierarten können natürlich auch Hühner, Schweine, Karpfen, ja sogar Seehunde mit Reiki behandelt werden. Du kannst auch Mäuse oder Frösche, die manchmal von Katzen mit nach Hause gebracht werden, in die Hände nehmen und ihnen Energie übertragen, bis sie wieder zu sich kommen. Wenn dann ihr Herz wieder im für sie normalen Takt klopft und sie sich wieder bewegen, dann wird es Zeit, sie wieder frei zu lassen.

- ▷ Alle Tiere können mit Reiki behandelt werden (solange sie dich selbst nicht in Gefahr bringen! Wenn die Tiere dir gefährlich werden können, dann behandle sie lieber auf Entfernung, siehe *Kapitel K. (Teil I: Theorie))*!
- ▷ Beachte, dass bei kleinen Tieren der Herzschlag sehr viel schneller ist, als bei großen Tieren. Erschrick also nicht. Dieser schnelle Herzschlag entsteht nicht, weil du Energie zuführst!
- ▷ Achte darauf, dass du deine Hände nicht über die Augen des Tieres legst (es sei denn, sie sind ohnehin geschlossen), denn dann kann es leicht in Panik geraten.

Dazu gibt es eigens Bücher z. B. von Britta Hoffman (*Reiki bei Tieren*) oder Christel Seligmann (*Reiki mit Tieren*). Speziell für Pferd und Reiter ist das Buch von Clare Wilde erschienen (*Reiki – Heilende Energie für Pferd und Reiter*). Dazu mehr in der Literaturliste in Teil IV. Eine interessante englischsprachige Website dazu ist: www.animalreikisource.com.

183. Kann ich Pflanzen, Blumen, Bäume, etc. behandeln?
Mit Reiki kannst du alles behandeln, also auch Pflanzen, Blumen und Bäume. Schließlich besteht alles aus Energie und ist daher mit demselben Energiefeld verkoppelt.

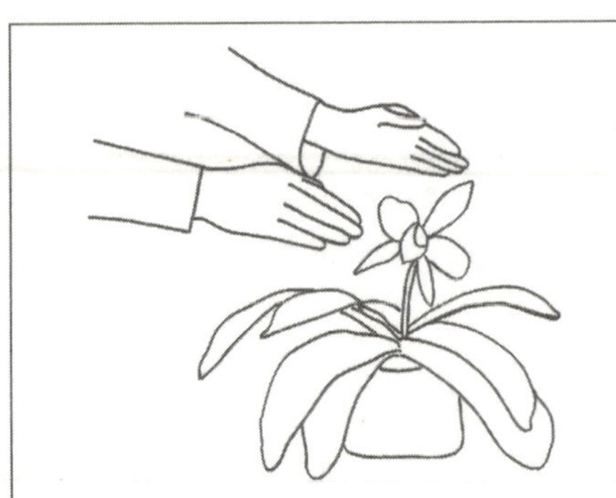

Einen Baum behandelst du, indem du seinen Stamm fest in beide Hände nimmst. Auch Blumen kannst du so (natürlich fasst du sie etwas vorsichtiger an) behandeln, beispielsweise indem du den Stielen etwas Energie zuführst, bevor du die Blumen in die Vase stellst. Das Gleiche gilt für Blumensamen, bevor du sie aussäst.
Eine Pflanze behandelst du, indem du deine Hände dicht über ihre Blätter *hältst* (denn eigentlich behandelst du ja die Aura der Pflanze, ihr eigenes Energiefeld). Wenn die Pflanze beispielsweise Läuse

hat, stärkst du so die natürlichen Abwehrkräfte der Pflanze und es kann geschehen, dass schon sehr bald die Läuse herunterfallen. Für die Pflanze ist es gut, wenn du sie auch noch einige Tage danach mit Energie unterstützt.

184. Ist es möglich, die Batterie meines Autos mit Reiki-Energie aufzuladen?

Tatsächlich steht in manchen Büchern, dass man auch eine leere Autobatterie mit Reiki aufladen könne. Nun ist bekannt, das selbst eine leere Batterie noch etwas ‚Saft' abgibt, wenn du sie in die Hände nimmst und so etwas aufwärmst. Ich bin allerdings der Ansicht, dass eine leere Batterie eben leer ist und nicht durch Handauflegen aufgeladen werden kann. Energie ist eine subtile, unterstützende Kraft für alle Lebensformen und ein elektrisches Gerät (wie eine Autobatterie) zählt nun einmal nicht zu dieser Kategorie. Sie brauchen eine viel höhere Spannung (Schade eigentlich, wie niedrig könnte doch sonst unsere Stromrechnung ausfallen).

185. Kann ich meine Lebensmittel mit Reiki aufladen?

Ja, du kannst deine Lebensmittel, bevor du sie zu dir nimmst, energetisch aufladen, indem du deine Hände darüber *hältst* oder das Lebensmittel (einen Apfel oder eine Birne etwa) in die Hände nimmst. Manche tun dies, andere halten nichts davon. Eventuell enthaltene Schadstoffe kannst du auf diese Weise allerdings nicht neutralisieren. Auch eine mögliche Lebensmittelvergiftung kannst du so nicht verhindern. Du lädst das Lebensmittel nur mit Energie auf.

186. Kann ich Wasser mit Reiki reinigen?

Du kannst Wasser energetisch aufladen, was sein Energieniveau erhöht. Enthaltene Schadstoffe kannst du so nicht beseitigen. Dafür braucht es spezielle Filter.

187. Kann ich meine homöopathischen Medikamente behandeln?

Ja, auch homöopathischen Medikamenten kannst du zusätzliche Energie zuführen. Die Wirkung ist die Gleiche, wie wenn du Lebensmittel oder Wasser mit Reiki behandelst.

188. Kann ich meine regulären Medikamente aufladen?

Hier ist zu fragen, welches Ziel du damit verfolgst.
Wenn du beIntentionigst, dass durch die Reiki-Behandlung die eventuellen Nebenwirkungen verschwinden bzw. weniger stark ausfallen, dann erfüllt sich dieser Wunsch nicht. Die chemischen Stoffe lassen sich auf diese Weise nicht verändern und selbst wenn es ginge, stellt sich die Frage, ob wir das wirklich wollen oder dürfen. Denn schließlich schluckst du genau dieses Medikament ja aus einem bestimmten Grund und nicht einfach so.
Wenn du dich dagegen selbst energetisch auflädst, verringern sich möglicherweise die Nebenwirkung, da dein Gesamtsystem gestärkt wird. Es sei denn, das Medikament muss aus medizinischen Gründen eine Weile oder Dauerhaft in deinem Körper verbleiben. Dann könnte Reiki für eine schnellere Ausscheidung sorgen und sollte aus dem Grund dann nicht angewendet werden (siehe *Kapitel D. Spezielle Warnungen (Teil I: Praxis))*.

189. Ist Reiki mit der Nutzung von Edelsteinen kombinierbar?

Reiki ist mit jeder anderen Form alternativer Heilweisen kombinierbar, also auch mit der Edelsteintherapie. In den Büchern von Walter Lübeck (u. a. *Das große Reiki-Handbuch*) findet sich dazu eine Menge an Hinweisen. Darüber hinaus gibt es ein spezielles Buch über Reiki und Edelsteine von Ursula Klinger Raatz (siehe *Teil IV: Sonstige Informationen*).

H. Über Aura und Chakren

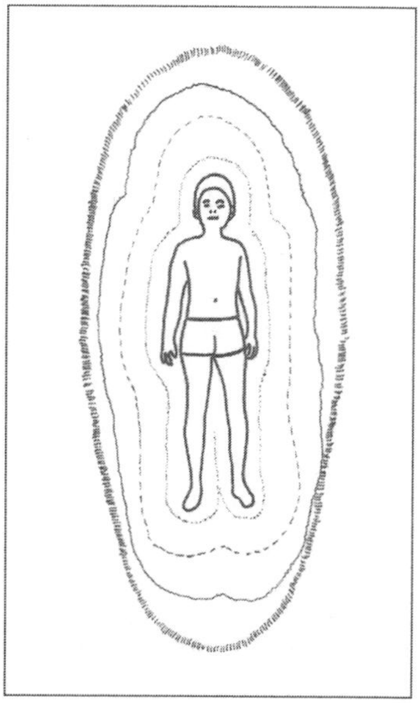

190. Was ist eine Aura?
Aura ist die Bezeichnung des menschlichen Energiefeldes. Dieses Energiefeld besteht aus verschiedenen Schichten (Körpern) und wird u. a. von unseren Gedanken und Emotionen beeinflusst. Energie ist eine Wellenbewegung und wenn du beispielsweise wütend bist, ist deren Frequenz eine andere als wenn du verliebt bist.
Jemand, der Auren sehen kann, wird zumeist den ätherischen Körper oder die ätherische Schicht sehen, welche dem physischen Körper am nächsten ist. Die Aura besteht aus einer ätherischen, einer emotionalen, einer mentalen und einer spirituellen Schicht. Die Aura ist auch unterschiedlich groß. Bei manchen Menschen ist sie enger, bei anderen weiter. Je nach den Umständen kehrt sich das auch um. Jemand mit großem Selbstvertrauen hat eine ganz andere Ausstrahlung als jemand der unsicher ist. Die Aura spiegelt das in Größe und Farbe. Alle Farben des Regenbogens finden sich in der Aura wieder, wobei jede Farbe für eine bestimmte Schwingungsfrequenz steht. Jedes Gefühl hat seine eigene Frequenz, durch die eine Farbe entsteht. Daher ist eine Aura auch nicht stabil und zeigt jedes Mal eine andere Kolorierung. Sie reagiert auf deinen körperlichen, emotionalen, mentalen und spirituellen Zustand.

191. Wofür stehen die verschiedenen Schichten einer Aura?
Die ätherische Schicht liefert Informationen über den Körper und die Lebenskraft.
Die emotionale Schicht zeigt den Zustand der Gefühle, auch nicht bewältigter Gefühle.
Die mentale Schicht spiegelt bewusste und unbewusste Verhaltensmuster und Gewohnheiten.
Die spirituelle Schicht zeigt die Verbindung des inneren Selbst zum Energiefeld.

192. Werde ich nach einem Reiki-Kurs auch Auren sehen können?
Im Allgemeinen nicht, denn das ist nicht das Ziel eines Reiki-Kurses. Um Auren sehen zu lernen bedarf es eines intensiven Intuitionstrainings, in dem du lernst, dich auf das Energiefeld einer anderen Person einzustellen. Zumeist siehst du die Aura dann auch nicht mit deinen physischen Augen, sondern mit dem sechsten Sinn, der Intuition. Nur sehr wenige Menschen sind in der Lage, die Farben einer Aura mit dem bloßen Auge wahrzunehmen. Es gibt allerdings einige, die von Geburt an hochsensibel sind und dies können. Manche entdecken diese Fähigkeit in höherem Alter meist spontan. Über die Fähigkeit, den energetischen Rahmen einer Person zu erkennen, verfügt aber im Prinzip jeder. Du musst nur

einmal eine Weile jemanden anstarren, der vor einer weißen Mauer sitzt, dann siehst du bald ein paar Zentimeter um den Körper herum eine Energieausstrahlung. Diese Ausstrahlung zu erkennen, kann man üben und sieht sie dann irgendwann auch bei Bäumen, Pflanzen und Tieren.

193. Wie kann man eine Aura sichtbar machen?
Im Moment ist die Kirlian-Fotografie der beste Weg, Auren abzubilden und so sichtbar zu machen (abgesehen von den wenigen Menschen, die Auren mit ihren eigenen Augen sehen können (siehe auch *Frage 8*).

194. Kann ich mit Reiki auch Auren behandeln?
Wenn du jemanden mit Reiki behandelst, dann behandelst du den ganzen Menschen und das wiederum hat auch Auswirkungen auf dessen Aura. Du kannst aber auch speziell nur die Aura behandeln, indem du deine Hände in die Aura tauchst und nicht auf den Körper legst. Diese Methode wird allerdings in den meisten Kursen nicht unterrichtet mit Ausnahme des Reinigens der Aura durch Ausstreichen. Aura-Leser und Heiler lesen und behandeln speziell die Aura.

195. Wo finde ich weitere Informationen über die Aura?
Wenn du weitere Aura-Übungen lernen willst oder mehr über die Aura wissen möchtest, dann empfehle ich folgendes Buch: *Licht-Heilung* von Barbara Brennan (siehe *Teil IV: Sonstige Informationen*).

196. Was sind Chakren?
Chakren sind Energiepunkte in unserem Energiesystem, die Energie aufnehmen und in unserem gesamten Körper verteilen. Die Übersetzung des Wortes Chakra lautet *Rad* und das zeigt schon die Funktion eines Chakras: Es transportiert Energie. Wenn alle Chakren reibungslos zusammenarbeiten, dann befindest du dich in einem energetischen Gleichgewicht.

197. Woher stammt das System der Chakren?
Das Chakra-System wurde vor über viertausend Jahren in Indien entdeckt und kam mit dem Yoga um 1920 auch nach Westeuropa.

198. Werde ich nach einem Reiki-Kurs Chakren sehen können?
Die meisten Menschen können die Chakren mit bloßem Auge nicht sehen. Die Unterschiede der Chakren, die als Wärme oder Kälte fühlbar sind, lassen sich allerdings meist recht schnell wahrnehmen. Wenn du als Behandelnder solche Wahrnehmungen hast, dann hüte dich aber vor voreiligen Schlüssen. Ein Herzchakra kann sich nämlich kalt anfühlen, was aber nicht heißt, dass der Behandelte ein ‚kaltes Herz' hat oder das Herzchakra nicht richtig funktioniert. Der Behandelte kann in demselben Moment die Energie genau gegenteilig als sehr warm empfinden. Versuche, immer nur eine ‚Durchreiche' für die Energie zu sein, ohne aus dem, was du gerade fühlst, irgendwelche Rückschlüsse zu ziehen.

199. Wie viele Chakren haben wir?
Wir haben viele tausend, zumeist sehr kleine Energiepunkte (Chakren), die entlang der Energiebahnen liegen. Die großen Energiepunkte sind die sieben Hauptchakren und einige Nebenchakren, etwa in unseren Händen und Füßen.

200. Wo befinden sich die Chakren?
Die sieben Hauptchakren verteilen sich über den ganzen Körper vom Steiß bis zum Scheitel. Die Nebenchakren liegen u. a. in den Handflächen und auf den Fußsohlen. Ein Hauptchakra kannst du dir wie einen Wirbel vorstellen, der nach vorne und hinten ausstrahlt. Das 1. Chakra ist zur Erde orientiert (nach unten), das 7. Chakra zum Himmel (nach oben).

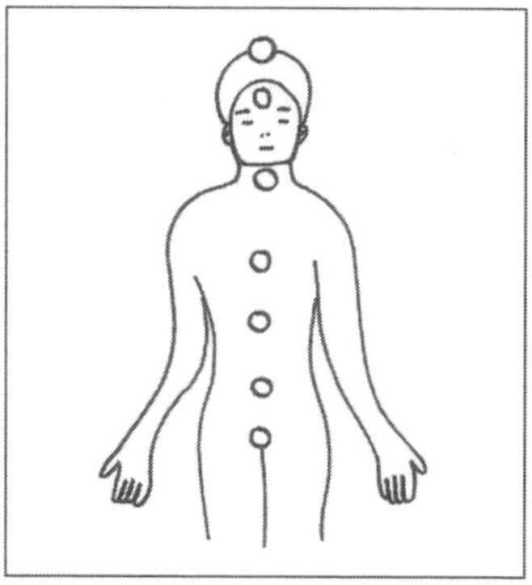

Das **1. Chakra**, auch Wurzel- oder Basischakra genannt, liegt zwischen Anus und Geschlechtsteilen (medizinisch heißt diese Region *Perineum*). Dieses Chakra ist nach unten ausgerichtet.

Das **2. Chakra**, auch Milz- oder Kreuzchakra, manchmal auch Sakralchakra genannt, liegt etwa zwei Fingerbreit unter dem Bauchnabel (im Rücken etwa auf gleicher Höhe).

Das **3. Chakra**, auch Nabel- oder Magenchakra, Solar Plexus oder Sonnengeflechtchakra genannt, liegt etwa in Höhe des Magens (im Rücken ebenfalls etwa auf gleicher Höhe)

Das **4. Chakra**, auch Herzchakra genannt, liegt in Höhe des Herzens zur Mitte hin. Auf der Körpervorderseite mitten auf der Brust, auf der Rückseite unterhalb der Schulterblätter.

Das **5. Chakra**, auch Hals- oder Kehlchakra genannt, liegt in der Kuhle unter dem Kehlkopf, von der Körperrückseite aus gesehen in Höhe des 7. Halswirbels (das ist der Wirbel, dessen Sporn am meisten hervorragt).

Das **6. Chakra**, auch das Stirnchakra oder das 3. Auge genannt, liegt etwa in der Mitte der Stirn zwischen den Augenbrauen und dann etwas höher.

Das **7. Chakra**, auch Scheitelchakra genannt, liegt oben auf dem Kopf etwas zum Hinterkopf (dieser Fleck fühlt sich deutlich wärmer an, als der Rest des Kopfes). Dieses Chakra ist nach oben ausgerichtet.

201. Haben die Chakren jeweils eine eigene Farbe?
Ja, den sieben Hauptchakren ist jeweils eine eigene Regenbogenfarbe zugeordnet. Siehe dazu auch die folgende Frage.

202. Was bedeuten die einzelnen Chakren?

1. Chakra	deine Verbindung mit der Erde und steht für das Überleben als solches	(das Hier -sein-Dürfen) Farbe: rot
2. Chakra	steht für Sexualität und Lebensfreude und ist übrigens dein ‚Akku' (Vitalität)	(das Fühlen) Farbe: orange
3. Chakra	ist dein Energiezentrum, die Kraftzentrale und dein Machtzentrum	(das Handeln) Farbe: gelb
4. Chakra	steht für die Fähigkeit, Liebe zu geben und zu empfangen	(die Liebe zu sich selbst und zu anderen) Farbe: grün
5. Chakra	steht für deinen Ausdruck, Kommunikation und Kreativität	(das sich äußern können) Farbe: hellblau
6. Chakra	ist der Sitz der Intuition Einsicht in den eigenen Weg	(das Hellsehen) Farbe: indigo (tiefblau)
7. Chakra	ist deine Verbindung zum Kosmos (kosmisch/spirituell) Bewusstsein	(das Wissen) Farbe: violett oder weiß

203. In welcher Verbindung stehen die Chakren mit meinem Körper?
Als kurze Übersicht folgen die Körperteile/Organe, mit denen die jeweiligen Chakren korrespondieren:

1. Chakra	u. a. Wirbelsäule, Dickdarm, Prostata und Geschlechtsteile
2. Chakra	u. a. Nieren, Blase, Darm und Fortpflanzungsorgane
3. Chakra	u. a. Magen, Milz, Leber, Galle und Bauchspeicheldrüse
4. Chakra	u. a. Herz, untere Teile der Lunge, Thymusdrüse und Durchblutung
5. Chakra	u. a. Hals, obere Lungenteile, Nacken, Schilddrüse
6. Chakra	u. a. untere Hirnteile, Augen, Nase und Ohren, Hypophyse
7. Chakra	u. a. die oberen Hirnteile, Zirbeldrüse (Epiphyse)

Weitere Details findest du in den angegebenen Büchern über Chakren (siehe *Teil IV: Sonstige Informationen*).

204. Werden Chakren auch mit Reiki behandelt?

Das Behandeln der Chakren ist eine der vielen Möglichkeiten des Reiki und zugleich ein zusätzliches Einsatzgebiet. Die Reiki-Instantbehandlung ist beispielsweise eine Behandlung, die sich ausschließlich den sieben Hauptchakren widmet. Siehe *Kapitel E. (Teil I: Praxis).*

Es gibt durchaus Reiki-Kurse, die kein Wort über diese Energiezentren verlieren. Das hängt vom Lehrer und seiner Ausbildung ab. Die Behandlung der Chakren selbst ist kein ‚Muss', denn die ‚normale' Reiki-Behandlung wirkt sich natürlich auch heilsam auf die Chakren und damit die Harmonie innerhalb deines Körpers und deiner Aura aus.

205. Was meint mein Therapeut, wenn er sagt, ich hätte ein blockiertes Herzchakra?

Zum Ersten ist ein Chakra nie gänzlich blockiert! Es kann sein, dass dein Therapeut zu dieser Diagnose anhand seiner persönlichen Beobachtungen und der mit dir geführten Gespräche kommt. Wenn dir nicht klar ist, was er damit meint und warum er das sagt, dann musst du ihn gezielt fragen, wie er zu dieser Ansicht gekommen ist. Du kannst dann selbst entscheiden, ob du das auch so siehst.

Jeder hat Blockaden, das macht dich nicht schlechter als deinen Therapeuten. Wahrscheinlich hat sich dein Therapeut in dieser Richtung spezialisiert und kommt so zu seiner Diagnose des blockierten (gleich überlasteten) Herzchakras. Solche Aussagen fußen auf individuellen Wahrnehmungen und brauchen nicht unbedingt auch objektiv stimmen. Wenn du mit der Diagnose nicht übereinstimmst oder sie nicht nachvollziehen kannst, dann suche dir einen weiteren bzw. anderen Therapeuten. Du bist letztlich selbst für dich und deinen Körper verantwortlich.

206. Wie kann ich ein blockiertes Herzchakra wieder frei machen?

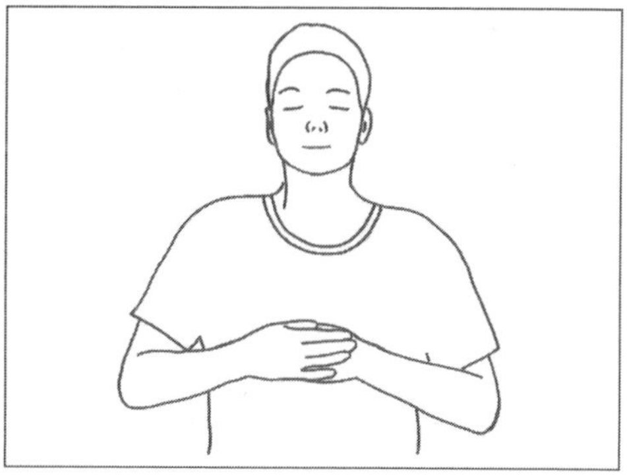

Intensive Reiki-Behandlung des Herzchakras kann die Blockade lösen und zur weiteren Öffnung des Chakras führen, weil die Belastungen weg sind (eine gänzliche Blockade dieses Chakras ist nicht möglich, sonst könntest du gar nicht leben!).

Durch das nun weiter offen stehende Chakra fühlst du mehr Liebe. Zum Schluss wirst du dir selbst oder anderen vergeben können. In der alternativen Heilkunde gibt es eine Vielzahl von Angeboten, die dir helfen wieder ‚heil' zu werden. Wenn du dich in Lösungsversuchen bestimmter Probleme festgefahren hast, dann bediene dich fachkundiger Hilfe. Diese Menschen haben sich intensiv mit dem entsprechenden Thema beschäftigt, haben studiert und praktische Erfahrungen erworben und können dir weiterhelfen.

207. Wo finde ich weitere Informationen über die Chakren?
Siehe *Teil IV: Sonstige Informationen*. Dort findest du eine Reihe von Buchtipps.

Sich mit den Chakren zu beschäftigen ist eine sehr reizvolle und lohnende Ergänzung zum Reiki. Allerdings ist dies nicht zwingend notwendig. Die Energie tut so oder so ihre Arbeit.

I. Die Blockaden

208. Was ist eine Blockade?

Eine Blockade ist aufgestaute Energie, die den Energiefluss stört, wodurch andernorts ein Energiemangel entsteht. Es herrscht ein Ungleichgewicht. Das ist vergleichbar mit einer verstopften Ader, die den Blutkreislauf blockiert. Eine Blockade im energetischen Sinn behindert die Zufuhr bzw. den Fluss der Energie. Energieblockaden können nie total sein, denn ohne Energie wärest du schlicht tot.

209. Wie entstehen Blockaden?

Blockaden entstehen durch Verdrängen und Nichtverarbeiten von Emotionen. Die Ursachen dafür liegen in unserer Kultur, in Religion und Erziehung und auch in persönlichen Erfahrungen. Betrachte nur einmal, welche Wirkungen Gefühle haben können. Wenn du verliebt bist, hast du Schmetterlinge im Bauch und Energie für zehn. Wenn du Angst hast, bekommst du wackelige Knie, bist schlapp und antriebslos. Wenn du angespannt bist, hast du Magendrücken, bei Stress bekommst du Herzklopfen usw. Schau nur einmal auf deine Reaktionen, wenn die Emotionen in dir aufsteigen und du dich schämst, sie zu äußern. In dem Moment kannst du einen riesigen Kloß im Hals spüren. Nun wirst du davon nicht gleich eine Blockade bekommen, aber wenn du solche Emotionen lange genug unterdrückst und verdrängst oder sie nicht richtig äußerst, dann wird sich das negativ auf dein Energieniveau auswirken. Wenn du jahrelang mit irgendeinem Problem herumläufst und dann merkst, dass die Belastung dir körperlich zusetzt, dann kannst du mit Sicherheit davon ausgehen, dass auch dein Energiesystem darunter leidet und sich möglicherweise Blockaden gebildet haben.

210. Welches sind die Folgen von Blockaden?

Die Folge von Blockaden ist ein Ungleichgewicht. Diese Disharmonie bewirkt einen Energiemangel und der wiederum bewirkt, dass sich der betreffende Mensch nicht mehr wohl fühlt oder sogar krank wird. Manchmal sind Menschen ohne ersichtlichen Grund unglücklich und fühlen sich abgeschlagen und erschöpft. Dazu gesellen sich verschiedene Zipperlein und Beschwerden, was wiederum zu Abgespanntheit und Unzufriedenheit führen kann: ein Teufelskreis. Wenn du dich in deiner Haut nicht wohl fühlst, ist es für dich auch schwieriger richtige Entscheidungen zu treffen, die gut für dein Herz (Emotionen) und gut für deine Gesundheit sind. Du gerätst in eine ‚Negativ-Spirale'.

211. Wie beseitige ich Blockaden?

Bezogen auf Reiki versetzen die während eines Kurses vorgenommenen Einstimmungen dich wieder in die Lage, ausreichend Energie aufzutanken. Die Einstimmungen sorgen für eine bessere Verbindung zum Energiefeld. Durch die Arbeit mit Energie werden Blockaden nach und nach beseitigt, so dass das Energiesystem schließlich wieder ins Gleichgewicht kommt.

Die Beseitigung einer Blockade geschieht zum einen durch die Bewusstseinsentwicklung, der sich im Laufe der Energiearbeit einstellt und zum anderen durch die Energie selbst. In dem Moment, wo sich jemand einer bestehenden Blockade bewusst wird, beginnt bereits deren Lösung. Die Beseitigung kann für manchen ein langwieriger Prozess sein, während ein anderer durch Veränderung seiner Überzeugungen oder allein schon durch die Aufmerksamkeit, die er der Blockade entgegenbringt (durch Energie beispielsweise), diese auflöst. Selbstverständlich gibt es neben Reiki noch eine Vielzahl anderer Methoden, mit denen sich Blockaden lösen lassen. Die dabei verwendete Energie ist aber immer dieselbe.

212. Kann ich eine Blockade im Verlauf einer Behandlung beseitigen?

Du kannst weder bei dir selbst noch bei anderen Blockaden ‚wegnehmen', auch wenn du dein Bestes gibst. Die Bereitschaft, ein Kanal für die Energie zu sein, ist schon Einsatz genug. Die Energie selbst erledigt und regelt den Rest. Die Selbstheilungskräfte sind ständig aktiv. Die zugeführte Energie wird von ihnen zum ‚Heilen' genutzt und das beinhaltet auch, dass eventuelle Blockaden oder andere Probleme ans Licht kommen und so der erste Schritt zur Veränderung getan wird.

213. Woher weiß ich, wo meine Blockaden sitzen?

Das ist nicht so einfach herauszubekommen. Häufig merkst du an deinem Verhalten, auf welchen Gebieten noch etwas zu tun ist. Blockaden man nun mal nicht mit den bloßen Augen sehen. Auch ein Lehrer oder ein Therapeut stellt häufig erst auf Grund seiner Erfahrungen, sowie auf Basis dessen, was der Kursteilnehmer erzählt und wie er sich verhält, Blockaden fest und kann dann sagen, an welchen Bereichen der Kursteilnehmer noch arbeiten muss.

Jeder hat Blockaden. Wir alle wurden einmal verletzt und verlassen, was beispielsweise unser Herzchakra belastet. Fällt es uns schwer, darüber zu sprechen, dann hilft vielleicht eine Behandlung des Halses (Halschakra). Bei Unsicherheit kann ein ausgiebiges Erden (Wurzelchakra) eine positive Wirkung haben. In *Kapitel H. (Teil I: Theorie)* findest du weitere Informationen dazu.

Durch die Lektüre von Büchern über Chakren (siehe *Teil IV: Sonstige Informationen*) kannst du herausbekommen, auf welcher Ebene ein Ungleichgewicht bestehen könnte. Du erfährst dort mehr über die psychologischen und emotionalen Aspekte, die mit den Chakren zusammenhängen. Indem du dich täglich selbst mit Reiki behandelst, tust du schon eine ganze Menge hinsichtlich der Beseitigung eventueller Blockaden. Damit unterstützt du Bewusstwerdungsprozesse und das Wissen über dich selbst, so dass du schnell herausfinden kannst, wo deine Wachstumspotenziale liegen.

214. Woran merke ich, dass meine Blockaden aufgelöst sind?

Die Beseitigung von Blockaden kann mit dem Pellen einer Zwiebel vergleichen. Schicht für Schicht wird freigelegt, bis man endlich beim Kern ankommt. An manchen Schichten arbeitest du Jahre, andere erledigen sich einfach durch den Entschluss, etwas anders zu machen. Je länger du mit Energie arbeitest, desto besser wird es dir gehen und desto mehr Blockaden werden beseitigt. Es ist schwierig zu sagen, wann welche Blockade aufgelöst ist. Zumeist merkst du es an Veränderungen in deinem eigenen Verhalten. Situationen beispielsweise, mit denen du früher nicht zurechtgekommen bist, gehst du jetzt viel gelassener an. Dann weißt du, dass etwas beseitigt wurde und du diesbezüglich eine Harmonie wieder hergestellt hast.

215. Kann die Verbindung zum Energiefeld wieder blockiert werden?

In manchen Bücher steht geschrieben: „Reiki ist für ewig, d. h. einmal geöffnet, ist für immer geöffnet." Meine persönliche Auffassung ist da etwas weniger entschieden. Denn schließlich ist ja auch irgendwann und irgendwie eine teilweise Abkoppelung vom Energiefeld geschehen. Ich denke, dass auf Dauer durchaus eine Entkopplung wieder stattfinden und damit die Fähigkeit zur Energieaufnahme aus dem Energiefeld schwinden kann. Dazu können schon die Annahme bestimmter einschränkender Standpunkte ausreichen, etwa wenn man sich die Aussage zu Eigen macht: Energie ist Unsinn. Energie folgt der Zuwendung und durch Abwendung schließt sich natürlich auch die Tür zum Energiefeld wieder.

216. Wenn zu viele Blockaden vorhanden sind, kann ich dann trotzdem Energie übertragen?

Kein Mensch ist völlig frei von Blockaden. Die Einstimmungen sorgen dafür, dass die Ernergieaufnahmefähigkeit verbessert wird und dass du als Kanal für die Energieübertragung an andere dienen kannst. Blockaden, auch wenn es für dein Gefühl eine ganze Menge ist, werden zum großen Teil durch die Arbeit mit Energie und den Einfluss deines Bewusstseins im Lauf der Zeit aufgelöst. In dem Moment, wo du dir eines bestimmten Aspektes bewusst wirst und eine Blockade erkennst, setzt schon der Lösungsprozess ein. Bewusstsein ist der erste Schritt zur Veränderung. Wenn du die Einstimmungen erhalten hast, kannst du als Energiekanal fungieren, auch wenn du selbst meinst, noch viele Blockaden zu haben. Du bist nur die ‚Durchreiche' und deine persönlichen Belange tun dabei nichts zur Sache. Du gibst deine Blockaden auch nicht weiter. Der Andere erhält lediglich Energie über dich, nichts sonst. Das gilt natürlich auch umgekehrt, d. h., du kannst auch keine Blockaden von anderen übertragen bekommen.

217. Müssen meine eigenen Blockaden erst beseitigt sein, bevor ich anderen helfe?

Nein, siehe dazu auch die vorige Antwort. Auch Lehrer und Therapeuten haben ihre ‚Blockadenbeseitigungsarbeiten' zu erledigen. Das ist für jeden eine Lebensaufgabe! Reiki wird ja auch manchmal *Reiki-Do* genannt. *Do* bedeutet *Weg*. Du kannst anderen sehr gut beibringen, sich selbst zu helfen, während du an dir selbst arbeitest. Das schöne an der Arbeit mit Energie ist, dass du auch immer Energie zurückbekommst, wenn du welche gibst. Dass ein Behandelnder immer mit sich im Reinen sein müsste, bevor er andere behandelt, ist schlicht unmöglich. Das erscheint eher wie eine Legende, die von solchen Leuten in die Welt gesetzt wurde, die sich selbst für ‚Erleuchtet' halten.

218. Kann Reiki alte Traumata beseitigen??

Das kann gehen, denn Energie sorgt für die Einleitung von Bewusstwerdungsprozessen. So kann es geschehen, dass eine alte seelische Verletzung dadurch viel bewusster erfahren wird. Je nötiger die Bearbeitung dir dann erscheint, desto wichtiger wird professionelle Hilfe.

J. Vorbehaltlosigkeit

219. Was ist Vorbehaltlosigkeit?

Vorbehaltlosigkeit bedeutet 'ohne Beschränkungen'. Schon Erwartungen auf bestimmte Resultate können Einschränkungen gegenüber möglichen Erfahrungen sind. Warum willst du die Wirkung der Energie beschränken, indem du vorab Erwartungen an die Ergebnisse stellst, die bei dir oder anderen eintreten sollen? Damit schränkst du auch deine Erfahrungsmöglichkeiten mit Reiki ein. Vielleicht stellt sich ja während der Behandlung etwas viel besseres ein, als du erwartet hast, was du aber auf Grund von eingeschränkten Erwartungen gar nicht wahrnimmst.

220. Wie behandle ich vorbehaltlos?

Vorbehaltlos zu behandeln ist oft nicht leicht, denn als Behandelnder stellst du unbewusst auch Erwartungen an den ‚Erfolg' deiner Behandlung. Weise daher immer den Behandelten darauf hin, dass Reiki kein Wundermittel ist, das mit einem Mal sämtliche Probleme verscheucht, sondern dass es um die Versorgung des sich selbst regulierenden Energiesystems mit ausreichend Energie geht. Erzähle ihm auch, dass man die Energie selbst häufig nicht spüren kann, sondern dass sie sich erst in verschiedenen Auswirkungen zeigt, die sich nach der Behandlung einstellen. So reduzierst du den Druck auf dich selbst, dem Behandelten etwas ‚beweisen' zu müssen.

Am besten funktioniert die Behandlung, wenn beide Seiten völlig ohne Erwartungen an sie herangehen. Natürlich hoffst du, dass deine Behandlung dem Behandelten hilft, doch in dem Moment, wo du deine Hände auflegst, musst du dich von solchen Vorstellungen lösen. Wenn du damit Schwierigkeiten hast, dann sage dir bei jeder Behandlung immer wieder: "Ich bin nur ein Kanal für die Energie, das Energiesystem weiß selbst am besten, was geschehen muss". Oder denke dir einen eigenen Mechanismus aus, wie du eine Zielorientierung ausschalten kannst. Denn genau das ist notwendig, um vorbehaltlos zu behandeln!

221. Wann behandle ich nicht vorbehaltlos?

Wenn jemand mit Beschwerden zu dir kommt und du sagst zu ihm:

- Kommen Sie ruhig her. Wir werden das mit Reiki ganz schnell beseitigen *oder*
- Kommen Sie zu mir. Ich werde die Probleme schon lösen *oder*
- Na, dagegen kann ich doch schnell etwas tun *oder*
- Ich kann Menschen heilen, denn ich bin ein Heiler...

Wir können einen Anderen nicht heilen: Der Mensch heilt sich selbst.

222. Warum ist Vorbehaltlosigkeit während einer Sitzung so wichtig?
Vorbehaltlosigkeit ist wichtig, weil du sonst zielorientiert arbeiten würdest. So gibst du der Energie vor, was sie tun soll. Wenn du unter der Maßgabe behandelst, jemandem von seinen Schmerzen zu befreien, und das funktioniert nicht, dann bist du enttäuscht und siehst oft nicht, was die Behandlung bei der betreffenden Person trotzdem ausgelöst hat. Manchmal müssen erst Nebenprobleme gelöst werden, bevor es an die Beseitigung des Hauptproblems gehen kann. Reiki wirkt direkt auf die Ursache des Problems, die für uns meist nicht sichtbar ist. Du hast keine Macht über die Energie oder das Energiesystem eines anderen. Du kannst einen Fluss nicht in eine andere Richtung fließen lassen, nur weil du diese Richtung interessanter oder besser für den anderen findest. Das einzige, was du machen kannst, ist die Energie durch dich hindurch zum anderen zu leiten. Das ist schon Bemerkenswert genug.

223. Welches sind nicht sofort sichtbare Effekte einer Behandlung?
Menschen, die augenscheinlich nichts von einer Behandlung gehabt haben, erfahren oft erst Tage später, dass sehr wohl Veränderungen auftreten. Kopfschmerzen verschwinden nicht unbedingt direkt nach einer Behandlung, doch kann die Person danach sehr viel besser schlafen, was wiederum die Kopfschmerzen verschwinden lässt, weil die verursachenden Anspannungen durch die Energie gelöst wurden (entspannende Wirkung). Oder jemand erwacht eines Morgens nach einigen ‚ergebnislosen' Behandlungen und entschließt sich, ernsthaft an seinen privaten Problemen zu arbeiten (Bewusstwerdungsprozess). Dies sind nur zwei Beispiele, wie Energie unterhalb der sichtbaren Oberfläche ihre Wirkung tut, auch wenn man diese Wirkungen nicht direkt fühlt.
Reiki berührt, regt an, setzt in Bewegung. Durch diese Reize werden die Selbstheilungskräfte angeregt, die Energie ihre Arbeit machen zu lassen und das Gleichgewicht wieder herzustellen.

224. Bedeutet vorbehaltlos, dass ich selbst während einer Behandlung ‚leer' sein muss?
Nein, wir können schlicht nicht gänzlich ‚leer' sein und ohne Gedanken. Dein ‚Oberstübchen' kannst du nicht einfach ausschalten. Gedanken sind immer da: Deine Einkaufsliste, die Sorge um die Kinder, die Eltern usw. tauchen plötzlich in dir auf, während du behandelst. Sorge einfach dafür, dass deine ganze Aufmerksamkeit sofort wieder auf den Behandelten zurückkommt, ohne dich selbst zu verurteilen, dass du nun gerade an etwas anderes gedacht hast. Betrachte deine Gedanken als vorbei treibende Wölkchen; zwischen den Wölkchen bist du ganz entspannt und konzentriert auf den Behandelten. Der Energiefluss bricht nicht sofort ab, wenn du kurz an etwas anderes denkst. Energie folgt der Zuwendung und das bedeutet behandeln.

K. Reiki 1. Grad auf Entfernung

225. Kann ich auch mit dem 1. Grad auf Entfernung arbeiten?

Ja, das geht, denn Energie folgt der Zuwendung. Energie wird durch den Geist kanalisiert, d. h., zuerst ist die Aufmerksamkeit und ihr folgt die Energie. Das Energiefeld, mit dem du dich verkoppelst, ist mit allem und jedem auf Erden verbunden. Über dieses Feld ist es möglich Energie wohin auch immer zu lenken. Das ist vergleichbar mit einer Radiostation und der Wellenlänge, auf der diese sendet. Wenn du diese Frequenz einstellst, empfängst du Musik. Radiowellen sind für das menschliche Auge nicht sichtbar, doch wir wissen, dass sie da sind. Ihre Wirkung ist tagtäglich wahrnehmbar!

Auf Entfernung Energie zu schicken, funktioniert ähnlich. Um das machen zu können, brauchst du eigentlich nicht einmal einen Reiki-Kurs. Allein die bewusste Einstimmung auf das universale Energiefeld ist ausreichend (und das geht auf vielerlei Weise!). Einstimmen bedeutet *in Übereinstimmung bringen*. Du stellst dich auf die gleiche Frequenz ein und versendest dann Energie. In *Kapitel E. (Teil I: Praxis)* wird beschrieben, wie man auf Entfernung arbeiten kann. In *Kapitel F. (Teil II)* findest du die Techniken der Entfernungsbehandlung im 2. Grad.

226. Ich habe während der Ausbildung zum 1. Grad keine Entfernungsbehandlung gelernt. Ist das korrekt?

In manchen Kursen wird die Entfernungsbehandlung im 1. Grad tatsächlich nicht behandelt. Die Essenz der Energie ist, dass sie der Zuwendung folgt. Auch ohne Reiki kannst du gedanklich Energie verschicken. Wir sind alle mit dem Energiefeld verbunden, deshalb kannst du auch über das Energiefeld Energie transportieren. Viele Menschen sind sich dieser Fähigkeit gar nicht bewusst und denken, das könne nur jemand, der übersinnlich begabt sei. Nichts ist weniger wahr. Wir alle sind Sender und Empfänger von Energie zugleich.

227. Mein Lehrer meint, man könne mit dem 1. Grad keine Entfernungsbehandlung durchführen.

Vielleicht hat ein Lehrer es selbst nicht anders gelernt. Möglicherweise gehört er aber auch einem Verband an, der in seinen Statuten festgelegt hat, dass dieses Thema erst in den 2. Grad gehört. Schon im 1. Grad Energie zu senden ist allerdings eine vorzügliche Vorbereitung für die diesbezüglichen Techniken im 2. Grad. Energie wird über den Geist verschickt und das liegt in jedermanns Fähigkeit und ist von Reiki unabhängig. Die Entfernungstechniken im 2. Grad sind Hilfsmittel, das Versenden von Energie bequemer und einfacher zu machen. Das heißt aber nicht, dass es ohne diese Techniken nicht ginge!

228. Kann ich jeden auf Entfernung behandeln?

Im Prinzip ja. Ob es sich um ein Kleinkind handelt oder einen alten Menschen – jeder kann Energie brauchen.

Eine der wichtigsten Leitlinien im Umgang mit Energie solltest du aber immer beherzigen: Respekt zu haben vor dem freien Willen des Anderen! Dazu gehört es auch, dass du nicht jeden ungefragt einfach so auf Entfernung energetisch behandelst! Derjenige, den du behandeln möchtest sollte schon vorher zustimmen. Wenn du die Zustimmung hast, dann kannst du natürlich loslegen. Siehe dazu auch *Kapitel E. (Teil I: Praxis).* Über die Ethik im Umgang mit Energie findest du mehr *Kapitel F. (Teil II).*

L. Spiritualität und Meditation

229. Was ist Spiritualität?

Spiritualität bedeutet Geistigkeit, Unstofflichkeit. In der Spiritualität geht es nicht um Materie, um stoffliche Dinge, sondern um Dinge, die im wörtlichen Sinne des Wortes nicht greifbar sind. Es geht um Dinge, die im Geist stattfinden. Für jeden Menschen beinhaltet Spiritualität etwas anderes. Es geht aber unter welcher Bezeichnung auch immer um stets dasselbe.

230. Welchen Sinn hat spirituelle Entwicklung?

In meinen Augen ist Spiritualität der Weg nach Innen, ein Weg, ein glücklicherer Mensch zu werden, indem man an sich arbeitet und sich bewusst wird, wer man eigentlich ist. Indem du aktiv an deinen Bewusstwerdungsprozessen arbeitest, veränderst du dich und übst dadurch wieder Einfluss auf deine Umgebung aus. Der Satz ‚Verändere die Welt: Fange bei dir selbst an' bekommt so eine tiefere Bedeutung.

231. Entwickelt Reiki die Spiritualität?

Reiki ist ein Weg, das spirituelle Bewusstsein zu entwickeln. Viele Menschen erfahren Reiki als eine Methode, sich selbst zu finden, ihren Emotionen wieder nahe zu kommen. Je näher du deinen Emotionen kommst, desto intuitiver und bewusster wirst du. Bewusstsein ist die Fähigkeit zur Erkenntnis. Bewusstsein ist der erste Schritt zur (spirituellen) Entfaltung, die manche auch Wandlung oder Transformation nennen. Eine spirituelle Entwicklung hat für jeden eine andere Dimension. Der eine sucht Gott in der Kirche, ein anderer findet Gott (oder die Urquelle), weit weg von allem Religiösen, in der inneren Stille.

232. Wie entwickle ich meine Spiritualität?

- ▷ Indem du dich regelmäßig energetisch behandelst, vertiefst du den Kontakt zu dir selbst und das hat Auswirkungen auf dein spirituelles Bewusstsein.
- ▷ Meditation fördert, ebenso wie Reiki, das spirituelle Wachstum.
- ▷ Beten ist eine gute Form, deiner Spiritualität neues Leben einzuhauchen.
- ▷ Dankbarkeit und Hingabe sind zwei Aspekte, die dein spirituelles Bewusstsein stützen. Wir hören eigentlich nie auf, uns zu fragen, welchen Sinn unser Dasein auf Erden hat und welche Aufgabe wir hier haben. Wie wunderbar ist es doch, Teil dieses großen Mysteriums Leben zu sein. Hierfür Dankbarkeit zu fühlen, Dankbarkeit für die vielen Erfahrungen, die du in deinem Leben machen durftest und darfst, verleiht dir spirituelle Tiefe. Schließlich haben genau diese Erfahrungen, wie auch immer sie waren, dich hierher gebracht und dich leben gelehrt.
- ▷ Täglich diese Segnungen zu zählen ist eine schöne Methode, das Leben bewusster wahrzunehmen und damit deine Spiritualität zu wecken.

Es gibt unendlich viele Bücher und Kurse zu den Themen Spiritualität und Bewusstsein. Einige dieser Bücher findest du in *Teil IV: Sonstige Informationen*.

233. Was ist meditieren?

Meditieren ist eine Methode, den Geist zur Ruhe zu bringen, was sich positiv auf die Gesundheit auswirkt. Denn ein ruhiger Geist verhindert das Überkochen des ‚Teekessels' (deines Kopfes)! Die Japaner sagen es sehr treffend: *„In einen vollen Teekessel kann man nichts mehr hineinschütten."*
Je regelmäßiger du also deinen ‚Teekessel' durch Meditation ‚leerst', desto mehr Raum für Kreativität, Inspiration und Einsicht wird geschaffen. Wenn du dich so vorbereitet an das Energiefeld ankoppelst, erhältst du auch mehr Energie. Es haben sich inzwischen viele Formen der Meditation entwickelt. Du kannst es anhand der auf dem Markt befindlichen Literatur leicht selbst aneignen (siehe *Teil IV: Sonstige Informationen*).
Beim 2. Reiki-Grad lernst du auch, wie du mit den Symbolen und Mantras meditieren kannst, siehe *Kapitel G. (Teil II)*.

234. Für wen eignet sich Meditation?

Für jeden, der geistige Ruhe und Entspannung braucht oder haben will. Viele Menschen aus dem so rationalen Geschäftsleben haben die Meditation für sich entdeckt, weil sie damit sehr positive Ergebnisse erzielen, wenn sie etwas Zeit investieren!

235. Ist meditieren wirklich sinnvoll?

Auf den ersten Blick sieht es so aus, als würde man seine Zeit vertun und vielleicht hast du zu Anfang auch das Gefühl, dass dein Geist gar nicht ruhiger wird. Meditieren ist ein Prozess, durch den man hindurch ‚muss'. Man kann es nicht an einem Tag lernen. Die Technik vielleicht, doch bis die Erkenntnis kommt, was Meditation bei dir bewirkt, kann es eine ganze Weile dauern. Wir wollen oft zu viel... (beispielsweise einen ruhigen Geist auf Knopfdruck). Wenn du beginnst zu meditieren, wirst du dir deiner Unruhe womöglich erst so richtig bewusst wirst, sodass du denkst, Meditation mache dich eher unruhig.

Die Vorgänge laufen wie folgt ab:

- ▷ Bewusstseinsentwicklung (Unruhe)
- ▷ Wahrnehmen (ohne Protest)
- ▷ Loslassen (durch Akzeptanz).

Selbstredend gilt, dass je mehr du loslassen kannst, desto ruhiger wirst du. Die transzendentale Meditation war wiederholt Gegenstand wissenschaftlicher Untersuchungen, welche die Wirkung der Meditation erforschen wollten. Mit großem Aufwand wurde beispielsweise erforscht, wie sich Meditation auf krankheitsbedingte Arbeitsausfälle auswirkt. Und die erwiesen sich bei regelmäßig meditierenden Probanden als rückläufig. Zudem waren diese Menschen gesünder, ausgeglichener und glücklicher. Meditierende haben darüber hinaus offenbar einen Einfluss auf das Energiefeld und damit auf ihre Umgebung. In Regionen etwa, in denen man viel meditiert, war die Kriminalitätsrate deutlich niedriger (siehe *www.transzendentale-meditation.de*). Natürlich hat jede andere Meditationstechnik auch Einfluss auf deinen Geist und damit deine Umgebung.

236. Gibt es einen Unterschied zwischen meditieren und beten?
Manche sagen, der einzige Unterschied zwischen dem Meditieren und dem Beten sei, dass man beim Beten spreche, beim Meditieren aber zuhöre.

„Die höchste Offenbarung ist die Stille"
(Lao-Tse).

237. Passen Reiki und Meditation zusammen?
Reiki ist eigentlich auch eine Form der Meditation, denn ebenso wie beim Meditieren verbindest du dich mit dem Energiefeld. Wenn du dich selbst behandelst, beruhigst du dich und gewinnst dadurch die geistige Ausgeglichenheit, die du brauchst, um etwas zu leisten. Wenn du neben Reiki eine andere Meditationsmethode nutzt, ist dass völlig in Ordnung. Jede andere Form der Meditation kann neben Reiki ausgeübt werden. Reiki und andere Formen schließen einander nicht aus, sondern ergänzen sich vielmehr.

238. Wie kann ich mit Reiki meditieren?
- ▷ Wenn du dich selbst behandelst, bist du schon mitten in einer Meditation.
  Du kannst beispielsweise eine bestimmte Körperregion (etwa dein Herzchakra; siehe *Kapitel E. (Teil I: Praxis))* ausgiebig behandeln und zugleich meditieren. Ein Geheimtipp!
- ▷ In der alten japanischen Tradition gibt es die Gassho-Meditation (das bedeutet 'zwei Hände beieinander'). Eine ausführliche Beschreibung dieser Meditation findest du in den Büchern von Frank Arjava Petter (*Original Reiki-Handbuch des Dr. Mikao Usui* und *Das Reiki-Feuer*).
  Hier eine kurze Einführung:
  Schließe die Augen und falte deine Hände wie im Gebet vor der Brust.
  Konzentriere dich auf die einander berührenden Kuppen deiner Mittelfinger.
  Betrachte alle Gedanken als vorbeiziehende Wolken. Versuche keine dieser Wolken festzuhalten, sondern betrachte sie einfach nur.
  Diese Übung kannst du 20 Minuten durchführen. Kürzer oder länger geht auch.

  Diese Haltung ist übrigens auch ein wunderbarer Einsteig in eine Reiki-Behandlung. Das verbindet dich mit deinen Gefühlen und deiner Intuition. Mache diese Übung dann aber nur kurz, sonst fragt sich die Person nach ein paar Minuten, wo du denn bleibst!

Beachte:

- ▹ Konzentriere dich nicht, um leer wie eine Art Buddha zu sein!
- ▹ Wenn deine Arme müde werden, leg sie einfach in deinen Schoß (die Hände bleiben dabei zusammen!).
- ▹ Verfolge kein konkretes Ziel mit dieser Meditation.

Anmerkung: Widerstand gegen vorbei treibende Gedanken hält diese fest! Widerstand ist nämlich auch ein Gedanke!

M. Historie

239. Woher stammt Reiki?

Das Reiki-Energiesystem (das traditionelle Usui-System), kommt aus Japan und wurde von Mikao Usui wiederentdeckt. Er bezeichnete diese Methode der Arbeit mit Energie Reiki. Die Methode selbst stammt aus dem Buddhismus. Siddharta Gautama Buddha lebte 543 - 480 vor Christus.

240. Wie sehen die japanischen Kanji-Zeichen für Reiki aus?

Neuer Stil *Alter Stil* *Variante* *Variante*

Quelle: u. a. die Website von Frank Arjava Petter: *www.reikidharma.com*. Dort findest du noch weitere Varianten.

241. Wie lauten die japanischen Bezeichnungen für die verschiedenen Grade?

SHODEN - bedeutet 'erste Belehrung' (1. Grad)
OKUDEN - bedeutet 'tiefer wissen' (2. Grad)
SHINPIDEN - bedeutet 'mystische Belehrung' (3. Grad)

242. Wie verhält es sich mit der Geschichte des Reiki?

Mikao Usui (15. August 1865 - 9. März 1926) war ein japanische Buddhist, den die Frage der Energieübertragung mit bloßen Händen faszinierte. Er studierte die alten buddhistischen Schriften, die *Sutren*, in denen er die Methode entdeckte, die er dann Reiki nannte. *Sutra* bedeutet 'Anleitung, Richtschnur'. Dahinter verbergen sich Texte, von denen behauptet wird, Buddha selbst habe die Worte ausgesprochen und seine Schüler hätten sie aufgezeichnet. Bemerkenswert ist, dass offenbar schon seit vielen Jahrhunderten das Energie-

feld bekannt war und dass man mit ihm arbeitete! In den Sutren sind Symbole, Mantras und alle Techniken beschrieben, die man braucht, um Energie aus dem Energiefeld aufnehmen zu können und das Ungleichgewicht des eigenen Energiesystems wieder herzustellen.
Um seine Erkenntnisse in sein eigenes Energiesystem zu integrieren, zog er sich 21 Tage auf den Berg Kurama zurück, um zu fasten und zu meditieren. Auf diese Weise wurden die Symbole und Mantras, welche die Grundlage des Reiki bilden, mit ihm energetisch verbunden (21-tägige Reinigungsperiode).
Usui gelang es, dem uralten System der Arbeit mit Energie wieder neues Leben einzuhauchen. Damit hat er inzwischen zahllosen Menschen auf der ganzen Welt geholfen. In Tokio eröffnete er eine eigene Praxis und gründete eine Stiftung für die Usui-Methode (Usui Reiki Ryoho Gakkai). Um 1920 begann er, Reiki-Kurse anzubieten.
Wer mehr über das Leben von Mikao Usui wissen möchte, sei auf die Bücher von Frank Arjava Petter verwiesen. Peter ist ein deutscher Reiki-Meister, der jahrelang in Japan gelebt und dort Reiki-Kurse gegeben hat. Er begab sich auf die Suche nach den Wurzeln des Reiki-Systems und hat dabei interessante Entdeckungen gemacht.

243. Warum gibt es verschiedene Versionen der Reiki-Geschichte?
Es sind verschiedene Versionen über die Lebensgeschichte Usuis im Umlauf. Das hat damit zu tun, dass in Amerika damals Fakten über Usuis Leben ‚angepasst', sprich verändert wurden. So soll er Christ gewesen sein und nicht Buddhist und soll auch in den USA studiert haben. Diese ‚Optimierungen' sollten Reiki für die überwiegend christlich orientierten Amerikaner leichter akzeptierbar machen. Im Nachhinein ist diese Taktik sicher gut gewesen, denn die Beziehungen zwischen Japan und den USA waren in den 1930er-40er-Jahren und auch danach bedingt durch die Geschichte besonders heikel und womöglich wäre sonst Reiki nie in die westliche Welt gelangt.

244. Arbeiten die Japaner selbst heute auch noch mit Reiki?
Ja, es gibt viele Reiki-Schulen und -Vereinigungen in Japan. Die Stiftung, die Usui gründete, existiert noch heute. Es gibt inzwischen auch Japaner, die mit der westlichen Ausprägung des Usui-Systems arbeiten. Diese Form kam auf dem Umweg über die USA, Europa und Australien nach Japan.

245. Ist Reiki weltweit verbreitet?
Tatsächlich hat sich Reiki in einem rasenden Tempo über den ganzen Globus verbreitet und ist heute in Südamerika ebenso vertreten wie in Neuseeland usw. Auch im Internet kann man die weltweite Verbreitung des Reiki sehen.

246. Wie sieht der Stammbau des Reiki vom Usui-System bis heute aus?
Einer von Usuis Schülern war Chujiro Hayashi, ein pensionierter Marineoffizier. Er beschäftigte sich so intensiv mit Reiki, dass Usui ihn zum Reiki-Lehrer ausbildete. Hayashi eröffnete später eine eigene Praxis, wo er eines Tages im Jahr 1935 eine Frau aus Hawaii behandelte. Diese Frau, Hawayo Takata, war so begeistert, dass sie selbst Reiki lernen wollte. Im Februar 1938 bildete Chujiro Hayashi sie auf Hawaii zur Reiki-Meisterin aus. Hawayo Takata starb am 12. Dezember 1980 und hatte bis dahin 22 Lehrer ausgebildet, darunter auch ihre Enkelin Phyllis Furumoto, die Begründerin der *Reiki Alliance* und Dr. Barbara Ray, die Begründerin der *Radiance Technique Association International Inc.* (T.R.T.A.I.). Die erste deutsche Reiki-Meisterin ist Brigitte Müller, die von Phyllis Furumoto ausgebildet wurde.

247. Gibt es ein Oberhaupt an der Spitze der gesamten Reiki-Bewegung?
Es gibt kein formelles Oberhaupt der Reiki-Bewegung. Mikao Usui war der Wiederentdecker dieser Methode, aber nie der (weltweite) ‚Chef' der Reiki-Bewegung.
Reiki-Organisationen haben natürlich Vorsitzende oder Leiter. Bei der *Reiki Alliance* wird der Vorsitzende beispielsweise *Grand Master* genannt. Vor Gründung dieser Organisation gab es den Titel in der Reiki-Welt gar nicht.

248. Kann ich meinen Lehrer nach seinem ‚Reiki-Stammbaum' fragen?
Selbstverständlich. Im Idealfall wird bei der Ausbildung die Stammlinie der betreffenden Lehrer vorgestellt. Wenn sich der Lehrer auf Usui selbst zurückführen kann, dann spricht man von einem ‚traditionellen Usui-Lehrer', sofern er nicht inzwischen das System gewechselt hat.

249. Wie lauten die Reiki-Prinzipien?
Die fünf Reiki-Prinzipien stammen ursprünglich von den japanischen Meiji-Kaisern (1868-1912) und haben zum Ziel, den Menschen das Glück finden zu helfen. Usui empfing diese Regeln vom Kaiser und unterrichtete daraufhin seine Schüler in diesem Sinne:

1. **Ich ärgere mich heute nicht.**
2. **Ich mache mir heute keine Sorgen.**
3. **Ich bin dankbar für alles, was meinen Weg kreuzt.**
4. **Ich arbeite heute mit Hingabe.**
5. **Ich bin heute freundlich gegen jeden.**

Diese Prinzipien sind auch auf dem Gedenkstein am Grab Usuis eingemeißelt. Die vollständige Übersetzung der Grabinschrift findest du in dem Buch *Das Reiki-Feuer* von Frank Arjava Petter. Diese Übersetzung zeichnet zugleich ein sehr schönes Bild über das Leben Usuis.

250. Wie kann ich die Reiki-Prinzipien in meinem Leben anwenden?

Beispielsweise indem du sie täglich laut aussprichst, einmal morgens und einmal abends. So wirst du dir mehr und mehr bewusst, was dir diese Prinzipien sagen können. Du kannst dir aber auch täglich eines der Prinzipien vornehmen und den Tag über beobachten, wie weit du in der Lage bist, den Satz in dein tägliches Leben zu integrieren.

Die Reiki-Prinzipien haben nicht das Ziel, dich zu einem perfekten Menschen zu machen. Es ist auch nicht das Ziel, diesen Prinzipien blind zu folgen und sie dogmatisch umzusetzen. Beginne also nicht, Ärger oder andere Emotionen bewusst ‚herunterzuschlucken', um dich nur ja nicht zu ärgern. Du musst kein Heiliger werden. Alle Emotionen haben ihre Berechtigung und du solltest sie nutzen, um dir bewusst zu werden, was sie dir im Kern zu sagen. Die Reiki-Prinzipien sind dafür nur eine Art Halteseil. Der Kaiser gab sie in der Überzeugung aus, dass der Geist durch die Arbeit mit dieser Bewusstwerdungstechnik geheilt werden könne. Und wenn der Geist erst gesund ist, dann wird es der Körper von selbst, so der Kaiser.

Es gibt einige Bücher, welche die Reiki-Prinzipien umfassender ausgearbeitet haben und die natürlich auch die persönliche Interpretation des jeweiligen Autors beinhalten.

- Die Prinzipien, so wie sie in der vorigen Frage beschrieben sind, stammen aus dem Buch *Das Reiki Feuer* von Frank Arjava Petter, und geben den Text wieder, den er auf der Grabinschrift vorgefunden hat.
- In dem Buch *Das Reiki Kompendium (Kapitel 21)* geht Walter Lübeck noch tiefer auf die Prinzipien ein (das Buch hat er zusammen mit Frank Arjava Petter und William Rand geschrieben).

N. Die Systeme & Vereinigungen

251. Was ist das Usui-System?
Das Usui-System ist das nach seinem Wiederentdecker Mikao Usui benannte Reiki-System.

252. Welche Reiki-Systeme gibt es?
Er gibt viele unterschiedliche Reiki-Systeme. Die meisten fußen auf dem ursprünglichen Usui-System, andere sind aus anderen Weltanschauungen oder aus dem persönlichen Erleben eines Lehrers entstanden. Hier einige Beispiele:

(In der 3. Spalte steht, wo du die Informationen im Internet finden kannst)

System	*Ursprung /Begründer*	*Informationen im Internet**
Ursprüngliches Usui Reiki-System	Japan Mikao Usui	u. a.: http://reiki-online.de http://reiki.start4all.com in den Suchmaschinen unter Stichwort: *Usui System* oder *Reiki*
The Radiance Technique®	USA Barbara Ray	www.trtai.org
Japanische Reiki-Techniken	Japan / Deutschland Frank Arjava Petter	www.ReikiDharma.com
Tera Mai Reiki®	USA Kathleen Millner	www.kathleenmilner.com
Rainbow Reiki®	Deutschland Walter Lübeck	www.Rainbowreiki.net
Karuna Reiki®	USA William Rand	www.reiki.org
Buddho-EnerSense© Reiki Kin-Kei-Do©	Tibet / Nepal Dr. Ranga J. Premaratna	www.healing-touch.co.uk

System	*Ursprung /Begründer*	*Informationen im Internet**
Golden Age Reiki	England Maggie Larson (Shimara Kumara)	www.eternal-light.co.uk/academyof eternallight.htm
Osho Neo Reiki	Indien Osho	http://education.vsnl.com/reikinetindia/ osho.htm
Gendai Reiki	Japan Hiroshi Doi	http://homepage3.nifty.com/Gendai Reiki/gendaireikiho.html www.virtuallight.org/hiroshi%20doi.html
JohRei Reiki	Japan Mokichi Okada	http://johreiki.net/johreiki.php
Tibetisches Reiki	USA Ralph White	www.lifepositive.com/Body/energy-healing/reiki/reiki-masters.asp
Sun Li Chung Reiki	Israel Yosef Sharon	www.lifepositive.com/Body/energy-healing/reiki/reiki-masters.asp
Shambala Multi Dimensional Healing	England John Armitage	www.mahatma.co.uk

Internet:
Einen großen Teil der genannten Strömungen findest du genannt auf:
www.lifepositive.com/Body/energy-healing/Reiki/Reiki-masters.asp
oder auf
www.geocities.com/HotSprings/9434/reikiorg.html
(internationale Liste mit Reiki-Organisationen in verschiedenen Ländern).

Auf der deutschen Seite **www.Reiki-online.de** findest du eine Liste der wichtigsten für Deutschland relevanten Systeme.

Nach welchem System auch immer gearbeitet wird,
es geht immer um dieselbe universale Energie!

* Im Internet erscheinen stängi neue Reiki-Seiten. Die vorhandene Seiten werden permanent aktualisiert, sodass sich dauernd Änderungn ergeben. Für Aktualisierungen zu diesem Buch siehe meine homepage: **www.der-reiki-ratgeber.de**

253. Was ist der Unterschied zwischen dem westlichen und dem japanischen System?

Der Unterschied zwischen dem westlichen und dem japanischen System sind sehr groß, schon allein im Hinblick auf die Zeit, die im Westen für das Erlernen von Reiki angesetzt wird. In Japan wird Reiki eher als ein Lebensweg, als eine Lebenseinstellung angesehen. Ein Schüler verbringt daher Jahre mit dem Studium eines Grades, bevor er in den nächsten aufsteigt. Auch die Umgangsweise mit der Energie ist eine andere. In Japan wird auch mit den Augen, über Klopfen, streicheln und blasen sowie über Massage Reiki übertragen. Für die Energie ist die Übertragungsmethode gleichgültig, es ist vielmehr eine andere Art der Anwendung. Wer mehr über die alten japanischen Reiki-Techniken wissen möchte, sei auf die Bücher von Frank Arjava Petter (siehe *Teil IV: Sonstige Informationen*) verwiesen. Petter hat gerade auf diesem Gebiet viele Studien angestellt. Zudem werden inzwischen auch spezielle Kurse in den alten Techniken angeboten.

254. Wie sind die unterschiedlichen Systeme entstanden?

In der Welt des Reiki gibt es unterschiedliche Strömungen, die zumeist aus dem Usui-System entstanden sind. Als die amerikanische Reiki-Vereinigung *The Reiki Alliance* gegründet wurde, spaltete sich bald eine Gruppe unter Leitung von Dr. Barbara Ray ab, die unter dem Namen *The Radiance Technique Association International, Inc. (T.R.T.A.I.)* firmiert. Aus diesen beiden Gruppen heraus sind weitere Gruppen entwickelt, die teilweise auf Grund persönlicher Sichtweisen einzelner Lehrer entstanden oder weil sich Lehrer nicht (mehr) in den Regeln einer bestehenden Gruppe wiederfanden. Auf diese Weise gab es Veränderungen im Reiki-System entweder in Form persönlicher Elemente oder durch Integration anderer Energietechniken. Häufig wechselte man dann auch den Namen, insbesondere dann, wenn das neue System nun gar nicht mehr mit der Arbeitsweise des Usui-Systems korrespondierte. Die meisten Veränderungen beziehen sich auf die Verwendung anderer und/oder zusätzlicher Symbole sowie weiterer Techniken zur Einstimmung von Personen auf das universale Energiefeld. Letzteres und natürlich die Energie selbst sind aber in jedem System das- bzw. dieselbe.

255. Ist es wichtig, für welches System ich mich entscheide?

Energie ist Energie. Welches System du wählst, ist letztlich gleichgültig. Das ist einfach eine Sache des persönlichen Geschmacks. Wähle das System aus, welches dir am meisten zusagt.

256. Kann ich von einem System in ein anderes wechseln?

Häufig ist dies schwierig, dass jedes System, eigene Techniken entwickelt hat und der Aufbau der Kurse sehr stark variiert. Meist verlangt der betreffende Lehrer, dass du wieder ganz von vorne im 1. Grad beginnst, um zu verhindern, dass sich eventuell Wissenslücken auftun. Jedes System hat seine eigenen Methoden und Techniken der Einstimmung, doch ist die eine nicht besser als die andere! Für die Energie oder die Einstimmung auf das Energiefeld ist dies jedoch letztlich unerheblich. Energie ist Energie und das Energiefeld ist über viele Wege erreichbar! Es ist ratsam, sich gleich gut über die verschiedenen Systeme, die Grade, die Kursstrukturen usw. zu informieren, um möglichst schon vorab das System herauszufinden, welches einem am meisten zusagt.

257. Kann ich alle Grade innerhalb eines Wochenendes erreichen?

Reiki ist eine Methode, die eigentlich eine Menge Zeit braucht, um ganz ‚in Fleisch und Blut' überzugehen, da eine Menge an Wissen erarbeitet werden muss.
Mir erscheint es weder für den Lehrer noch für den Schüler sinnvoll, das ganze Pensum in ein Wochenende zu stopfen. Das ginge nur, wenn überall Abstriche gemacht würden. In Japan dauert das Erreichen des 1. Grads fast ein Jahr. Im Vergleich dazu sind wir im Westen mit zwei Tagen für den 1. Grad ohnehin schon rasend schnell. Den Japanern ist schon lange bewusst: *Man kann die Blätter an einem Baum nicht zum Wachsen bringen, indem man an ihnen zieht und zerrt!*

258. Ist Reiki eine Sekte?

Nein. Mit einer Sekte hat Reiki gar nicht gemein. Du bist beispielsweise nach einem Kurs auch an keinen Lehrer oder sonst jemanden gebunden, sondern kannst völlig unabhängig arbeiten.

259. Welche Reiki-Vereinigungen gibt es?

In Deutschland gibt es inzwischen einige Reiki-Verbände. Bei einigen kann man nur Mitglied werden, wenn man strikt nach dem Usui-System arbeitet und bestimmte Standards

Vereinigungen und Verbände	Internetinformation
Reiki-Network im deutschsprachigen Europa	www.reiki-network.de
Reiki Alliance	www.reikialliance.de
Reiki Verband Deutschland e.V.	www.reiki-verband-deutschland.de
Reiki forum via internet	www.reiki-forum.de
Yahoo Reiki Gruppe via Internet	http://groups.yahoo.com/search?query=Reiki&submit=Search
Internationale Liste mit Reiki-Organisationen in verschiedenen Ländern	www.geocities.com/HotSprings/9434/reikiorg.html

erfüllt sowie bestimme Regeln und Normen anerkennt. Bei anderen Vereinigungen sind Ausübende aller Systeme willkommen und brauchen auch keine speziellen Anforderungen zu erfüllen. Manche Verbände nehmen nur Reiki-Lehrer auf, andere wiederum nur Reiki-Nutzer. Informiere dich am besten bei den unterschiedlichen Vereinigungen selbst, um herauszufinden, welcher du eventuell beitreten möchtest bzw. kannst (Internetadressen der wichtigsten Vereinigungen findest du in Teil IV Sonstige Informationen, *Kapitel C. Internetseiten).*

260. Muss ich Mitglied einer Reiki-Vereinigung werden?
Nein, du kannst problemlos mit Reiki arbeiten, ohne irgendeinem Verband anzugehören. Einige sind ohnehin für einfache Nutzer gar nicht zugänglich, sondern nur für Reiki-Lehrer, andere stehen wiederum nur Nutzern offen.

261. Werde ich irgendwo registriert, wenn ich einen Reiki-Kurs belegt habe?
Nein, ein allgemeines Register existiert nicht, es sei denn du lässt dich freiwillig als kommerzieller Reiki-Behandler in irgendwelchen Adressverzeichnissen aufnehmen.

262. Mein Teilnehmer-Zeugnis sieht ganz anders aus als das meines Freundes. Wie kann das sein?
Das hat damit zu tun, das viele Reiki-Lehrer frei arbeiten, also keinem Verband angehören und insofern ihre Teilnehmerzeugnisse oder Zertifikate selbst gestalten. Das Gleiche gilt für Stempel, Aufkleber usw. Dafür existieren keinerlei Vorgaben. Jeder Lehrer gestaltet seine Papiere eigenständig und völlig frei.

Gemeinsamkeiten bei allen Unterschieden

263. Gibt es Neid und Missgunst zwischen den unterschiedlichen Systemen?
Das kommt leider durchaus vor. Lehrer, die unterschiedliche Reiki-Systeme vertreten aber auch ganze Systeme nehmen für sich in Anspruch, das alleinige Recht auf Reiki zu haben und reklamieren ihr System als das einzig wahre und richtige. Diese Haltung widerspricht aber dem universellen Charakter der Energie und der unvoreingenommenen Nutzung. Die Energie lässt sich nicht in das Korsett eines bestimmten Reiki-Systems pressen. Wie überall auf der Welt kommt es auch in Reiki-Kreisen zu Machtkämpfen und ‚Futterneid' (was aus Angst entsteht und nicht aus Liebe!). Reiki-Lehrer sind auch nur Menschen und stecken oft selbst noch mitten im Entwicklungsprozess.
Energie ist für jeden da und wenn wir nur alle zusammen arbeiten würden, wären wir mehr als nur die Summe der Teile. Zusammen erreichen wir einfach mehr!
Im Buch *Das Reiki-Kompendium* beschäftigt sich ein ganzes Kapitel mit diesem Thema (*Kapitel 22: Harmonie zwischen allen Reiki- Gruppierungen*). Kann ich nur zur Lektüre empfehlen!

264. Wie steht die Schulmedizin zu Reiki?

Die Schulmedizin lehnt Reiki und andere Formen der Energiearbeit vielfach ab, vor allem deshalb, weil die Ärzte während ihres Studiums mit diesen Aspekten kaum in Kontakt kamen. Das ändert sich aber gerade mit rasender Geschwindigkeit. Mit Hilfe technischer Apparate lässt sich die Wirkung der Energie inzwischen auch erfassen und immer mehr Wissenschaftler liefern handfeste Beweise für die Wirkung der Energie, sodass auch die Medizin immer mehr Kenntnis auf diesem Gebiet sammelt.

Umgekehrt lehnt die alternative Welt die Schulmedizin häufig kategorisch ab und schwört allein auf ihre alternativen Heilweisen. Dabei wird gern vergessen, dass wir dank des (schul-)medizinischen Fortschritts sehr viel bessere Überlebenschancen haben (etwa nach Unfällen!), dass wir etwa dank der Organtransplantationen eine zweite Chance zu leben bekommen können, wo wir zuvor hätten sterben müssen. Und es wird gern vergessen, dass wir in vielen Fällen gar nicht bis dahin gekommen wären, wo wir aktuell sind, gäbe es nicht die Kenntnisse und Methoden der Schulmedizin! Wenn solche Menschen erst einmal selbst schwer krank gewesen sind und durch schulmedizinische Hilfe gerettet werden konnten, dann erkennen sie auch deren Wert. Mit einer totalen Loslösung von der Schulmedizin täten wir uns selbst und anderen keinen Gefallen.

In manchen Krankenhäusern bieten speziell ausgebildete Pfleger den so genannten *Therapeutic Touch* an und nutzen dabei auch die Energie.

Die Kombination beider Ansätze wäre doch ideal: Die Schulmedizin mit ihren Methoden und wir Alternativen mit unserer energetischen Unterstützung. Vielleicht kommt die Zeit ja noch, dass wir bei einem Krankenhausaufenthalt auch ganz selbstverständlich unsere Aura fotografieren lassen können, um Defekte auf anderen Ebenen als der körperlichen zu entdecken und dass wir nach der Behandlung durch einen Allgemeinarzt ein Zimmer weiter zu einer Reiki-Behandlung gehen.

O. Reiki und die Esoterik

265. Was sind übersinnliche Fähigkeiten?

Das Wort *paranormal* bedeutet so viel wie ‚neben dem Normalen vorkommend'. Paranormale oder übersinnliche Fähigkeiten sind z. B. die Fähigkeit über den 6. Sinn hellzusehen, hellzuhören, hellzufühlen usw. Über diese Fähigkeiten verfügen wir eigentlich alle von Hause aus, nur sind sie bei dem Einen mehr, bei dem Anderen weniger entwickelt. Einige können sich besser mit dem Energiefeld verkoppeln und haben gelernt, sich auf ihre Sinne zu verlassen. Über diese Sinne nehmen wir nämlich pro Sekunde Millionen von ‚bits' an Informationen auf, von denen aber nur ein winziger Bruchteil ins Bewusstsein gelangt. Das allermeiste bleibt unbewusst und wird nicht von uns wahrgenommen. Indem du lernst, dein Denken auszuschalten, kommst du näher an diese unbewussten Informationen heran, was man auch als Intuition oder das innere Selbst bezeichnet.

266. Werde ich von Reiki paranormal?

Dadurch, dass Reiki dich dir selbst näher bringt, kommst du auch deinen Gefühlen, deiner Intuition näher. Das bewirkt, dass du möglicherweise eher bestimmte Signale aufnimmst als andere bzw. als du selbst vorher. Ohnehin schon vorhandene paranormale Fähigkeiten können also durch Reiki durchaus weiter ausgebaut werden.

267. Was soll ich tun, wenn ich bestimmte Signale empfange?

Zunächst solltest du das, was du da auffängst, nicht als absolute Wahrheit ansehen. Das kann es auch nie sein, denn die aufgefangenen Signale sind immer gefiltert durch deine Persönlichkeit, deine Überzeugungen und deine Ängste. Alles, was du wahrnimmst, durchläuft diese Filter aus Erfahrungen, Erziehung, Kultur, Religion, kurz: Lebenswirklichkeit. Mit dem, was du empfängst, brauchst du gar nichts tun. Es kann nicht Sinn der Sache sein, Unheilsprophetien zu verbreiten, falsche Hoffnungen zu machen und verkehrte Ratschläge zu geben. Du kannst nie genau wissen, ob du die empfangenen Signale auch richtig verstanden hast.

268. Was sind Schutzgeister?

Schutzgeister oder Schutzengel sind unsichtbare geistige Begleiter, die dich meist ein ganzes Leben lang begleiten, was aber nicht immer der Fall sein muss. Schutzgeister beschützen dich und flüstern dir manchmal auch etwas ein: die so genannten Eingebungen. Sie respektieren dabei immer deinen freien Willen und deinen individuellen Lebensweg.

269. Komme ich durch Reiki in Kontakt mit meinen Schutzgeistern?

Möglicherweise machst du auf diesem Gebiet Erfahrungen, möglicherweise aber auch nicht. Das hängt vor allem davon ab, womit du dich beschäftigst (Energie folgt der Zuwendung!). Die Stimme, die du oft hörst, ist deine innere Stimme und dein Gewissen, das zu dir spricht. Manche Menschen geben ihre Macht aus den Händen und lassen einen Anderen (aus dieser oder aus jener Welt) ihr Leben bestimmen, obwohl sie selbst dazu im Stande sind und selbst so viel Weisheit haben. Alle Antworten liegen in uns selbst, dafür brauchen wir im Prinzip keine Schutzgeister oder Gurus. Schutzgeister regen dich nur an, deinem inneren Ziel zu folgen und Antworten auf deine Fragen zu suchen. Sie inspirieren auch deinen spirituellen Weg, ohne deine freie Wahl zu beeinflussen. Schutzgeister sollten froh sein, wenn du dein Leben selbst in die Hand nimmst und lernst, auf deine innere Stimme zu hören, auf deine Wünsche und deine Sehnsüchte. Niemand kann von dir Besitz ergreifen, wenn du selbst der Boss deines Lebens und deines Körpers bleibst. Falls du den Eindruck hast, es tatsächlich mit einem Wesen aus einer anderen Dimension zu tun zu haben, dann höre zu, was es dir erzählt, gibt aber nicht deine Eigenverantwortlichkeit für dein Leben auf. Wenn das Wesen dir ‚Aufträge' erteilen will, dann hast du es nicht mit einem Schutzgeist zu tun, sondern mit einer anderen Art Entität, die ganz andere Intentionen hegt, als dich liebevoll und vorbehaltlos zu unterstützen.

270. Wenn ich keinen Schutzgeist habe, kann ich dann trotzdem mit Reiki arbeiten?
Reiki wirkt unabhängig von deinem Glauben, ob es Schutzgeister gibt oder nicht. Um mit Reiki zu arbeiten brauchst du also kein solches Wesen. Viele Menschen interessieren sich überhaupt nicht für Schutzgeister usw., nutzen aber Reiki im Hausgebrauch.
Reiki dient in erster Linie dir selbst und steht in keiner Abhängigkeit oder Verpflichtung jedweder Art zu unsichtbaren Welt. Der Umgang mit Schutzgeistern kann leicht in Huldigungszeremonien ausarten, was der Einfachheit des Reiki widerspricht. Jeder hat seinen eigenen Weg und jeder erlebt Reiki anders. Wenn etwas nicht mit deiner persönlichen Wahrheit harmoniert, dann lass es los, denn dann ist es offenbar kein Teil von dir und spiegelt lediglich den Weg eines anderen.

271. Wird in einem Reiki-Kurs das Thema Schutzgeister behandelt?
Im traditionellen Usui-System gibt es keine Handreichungen, um deine Schutzgeister zu kontaktieren. Viele Lehrer gehen allerdings von deren Existenz aus.
Aus dem Usui-System hat sich ein anderes System entwickelt, das *Shambhala Multi Dimensional Healing* heißt und von John Armitage stammt. Dieses System ist mehr auf die Multidimensionale Ebene orientiert, also auf die anderen Dimensionen. Mehr über dieses System findest du im Internet unter folgenden Adressen:

- www.mahatma.co.uk (John Armitage)
- www.awakening-spirits.net/attunements-nl.htm
  (http://www.awakening-spirits.net/masters-ger.htm)

Ein Buch, das diese Dimension darstellt, aber kein 'Shambhala-Buch' ist, ist:
Re-member: a Handbook for Human Evolution - Steve Rother & the Group.
‚The Group' sind Wesen der anderen Dimension.

Achtung:
Shambhala Multi Dimensional Healing (Shambhala-Reiki) ist nicht zu verwechseln mit dem buddhistischen Shambhala-Training aus Tibet. Das ist etwas ganz anderes. Informationen darüber findest du im Internet unter folgenden Adresse: www.shambhala.org oder in den Bücher von Chögyam Trungpa (siehe *Teil IV: Sonstige Informationen*)

272. Welche alternativen Methoden gibt es, um Blockaden aufzuspüren?
Es gibt viele Methoden, um Blockaden zu finden. Ich denke, dass du selbst zuallererst derjenige bist, der deine Blockaden am besten auffinden kann, schon allein dadurch, dass du an deiner Bewusstseinsentwicklung arbeitest.

Wenn du andere Methoden kennen lernen möchtest, dann kannst du folgende Schritte unternehmen:

- Gehe auf eine Esoterik-Messe, schau dich dort um und lass dir von den dortigen Fachleuten erklären, wie dieses und jenes funktioniert: Besuche einen Hellseher, dem du das eine oder andere Problem aus deinem Privatleben vorlegst oder jemanden, der sich mit Psychometrie befasst (Erfühlen von persönlichen Gegenständen mit Hilfe des Hellsehens). Dabei kannst du interessante Erfahrungen machen.
- Eine besondere Methode ist die Kinesiologie (touch for health), bei der mit Muskeltests versucht wird, die Quellen für bestimmte persönliche Probleme und die Ursachen für Disharmonien festzustellen.
- Oder du lässt deine Aura lesen (aurareading und -healing) oder du lässt ein Aurafoto (Kirlian-Fotografie) machen, wozu meist auch die entsprechenden Erklärungen geliefert werden.
- Lies Bücher zum Thema Bewusstseinsentwicklung. Durch die Lektüre solcher Bücher, erfährst du, wie du an dir selbst besser arbeiten kannst. Bestimmte Arbeitsbücher können dir anhand von Beispielen oder auf Grund ihrer Fragestellung Einsichten über behindernde emotionelle Blockaden verschaffen und geben auch gleich die nötigen Werkzeuge mit, diese Blockaden zu beseitigen (beispielsweise das englischsprachige Buch: *Empowerment* von Gershon & Straub (siehe Teil IV: Sonstige Informationen)).
- Besuche weitere Kurse, die zum Ziel haben, das persönliche Bewusstsein der Teilnehmer zu verbessern (Reiki, Meditation u. a.) und dich lehren, auf dein inneres Selbst zu hören. Darin findest du stets alle Antworten, die niemand anders dir geben kann. Ein Anderer kann dich lediglich begleiten und ermutigen.

In der Esoterik kann jeder seinen eigenen Weg finden und ihn in seinem eigenen Tempo gehen. Einige alternative Methoden helfen dir vielleicht sehr gut weiter, andere entsprechen womöglich nicht deinen Vorstellungen bzw. bringen dich nicht weiter. Zögere nicht, das dann ebenso schnell wieder aufzugeben, wie du es begonnen hast.

273. Kann es übel enden, wenn ich verschiedene Wege gleichzeitig gehe?

Das wohl nicht, aber wo soll der Sinn darin liegen? Wenn es dich mehr zu dir selbst bringen soll, dann hast du genug damit zu tun, das Gelernte auch im Alltag umzusetzen. Es gibt Menschen, die haben ihre Wände mit Teilnahmezeugnissen und Zertifikaten tapeziert, schaffen es aber nicht, irgendetwas von dem Gelernten in der Praxis umzusetzen. Durch die Papiere meinen sie, sie seien nun besonders ‚entwickelt'. Das braucht es aber nicht zu bedeuten.

Auf der anderen Seite kann aber das dogmatische Festhalten an einer Anschauung, an einem Weg (‚dieses ist der richtige Weg und er ist besser als alle anderen') dir die Sicht versperren für andere, möglicherweise interessantere Wege. Auch das kann zu einer mangelhaften Bewusstseinsentwicklung führen. Jemand kann in einem einzigen einfachen Kurs die Essenz der Energie viel besser begreifen, als jemand anderes, der mal hier, mal da hineinschnuppert. Viele Kurse können aber durchaus auch zu einer explosiven Bewusstseinsentwicklung führen. Es geht vor allem um das Sich-Öffnen. Es geht darum, inwieweit du wirklich bereit bist, an dir selbst zu arbeiten und offen und ehrlich mit dir umzugehen. Das wiederum ist sehr von deinem Willen zu wachsen und zu lernen abhängig. Dafür braucht der eine nur einen einzigen Kurs, ein anderer braucht Dutzende.

274. Was sind Orakelsysteme?

In der Esoterik finden sich zahllose Orakelsysteme. Dazu gehören etwa das I Ging, Tarot, Göttinnenorakel, Heilkarten, Osho Zen Tarot, Delfinkarten, Lenormandkarten, unterschiedlichste Orakelbücher und -karten. Der Markt ist voll von diesen Systemen, wobei es sich zumeist um Kartensysteme handelt.

Orakel werden oft als Mittel zu Zukunftsvorhersage betrachtet, was sie meiner Ansicht nach aber nicht sind. Ein Orakel ist in meinen Augen ein weises System von Aussagen, bei denen du die Freiheit hast, damit zu machen, was du willst. Wenn du ein Orakel einfach als Hilfsmittel betrachtest, dir Dinge bewusst zu machen, ist es nicht nur einfacher, sondern auch schöner mit Orakeln umzugehen.

Alle Antworten findest du in dir selbst. Es geht nur darum, wann und wie du zu dieser Einsicht gelangst. Ein Orakel kann dir darum oft ein ‚Aha-Gefühl' verschaffen, weil es das bestätigt, was du eigentlich innerlich schon weißt. Was unbewusst ist, kann bewusst gemacht werden: durch die Weisheit eines anderen Menschen oder auch durch ein Orakelsystem. Letzteres kann keine Antworten in Form von *Ja* oder *Nein* geben. Du selbst bestimmst deinen Weg. Orakelsysteme können tatsächlich eine große Hilfe bei der Bewusstseinsentwicklung leisten, ohne das du deine Lebensentscheidungen von der Karte abhängig machst, die du gerade ziehst.

275. Was ist Pendeln?

Alle Weisheiten, alle Antworten finden wir in uns selbst. Allerdings ist es schwierig, das Unbewusste bewusst zu machen, sprich sichtbar zu machen.

Mit einem Ring an einer Schnur, einem Kristall-, Messing- oder Kupferpendel an einer kleinen Kette kannst du Fragen auspendeln. Dazu hältst du die Schnur oder Kette des Pendels fest in der Hand, stellst deine Frage und das Pendel beginnt sich als Reaktion auf deine Frage zu bewegen. Kleinste Energiesignale fließen dabei aus deinem Hirn in deine Finger. Die Energie lässt das Pendel sich drehen, oder nach links bzw. rechts ausschlagen oder sich hin und her zu bewegen, je nachdem was du vorher als ‚Ja', ‚Nein' oder ‚Neutral' festgelegt hast. Die Stellung der Frage ist besonders wichtig. Ein Pendel reagiert am einfachsten und eindeutigsten auf Bestätigungssätze wie „Ich bin gesund" oder „Das ist gut für mich". Dann reagiert der Pendel mit ‚Ja – stimme zu' oder ‚Nein – Stimme nicht zu' oder ‚Weder noch'.

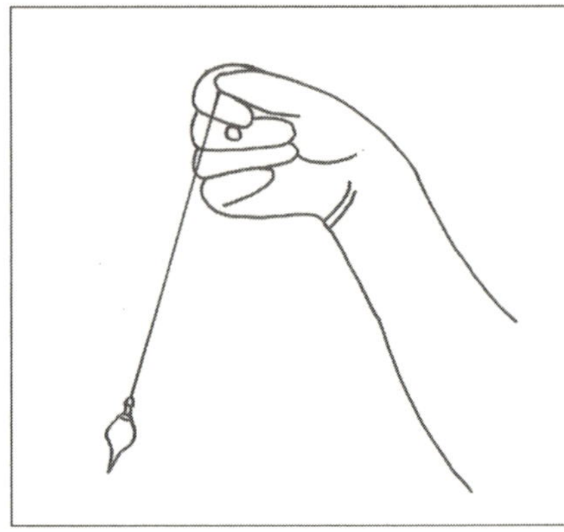

Es ist ratsam, sich zunächst genauer mit der Funktionsweise des Pendels zu befassen. Es mag zwar sehr spannend aussehen, aber das Risiko, aus Unkenntnis völligen Unsinn auszupendeln ist sehr groß. Das hat damit zu tun, dass sich letztlich nur deine eigenen Ängste oder Meinungen als Pendelaussage verbrämen.
Anders sieht es aus, wenn jemand neutrales, der mit dir nichts weiter zu tun hat, deine Frage auspendelt. Ein alternativer Therapeut, der darin geschult ist, während der Sitzung seine eigenen Ansichten ‚auszuschalten', kann dir sicher bei Fragen wie „Welche Nahrungsmittel sind nicht gut für mich?" oder „Welche Nahrungsergänzungs-mittel kann ich gut vertragen?" helfen.

276. Kann ich durch Pendeln energetische Blockaden aufspüren?

Ja, das geht, hängt aber von deiner Fähigkeit zur Neutralität ab. Ehe du dich's versiehst, hast du dir nämlich eine Meinung über jemanden ‚ausgependelt'. Was dich selbst betrifft, wirst du mit Gewissheit genau die Stellen auspendeln, von denen du ohnehin ahntest, dass dort die Blockaden sitzen.

277. Wie unterscheide ich Spreu und Weizen in der Esoterik?

Es gibt eine Menge Unsinn in der Esoterik, aber auch eine Menge Sinniges. Und es gibt Etliches, was einzig und allein dem Zweck des Geldverdienens gilt. Menschen behaupten, Hellseher zu sein, locken damit andere an und machen aber Aussagen, die so schwammig und allgemein sind, dass der Kunde letztlich nichts davon hat, außer einem größeren Loch im Portmonee. Jeder hat schon von Menschen gehört, die auf ihrer verzweifelten Suche nach Heilung wie goldene Gänse ausgenommen worden sind.
In dem Moment, wo dich Medien, Hellseher, Heiler, Therapeuten und sonstige versuchen auf die eine oder andere Weise emotional abhängig zu machen, dann werde hellhörig! Unheilsbotschaften und der Hinweis, sie bräuchten weitere (bezahlte) Sitzungen oder mehr Geld (weil gerade dein Fall ja so schwierig sei), sagen eigentlich schon genug. Erst Recht, wenn du Geld bezahlen sollst (etwa vorab schicken), ohne dafür etwas bekommen zu haben, sollte dir klar sein, dass die Sache nicht ganz koscher ist.

Viele Menschen können sich energetisch gut auf andere und auf das Energiefeld einstimmen. Wenn seine Botschaften eine ist, die deine innere Wahrheit in aller Ruhe und Freiheit prüfen kann, dann bist du an einen ordentlich arbeitenden Menschen geraten. Wenn das Ziel seiner Aussage dahin geht, dich anzuspornen, Heilung und inneres Glück zu finden und Eigenverantwortlichkeit für dein Leben zu übernehmen, dann geht es in die richtige Richtung. Insbesondere wenn jemand dir rät, andere Hilfeleistungen (medizinischen, psychologische etc.) außer Acht zu lassen, dann hast du es mit jemandem zu tun, der deinem Heilungsprozess sogar im Wege stehen kann, mit allen Folgen.

278. Kann ein Guru hilfreich sein?

Die Zeit der großen (und mächtigen) Gurus scheint vorbei zu sein. Wir leben heute in einer Zeit, in der es in der esoterischen Welt mehr um das selbsttätige Arbeiten geht. Kurse zum Thema Bewusstseinsentwicklung und Eigenverantwortlichkeit für sein Leben werden zu Hunderten angeboten. Doch es gibt immer noch genug Menschen, die sich mit all ihren Fragen lieber auf jemand anderen verlassen. Viele meinen das Glück bei etwas oder jemand anderem außerhalb ihrer selbst zu finden, obwohl es eigentlich nur in sich selbst zu finden ist. Durch die Arbeit an dir selbst, arbeitest du zugleich an der Entdeckung deines Glücks. Ein Guru, der dich genau dazu anspornt, kann sehr nützlich sein. Ein Guru aber, der dich, auf welche Weise auch immer, an sich bindet, hat andere Intentionen, die eher mit seinem eigenen Ego als mit dir und deinem Wohl zu tun haben.

279. Was ist ein Medium?

Ein Medium ist eine Person, mittels derer sich überirdische Kräfte offenbaren, oft über den Kontakt zu den Geistern Verstorbener.

280. Was ist ein Paragnost?

Ein Paragnost ist jemand, der hellsichtig ist und die Fähigkeit hat, die persönliche Energie einer anderen Person wahrzunehmen. Er verbindet sich mit dem Energiefeld, und findet dort alles Wissen und alle Information vor.

281. Wie zuverlässig ist ein Medium oder ein Hellseher?

Niemand ist 100% zuverlässig. Es gibt einige Medien und Hellseher, die sehr beachtliche Erfolge erzielen bzw. erzielt haben. Bei ganz konkreten Dingen, etwa dem Aufspüren von Verlorenem, versagen aber die meisten. Das schaffen nur die Wenigsten und selbst die haben eine Fehlerquote. Ein Medium oder eine Hellseher bekommen Signale in Form von Bildern oder Gefühlen, die aber erst noch interpretiert werden müssen. Damit durchlaufen diese Bilder oder Gefühle zwangsläufig die individuellen ‚Filter' der betreffenden Person und die wiederum verfälschen oft (unbewusst) die Aussagen.

282. Kann ich mir die Zukunft vorhersagen lassen?

Der Vorhersage der Zukunft wird viel Aufmerksamkeit gewidmet und viele Menschen beschäftigen sich damit. Die Zukunft ist durch unser Handeln und Denken beeinflussbar. Du

hast die Freiheit zu wählen und wenn du A wählst, wird sich deine Zukunft anders entwickeln als wenn du B gewählt hättest. Vielleicht sind die großen Linien des Lebens tatsächlich in irgendeiner Weise vorher festgelegt. In jedem Fall hast du aber die Wahl zwischen verschiedenen Wegen, dorthin zu gelangen.
Es gibt derzeit eine Menge von Kursangeboten, die dir bewusst machen, dass du deine eigene Wahrheit kreierst, dass du selbst der Quelle deines Lebens bist. Insofern kannst du durch eine entsprechende Lebenshaltung und ein entsprechendes Bewusstsein deine eigene Zukunft selbst ‚vorhersagen'. Studien über Menschen, die in ihrem Leben Erfolg hatten, zeigten, dass diese Menschen fast immer tief überzeugt davon waren und felsenfest darauf vertrauten, Erfolg zu haben. Energie folgt der Zuwendung! Wenn du denkst, du versagst, dann versagst du auch. Wenn du fest davon überzeugt bist, dass es gelingt, dann aktivierst du damit auf jeden Fall mehr von deinen inneren Kräften, um dieses Ziel zu erreichen.

Zum Abschluss dieses Themenkomplexes findest du einige Worte des Begründers der Transzendentalen Meditation, Maharishi Mahesh Yogi. Diese sagen sehr viel über die Essenz der universalen Energie und über das Schaffen der eigenen Wahrheit:

Erfolg

Wenn wir ans Versagen denken, versagen wir.
Wenn wir uns nicht entscheiden,
bleibt alles beim Alten.
Wir müssen etwas Großes vollbringen wollen
und es dann einfach tun.
Nie ans Versagen denken.
Denn so wie wir es denken,
geschieht alles.

Teil I

Praxis

A. Bevor du beginnst...

283. Wie bereite ich mich auf eine Behandlung vor?

Wenn du Reiki in deiner häuslichen Umgebung anwendest, dann sind im Allgemeinen nicht so viele Vorbereitungen notwendig. Du kannst die Behandlung überall beginnen, sogar vor dem Fernseher oder mit einem Kind auf dem Schoß. Du kannst auch problemlos eine Behandlung im Sitzen verabreichen (siehe dazu auch die *Fragen 407* und *408*). Wenn du jemandem eine Komplettbehandlung im Liegen geben möchtest, die eine Weile dauert, dann kannst du folgende Punkte beachten:

- Wasche deine Hände zuvor gründlich.
- Sorge dafür, dass ihr nicht gestört werdet (z. B. das Telefon ausstöpseln und Handys ausschalten).
- Sorge dafür, dass keine Kinder oder Haustiere die Behandlung stören.
- Stelle eventuell auch die Türklingel ab.
- Lege eine Decke bereit.
- Sorge eventuell für sanfte Hintergrundmusik.

In einer professionellen Praxis sollten zudem immer saubere Handtücher bereit liegen, ein sauberes Tuch auf der Behandlungsliege, und insgesamt sollte der Behandlungsraum eine angenehme Atmosphäre haben sowie sauber und aufgeräumt sein. Ein Tässchen Tee oder Kaffee zum Empfang des Behandelten gehören ebenso dazu wie ein Glas Wasser zum Abschluss der Behandlung! Räucherwerk oder andere Düfte bitte immer nur in Absprache mit dem jeweiligen Behandelten verwenden.

284. Ich habe keine Behandlungsliege. Was nun?

Nicht jeder besitzt eine Behandlungsliege und das ist auch nicht wirklich ein Problem. Aus einem Esstisch beispielsweise, zumindest wenn er stabil genug ist, kannst du ohne großen Aufwand mit einem Kissen und einer Decke oder einer dünnen Matratze schnell eine Behandlungsliege herrichten. Ich selbst habe, bevor ich anfing, Reiki-Kurse zu geben, auf einer einfachen Klappliege behandelt, wobei ich auf einem niedrigen Höckerchen saß.
Wenn du dir dann doch eine Behandlungsliege anschaffen willst, dann findest du in den Reiki-Zeitschriften (z. B. *Reiki Magazin*) entsprechende Adressen oder du suchst in anderen alternativen Zeitschriften (etwa in *Connection, Sein, Bewusster leben, BioRitter o.ä.*) einen Lieferanten, manchmal findest du auch Secondhand-Angebote. Und natürlich liefert auch das Internet die gewünschten Informationen.

285. Ich habe kein separates Behandlungszimmer. Ist das ein Problem?

Das ist überhaupt kein Problem. Du kannst auch mitten im Wohnzimmer, in der Küche oder sonst wo behandeln. Wenn kein separates Behandlungszimmer vorhanden ist, können allerdings möglicherweise andere Hausgenossen oder Haustiere stören. Für den Energiefluss ist das gleichgültig, es kann sich aber auf die gewünschte entspannte und ruhige Atmosphäre bei der Behandlung auswirken.

286. Warum muss ich meine Hände vor einer Behandlung waschen?
Einfach aus hygienischen Gründen. Besonders wichtig ist das gründliche Waschen der Hände, wenn du von der Toilette kommst, gerade gekocht oder geraucht hast (was du eigentlich vor einer Behandlung nicht tun solltest!) oder dein Haustier gestreichelt hast. Deine Hände sollten sauber sein und frisch riechen, wenn du damit beispielsweise im Gesicht eines Behandelten hantierst. Wenn du mehrere Personen nacheinander behandelst, musst du zwischen zwei Personen immer deine Hände gründlich waschen. Denke daran, dass du womöglich beim vorigen Behandelten mit den Füßen aufgehört hast und beim jetzigen im Gesicht beginnst.

287. Ist es besser, die Hände erst anzuwärmen?
Mit kalten Händen kann man Energie ebenso gut weitergeben wie mit warmen. Die Körpertemperatur spielt dabei keine Rolle. Allerdings ist es für den Behandelten angenehmer, wenn du ihn mit warmen Händen berührst. Falls du also einmal eiskalte Hände hast, dann wärme sie etwas an, etwa indem du sie im warmen Wasser wäschst.

288. Warum ist es besser, vor einer Behandlung kein Parfüm aufzulegen?
Du musst immer an den Behandelten denken. Wenn du ein stark duftendes Parfüm oder ein entsprechendes Deodorant trägst, kann das auf einen Behandelten eine ‚atemberaubende' Wirkung haben. Manche Personen reagieren allergisch auf bestimmte Düfte oder können auf Grund gesundheitlicher Probleme (Asthma, MCS = Multiple Chemical Sensitivity) keine Düfte vertragen, andere fühlen sich während einer Behandlung unwohl, weil sie möglicherweise deinen Duft nicht mögen. Jeder reagiert auf Düfte anders.

289. Warum ist es empfehlenswert, vor einer Behandlung nicht zu rauchen?
Aus den gleichen Gründen, aus denen es sich empfiehlt, auf Parfüm zu verzichten. Für den Behandelten ist es unangenehm, wenn du ihn anatmest und dabei nach ‚Aschenbecher' riechst. Darum rauche möglichst eine geraume Weile vor einer Behandlung nicht. Überdies kannst du vor jeder Behandlung mit etwas Pfefferminze o. ä. deinen Atem erfrischen.

290. Muss ich vor einer Behandlung das Zimmer mit Weihrauch reinigen?
Nein, das ist nicht nötig. Es könnte sogar bei manchen Behandelten Probleme hervorrufen (siehe *Frage 288*). Wenn du und der Behandelte auch Räucherdüfte schön finden, dann kann das Abbrennen von Räucherwerk eine sehr angenehme Atmosphäre schaffen. Auf die Energiebehandlung selbst hat das aber keine Auswirkung.

291. Warum ist es sinnvoll, eine Decke bereit zu halten?

Behandelten, die auf der Behandlungsliege liegen, geraten leicht ins Frösteln. Wenn das so ist, dann solltest du eine Decke griffbereit in der Nähe der Liege bereithalten, um sie dem Behandelten umzulegen. Am besten fragst du gleich vor der Behandlung, ob der Person vielleicht direkt zugedeckt werden möchte. Viele Menschen finden das sehr gemütlich, auch ohne eigentlich zu frieren. So eine Decke wärmt nicht nur, sie vermittelt auch ein Gefühl der Geborgenheit.

292. Ist es besser, die Armbanduhr und Schmuck abzulegen?

Armbanduhren können tatsächlich einen störenden Einfluss auf das Energiefeld haben, wenn es batteriebetriebene Uhren sind. Auch verschiedene Metalle oder üppiger Schmuck (Ringe, Ketten etc.) können störend wirken. Vorsichtshalber kannst du daher deinen Schmuck ablegen. Es ist auch für den Behandelten unangenehm, wenn ihm plötzlich eine lange Halskette vor der Nase baumelt.

293. Ist es besser, in Stille zu behandeln?

Das spielt für die Energie selbst keine Rolle. Stille und eine ruhige Umgebung erleichtern es den meisten Menschen, sich zu entspannen. Entspannung wirkt sich wiederum vorteilhaft auf die Gesundheit aus. Eine sanfte Hintergrundmusik erhöht die Entspannung zusätzlich und verhindert zugleich, dass der Behandelte zu sprechen beginnt, weil er die Stille nicht ertragen kann.

294. Welche Musik eignet sich am besten als Hintergrundmusik?

Das hängt natürlich vom persönlichen Geschmack ab. Beruhigende Klänge sind sowohl für den Behandelnden als auch für den Behandelten optimal, denn die meisten Behandelten suchen während einer Reiki-Behandlung auch Entspannung. Auf diesem Gebiet gibt es zahlreiche CDs zu kaufen. Es gibt auch spezielle Reiki-CDs (siehe *Teil IV: Sonstige Informationen*). Diese unterscheiden sich von anderen vor allem dadurch, dass sie nur ein einziges, meist rund sechzig Minuten dauerndes Stück enthalten. Die Klänge hören sich reichlich monoton an, es gibt kaum Variationen darin, was als Hintergrundmusik für eine Behandlung ideal ist.

Auf manchen Reiki-CDs erklingt alle drei Minuten ein Glöckchen, immer dann, wenn ein Positionenwechsel ansteht. Drei Minuten ist die Behandlungsdauer pro Stelle. Für den Anfänger mag das hilfreich sein, auf Dauer kann es aber auch stören, denn du willst vielleicht nicht jede Stelle drei Minuten behandeln, sondern manche kürzer und andere länger. Auch ruhige klassische Musik wird als angenehm empfunden. Auf Hardrock kannst du besser verzichten, dass passt nicht gut zu einer Reiki-Behandlung, aber das ist letztlich auch Geschmackssache. Mit anderen Worten: Alles geht! Sorge aber vor allem dafür, dass es dem Behandelten auch gefällt, z. B. indem du ihn einfach fragst, was er hören möchte.

295. Warum muss ich das Telefon abschalten?

Telefongebimmel und Telefonieren stören die Behandlung. Wenn jemand auf der Behandlungsliege liegt und der Behandelnde telefoniert zwischendurch, dann fühlt sich der Behandelte vernachlässigt, vielleicht sogar missachtet. Der Behandelnde ist dann offensichtlich nicht mit seiner ganzen Aufmerksamkeit bei der Sache (Energie folgt der Zuwendung!). Es ist für den Behandelten einfach ein wunderbares Gefühl, während einer Behandlung die volle Aufmerksamkeit des Behandelnden zu haben.

296. Kann ich auch beim Fernsehen behandeln?

Weil man für eine Reiki-Behandlung nicht ,leer' zu sein braucht, kannst du im Prinzip auch beim Fernsehen dich selbst oder andere behandeln. Wenn du dich allerdings zu sehr in einen laufenden Film vertiefst, dann bist du ab einem bestimmten Moment nicht mehr mit deiner Aufmerksamkeit beim Behandeln und der Reiki-Strom wird unterbrochen. Energie folgt nämlich der Zuwendung.

297. Muss ich mich zuvor über eventuell bestehende Beschwerden der Person informieren?

In der Regel fragst du schon, warum jemand behandelt werden will, allerdings muss der Grund nicht in irgendwelchen eventuell vorhandenen Beschwerden liegen. Eine Reiki-Behandlung kann man auch ohne jedes Problem genießen. Wenn du bei der Befragung aber den Eindruck gewinnst, die Person hat mit den geschilderten Beschwerden zuvor keinen Arzt konsultiert, dann sei vorsichtig. Wenn dir die Beschwerden unbekannt sind oder sie sich ernsthaft anhören, dann schicke den Behandelten zu einem Arzt. Im Zweifelsfall verzichte lieber auf eine Behandlung!

298. Was tue ich, wenn jemand mit speziellen Beschwerden zu mir kommt?

Frage zunächst immer, ob die Person damit schon bei einem Arzt vorstellig geworden ist. Wenn es um harmlose Erkrankungen wie einfache Erkältungen oder Spannungskopfschmerzen geht, mit denen man gewöhnlich nicht zum Arzt geht, sondern sie mit Hausmitteln kuriert, dann kannst du natürlich die betreffenden Problemstellen besonders ausgiebig behandeln. Mit unterstützender Energie kann die Heilung jeder Beschwerde positiv beeinflusst werden. Du bist aber eindeutig verantwortlich dafür, die Person bei ernsthaften und anhaltenden Problemen darauf hinzuweisen, dass er damit zu einem Arzt geht. Im Zweifelsfall kannst du eine Behandlung auch ablehnen, wenn du den Eindruck hast, dass die Person nicht zum Arzt gehen will, sondern in dir den ,Heiler' sieht. Siehe auch *Kapitel D. Besondere Warnungen (Teil I: Praxis).*

B. Fragen zur Behandlung selbst

Handhabung der Positionen

299. Woher weiß ich, wo die unterschiedlichen Organe liegen?
Die unten stehende Illustration gibt eine Übersicht über die Lage der Körperorgane.

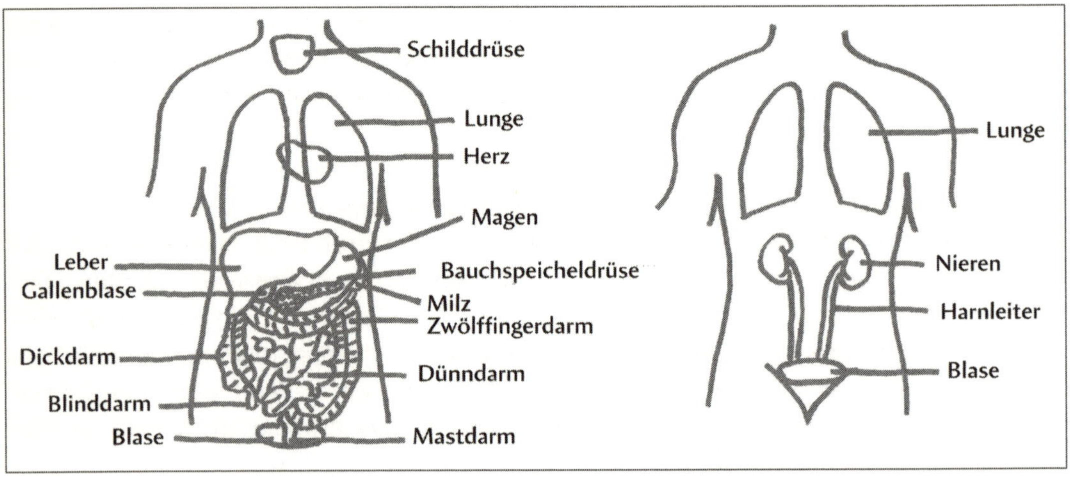

Vorderseite *Rückseite*

300. Wo muss ich mit der Behandlung beginnen?
Zumeist beginnt man die Behandlung am Kopf oder an den Schultern, es spricht aber nichts dagegen, bei den Füßen zu beginnen. Indem du von oben nach unten (also vom Kopf zu den Füßen) arbeitest, lenkst du Energie in Richtung der Füße und das ist insbesondere für sehr stark kopfgesteuerte Menschen wichtig. Du kannst auch auf dem Rücken beginnen und anschließend die Vorderseite behandeln oder umgekehrt oder überhaupt nur eine Seite bearbeiten. Bei speziellen Beschwerden kannst du auch nur den korrespondierenden Körperbereich behandeln.

301. Wie lange dauert eine Behandlung?
Eine komplette Behandlung im Liegen dauert meist eine bis eineinhalb Stunden. Durch Auslassen einiger Körperstellen kannst du die Behandlung auch verkürzen. Form und Dauer bestimmst du letztlich selbst. Die Hinweise, die du in Reiki-Kursen bekommst, sind lediglich Richtlinien, keine feststehenden Regeln.

302. Wie oft muss ich eine Behandlung wiederholen?

Bei speziellen Beschwerden wird empfohlen, mehrere Behandlungen hintereinander zu verabreichen, beispielsweise je eine Behandlung an vier aufeinander folgenden Tagen. Aber auch hier ist es gut, so zu handeln, wie es deinen Fähigkeiten entspricht. Bei ernsthaft kranken Personen kann man beispielsweise einen Kreis von Reiki-Behandlern zusammenstellen, die reihum dem Patienten täglich eine Behandlung geben, umso die Belastung auf mehrere Schultern zu verteilen.

303. Muss ich jedes Mal eine Komplettbehandlung geben?

Nein, das ist nicht notwendig. Eine Komplettbehandlung ist natürlich ausgesprochen schön und tut der Person auf vielerlei Weise gut. Eine kurze Teilbehandlung tut aber ebenso ihre Wirkung.

304. Hat die Behandlung auch eine Wirkung, wenn es keine Komplettbehandlung war?

Energie wirkt jederzeit, also hat auch eine kurze Behandlung ihre Wirkung.

305. Muss ich bei der Behandlung eine bestimmte Reihenfolge der Positionen einhalten?

Nein, es gibt keine feste Reihenfolge der Positionen. Dafür gibt es weder Regeln noch Vorschriften. Die Hinweise, die du in den Reiki-Kursen bekommst, sind nur Richtlinien, weil es für den Anfänger zum Eingewöhnen hilfreich ist, sich an eine bestimmte Grundreihenfolge zu halten. Allerdings spricht nichts dagegen, davon abzuweichen, wenn man seinen eigenen Stil entwickelt hat. Behalte dabei immer im Auge behalten, was ethisch verantwortbar ist und was dem Behandelten gut tut und angenehm ist.

306. Wie lange muss ich meine Hände auf eine bestimmte Stelle legen?

Die Richtzeit liegt bei etwa drei Minuten. Diese Zeit ist kein Dogma, sondern eher gedacht, um zu lernen, sich ausreichend Zeit für die Behandlung zu nehmen. Überdies fühlt es sich für den Behandelten unangenehm an, wenn nach kürzester die Positionen gewechselt werden. Nach Absolvierung eines Kurses kannst du hier deinen eigenen Arbeitsstil entwickeln. Du kannst beispielsweise deine Hände an einem Ort zehn Minuten, an einem anderen wiederum nur zwei Minuten verweilen lassen.

307. Darf ich auch kürzer behandeln als drei Minuten pro Stelle?

Ja, siehe vorstehende Antwort.

308. Wenn ich etwas spüre, muss ich dann meine Hände länger auf der betreffenden Stelle liegen lassen?

Was du fühlst, ist eine zufällige Wahrnehmung der Energie, und die kann an manchen Stellen deutlicher sein, als an anderen. Wenn du Wahrnehmungen wie Hitze, Kälte, Prickeln, Ziehen usw. hast, dann folge deinem Gefühl (deiner Intuition) und lass deine Hände solange dort liegen, bis sich die Wahrnehmung neutralisiert hat. Eine besondere Schlussfolgerung aus dieser Wahrnehmung kannst du allerdings nicht ziehen. Mach dir klar, dass, wenn du dieselbe Behandlung am folgenden Tag machen würdest, ganz andere oder gar keine Signale aus deiner Intuition kommen können. Energie ist nicht greifbar, immerzu in Bewegung und daher jedes Mal wieder anders. Darum ist auch jede Behandlung einzigartig!

309. Ich kann nicht alle Positionen gleich lange durchhalten. Ist das schlimm?

Nein, das ist nicht schlimm. Tu, was du kannst. Dich selbst unter Druck zu setzen bedeutet nichts anderes, als deine Muskeln zu überlasten. Dadurch bekommst du dann selbst Probleme. Je besser du mit dir selbst umgehst, desto angenehmer wird auch die Behandlung für die von dir Behandelten.

310. Manche Positionen finde ich beschwerlich auszuführen. Geht das nicht auch anders?

Natürlich kannst und solltest du die Behandlung und auch einzelne Positionen an deine Fähigkeiten anpassen.

311. Muss ich erst alle Chakren und dann erst eine schmerzende Stelle behandeln?

Nein, die Chakra-Behandlung ist nur eine der zahlreichen Reiki-Möglichkeiten. Du kannst etwa eine ‚normale' Behandlung um eine Chakra-Behandlung ergänzen, sie ist aber keine Bedingung für die Behandlung einer schmerzenden Stelle.

312. Kann ich auch nur eine Stelle ausführlich behandeln?

Du kannst eine bestimmte Stelle lange und intensiv behandeln (eventuell mit beiden Händen übereinander) und wirst trotzdem nie zu viel Energie verabreichen, denn der Empfänger bestimmt selbst, wie viel Energie er will bzw. braucht (mit Ausnahme der Fälle, die du nicht behandeln darfst, siehe *Kapitel D. Besondere Warnungen (Teil I: Praxis)*). Die Energieaufnahme stoppt von selbst, wenn es genug ist, selbst wenn du eine einzige Stelle Tag und Nacht durchgehend behandeln würdest. Halte dir immer vor Augen, dass du mit Reiki nicht zaubern kannst!

313. Kann ich auch nur einen Fuß behandeln oder muss ich immer beide Füße behandeln?

Die meisten Menschen empfinden es als angenehm, wenn beide Füße (zugleich) behandelt werden. Beziehen sich eventuelle Probleme aber nur auf einen Fuß. So kannst du den selbstverständlich auch allein behandeln und den anderen Fuß unbehandelt lassen.

314. Was ist die ‚Energie-Bürste'?

Das ist ein Streichen mit der Hand über die Aura (nicht direkt am Körper, sondern etwas davon entfernt) vom Becken zum Kopf. Dieses Ausstreichen hat zum Ziel, Energie aus dem 1. Chakra zum Kopf zu transportieren, was vor allem bei Konzentrationsproblemen oder Benommenheit hilft. Nach einer Behandlung kannst du das zur Erfrischung bei dem Behandelten anwenden.

Allgemeine Fragen aus Sicht des Reiki-Behandlers

315. Darf ich mich weigern, jemanden zu behandeln?
Ja. Wenn du Reiki erlernt hast, heißt das nicht, dass du verpflichtet bist, jeden behandeln zu müssen, der dich darum bittet.

316. Was ist, wenn jemand nicht von mir behandelt werden möchte?
Dann behandelst du ihn eben nicht. Jeder hat seinen freien Willen und kann sagen, was er möchte und was nicht. Das musst du einfach respektieren.

317. Was kostet eine Behandlung in einer Reiki-Praxis?
Für eine professionelle Behandlung bezahlt man im Schnitt zwischen € 30 und € 50 pro Sitzung (Dauer eine bis eineinhalb Stunden).

318. Warum ist es nötig, nach einer Behandlung Wasser zu trinken?
Wasser sorgt dafür, dass unser Körper leichter freigewordene Abfallstoffe ausscheiden kann. Ausreichend Wasser zu trinken ist ohnehin angeraten, denn wir verlieren jeden Tag viel Feuchtigkeit. Alles funktioniert besser, wenn der Flüssigkeitsverlust ausreichend ausgeglichen wird.

319. Muss ich immer mit beiden Händen behandeln?
Nein, das ist nicht notwendig. Wenn du aus welchem Grund auch immer nur mit einer Hand behandeln kannst oder willst, dann tue es. Du kannst auch mal mit der einen, mal mit der anderen Hand arbeiten.

320. Gibt es einen Unterschied zwischen meiner linken und meiner rechten Hand?
Beide Hände geben Energie und im Allgemeinen wirst du da keinen Unterschied zwischen linker und rechter Hand wahrnehmen. In der Yin-Yang-Philosophie steht die linke Hand (wie überhaupt die linke Seite) für Yin (weich / passiv / intuitiv / empfangend / weiblich), während die rechte Hand bzw. rechte Seite für Yang steht (hart / aktiv / gebend / männlich). Nach dieser Philosophie kannst du davon ausgehen, dass deine rechte Hand ‚stärker' ist, als deine linke. Das ist übrigens völlig unabhängig davon, ob du Linkes- oder Rechtshänder bist!
Für die Reiki-Anwendung ist das alles eigentlich unerheblich, da aus beiden Händen gewöhnlich genügend Energie strömt. Eingedenk der Yin-Yang-Sichtweise kannst du aber beispielsweise bei zweihändiger Behandlung deine rechte Hand auf die linke legen, wodurch die linke durch die rechte Hand ‚gestärkt' wird.

321. Kann ich mit zwei Händen übereinander arbeiten?
Ja, ohne Problem. Achte aber darauf, dass du nicht zu heftig drückst. Siehe auch die vorstehende Frage.

322. Ist es besser, während der Behandlung ‚leer' zu sein?

Das geht gar nicht. Es reicht völlig aus, die Aufmerksamkeit dem Behandelten zuzuwenden. Wenn dabei Gedanken ans Einkaufen usw. vorbeiziehen, ist das nicht schlimm. Siehe dazu auch die beiden folgenden Fragen.

323. Fließt die Energie besser, wenn ich mich gut konzentriere?

Nein, das kann sogar blockieren! Energie fließt am leichtesten durch einen völlig unverstellten Kanal. Wenn Konzentration für dich bedeutet, auf eine entspannte Weise mit deiner Aufmerksamkeit beim Behandelten zu bleiben und nicht in eigene Gedankenwelten wegzuträumen, dann ist das wunderbar, dann sprechen wir aber eher vom Fokussieren. Achte darauf, dass deine ‚Konzentration' nicht zielorientiert wird.

324. Was ist das Unterschied zwischen konzentrieren und fokussieren?

Konzentration heißt, die Aufmerksamkeit auf einen bestimmten Punkt zu richten und dabei ein bestimmtes Ziel vor Augen zu haben. Fokussieren heißt, mit voller Aufmerksamkeit anwesend sein, allerdings ohne eine spezielles Ziel vor Augen zu haben. Das Fokussieren lässt dir mehr Raum, das, was du tust, auch zu genießen.

325. Darf ich auch behandeln, wenn ich mich selbst nicht ganz wohl fühle?

Das Besondere am Reiki ist, dass du bei jeder Behandlung, die du einem anderen gibst, selbst auch immer universale Energie bekommst. Daher solltest du gerade, wenn du dich nicht wohl fühlst, die (Eigen-)Behandlungen unbedingt fortsetzen.

326. Kann ich einen anderen behandeln, wenn ich krank bin?

Warum solltest du nicht in erster Linie dich selbst behandeln? Wenn du nicht nur dich behandelst, sondern auch andere unterstützen willst, dann ist daran sicher nichts falsch. Es gibt genügend universale Energie für alle! Wenn du dich nicht in der Lage fühlst, jemand anderen zu behandeln, dann verzichte darauf und behandle nur dich selbst. Das hängt natürlich davon ab, woran du erkrankt bist. Bei einer Grippe oder anderen ansteckenden Virusinfektionen ist es ohnehin nicht ratsam, andere zu behandeln (und damit womöglich zu infizieren).

327. Muss ich beim Behandeln stehen?

Nein, dass hängt einfach von deinen Vorlieben ab. Ob du nun sitzt oder stehst, das hat keinen Einfluss auf die Behandlung. Allerdings solltest du darauf achten, deinen Rücken, deine Schultern und deinen Nacken nicht zu überlasten.

328. Was kann ich gegen schwere Arme während einer Behandlung im Sitzen tun?

Stopfe dir zur Abstützung einfach ein Kissen unter die Arme. Achte aber darauf, dass das Kissen auf deinen Beinen oder deinem Schoß liegt und nicht auf dem Behandelten!

329. Darf ich mich mit meinen Armen auf dem Behandelten abstützen?
Lieber nicht. Der Behandelte empfindet das zumeist als störend. Wenn es sich nicht vermeiden lässt, dann bitte erst nach Zustimmung des Behandelten und dann auch nur leicht.

330. Was tue ich, wenn ich selbst Probleme mit den Muskeln bekomme?
Passe deine Körperhaltung an, so dass deine Muskeln nicht überlastet werden. Es wäre doch schade, wenn bei dir auf Grund der Behandlung eine schmerzhafte Muskelverspannung auftritt.

331. Warum dürfen die Beine nicht gekreuzt sein?
Gekreuzte Beine bewirken einen schlechteren Energiefluss. Eine offene Körperhaltung, nicht gekreuzte Arme und Beine, kommt einer Reiki-Behandlung nur zu Gute.

332. Wie kommt es, dass ich manchmal ganz leicht im Kopf werde?
Das kann mit dem ‚Erden' zusammenhängen. Damit ist die Art und Weise gemeint, wie du in Verbindung zur Erde stehst. Wenn deine Energie zu hoch sitzt, also zu viel im Kopf und zu wenig in den Füßen, dann kann das leicht ein Gefühl des Schwebens verursachen. Setze deine Füße ganz bewusst fest auf die Erde, das zieht die Energie wieder zurück nach unten und stellt die Balance wieder her. Siehe dazu auch *Kapitel G. (Teil I: Praxis).*

333. Warum muss ich während einer Behandlung mit beiden Beinen auf der Erde stehen?
Während der Behandlung mit beiden Beinen auf der Erde zu stehen ist keine Frage des Müssens. Es ist aber für viele Menschen besser, da sie sonst zu schnell ihre ‚Erdung' verlieren und als Behandelnder selbst benommen, schwindelig werden. Indem sie voll und ganz in sich ruhen, und das beutet Erden, haben sie auch mehr Sensibilität für das, was auf energetischer Ebene geschieht. So können sie die Energie besser wahrnehmen. Siehe dazu mehr im *Kapitel G. (Teil I: Praxis).*

334. Was tue ich, wenn dem Behandelten während einer Behandlung schwindelig wird?
Dann bitte den Behandelten, sich auf seinen Bauch oder seine Füße zu konzentrieren. Die Ursache kann nämlich sein, dass der Behandelte seine Erdung verloren hat. Wenn du auf diese Weise seine Aufmerksamkeit wieder ‚nach unten' lenkst, dann stellt das die Erdung wieder her.
Versuche zu ergründen, ob der Schwindel damit zu tun hat, dass der Behandelte sich womöglich nicht wohl fühlt. Manchmal helfen schon eine Decke oder ein paar beruhigende Worte. Wenn der Schwindel nicht weggeht, unterbreche die Behandlung, um eine Erdungsübung zu machen (siehe *Kapitel G. (Teil I: Praxis)).* Das Behandeln der Schläfen kann auch schnell wieder ins Gleichgewicht bringen. Dazu kannst du dich als Behandelnder hinsetzen. Wenn dem Behandelten schnell schwindelig ist, wenn du eine Behandlung im Liegen ausführst, solltest du vielleicht lieber Behandlungen im Sitzen verabreichen. Das Erden ist dabei im Allgemeinen viel bequemer.

335. Warum ist es besser, mit geschlossenen Fingern zu behandeln?
Es ist für den Behandelten angenehmer, als wenn du ihn mit gespreizten Fingern behandelst. Allerdings kannst du mit gespreizten Fingern oder sogar nur mit einem Finger genauso gut Energie übertragen.

336. Was tue ich gegen zitternde Hände während einer Behandlung?
Händezittern ist häufig ein Ausdruck von Unsicherheit oder innerer Widerstände, jemand Unbekannten körperlich zu berühren. Indem du deine Aufmerksamkeit vom Kopf zum Bauch bzw. zu den Füßen verlagerst und ausschließlich an diese beiden Bereiche denkst, wird das Zittern abklingen. Atme tief und ruhig ein (Bauchatmung), auch dass hilft. Wenn das Zittern eine andere Ursache hat, etwas Folge einer Krankheit ist oder auf den Gebrauch von Medikamenten zurückzuführen ist, dann musst du es einfach akzeptieren.

337. Manchmal habe ich bei einer Behandlung einen Schweißausbruch und ich geniere mich dann wegen meiner feuchten Hände.
Schweißausbrüche haben meist mit Nervosität und Unsicherheit zu tun, oder damit, dass man nicht gut geerdet ist. In diesen Fällen lenkst du die Konzentration auf deine Füße. Stell dir vor, unter deinen Füßen sei klebriger Leim, der deine Füße auf dem Boden fest hält – so kannst du den Kontakt zum Boden wieder herstellen. Lenke deine Aufmerksamkeit vom Kopf zum Bauch und zu den Füßen, dann wird der Schweißausbruch abklingen. Siehe dazu mehr in *Kapitel G. (Teil I: Praxis)*.

338. Muss ich während einer Behandlung durchgehend Körperkontakt halten?
Nein, das ist nicht notwendig. Es ist aber für den Behandelten meist sehr angenehm, wenn du ihn fühlen lässt, zu welcher Position deine Hände sich hin bewegen. Manche erschrecken förmlich, wenn du übergangslos ‚plötzlich' vom Hals zu den Knien wechselst, und das verhinderst du, wenn du die Hände langsam zur neuen Position gleiten lässt. Bei manchen Positionen hältst du die Hände eine Weile über die betreffende Stelle, anstatt sie direkt aufzulegen. Dabei ergibt sich auch kein Körperkontakt.

339. Was, wenn jemand nicht angefasst werden möchte?
Dann berühre seinen Körper eben nicht direkt, sondern halte deine Hände ein paar Zentimeter über die jeweiligen Körperstellen. Die Energie kann auch ohne direkten Körperkontakt übertragen werden.

340. Was, wenn jemand nur den Rücken behandelt haben will?
Dann behandle einfach nur den Rücken. Den Wunsch deiner Behandelten solltest du jederzeit respektieren.

341. Was mache ich, wenn ich mich scheue, jemanden anzufassen?
Das ist meistens eine Frage der Gewöhnung. Auf Grund von Erziehung und Kultur ist das gegenseitige Anfassen bei uns eher unüblich. Wenn du dich dann gar nicht überwinden

kannst, dann passe deine Arbeitsweise entsprechend an. Halte dann einfach deine Hände ein wenig über die betreffenden Körperstellen, ohne diese direkt zu berühren.

342. Können Schmerzen sich durch eine Reiki-Behandlung verschlimmern?

Infolge der Energiewirkung können sich Symptome verändern und tatsächlich können vorhandene Schmerzen als Reaktion auf die Behandlung vorübergehend sogar stärker werden. Treten während einer Behandlung an einer Stelle derart starke Schmerzen auf, dass der Behandelte es nicht aushalten kann, dann höre dort auf und behandle eine andere Stelle oder unterbrich die Behandlung ganz, um sie am nächsten Tag fortzusetzen.

343. Kann ich jemandes Schmerzen auf mich übertragen?

Nein, du kannst die Schmerzen eines Behandelten nicht auf dich übertragen, du kannst sie höchstens wahrnehmen, indem du selbst in deinen Händen oder in deinem Körper im Moment der Behandlung Schmerzen fühlst. Du bist ein Kanal, durch den die Energie zu deinem Behandelten fließt. Durch diesen Kontakt sind manche Menschen in der Lage, das eine oder andere der Kontaktperson energetisch wahrzunehmen. Diese Wahrnehmung hört aber mit dem Ende des energetischen Kontakts aber sofort wieder auf.

344. Kann ich negative Energie übernehmen?

Als Behandelnder läufst du keine Gefahr, dass du persönliche Angelegenheiten von anderen übernimmst und dich damit selbst (energetisch) belastest. Du bist lediglich der Kanal, durch den die Energie strömt, ein Bindeglied zwischen Energiefeld und Behandelte. Dieser nimmt über dich Energie auf, auf unbewusster Ebene geregelt durch sein eigenes Energiesystem.
Energie selbst ist neutral. 'Negativ' ist ein weiter Begriff und häufig gelegen wir selbst etwas (aus unserer Sicht) mit diesem Adjektiv. Als negativ bezeichnen wir etwa Gefühle wie Niedergeschlagenheit, Gekränktheit, Ärger usw., aber auch Schmerzen, Angst oder Wut. Auch wenn jemand physisch behindert oder psychisch gestört ist, betrachten wir das häufig als negativ.
Jeder hat seinen eigenen Weg zu gehen und befindet sich per definitionem jederzeit in einer anderen Phase seiner Entwicklung. Du kannst Gefühle eines anderen wahrnehmen, die Wahrnehmung stoppt aber indem Moment, wo der energetische Kontakt endet oder in dem Moment, wo du während einer Behandlung beschließt, dass diese Wahrnehmung keinen Einfluss auf dich hat. Wahrnehmen heißt nicht übernehmen. Wahrnehmen heißt lediglich registrieren. Es liegt an dir, inwieweit du diese registrierte Information aufnimmst und zu deinem eigenen Problem werden lässt. ‚Übernehmen' wird dadurch zu deiner Wahl: Energie folgt der Zuwendung!
Du hast deinen freien Willen und deine persönlichen Grenzen. Wenn sich jemand für dich gar nicht gut ‚anfühlt' oder du unüberwindbare Widerstände spürst, dann höre auf deine Intuition. Du darfst eine Behandlung jederzeit verweigern. Aber vergiss das Argument, du könntest ‚negative' Energien oder Probleme dieser Person auf dich übertragen.

345. Wie gehe ich mit den Krisen anderer um?

Das Wort Krise bedeutet Wendepunkt. Mach dir bewusst, dass Krise immer die Möglichkeit der Umkehr, der neuen Möglichkeiten, und die Chance bedeutet, zu lernen. Selbst wenn du es noch so gerne willst, du kannst die Probleme oder die Krisensituation einer anderen Person nicht lösen. Du kannst sehr wohl der Person ein offenes Ohr schenken und möglicherweise auch Unterstützung wie auch immer anbieten. Lösen muss die Person die Sache letztlich selbst.

346. Was tue ich, wenn der Behandelte während der Behandlung anfängt zu erzählen?

Es ist nicht verboten, während einer Behandlung zu sprechen. Der universalen Energie ist das egal. Manche Menschen sprechen, weil sie Mühe haben, die Stille zu ertragen (sanfte Hintergrundmusik hilft da vielen schon). Andere wiederum sagen während der gesamten Behandlung keinen Ton, weil sie mit allen Sinnen und in vollen Zügen die Stunde genießen wollen. Versuche die ‚Quasselstrippen' zu ermutigen, die Behandlung einfach still zu genießen, das trägt auch sehr zur Entspannung bei. Denn häufig genug artet es in belangloses Kaffeeklatschgeplauder aus und auch wenn der Behandelte da aktiv mitgemacht hat, beklagt er sich womöglich hinterher, dass die Behandlung so unruhig war. Wenn du als Behandelnder selbst so still wie möglich bist, dann zieht der Behandelte in der Regel mit und ist auch ruhig.

347. Was tue ich, wenn jemand während der Behandlung anfängt zu weinen?

Im Prinzip fährst du einfach mit der Behandlung fort und lässt den Behandelten sich ausweinen. Gib ihm zwischendurch vielleicht ein Taschentuch oder lass ihn ein Glas Wasser trinken. Vermeide es, schnell trösten zu wollen, denn damit sagt du eigentlich nur: „So, jetzt sei mal wieder still, es ist genug...".
Indem du aber dem Behandelten Freiraum lässt, kann er seine Gefühle frei heraus lassen, anstelle sich zu beherrschen und seinen Frust herunterzuschlucken.

348. Wie finde ich heraus, dass Beschwerden psychische Ursachen haben?

Körperliche Beschwerden können sehr wohl auch psychische Ursachen haben, denn es gibt eine starke Wechselwirkung zwischen Körper und Geist. Durch die Arbeit an dir selbst erfährst du, wie du ‚funktionierst'. Das nennt man Entwicklung des Selbstbewusstseins.
In manchen Büchern, etwa in denen von Louise Hay (siehe *Teil IV: Sonstige Informationen*) finden sich Listen mit Beschwerden und ihren möglichen Ursachen. Diese Listen können dir helfen, die psychischen Ursachen für mancherlei Beschwerden zu ermitteln.
Bei solchen Listen ist aber immer zu bedenken, dass man nicht zu vorschnell urteilt. Anhand einer derartigen Liste beispielsweise eine Aussage über jemanden zu machen, etwa dahingehend, dass er selbst Schuld an seiner Krankheit sei, weil er immerzu nur herumgenörgelt hat, wird ihm wohl kaum helfen. Und überdies muss es auch gar nicht stimmen, denn möglicherweise ist die Ursache auch genetisch bedingt.
Es ist nicht das Ziel, sich mit solchen Aufstellungen in eine Negativ-Spirale zu bringen. Jeder Mensch ist einzigartig und stets unterdrückte Gefühle und wiederkehrendes negatives Verhalten haben bei jedem andere Folgen.

Dass die Psyche Auswirkungen auf den Körper hat, ist unzweifelhaft. Das System Mensch ist so komplex, dass wir es auch heute noch nicht komplett verstehen. Zwar wollen wir für alles Erklärungen haben, aber die gibt es für vieles eben nicht. Erkrankungen entstehen auf Grund so vieler Faktoren (Lebensgewohnheiten und Lebensumstände, genetische Vorgaben, Umwelt, Ernährung, (emotionale) Unterernährung etc.), dass man nicht einfach ein Puzzlestück auf seinen Platz legen kann und schwupps die Ursache von allem erkannt hat.

349. Wie kommt es, dass ich bei manchen Menschen Energie verliere?

Wir haben alle ein eigenes Energiefeld (Aura) und beeinflussen einander auf unbewusster Ebene und natürlich auch auf energetischer Ebene. Das bedeutet, dass du im Kontakt mit einigen Menschen sehr angenehme Gefühle und Empfindungen hast, ohne einen Grund dafür nennen zu können. Bei anderen hast du dagegen das Gefühl, geradezu ausgesaugt zu werden. Das hat immer mit Energie und dem Energiefeld zu tun, welches mit allem und jedem verbunden ist. Während einer Reiki-Behandlung kommt ein Energieverlust nicht vor, denn während der Behandlung empfängst du selbst auch Energie, für die du der Kanal bist.

350. Was kann ich gegen Energieverlust tun?

1. Du kannst dich gegen Energieverlust schützen, indem du deine Aura verschließt. Das macht man etwa durch eine Visualisierung (ein Bild im Kopf vorstellen). Einige Beispiele folgen unten. In Büchern über Auren und/oder Energie findest du noch weitere Beispiele für solche Visualisierungen:

- Ziehe in Gedanken einen geschlossenen Kreis um dich herum.
- Stell dir vor, du umhüllst dich mit einer gläsernen Glocke.
- Stell dir vor, dass du in Magenhöhe einen Verschluss hast, den du im Uhrzeigersinn sieben Mal drehst und so deine Aura ‚zudrehst' wie einen Wasserhahn.
- Errichte in Gedanken zwischen dir und den anderen eine Mauer.
- usw.

Mit diesen ‚Tricks' kommunizierst du mit deinem eigenen Energiefeld. Energie folgt deiner Zuwendung, deiner Aufmerksamkeit und so wird deine Aura auf diese Zuwendung reagieren und sich zuziehen, wie eine Jacke, die man zuknöpft. Du schließt dich damit nicht emotional ab, sondern nur energetisch. Wie du das letztlich machst, ist gleichgültig, der Effekt ist derselbe.
Du musst übrigen deine Aura nicht eigens wieder zu ‚öffnen', das geht von selbst indem Moment, wo du deine Aufmerksamkeit vom ‚Verschließen' abziehst.

2. Verändere deinen Blick auf die Probleme und Krisen anderer.
Wenn du lernst, die Probleme anderer als zu deren ureigenstem Weg gehörig zu betrachten, wo sie Hindernisse darstellen, an denen derjenige lernen kann, dann verhinderst du, dass du dessen Probleme zu deinen eigenen machst und dich damit zusätzlich belastest. Worte wie „Jeder hat das Recht auf seine eigenen Probleme" klingen

vielleicht etwas hart, aber genau darum geht es hier! Wenn du jemandem seine Probleme abnimmst, schränkst du letztlich seine Chancen zu Weiterentwicklung ein. Niemand hindert dich, anderen in Problemsituationen Stütze und Hilfe zu sein, im Gegenteil. Doch lösen muss derjenige seine Probleme selbst. Wenn du das so betrachtest, dann kostet es dich auch nicht deine Energie!

351. Ist es gut, jemanden kurz vor einem Krankenhausaufenthalt zu behandeln?
Es ist immer hilfreich und besonders vor einem Krankenhausaufenthalt, jemandem eine Extraportion Lebenskraft mit zu geben (der Empfänger bestimmt dies aber letztlich selbst!). Jemand, der energetisch in optimalem Zustand ist, kann eine Operation oder einen sonstigen Eingriff besser überstehen und schneller genesen.
Eine Behandlung vorab bringt auch meist mehr Entspannung und innere Ruhe und die betreffende Person wird weniger nervös sein.

352. Darf ich auch jemanden im Krankenhaus behandeln?
Als Privatperson ja. Kommst du als professioneller Reiki-Behandler, dann musst du das mit der Krankenhausverwaltung bzw. den behandelnden Ärzten absprechen. Wenn es um medizinische Angelegenheiten geht, wie sie in *Kapitel D. Besondere Warnungen (Teil I: Praxis)* genannt sind, dann behandelst du selbstverständlich nicht.

353. Ich arbeite in einem Pflegeheim. Darf ich die Bewohner einfach behandeln?
Das hängt von der Art des Pflegeheims ab, in dem du arbeitest. In einem christlich orientierten Pflegeheim wird Reiki in der Regel weniger akzeptiert als vielleicht in einem Heim, das nicht christlich orientiert ist. Um mögliche Schwierigkeiten im Vorfeld abzuklären, solltest du mit der Heimleitung darüber sprechen. Einfach so ohne Zustimmung der Heimleitung bzw. der zu behandelnden Personen zu arbeiten, wird wahrscheinlich auf Widerstand der Kollegen, der Personen selbst und deren Angehörigen stoßen. Die Menschen und ihre Umgebung sind immer entsprechend respektvoll zu berücksichtigen.

354. Kann ich auch älteren Demenzkranken Energie geben?
Im privaten Umfeld ist das kein Problem. Demenzkranke Großeltern, Eltern, Partner oder Freunde können geradezu versessen auf eine Reiki-Behandlung sein. Insbesondere, wenn sie das Bedürfnis nach körperlicher Nähe haben, kann Reiki schön für sie sein. Willst du es professionell machen, dann sind auch hier die Regeln der Heimleitung bzw. der Angehörigen zu beachten.

355. Kann ich auch Koma-Patienten Energie geben?
Sicher, Reiki ist sogar eine sehr schöne Methode, mit Komapatienten einen Kontakt aufzubauen. Die Energie unterstützt in jedem Fall die inneren Prozesse, ohne dass man aber Wunderwirkungen von Reiki erwarten sollte.
Uneingeschränkt Energie zu geben ist schwierig, wenn du als Ziel das Aufwachen des Komapatienten damit verbindest. Versuche im Moment der Behandlung alle Ergebniserwar-

tungen auszuschalten und dich einzig und allein als Kanal für die Energie zu sehen. Diese wirkt sich positiv auf die Selbstheilungskräfte des Patienten aus. Als Professioneller Anbieter hast du auch hier wieder die Regeln des Krankenhauses, des Pflegeheims oder der Angehörigen zu berücksichtigen.

Allgemeine Fragen aus Sicht des Behandelten

356. Wie weiß ich, dass ich auf die richtige Weise behandelt werde?
Ein wichtiger Gradmesser ist, ob du die Behandlung als angenehm empfindest und dich dabei wohl fühlst. Wenn du bei einem Reiki-Behandler gelandet bist, wo du dieses Gefühl nicht hast, heißt das nicht, dass diese Person nicht richtig behandelt, sondern vielmehr nur, dass sie deinen Erwartungen nicht entspricht. Wenn er dich zu hart anfasst oder gar grob mit dir umspringt, dann ist das sicher nicht angenehm und dann ist es in jedem Fall für dich nicht die richtige Behandlungsweise. Du solltest dem Behandelnden das aber auch sagen, damit er vielleicht daraus lernt.

357. Kann der Behandelnde negative Energie auf mich übertragen?
Nein, ebenso wenig wie er sie von dir übernehmen kann, kann der Behandelnde auch keine ‚schlechten' Energien auf dich übertragen. Der Behandelnde ist lediglich ein Bindeglied zwischen dir und dem Energiefeld. Siehe *Frage 42*.

358. Ich fühle mich auf einer Behandlungsliege wie auf einem Präsentierteller. Wie gehe ich damit um?
Meistens ist das eine Sache der Gewöhnung. Eine Decke kann dir schon ein Gefühl der Geborgenheit geben, bitte einfach darum. Wenn du gar nicht auf eine Behandlungsliege möchtest, kannst du auch um eine Behandlung im Sitzen bitten. Wenn du Probleme hast, an bestimmten Körperstellen berührt zu werden (Kopf, Arme, Beine o. ä.), dann sprich das vorab mit dem Behandelnden ab. Diese Stellen können dann übergangen werden.

359. Manchmal bekomme ich auf einer Behandlungsliege Beklemmungen. Wie gehe ich damit um?
Die Ursache dafür liegt meist in einer zu flachen Atmung. Das kannst du leicht unter Kontrolle bringen, indem du deine Hände auf den Bauch legst und ganz bewusst durch den Bauch atmest und dabei die Hände mit dem Bauch hoch drückst. Hast du aus gesundheitlichen Gründen Probleme, wenn du dich hinlegst, dann kannst du dir eventuell nur die Vorderseite oder auch nur den Rücken behandeln lassen. Wenn es gar nicht geht, bitte um eine Behandlung im Sitzen. Wenn die Beklommenheit auftritt, weil der Behandelnde zu sehr drückt, dann solltest du das sofort sagen! Andernfalls wird aus der Behandlung eine unangenehme Tortur anstatt einer angenehmen Erholung.

360. Wenn mein Hals behandelt wird, habe ich das Gefühl, ersticken zu müssen. Was bedeutet das?
Das geht vielen Menschen so, wenn sie am Hals berührt werden. Der Behandelnde sollte dann den Hals nicht direkt berühren, sondern seine Hände ein paar Zentimeter entfernt davon halten. Bitte ihn darum, sobald du die Berührung als unangenehm empfindest.

361. Den Druck auf meinen Kopf empfinde ich als sehr unangenehm. Woran liegt das?
Möglicherweise wird du zu ‚hart' behandelt oder du empfindest an dieser Stelle sowieso jede Berührung als unangenehm. Bitte den Behandelnden einfach, diese Stelle nicht zu berühren, sondern seine Hände etwas entfernt nur darüber zu halten. Die Energie fließt trotzdem.

362. Warum kitzelt es ab und zu derartig?
Möglicherweise wird hier zu sanft behandelt. Namentlich um die Nase herum kann es dann kitzeln und kribbeln. Der Behandelnde sollte dann die kitzeligen Stellen nicht berühren oder etwas ‚härter' behandeln. Auch bei der Behandlung der Füße reagieren viele Menschen kitzelig. Hier sollte dann der Behandelnde die Füße entweder fest greifen oder nur auf Entfernung behandeln.

363. Ist das Anfassen wirklich nötig?
Nein, es muss gar nicht angefasst werden. Wenn du das nicht willst, dann sage das vor Beginn der Behandlung. Der Behandelnde wird dann deinen Körper oder die fraglichen Stellen nicht direkt berühren, sondern nur seine Hände mit einigen Zentimetern Abstand darüber halten.

364. Ist mein Behandelnder auch kräftig genug?
Die inneren Selbstheilungskräfte des Behandelten selbst bestimmen, wie viel Energie aufgenommen wird und was damit getan wird. Energie ist immer stark und hat nichts mit dem persönlichen Zustand des Behandelnden zu tun. Die Auswirkungen der Energie sind immer wieder anders. Das eine Mal spürt man sie richtig, das andere Mal wieder spürt man gar nichts. Wenn du also nichts spürst, dann bedeutet das nicht, dass nichts geschehen ist! Dein Energiesystem arbeitet ständig und führt stetig das aus, was auf seiner 'Energiesystem –Erledigungsliste' steht.

365. Wenn ich etwas als nicht angenehm empfinde, muss ich das trotzdem hinnehmen?
Nein, das musst du natürlich nicht hinnehmen. Jeder Mensch hat seine Grenzen. Wenn du etwas nicht magst, dann sage es sofort. Wenn der Behandelnde darauf nicht eingehen will, dann suche dir lieber eine anderen.

366. Bin ich blockiert, wenn ich nichts spüre?
Manchmal wird Energie wahrgenommen, häufig aber auch nicht. Wenn du nichts fühlst, ist das völlig normal und sagt nicht, dass du blockiert bist oder dass es bei dir nicht wirkt.

367. Muss ich mich nackt ausziehen?

Nein, Energie durchdringt alles, Kleidung ebenso wie Gips (etwa wenn du dir den Arm gebrochen hast und der ist eingegipst). Wenn der Behandelnde von dir verlangt, dich auszuziehen, weil ‚dadurch Reiki besser wirken würde', dann solltest du dir schleunigst einen anderen suchen! Wenn der Behandelnde nicht wissen sollte, dass man nicht nackt zu sein braucht, um Reiki zu empfangen, dann sollte man sich fragen, was er vielleicht noch alles nicht weiß. Passionierte Nudisten werden sich sicherlich unbekleidet behandeln (ohne Hintergedanken!), doch sollten sie mit allem Respekt vor anders Denkenden das vorher mitteilen. Du hast die freie Entscheidung!
Wenn du das deutliche Gefühl hast, dass der betreffende Behandelnde andere, zweifelhafte Intentionen hegt (Voyeurismus oder Ähnliches), dann solltest du den entsprechenden Verband, dem der Behandler angehört, informieren und/oder, je nach Situation, auch die Polizei.

368. Wie verhält es sich mit Brust, Gesäß und Geschlechtsteilen?

Diese werden im Reiki als intime Zonen respektiert und normalerweise nicht durch direkte Berührung behandelt. Bei spezifischen Problemen in diesen Körperbereichen wird nach Zustimmung der Person behandelt, indem die Hände mit etwas Anstand darüber gehalten werden. Anders kann es natürlich sein, wenn der eigene Partner behandelt.

369. Ich mag diese esoterische Musik nicht. Kann ich auch um absolute Stille bitten?

Ja, bitte den Behandelnden einfach darum, dass er die Musik abstellt oder andere auflegt. Wenn dich Musik nervt, ist es unsinnig in einer Behandlung, die eigentlich Ruhe geben soll, Musik zu spielen.

370. Ich habe für all das keine Ruhe. Was dann?

Bitte um eine Kurzbehandlung oder entscheide dich für eine Behandlung im Sitzen, die ungefähr zwanzig Minuten dauert oder um eine Behandlung auf Entfernung. Vergiss nicht, dass die Empfindung von Unruhe zu Beginn der Reiki-Arbeit am stärksten ist. Möglicherweise musst du dich die ersten Male einfach darüber hinwegsetzen.

371. Arbeitet ein Reiki-Meister mit den Geistern Verstorbener?

Nein, ein Reiki-Behandler arbeitet mit Energie und die hat nichts mit dem Jenseits zu tun.

372. Muss ich meine Kontaktlinsen vor der Behandlung herausnehmen?

Das hängt von der Art der Linse ab. Wenn du schnell brennende Augen bekommst, wenn du sie eine Stunde oder länger geschlossen hältst, dann ist es besser, die Linsen herauszunehmen. Es wäre doch zu schade, wenn dir dadurch der Genuss entginge oder die Behandlung unterbrochen werden müsste.

C. Wahrnehmungen während einer Behandlung

373. Was bedeutet es, wenn ich während einer Behandlung etwas spüre?
Das bedeutet nicht mehr, als dass du die Energie gerade zufällig wahrnimmst. Daraus lassen sich keinerlei Rückschlüsse ziehen. Wenn du beispielsweise Kälte fühlst, heißt das nicht, dass an der Stelle eine Blockade sitzt. Genau dieselbe kannst du in einem Moment als kalt spüren, kurze Zeit später aber als warm. Es ist einfach nur eine Sache der momentanen Wahrnehmung. Bei einer folgenden Behandlung können die Wahrnehmungen beider Parteien wieder gänzlich anders sein. Alle solchen Empfindungen sind nur (zufällige) Wahrnehmungen von ‚Energie in Bewegung' und können daher jedes Mal anders ausfallen.

374. Wie lasse ich jemanden Energie fühlen?
Wenn du beschließt, jemanden zu behandeln, um ihn dabei Energie spüren zu lassen, dann läuft das auf eine zielorientierte Behandlung hinaus. Denn du willst ja, dass der Behandelte die Energie physisch fühlt, quasi als Beweis für ihre Wirksamkeit. Was hilft, ist aber gerade die Erwartungshaltung der Person zu neutralisieren, indem du ihm sagst, dass es auf das Spüren der Energie gar nicht ankommt, sondern dass die Effekte der Behandlung mit der Zeit von selbst sichtbar werden.

375. Wie kann ich fühlen, wo jemand blockiert ist?
Im Allgemeinen kannst du nicht einfach auf Grund deiner Wahrnehmungen während einer Reiki-Behandlung beurteilen, wo jemand blockiert ist. In der Regel entdeckt die Person selbst im Laufe der Bewusstseinsentwicklung, wo seine Blockaden sitzen, wenn er sie nicht mit Hilfe alternativer Blockadenaufspürmethoden findet. Die Reiki-Behandlung zielt allein auf Energieübertragung, ohne beurteilen zu wollen, was dabei gefühlt wird.

376. Wenn ich Kälte spüre, ist dann dort eine Blockade?
Siehe *Frage 373*.

377. Wie kommt es, dass ich manchmal mehr spüre, wenn ich andere Menschen behandle?
Die Ursache, dass du manchmal bei einer Eigenbehandlung weniger spürst als bei einer Behandlung einer anderen Person liegt darin, dass du einfach an dein eigenes Energiesystem gewöhnt bist. Daher fallen dir bestimmte Signale weniger oder nicht auf. Eine Eigenbehandlung wirkt aber ebenso gut mit wie ohne entsprechende Empfindungen. Die Effekte der Energie stellen sich immer ein, ob du etwas spürst oder nicht.

378. Manchmal habe ich das Gefühl, dass ich nicht durch dringe. Was tue ich dagegen?
Du musst auch nirgendwo ‚durchdringen'. Du bist einzig und allein das Scharnier, das Bindeglied zwischen dem Energiefeld und dem Behandelten, nicht mehr. Der Behandelte be-

stimmt selbst auf der unbewussten Ebene, was geschieht und wie viel Energie er aufnimmt. Wenn du eine ‚Mauer' fühlst, dann ist das deine eigene Wahrnehmung und hat überhaupt nicht zu bedeuten, dass keine Energie aufgenommen wird.

379. Kann ich jemandes Schmerzen spüren?

Bei Stellen, die dem Behandelten schmerzen, können durchaus Wahrnehmungen auftreten, die allerdings sehr unterschiedlich ausfallen. Diese Wahrnehmungen reichen vom reale Schmerzen fühlen über krampfartige Gefühle bis hin zu bloßen Hitze-, Kälte- oder Kribbelgefühlen. Wenn du im wörtlichen Sinne die Schmerzen des Behandelten fühlst, sprich selbst Schmerzen in der Hand spürst, die auch noch in die Schulter ausstrahlen, heißt das nicht, dass du die Schmerzen dieser Person auf dich überträgst oder sie übernimmst. Es handelt sich dabei nur um eine persönliche Wahrnehmung. Wenn du beschließt, dass diese keine Auswirkungen auf dich hat, dann wird sie auch nachlassen, denn Energie folgt der Zuwendung!

Sage dir dann einfach beispielsweise folgende Worte:

- ▹ *Diese Schmerzen sind nicht meine,*

  oder
- ▹ *Dieses ist dein Weg, nicht meiner, usw.*

380. Was mache ich, wenn meine Hände zu schmerzen beginnen?

Schmerzen sind eine Wahrnehmung. Das beinhaltet, dass du die Energie in dem Moment in dieser speziellen Weise empfindest. Es bedeutet nicht, dass die Person an der gerade behandelten Stelle Schmerzen hat, wiewohl das durchaus sein kann. Das will auch nicht heißen, dass dem Behandelten dort physisch etwas fehlt, es kann auch sein, das etwas auf psychischem Niveau reagiert. Es handelt sich einfach um eine Wahrnehmung, die bei einer Folgebehandlung ganz anders ausfallen kann.

D. Besondere Warnungen

381. Wie verhält es sich mit den Wechselwirkungen von Arzneimitteln und Reiki?
Reiki unterstützt u. a. die Ausscheidung von Abfallstoffen. Arzneimittel können von deinem Energiesystem als Abfallstoffe angesehen werden, weil sie häufig Inhaltsstoffe haben, die üblicherweise nichts in einem Körper zu suchen haben. Bei manchen Medikamenten ist eine schnelle Ausscheidung sinnvoll, etwa bei Narkosemitteln nach einer Operation. Für andere Medikamente wäre ein beschleunigter Abbau geradezu gefährlich, weil ihre Wirkstoffe eine bestimmte Zeit im Körper sein müssen, um wirken zu können (siehe beispielsweise *Frage 384*).
Auf der anderen Seite würden viele Menschen weniger Schmerzmittel, Schlaftabletten oder Antidepressiva brauchen, wenn sie sich regelmäßig energetisch behandeln ließen, weil sie sich dann einfach insgesamt wohler fühlen würden.
Im Zweifelsfall und bei Medikamentenabhängigen sollte immer zunächst der Arzt befragt werden. Möglicherweise stellt sich heraus, dass der Arzt die Dosis noch erhöhen muss, weil die bisherige Menge noch nicht wirksam genug ist, dann sollte auf jeden Fall die Reiki-Behandlung zeitweise unterbrochen oder ganz abgebrochen werden. Schließlich hast du nichts davon, wenn du als Folge von Reiki noch mehr Chemikalien schlucken müsstest. Beim geringsten Zweifel also immer die Sache mit dem Arzt besprechen!

382. Ist es möglich, dass jemand weniger Medikamente benötigt, wenn ich ihn häufig mit Reiki behandele?
Mit dieser Frage solltest du dich eher nicht beschäftigen, da du dich damit auf das Fachgebiet der Mediziner begibst. Eine Reiki-Behandlung ist eine Ergänzung für eine schulmedizinische Behandlung, nie ein Ersatz! Triff also nie Entscheidungen bezüglich irgendwelcher Medikamente, die Personen nehmen, und versuche auch nicht, sie zu irgendwelchen Experimenten zu animieren. Das ist nicht deine Aufgabe! Energie unterstützt die Selbstheilungskräfte und wenn daraus resultiert, dass sich jemand besser fühlt und tatsächlich weniger Medikamente benötigt, dann ist das natürlich sehr schön. Alles andere ist aber Sache des behandelnden Arztes!

383. Darf ich jemanden behandeln, der gerade in ärztlicher Behandlung ist?
Ja, in den meisten Fällen wohl, wenn auch nicht alle Mediziner alternativen Heilweisen gegenüber offen sind. Reiki ist eine Ergänzung, nie ein Ersatz und kann sehr gut mit fast jeder anderen Therapie kombiniert werden. Beachte dazu besonders die Sachverhalte, die in diesem Kapitel beschrieben werden.

384. Darf ich Transplantierte behandeln?
Nein, denn diese Patienten nehmen Medikamente, welche Abstoßungsreaktionen des Körpers gegenüber dem transplantierten Organ unterdrücken. Diese Medikamente schwächen das Immunsystem. Daher ist es sogar gefährlich, hier Reiki anzuwenden. Wenn du einen

Transplantationsmediziner um eine Antwort auf diese Frage bitten würdest, dann wird dieser dir sagen, dass ALLES; WAS DIE WIDERSTANDKRAFT ERHÖHT, in diesem Falle STRENGSTEN VERBOTEN ist! Das Immunsystem dieser Patienten wird mit Medikamenten künstlich schwach gehalten, damit das eingepflanzte Organ nicht vom Körper abgestoßen wird. Der Körper würde nämlich sonst gegen den Eindringling (das neue Organ) wie z. B. gegen Viren oder andere Krankheitserreger ankämpfen, weil das Gewebe des neuen Organs nicht zum körpereigenen Gewebe passt. Das Immunsystem sorgt dafür, dass alles, was als körperfremd erkannt wird, aus diesem entfernt wird. Im Normalfall ist dies ausgesprochen gut! Die Anti-Abstoßungsmedikamente unterdrücken aber gerade diese Fähigkeit.
Durch Aufnahme von Reiki-Energie aus dem Energiefeld würde das körpereigene Selbstheilungssystem angeregt und würde den Kampf aufnehmen. Reiki und die Immunsystemhemmenden Medikamente arbeiten gegeneinander. In diesem Fall darfst du also kein Reiki anwenden!

385. Darf ich Menschen mit medizinischen Implantaten behandeln?
Medizinische Implantate, wie Knochennägel, Klammern, künstlichen Hüftgelenken usw. sind so konstruiert, dass sie vom Körper akzeptiert werden und sind daher nicht mit lebendem Gewebe vergleichbar, etwa einem Spenderorgan, wogegen das Immunsystem ankämpfen würde (siehe die vorige Frage). Hier verursacht Reiki also keine Probleme, es sei denn, es werden zur Vorsicht Immunsystemhemmende Medikamente eingenommen. Dann könnte es gefährlich werden! Im Zweifelsfall ist immer der behandelnde Arzt zu befragen!

386. Darf ich Menschen mit einer Autoimmunkrankheit behandeln?
Wenn hier Medikamente eingenommen werden, die das Immunsystem reduzieren, dann nicht (siehe auch *Frage 384*). Reiki würde das Immunsystem stärken, welches aber gerade medikamentös geschwächt werden soll. Bei Autoimmunkrankheiten, wo diese Mittel nicht appliziert werden, kann gerade Reiki die zusätzliche Energie geben, die den Patienten durchhalten lässt und hilft, ein Leben mit dieser Krankheit zu akzeptieren. Die Reiki-Energie kann auch die stark variierenden Nebenbeschwerden dieser Krankheiten positiv beeinflussen.

387. Hilft Reiki bei Knochenbrüchen?
Zuallererst muss der Bruch im Krankenhaus behandelt werden. Reiki ist auch hier kein Ersatz für reguläre medizinische Hilfe. Das direkte Behandeln der Bruchstelle mit Reiki kann bewirken, dass die Knochen zu schnell wieder zusammenwachsen. Daher ist es angebracht, solange zu warten, bis die gebrochenen Knochen gerichtet sind. Schlimmstenfalls müssten sie nämlich sonst erneut gebrochen werden, damit sie wieder gerade zusammenwachsen. Danach kann Reiki die Heilung vielfältig unterstützen. Die Energie geht auch durch Gips und Tapes!

388. Was tue ich bei einem Herzinfarkt?
Die betreffende Person muss sofort notfallmedizinisch betreut werden! Wähle umgehend die Nummer des Rettungsdienstes (112)!

Viele Menschen, die bereits einen Herzinfarkt hatten, empfinden die Reiki-Behandlung der Herzgegend als extrem unangenehm. Sie finden eine Komplettbehandlung unter Ausschluss der Herzregion aber als sehr angenehm. Lass dann die Herzregion einfach solange in Ruhe, bis derjenige selbst wieder bereits ist, sich dort auch behandeln zu lassen.

389. Darf ich jemanden mit einem Herzschrittmacher behandeln?

Die Gegend um den Herzschrittmacher selbst sollte sicherheitshalber nicht behandelt werden, denn das könnte den eingestellten Rhythmus verändern. Der Rest des Körpers kann aber durchaus behandelt werden. Frage also zuvor nach ob und wenn ja wo ein Herzschrittmacher implantiert ist und lass diese Region bei der Behandlung aus. Meist ist der Apparat unter der Haut in der Brust oder unter dem Schlüsselbein eingepflanzt. Vom Herzschrittmacher aus läuft ein Draht zum Herzbeutel und gibt dort elektrische Impulse ab. Herzschrittmacherträger können durchaus auch einen Reiki-Kurs belegen. Sie sollten aber zuvor den anderen Kursteilnehmern mitteilen, wo bei ihnen das Gerät sitzt, damit weder die Kurskollegen noch der Lehrer dort die Hände auflegen!

390. Darf ich jemanden mit Blinddarmentzündung behandeln?

Eine Blinddarmentzündung sollte besser nicht energetisch behandelt werden, denn der Blinddarm könnte durchbrechen und eine lebensgefährliche Bauchfellentzündung verursachen. Beim geringsten Zweifel ist ein Arzt hinzuzuziehen.

391. Ein Diabetiker möchte behandelt werden. Geht das?

Viele Diabetiker haben auch Nutzen von Reiki. Es ist allerdings zu empfehlen, den Behandelten zu bitten, seinen Blutzuckerspiegel zu kontrollieren, was sie zumeist auch tun. Falls nämlich die Energie Einfluss auf den Blutzuckerspiegel haben sollte, kann dies durch eine Kontrolle sofort nachgewiesen und dann behoben werden. Jemand mit einer implantierten Insulinpumpe kann ebenfalls behandelt werden, du solltest aber die Region des Implantates umgehen. Auch Diabetiker können einen Reiki-Kurs besuchen, dann aber regelmäßig eine Blutzuckerkontrolle machen.

392. Kann ich jemanden in Narkose behandeln?

Im Verlauf des Eingriffes sicher nicht (auch nicht auf Entfernung!), denn Reiki fördert die Ausscheidung von Abfallstoffen, also auch des Narkosemittels. Nachher kann Reiki helfen, die Narkosemittel so schnell wie möglich aus dem Körper zu entfernen. Dann vor allem den Magen (wegen Übelkeit) und Organe wie Milz, Leber und Nieren ausführlich behandeln.

393. Kann ich jemanden behandeln, der in psychiatrischer Behandlung ist?

Das hängt von der Schwere der Erkrankung ab. In jedem Fall sollte die Reiki-Behandlung mit der betreffenden Person und dem behandelnden Arzt gut besprochen werden. Du bist schließlich nicht ausgebildet, mit eventuellen psychotischen Ausbrüchen oder anderen psychischen Affekten umzugehen. In der Regel sollte immer der behandelnde Arzt seine

Zustimmung geben. In vielen Fällen kann Reiki auch bei psychisch Kranken eine wunderbare Ergänzung zur regulären Behandlung sein.

394. Kann ich jemanden behandeln, der an Krebs leidet?

Ein Krebskranker braucht viel Energie, um den Kampf mit den Krebszellen auszufechten. Reiki kann dabei eine willkommene Unterstützung sein. Selbstverständlich ist medizinische Hilfe und Medikation lebenswichtig. Reiki ist kein Wundermittel!

Warnung

Es ist Reiki-Behandlern verboten, Krebspatienten zu raten, auf die Einnahme der ihnen verschriebenen Medikamente oder überhaupt auf reguläre medizinische Hilfe zu verzichten. Ein Reiki-Behandler ist kein Arzt! Wenn du dich dennoch zum Arzt aufspielst, bringst du andere in Lebensgefahr!

395. Darf ich während einer Chemotherapie behandeln?

In manchen speziellen Krebskliniken wird auch mit Reiki gearbeitet, was von vielen Patienten sehr geschätzt wird. Nach einer Chemotherapie mit ihren vielen Nebenwirkungen können die Patienten sehr gut Reiki-Behandlungen gebrauchen, um die vielen Abfallstoffe aus dem Körper auszuscheiden und dafür Energie und damit Unterstützung brauchen können.
Die Empfehlung lautet, während einer laufenden Chemotherapie kein Reiki zu geben, damit die Wirkung der Medikamente nicht behindert wird. Der einzige, der den Patienten dann begleiten und behandeln kann, ist der Onkologe!

396. Darf ich die Hände direkt auf einen Tumor legen?

Energie geht dahin, wo sie am dringendsten gebraucht wird. Das regelt dein System selbst. Die Energie kommt also auch dorthin, ob du nun deine Hände dort auflegst oder nicht. Wenn der Behandelte oder zu selbst das nicht als unangenehm empfindet, kannst du die Stelle behandeln. Andernfalls verzichte darauf. Sprich darüber mit der Person.

397. Darf ich nach der Entfernung eines Tumors behandeln?

Wenn der Tumor operativ entfernt wurde, kannst du das betreffende Gebiet sehr gut mit Reiki behandeln. Allerdings solltest du deine Hände nicht direkt auf den Wundverband legen: Infektionsgefahr für den Patienten!
Der Patient profitiert in jedem Fall von einer Reiki-Behandlung, die ihn ruhiger macht und hilft mit seinen Angstgefühlen besser klar zu kommen.

398. Wenn jemand den Kampf mit dem Krebs verloren hat, was kann Reiki dann noch ausrichten?

Die Regie über Leben und Tod können wir mit Reiki nicht in die Hand bekommen. Wir können mit Energie aber alle Prozesse unterstützen, also auch den Prozess des Sterbens (siehe auch *Frage 490* und *491*)!

E. Und nun an die Arbeit!

Ich empfehle, zunächst die *Kapitel A* bis *D* komplett in Ruhe durchzulesen, bevor du mit Behandlungen beginnst! Wie man spezielle Dinge behandelt findest du in *Kapitel F*.
In dem jetzt folgenden Kapitel werden Komplettbehandlungen beschrieben. Aber selbstverständlich kannst du auch verkürzte Behandlungen daraus ableiten. Dazu wählst du einfach einige Positionen aus dem Katalog aus.

Die Behandlung im Liegen

Alle die folgenden Positionen sind Richtlinien, um eine Grundlage für Behandlungen anzubieten. Passe die Reihenfolge, die Haltung der Hände usw. deinem Arbeitsstil einfach an. Wenn du es anders als beschrieben praktizierst, ist das nicht falsch, sondern nur anderes: deine besondere Arbeitsweise eben.
Es gibt viele Behandlungsweisen. Ob du nun eher intuitiv vorgehst oder strikt nach Reihenfolge ist gleichgültig. Wichtiger ist, ob der Behandelte bequem liegt, dass er sich wohl fühlt und dass du seine Intimzonen nicht berührst oder dieses nur mit seiner Zustimmung tust. Die Behandlung wird in Bekleidung vorgenommen, denn Energie durchdringt alles.
Achte darauf, dass du nicht zu heftig drückst, denn die Energie findet auch ohne Druck ihren Weg. Manche Menschen möchten überhaupt nicht angefasst werden. Respektiere das und halte deine Hände in entsprechender Entfernung über die fraglichen Stellen.
In anderen Reiki-Büchern findest du noch viel mehr Positionen. Siehe dazu *Teil IV: Sonstige Informationen*.

Denke bevor du zu behandeln beginnst an folgende Dinge:

- Hände waschen.
- Nicht kurz vorher rauchen.
- Möglichst einen ruhigen Ort schaffen, wo keine Haustiere oder lärmende Kinder stören können.
- Kein Räucherwerk abbrennen, wenn die Person das nicht mag oder will (vorher fragen).
- Eventuelle eine sanfte Hintergrundmusik anschalten oder in Stille behandeln.
- Störende Elemente wie Telefon, Türklingel etc. eliminieren.
- Eine bequeme Behandlungsliege bereitstellen, oder eine stabilen Tisch o. ä. mit einer Matratze und Kissen vorbereiten; Hauptsache die Person kann entspannt und bequem liegen und du kommst von allen Seiten an die Person heran.
- Richte deine ganze Aufmerksamkeit auf den Behandelten.
- Keine Rückschlüsse aus dem ziehen, was du fühlst oder welche Beschwerden dir der Behandelte schildert.
- Nie Arzt oder Therapeut spielen!

▷ Zuvor fragen, ob die Person während der Behandlung an bestimmten Körperstellen nicht berührt werden möchte oder ob bestimmte Stellen besonders behandelt werden sollten.

Reiki für den Hausgebrauch kann auch mitten im Getümmel verabreicht werden, also inmitten von Haustieren, Kindern usw. Sogar beim Fernsehen oder beim Sprechen kann Energie übertragen werden. Energie fließt auch bei Lärm.

399. Wie behandle ich die Vorderseite des Behandelten?
Beginne die Behandlung mit einem kurzen Moment der Besinnung. Es hilft dir, unvoreingenommen zu behandeln, wenn du dir regelmäßig sagst, dass du nur ein Kanal für die Energie bist und der Empfänger selbst unbewusst bestimmt, was geschieht. Du bist nur eine Verbindung zwischen dem Behandelten und dem Energiefeld, aus dem dieser Energie aufnimmt. Das kannst du beispielsweise erreichen, wenn du folgende Worte zu dir sagst:

"Ich öffne mich als unbedingter Kanal für [Name der Person]" oder "Ich stimme mich ein auf das Energiefeld für [Name der Person]" usw.

Die Schultern sind eine empfehlenswerte Startposition, um dem Behandelten die Möglichkeit zu geben, sich an die Behandlung zu gewöhnen.

Schultern
Beide Hände ruhen auf den Schulterpunkten.

▷ Unterstützung u. a. der Schultern / Arme, der Durchblutung der Arme.

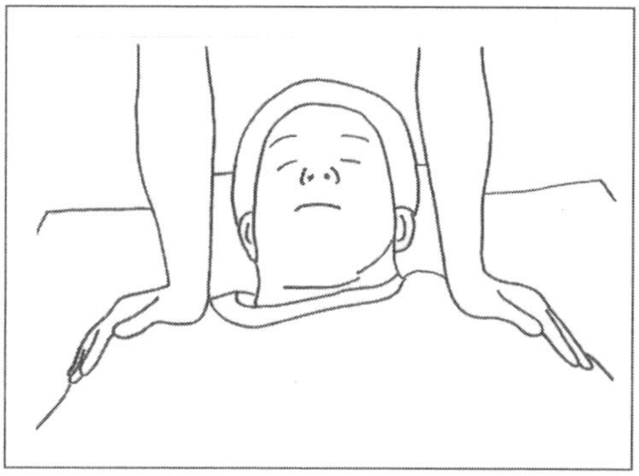

Augen
Linkes und rechtes Auge zugleich mit den Händen bedecken.

Mit lockeren Händen, die Daumen nebeneinander gelegt. Deine Daumen liegen mit den Spitzen auf der Nasenwurzel. Die Fingerspitzen liegen auf den Wangen, wobei es für den Behandelten angenehmer ist, wenn du den Mund nicht berührst. Die Nasenflügel freilassen. Nicht drücken. Bei dieser Position kannst du die Hände auch etwas über der Region halten, ohne diese direkt zu berühren.

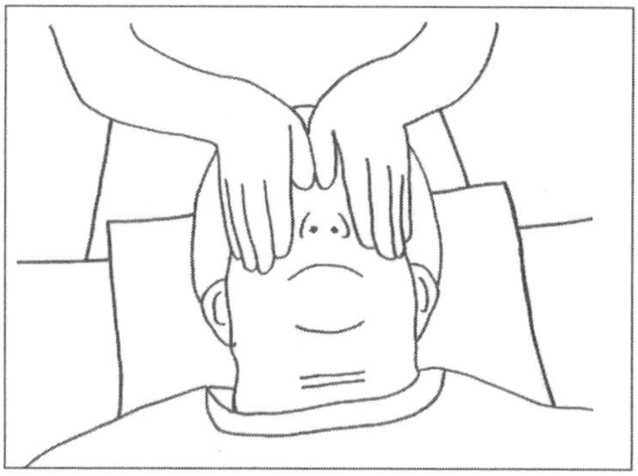

Achte auf deine Körperhaltung, sorge dafür, dass du völlig entspannt bist und deine Schultern nicht hochziehst.

- ▷ Unterstützung der Augen, der Stirnhöhle, der Kiefer-, Nasen- und Nebenhöhlen, zur Entspannung.
- ▷ 6. Chakra

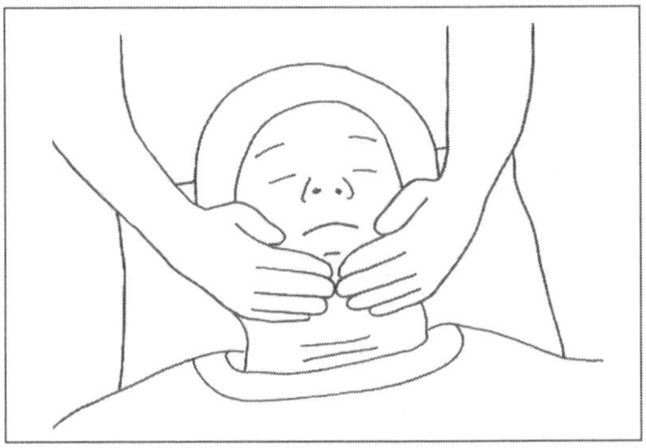

Kiefer

Beide Hände ruhen auf dem Unterkiefer. Die Mittelfinger stoßen aufeinander.

- ▷ Unterstützung der Kiefer und Zähne.

Achte darauf, dass du nicht zu heftig drückst und die Kehle berührst. Denke daran, dass manche Menschen Berührungen an der Kehle als beklemmend erfahren. Hier hilft es, etwas Abstand zu halten.

Tipp: Um den Kontakt zum Behandelten so eng wie möglich zu halten und zugleich fließende Übergänge zwischen den Handpositionen herzustellen, kannst beide Hände zugleich in Richtung Ohren abstreichen lassen, um sie dann in die folgende Position zu legen. Oder du verlegst die Hände nacheinander auf die neue Position.

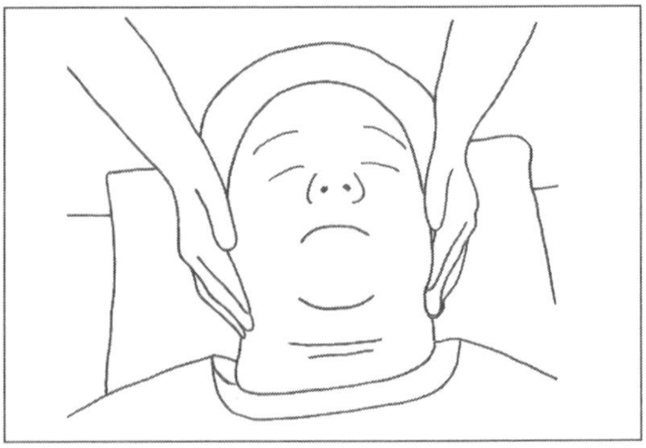

Ohren

Hände über die Ohren legen wie einen Kopfhörer.

- ▷ Unterstützung der Ohren, der Gleichgewichtsorgane und der vielen Akupunkturpunkte in und auf den Ohren, was dem restlichen System sehr gut tut.

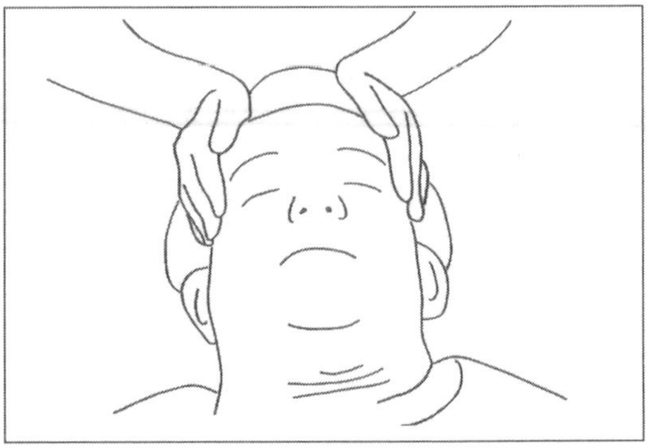

Schläfen

Die Handflächen liegen auf dem Schädel und die Finger ruhen auf den Schläfen.

Achte darauf, dass du nicht zu heftig drückst, denn die Schläfen sind sehr empfindlich.

- ▷ Unterstützung des Gleichgewichts, des Gehirns, zur Entspannung.

Hinterkopf

Der Kopf liegt in beiden Händen wie in einem Körbchen. Die kleinen Finger stoßen aufeinander.

1) Den Kopf vorsichtig und langsam auf die eine Seite drehen, ohne ihn anzuheben, und die eine Hand auf den Hinterkopf legen.

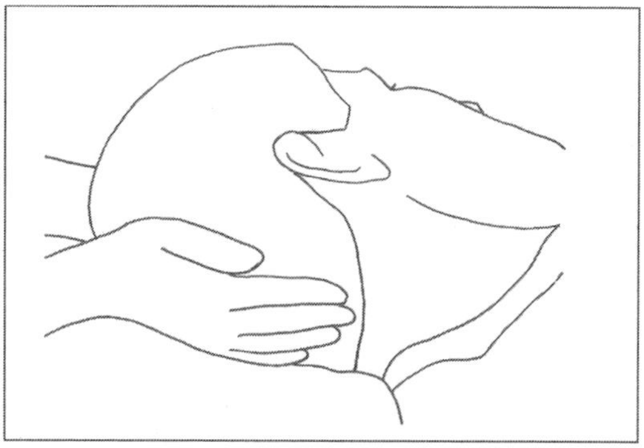

2) Dann den Kopf wieder langsam auf die andere Seite drehen und die andere Hand auf den Hinterkopf legen.

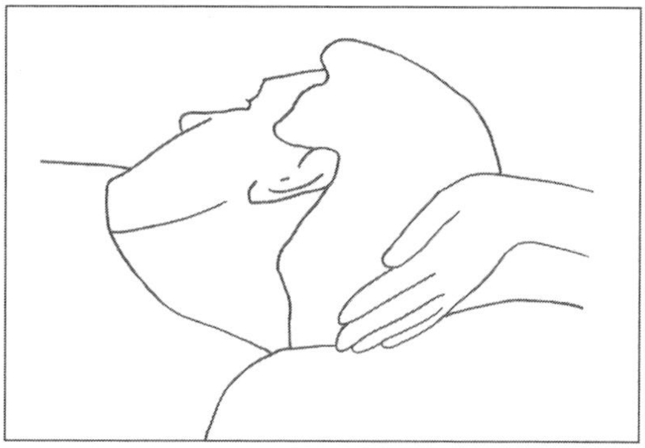

3) Vorsichtig den Kopf wieder in die Ausgangslage drehen. Nun liegt er wieder in deinem 'Händekorb'.

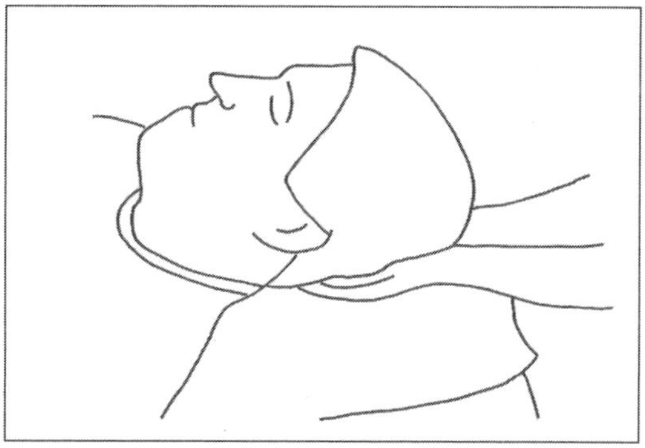

Achte darauf, dass du den Kopf nicht hochhebst und nicht weit drehst.

Der Kopf darf auf keinen Fall gedreht werden bei Personen mit Nackenbeschwerden und/-oder Schleudertrauma!

▷ Unterstützung des Gehirns, der oberen Halswirbel, der Augen, der Nasen- und Nebenhöhlen und zur Entspannung.
▷ 6. Chakra

Hals / Kehle

Die Hände liegen lose um den Hals. Nicht die Kehle berühren!

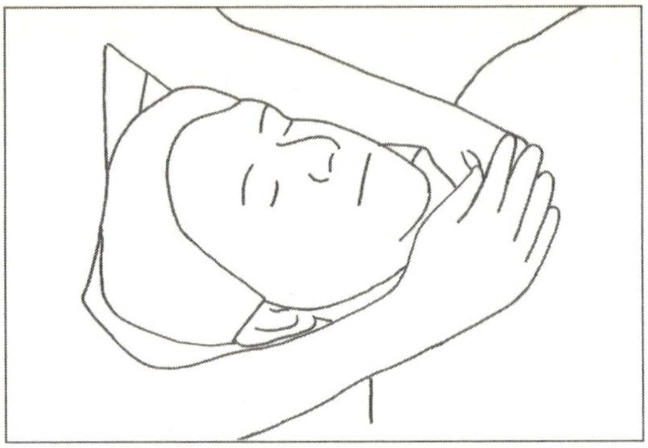

Hier kannst du wählen, ob du deine beiden Hände übereinander legst oder nur die Fingerkuppen beider Hände gegeneinander legst. Achte darauf, dass du dich nicht auf Hals oder Schlüsselbeinen abstützt und zu stark drückst.

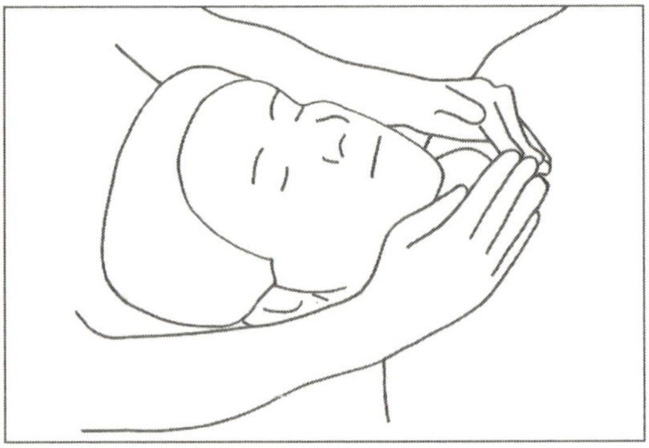

- ▷ Unterstützung der Kehle, des Halses, der Stimmbänder und der Schilddrüse.
- ▷ 5. Chakra

Schlüsselbeine

Mit den Händen bedecken.

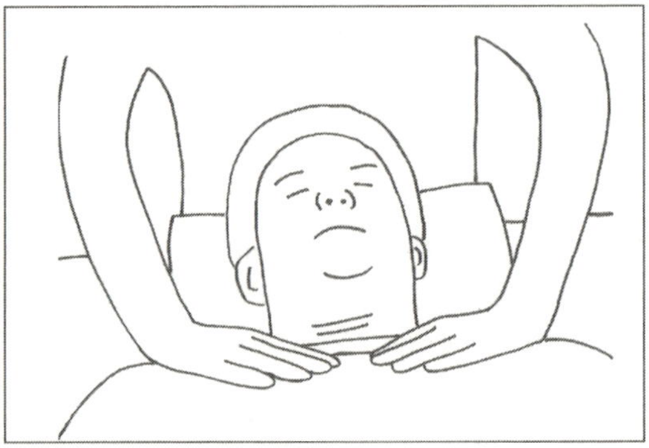

Achte darauf, dass du mit deinen Finger die Kehle nicht berührst.

- ▷ Unterstützung der Schlüsselbeinregion, der oberen Lungenteile und zur Entspannung.

Achseln

Die Hände liegen schräg nach außen mit den Fingern auf der Achselfalte. Nicht den Mittelfinger in die Achselhöhle schieben, sondern nur darauf legen.

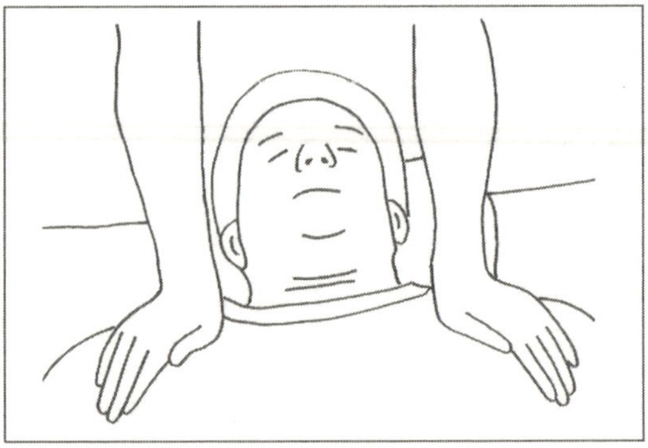

- ▷ Unterstützung der Lymphgefäße und Lymphknoten.

Brust

Die Hände in ein 'V' auf die Brust legen.

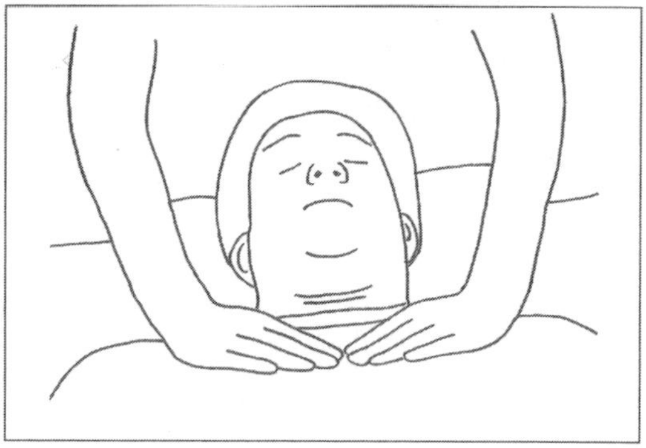

- ▷ Unterstützung der Thymusdrüse, der Lungen und zur Entspannung.

Herzchakra / Thymusdrüse

Eine Hand etwas über das Herzchakra halten, die andere darüber über die Thymusdrüse.

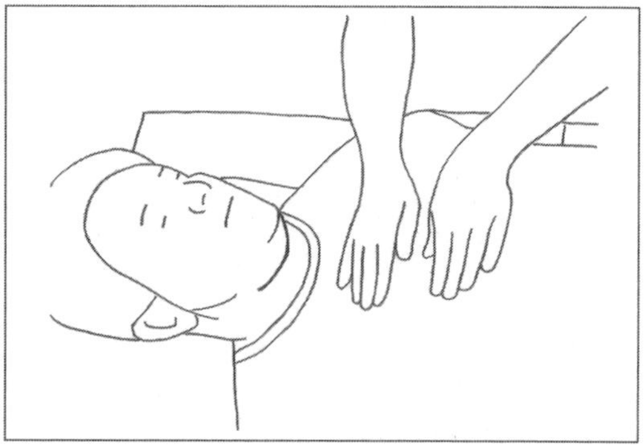

- ▷ Unterstützung des Herzens, der Thymusdrüse (wichtig für die körpereigenen Abwehrkräfte), der Lungen.
- ▷ 4. Chakra

Milz und Leber

Eine Hand rechts unter der Brust (Leber), die andere links unter der Brust (Milz).

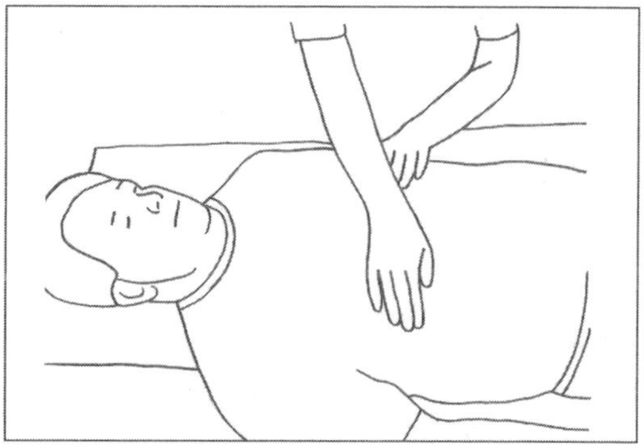

- ▷ Unterstützung der Abwehr und Entgiftung.

Magen und Bauch

Eine Hand über den Nabel und die andere unter den Nabel, dann die eine Hand auf die linke Seite des Nabels, die andere auf die rechte Seite des Nabels umlegen.

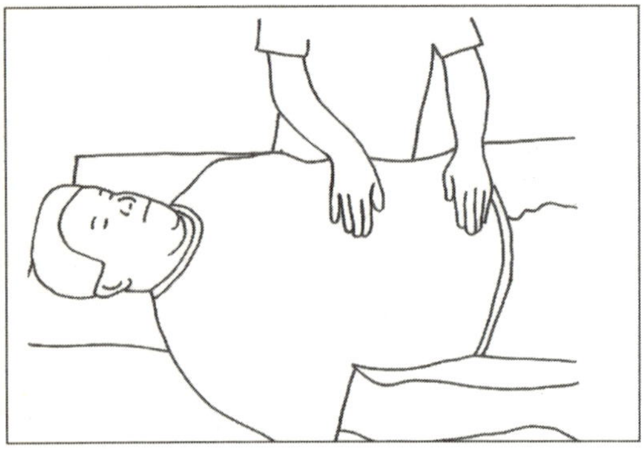

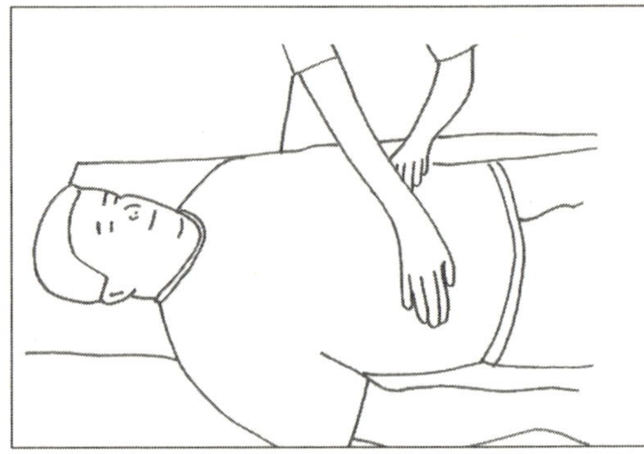

- ▷ Unterstützung des Magens, der Bauchorgane und der Gebärmutter.
- ▷ 3. und 2. Chakra

Unterbauch

Hände liegen in V-Form oder nebeneinander unter dem Nabel.

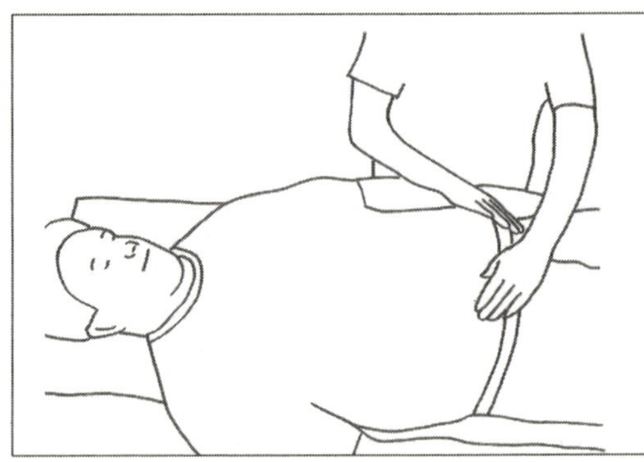

- ▷ Unterstützung der Bauchorgane, der Fortpflanzungsorgane und der Blase.
- ▷ 2. und 1. Chakra

Leisten

Beide Hände in V-Form auf die Leiste legen, die eine nach oben, die andere nach unten gerichtet. Geschlechtsteile nicht berühren. Bei Männern die Hände nicht direkt auflegen, sondern etwas über das Gebiet halten:

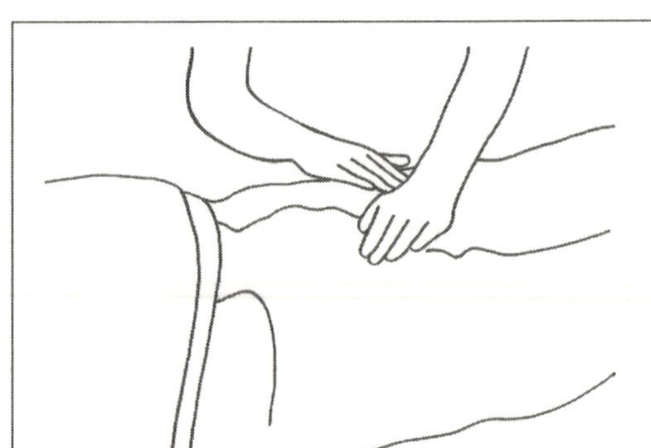

- ▷ Unterstützung der Lymphknoten, der Durchblutung und des Energieflusses.

Knie

Auf jedes Knie eine Hand legen oder je ein Knie zwischen beide Hände nehmen.

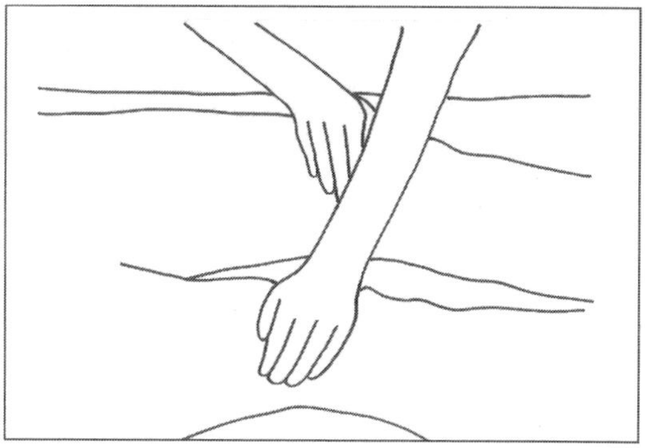

▹ Unterstützung der Knie und der Durchblutung bzw. des Energieflusses zu den Füßen.

Fußknöchel

Eine Hand auf jeden Knöchel legen oder je einen Knöchel mit beiden Händen behandeln.

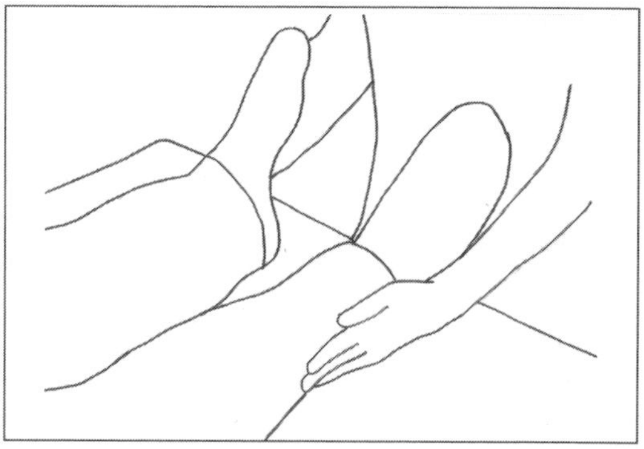

▹ Unterstützung der Knöchel und der Durchblutung bzw. des Energieflusses zu den Füßen.

Füße

Beide Füße zugleich oder jeweils einen behandeln.

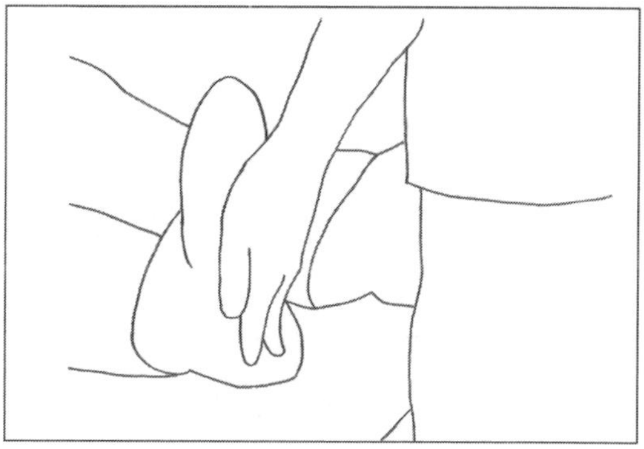

▹ Unterstützung der Füße, der Fußreflexzonen und der Erdung.

400. Wie streiche ich die Aura an der Vorderseite aus?

So wie es viele Behandlungsstile gibt, so gibt es auch viele Möglichkeiten, die Aura vor, nach oder während einer Behandlung zu reinigen (auszustreichen). Auch wenn du davon eigentlich nicht viel hältst, kann es eine schöne Abrundung einer Behandlung sein. Du kannst auch vor dem Wechsel zur Rückseite, die Behandlung der Vorderseite mit einer Aura-Ausstreichung beenden. Das muss aber nicht sein.

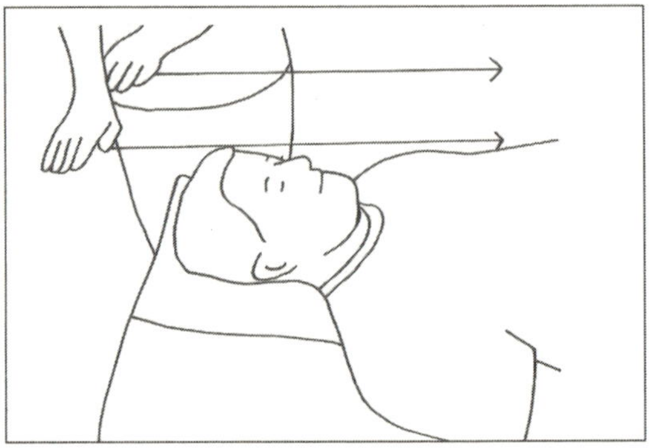

Du beginnst am Kopf des Behandelten und streichst die Aura entlang des ganzen Körpers bis zu den Füßen hinab. Wenn du an den Zehen angekommen bist, schlägst du die Hände Richtung Erde aus.* Diesen gesamten Vorgang mehrmals wiederholen.

401. Wie behandle ich den Rücken des Behandelten?

Schulterpunkte

Falls du es an der Vorderseite nicht gemacht hast, kannst du hier beginnen. Siehe die entsprechende Beschreibung zur Vorderseitenbehandlung (*Frage 399*).

Hinterkopf

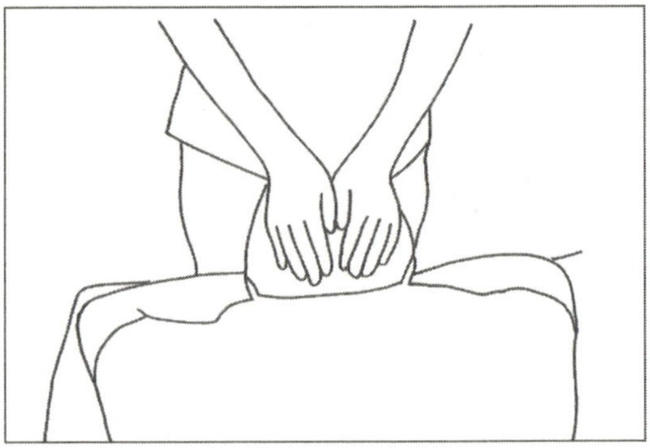

Wenn du bei der Vorderseitenbehandlung den Hinterkopf nicht behandelt hast, dann behandle jetzt den Hinterkopf mit beiden Händen, wobei die Daumen aneinander liegen.

- ▷ Unterstützung des Gehirns, der oberen Halswirbel, der Augen, Nasen- und Nebenhöhlen und zur Entspannung.
- ▷ 6. Chakra

* Das Ausschlagen der Hände in Richtung der Erde hat in diesem Fall eine mehr symbolische Bedeutung: 'das, was losgelassen wurde, wird zur Erde aubegührt'. Der Behandelte fühlt sich davon häufig besser (als ob es wieder ein Stückchen leichter, heller ist). Selbstverständlich 'kleben' keine losgelassenen Angelegenheiten des anderen an deinen Händen.

7. Halswirbel

Eine Hand in den Nacken und die andere auf den 7. Halswirbel.

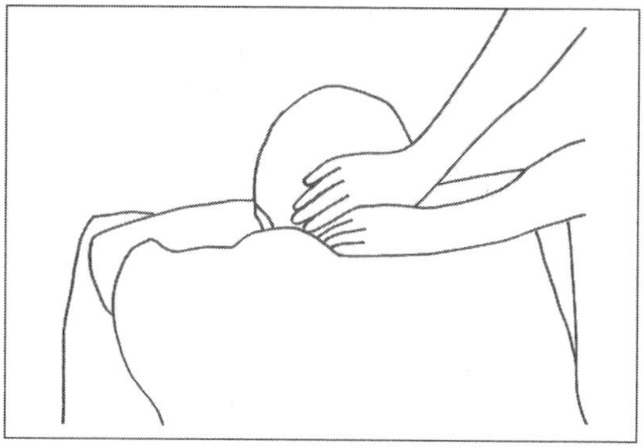

- ▷ Unterstützung des Nackens und der Wirbelsäule.
- ▷ 5. Chakra

Rücken

Die Hände in ungefähr fünf Schritten jeweils eine Position tiefer setzen bis zum Gesäß.

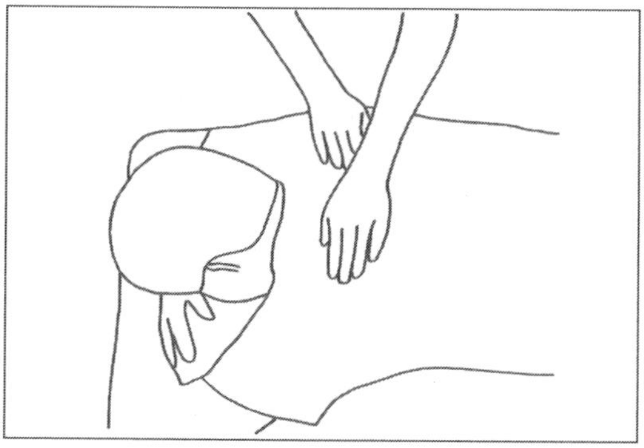

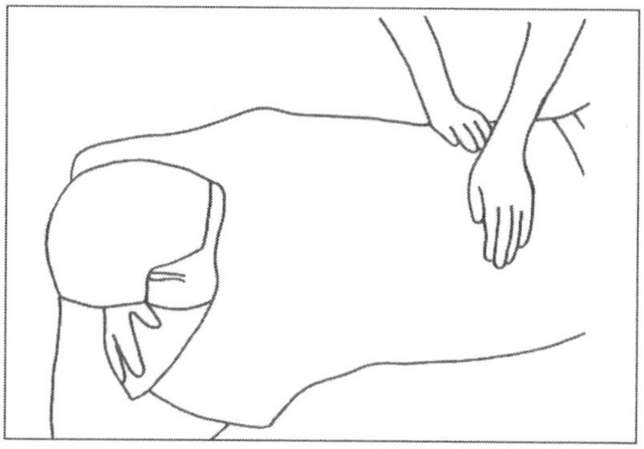

- ▷ Unterstützung der Schultern, Lungen, Nieren, Nebennieren etc.

Kreuzbein und Steiß

Eine Hand auf das Kreuzbein und die andere Hand (eventuell nur darüber halten, ohne direkt zu berühren) auf den Steiß.

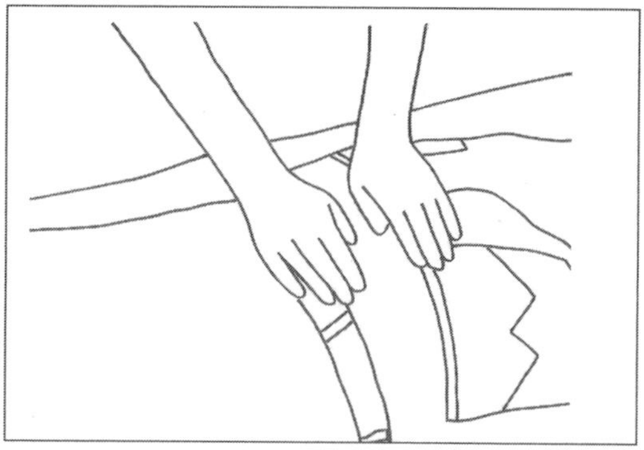

- ▷ Unterstützung von Kreuzbein, Steiß, Prostata und Blase, zur Erdung und zur Förderung des Energieflusses.
- ▷ 2. Chakra und 1. Chakra

Wirbelsäule

Eine Hand auf den Steiß und die andere auf den 7. Halswirbel.

▷ zur Unterstützung der Wirbelsäule, zur Förderung des Energieflusses.

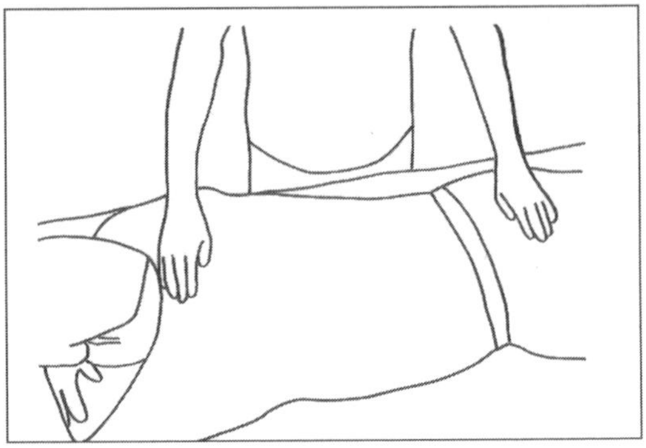

Kniekehlen

Hände liegen auf den Kniekehlen.

▷ Unterstützung der Knie, zur Förderung des Energieflusses zu den Füßen.

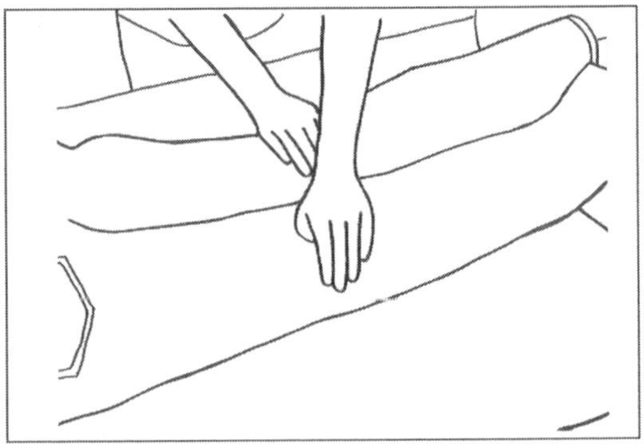

Füße

Fußsohlen behandeln.

▷ Unterstützung der Füße, der Fußreflexzonen, zur Erdung.

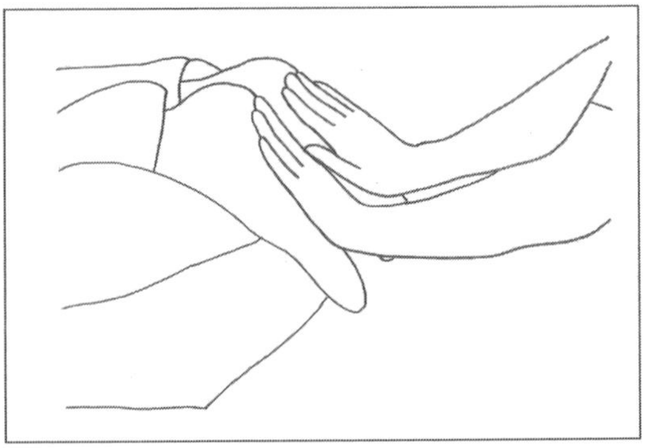

402. Wie harmonisiere ich die Chakren auf dem Rücken?

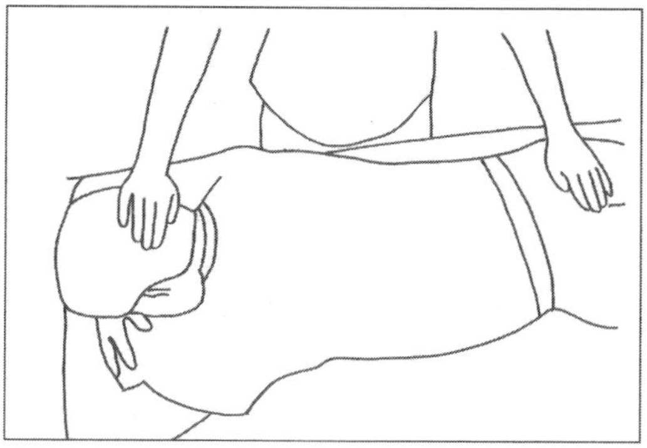

1. Chakra und 6. Chakra
Steiß / Hinterkopf

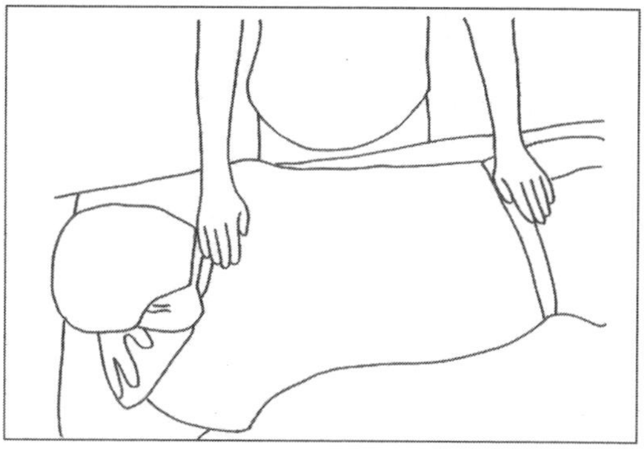

2. Chakra und 5. Chakra
verlängerter Rücken / 7. Halswirbel

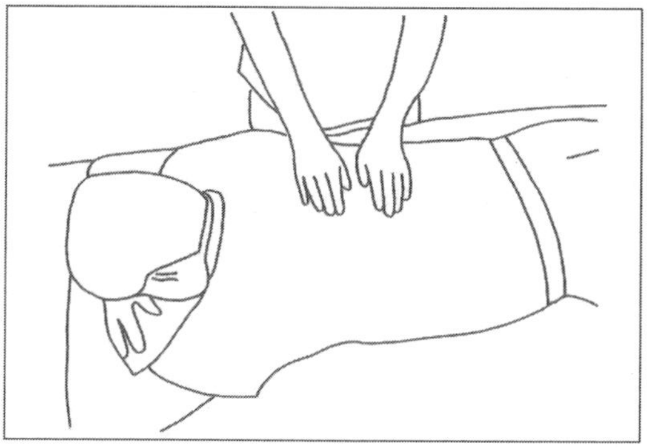

3. Chakra und 4. Chakra
in der Höhe des Magens / zwischen den unteren Teilen der Schulterblätter

Folgende Varianten gibt es:
Das 1. mit dem 7. Chakra
Das 2. mit dem 6. Chakra
Das 3. mit dem 5. Chakra
Und dann das 4. Chakra

Oder:

- ▹ Alle Chakren mit dem Wurzelchakra (1.), d. h., von oben nach unten arbeiten, eine Hand auf dem Steiß, während die andere vom 7. zum 6. von dort zum 5. Chakra etc. herunterwandert.

Oder:

- ▹ Alle Chakren mit Herzchakra, etc.

403. Wie streiche ich die Aura auf der Rückseite aus?

Du beginnst oben am Kopf, etwas vom Körper entfernt (siehe *Frage 400*), und arbeitest dich durch die ganze Aura bis zu den Füßen hinunter. Nachdem du über die Fußsohlen gestrichen bist, schlägst du deine Hände in Richtung Erde aus.* Mehrmals wiederholen.

* Das Ausschlagen der Hände in Richtung der Erde hat in diesem Fall eine mehr symbolische Bedeutung: 'das, was losgelassen wurde, wird zur Erde aubegührt'. Der Behandelte fühlt sich davon häufig besser (als ob es wieder ein Stückchen leichter, heller ist). Selbstverständlich 'kleben' keine losgelassenen Angelegenheiten des anderen an deinen Händen.

404. Wie schließe ich eine Behandlung ab?
Wenn du das magst, dann kannst du eine Behandlung mit einem Moment des Innehaltens und Besinnens beenden, der dir bewusst machen soll, dass du ‚nur' ein Kanal für die Energie warst und bist. Danke beispielsweise im Stillen kurz dem Kosmos / Gott / der Person, dass du der Kanal sein durftest. Dann kannst du dem Behandelten andeuten, dass die Behandlung beendet ist. Lass ihm dann Zeit wieder ‚wach' zu werden. Vorsicht beim Aufstehen des Behandelten! Er sollte sich lieber erst auf die Seite legen, dann aufrichten und kurz sitzen bleiben. Dann erst aufstehen. Am besten stützt du ihn dabei und hältst zugleich damit noch den Körperkontakt.
Wenn der Behandelte auf der Liege sitzt oder auf einem Stuhl, kannst du ihm eventuell noch mit einer Massagerolle oder mit den Händen kurz den Rücken massieren. Dabei aber bitte nicht kitzeln, denn das ist für die Person unangenehm. Wenn du ihn aber so massierst, dass er ein wenig Gänsehaut bekommt, machst du ihn auf angenehme Weise wieder ‚klar'.
Wenn die Person wieder voll da ist, dann reiche ihm ein Glas Wasser und hilft ihm von der Liege. Falls ihm schwindelig wird, kurz noch die Schläfen behandeln, das stellt schnell die Balance wieder her. Wenn die Person dann immer noch ganz benommen ist, hilft eine Erdungsübung. Siehe *Kapitel G. (Teil I: Praxis).*

Die folgenden Ratschläge solltest du den Personen mit auf den Weg geben:
Er möge zu Hause viel Wasser trinken, sich noch eine Weile mit Alkohol zurückhalten und, wenn es denn geht, noch ein wenig ausruhen und die Behandlung nachwirken lassen.

405. Braucht der Behandelte nach der Behandlung noch Zeit, zu sich zu kommen?
Es ist immer gut, dem Behandelten noch etwas Zeit zu geben, zu sich zu kommen. Oft geschieht dies beim Genuss eines Glases Wasser oder einer Tasse (Kräuter-)Tee. Jemanden direkt auf die Straße zu schicken, ist nicht vernünftig, vor allem nicht, wenn dem Behandelten noch etwas flau ist oder er sich schläfrig fühlt.

406. Wie behandle ich intuitiv?
Intuitiv behandeln ist am einfachsten, wenn du ganz bei dir bist. Das schaffst du, indem du dich kurz auf dein inneres Selbst besinnst, bevor du mit der Behandlung beginnst und dich auf die Person einstimmst. Dazu eignet sich besonders die Gassho-Meditation. Siehe *Frage 238.*

Du kannst die Behandlung beginnen, indem deine innere Stimme deine Hände dahin lenkt, wo sie nötig sind. Tue einfach das erste, was dir durch den Kopf geht. In dem Moment, wo du beginnst nachzudenken, zu deuten, zu schlussfolgern usw., bist du nicht mehr intuitiv, sondern handelst rational!
Wenn nichts in dir ‚aufsteigt', dann absolviere die Standardbehandlung. Wenn du erst angefangen hast, werden schon weitere Ideen kommen. Oder du wendest folgende Technik an, die aber auch nicht zwangsläufig Wahrnehmungen bewirkt:

Aus der alten Reiki-Technik von Dr. Usui (Quelle: Petter – *Das Reiki Kompendium*) kannst du dazu *Byosen* gebrauchen. Das ist das 'Scannen' der Aura, bevor die Behandlung beginnt: Lass eine Hand oder beide langsam die Aura entlang vom Kopf zu den Füßen wandern. Dazu hältst du die Hand/Hände etwas vom Körper ab. Ohne etwas fühlen zu *wollen*, versuchst du dir bewusst zu machen, was in deiner Hand/deinen Händen gerade geschieht. Vielleicht kribbelt es da und dort, vielleicht wird es warm oder kalt, oder es kitzelt etwas. Das ist deine Intuition. Folge ihr, indem du die ‚auffälligen' Punkte behandelst. Ziehe aber bitte keine Schlüsse, dass die ‚Auffälligkeiten' irgendetwas bedeuten. Folge einfach nur den Signalen, ohne Urteil ganz unbedingt.

Die Behandlung im Sitzen

407. Wie behandle ich im Sitzen?
Sehr viele Positionen kannst du auch nutzen, wenn der Behandelte sitzt, etwa auf einem Stuhl. Es ist sehr einfach, jemanden schnell 'zwischendurch' auf diese Weise zu behandeln. Wenn die Person beispielsweise Rückenschmerzen hat, kannst du dich hinter ihn setzen und dann seinen Rücken behandeln.

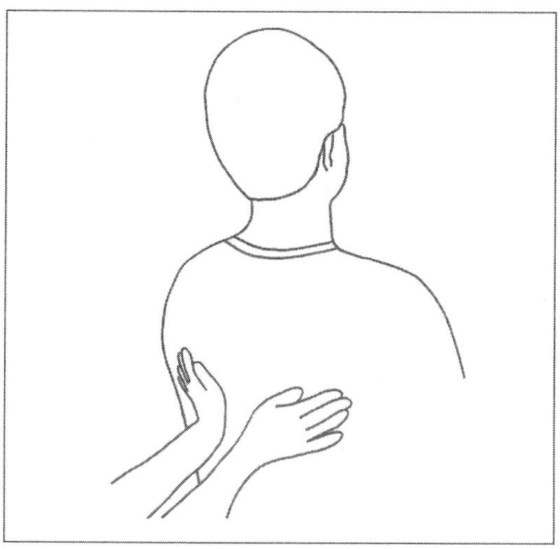

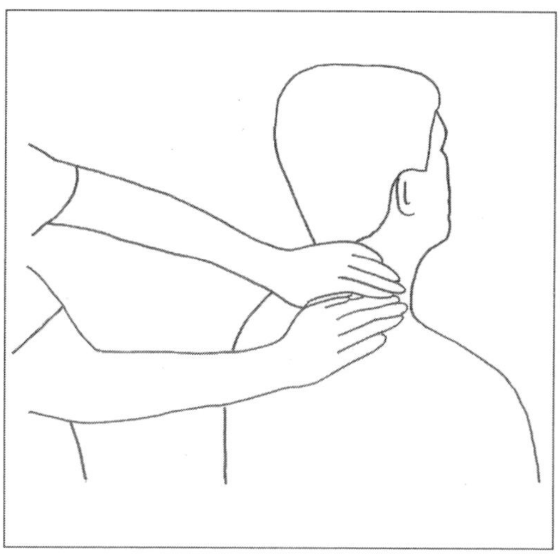

Bei Nackenproblemen legt du die Hände in den Nacken. Im Prinzip kann alles im Sitzen behandelt werden, natürlich mit entsprechenden Anpassungen der Handhaltung an deine Körperhaltung. Siehe auch die folgende Frage.

Die Chakra-Behandlung (Reiki-Instantbehandlung)

408. Wie mache ich eine Chakra-Behandlung im Sitzen?

Eine Chakra-Behandlung im Sitzen wird auch 'Reiki-Instantbehandlung' genannt, weil sie den Vorteil hat, dass du innerhalb kurzer Zeit jemanden aufladen kannst, indem du nur seine Chakren behandelst.

Das geht wie folgt:

Stelle dich hinter die Person und berühre seine Schultern, damit er sich an den Körperkontakt gewöhnen kann. Du kannst aber auch beginnen, indem du beide Hände auf seinen Kopf legst (Scheitelchakra / 7. Chakra).

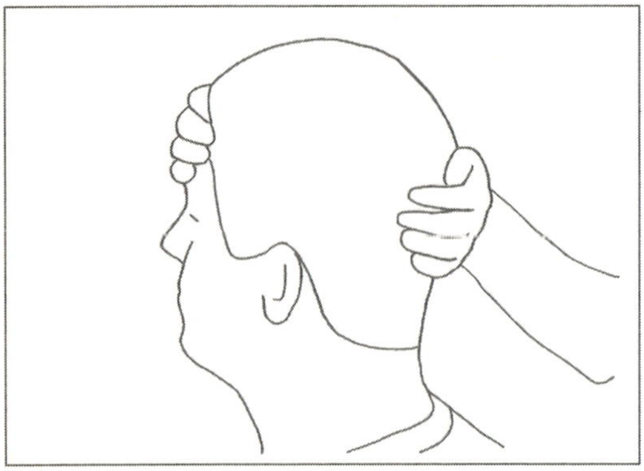

1. Eine Hand auf die Stirn (drittes Auge), die ander Hand auf den Hinterkopf (Stirnchakra / 6. Chakra).

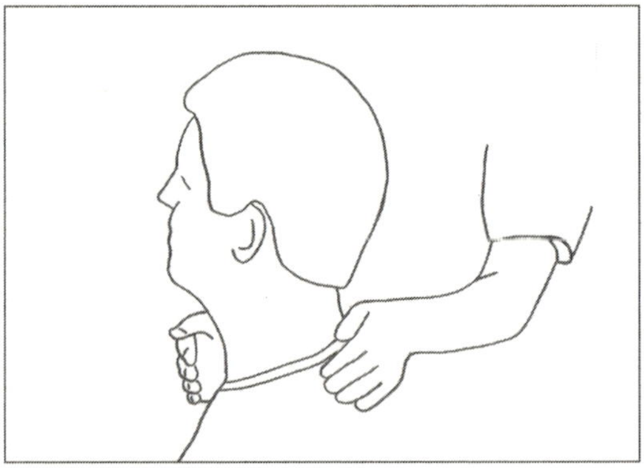

2. Die Hand vorne mit etwas Abstand zum Hals in Höhe der Halskuhle, die Hand hinten auf den 7. Halswirbel (Halschakra / 5. Chakra).

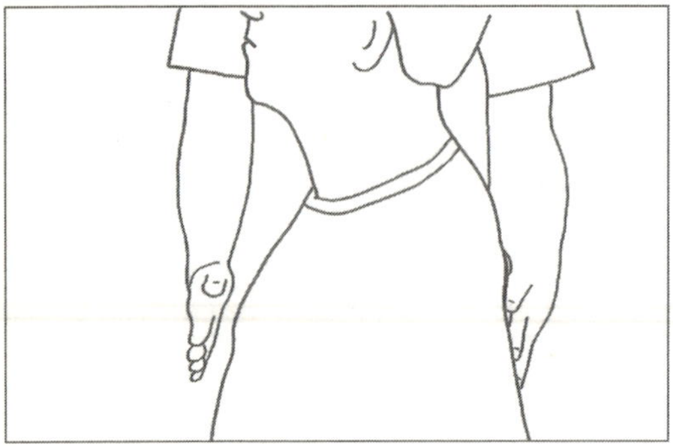

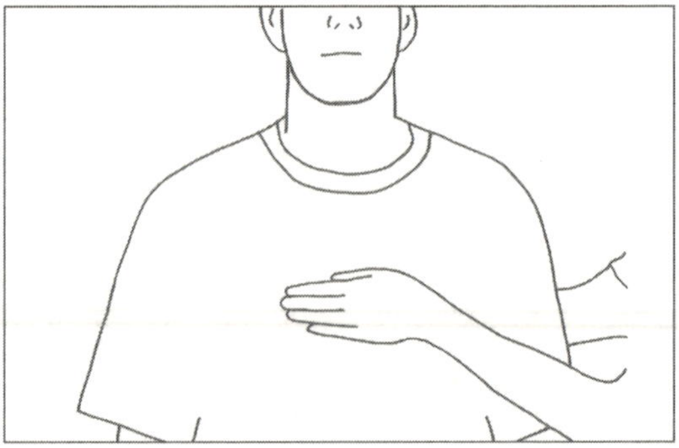

3. Mit der einen Hand vorne (bei Frauen mit etwas Abstand vom Körper) das Herzchakra behandeln (oder die Hand vor dem Körper über der Brust bis zur Höhe der Thymusdrüse) und mit den anderen Hand hinten in derselben Höhen zwischen den unteren Enden der Schulterblätter (Herzchakra / 4. Chakra).

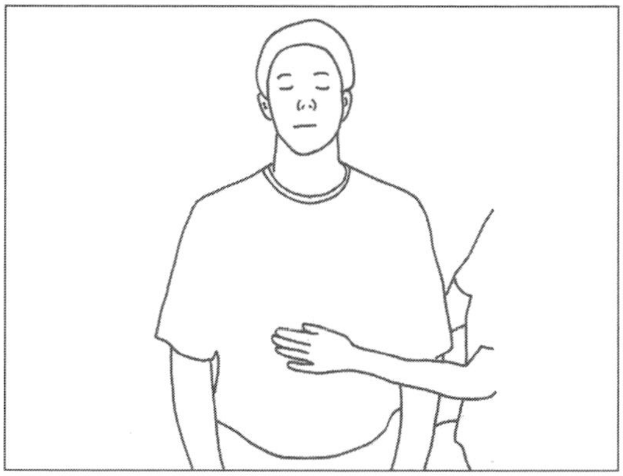

4. Die vordere Hand über dem Nabel halten (Sonnengeflecht oder Solar Plexus), die hintere Hand auf derselben Höhe (Nabel- oder Magenchakra / 3. Chakra).

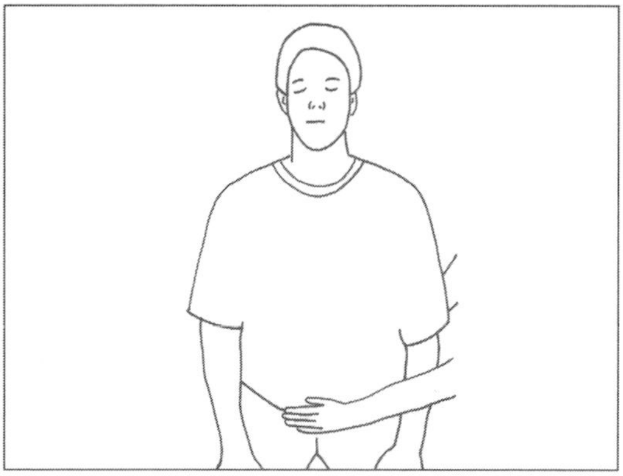

5. Die vordere Hand unterhalb des Nabels (ungefähr zwei Finger breit darunter; eventuell mit etwas Abstand zum Körper) halten, die hintere Hand auf derselben Höhe (im ‚Tal' am unteren Rücken). Bei Männern mit Abstand zum Körper behandeln (Intimzone!) (Milz- oder Kreuzchakra/ 2. Chakra)

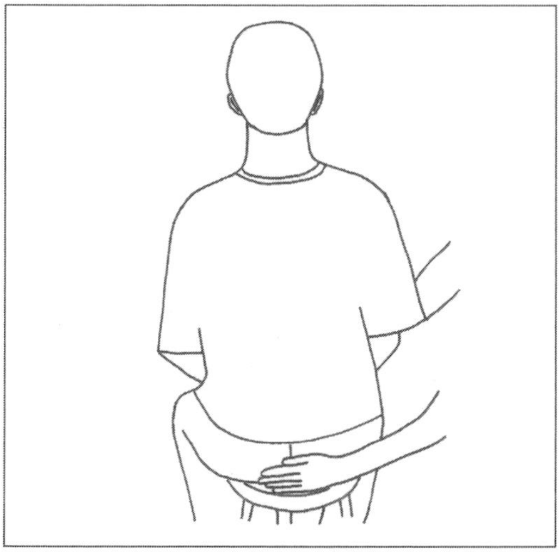

6. Die vordere Hand bleibt unterhalb des Nabels, die Hand im Rücken rutscht noch eine Etage tiefer bis zum Steiß (Wurzelchakra / 1. Chakra).

Zum Abschluss legst du deine Hände wieder auf die Schultern des Behandelten oder streichst den Rücken ab, falls gewünscht.

409. Woher weiß ich, wo die Chakren genau liegen?
Schau dir die Zeichnungen zur vorstehenden Frage genau an sowie die Abbildung bei *Frage 200*.

410. Muss ich erst etwas über die verschiedenen Chakren wissen, bevor ich sie behandeln kann?
Um die Chakren behandeln zu können, brauchst du eigentlich kein besonderes Wissen über sie. Energie unterstützt die Selbstheilungskräfte immer. Auch bezüglich der Chakren regelt dein System die Energieaufnahme (über die Chakren eben) ganz von selbst. Selbstverständlich ist es für deinen Weg der Bewusstseinsentwicklung hilfreich, mehr über die Chakren zu wissen. Siehe *Kapitel H. (Teil I: Theorie)* und *Teil IV: Sonstige Informationen.*

411. Muss ich alle Chakren berühren?
Manche Chakren solltest du sogar bewusst nicht berühren, da es dem Behandelten entweder unangenehm sein kann (Halschakra) oder zu intim ist (Wurzelchakra). Bei der Eigenhandlung brauchst du solche Rücksichten natürlich nicht zu nehmen und kannst alle Chakren direkt berühren.

412. Warum sollte ich das 7. Chakra nicht behandeln?
Das 7. Chakra betrachtet man vielfach als das Chakra, welches sich automatisch je nach Status deiner Bewusstseinsentwicklung weiter öffnet. Es ist das Chakra des höheren Bewusstseins, deine Verbindung zum Kosmos und damit ein Energiepunkt, der sehr viel Energie aufnehmen kann. Wenn du dieses Chakra behandelst, machst du keinen Fehler, du entwickelst dich auch nicht schneller. Du schließt dich auch nicht ab, denn Energie kommt auf vielen Wegen in dich hinein. Dieses Chakra wird durch die Arbeit der anderen sechs Chakren beeinflusst. Die Balance zwischen allen Chakren herzustellen ist so natürlich eine schöne Technik, auch diesen Punkt zu pflegen. Ansonsten liegt es an dir, welchen Techniken du den Vorzug gibst.

413. Muss ich immer alle sieben Chakren behandeln?
Nein, das ist nicht nötig. Du kannst dich auch auf die ausführliche Behandlung nur eines Chakras beschränken. Vielleicht behandelst du in einer anderen Sitzung dann zwei Chakren oder alle oder auch gar keines. Das kannst du ganz nach deiner Arbeitsweise tun oder lassen.

Die Eigenbehandlung

414. Wie behandle ich mich selbst?
Fast alle Positionen, wie sie in den *Fragen 399* und *401* vorgestellt werden, kannst du auch für dich selbst nutzen, nur hältst du die Hände dabei natürlich etwas anders. Hier brauchst du auch keine Rücksichten auf Intimzonen zu nehmen.

Mach es dir so bequem wie möglich, damit du deine Muskeln nicht belastest. Die Körperhaltung ist gleichgültig, du kannst dich im Liegen, im Sitzen oder in welcher Haltung auch immer selbst behandeln.

Ein Beispiel für eine Eigenbehandlung im Sitzen:
Das Berühren der Schultern zum Auftakt und zur Gewöhnung an den Körperkontakt entfällt natürlich bei Eigenbehandlung.

Du kannst dich selbst behandeln indem du

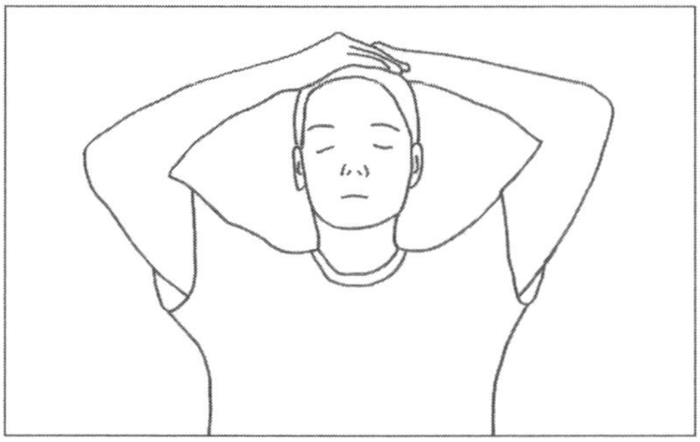

1. deine Hände auf den Kopf legst und anschließend

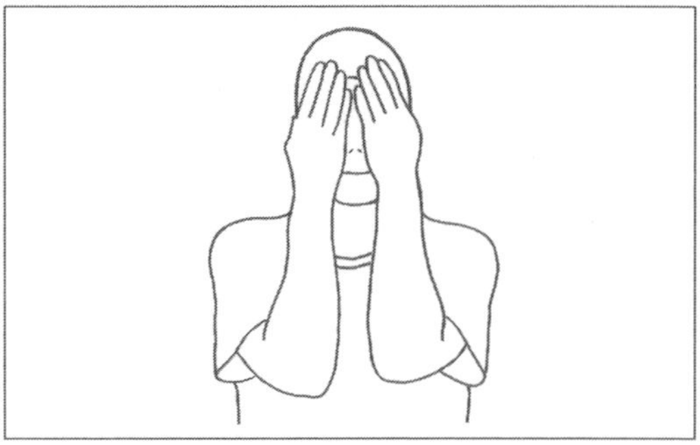

2. deine Hände über die Augen legst (eventuell die Ellenbogen auf den Beinen abstützen, auf die du ein dickes Kissen gelegt hast).

3. Anschließend die Kieferpartie,

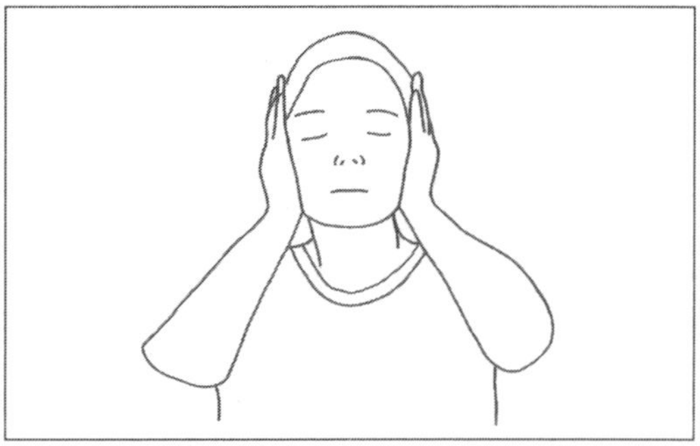

4. die Ohren

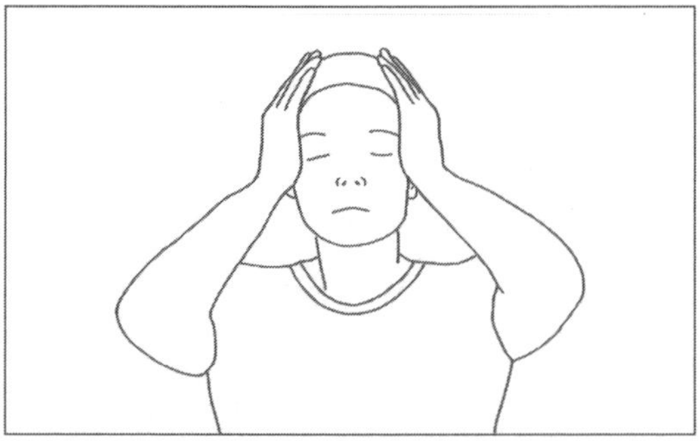

5. und die Schläfen behandeln.

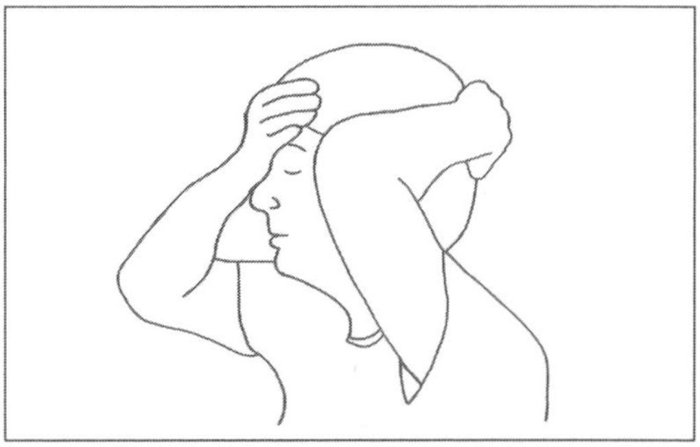

6. Dann kannst du den Hinterkopf und die Stirn kombiniert behandeln.

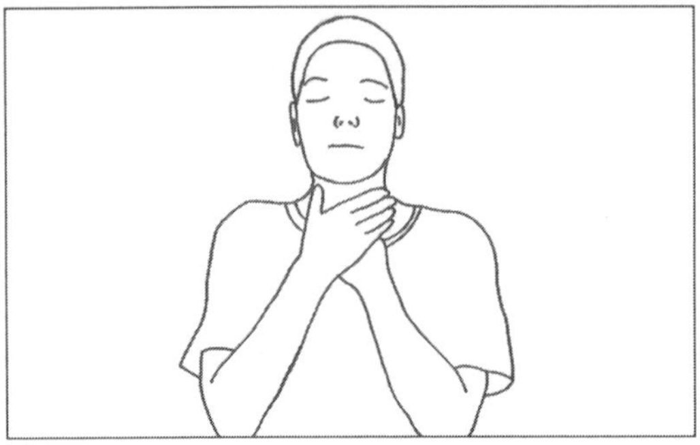

7. Den Hals kannst du fest anfassen (eventuell von vorne und von hinten).

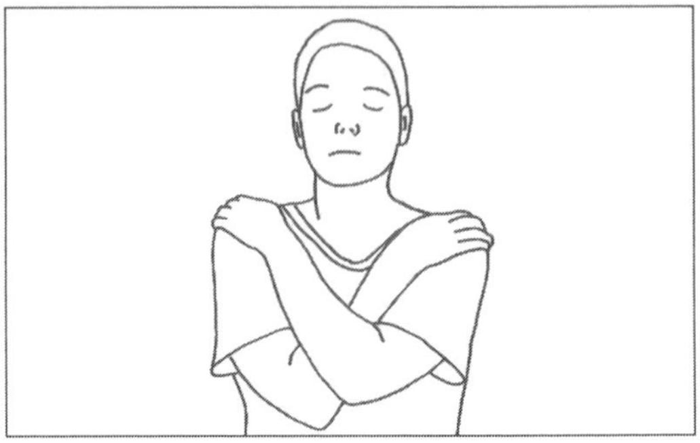

8. Die Schultern jeweils mit gekreuzten Armen.

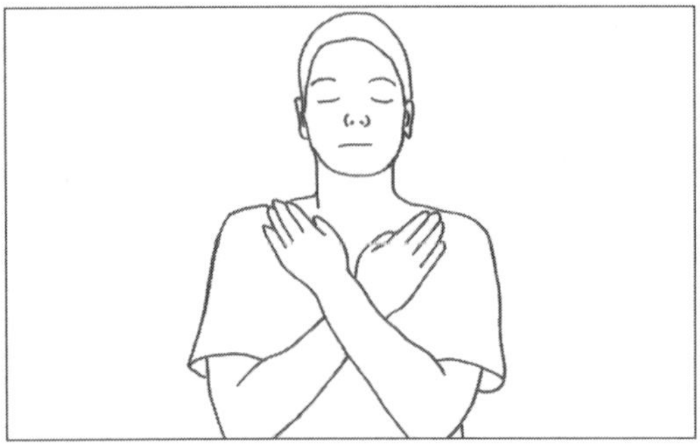

9. Die Schlüsselbeine jeweils mit gekreuzten Armen.

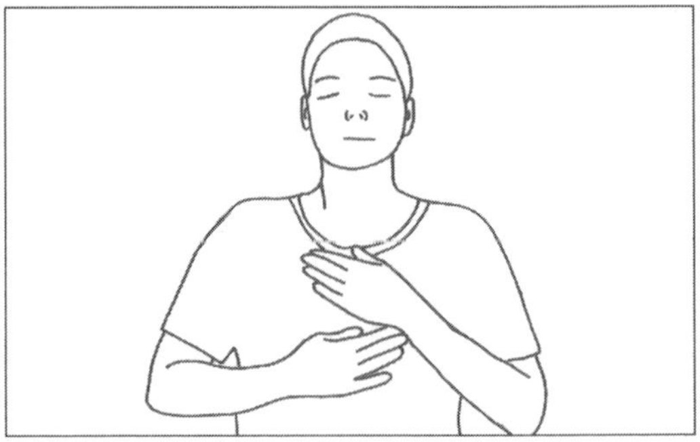

10. Thymusdrüse / Herzchakra

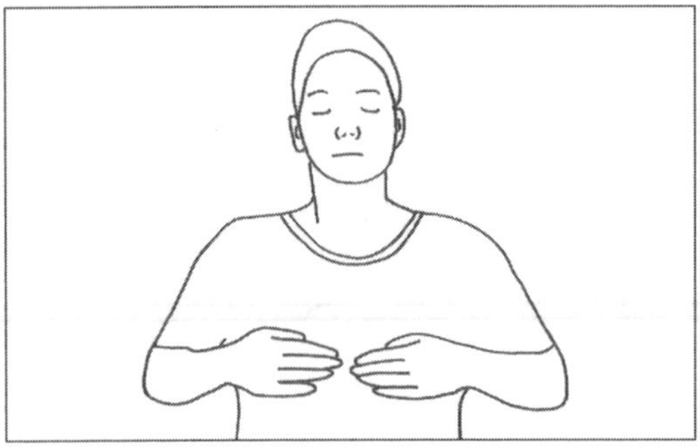

11. und die Brust / Brüste können normal behandelt werden.

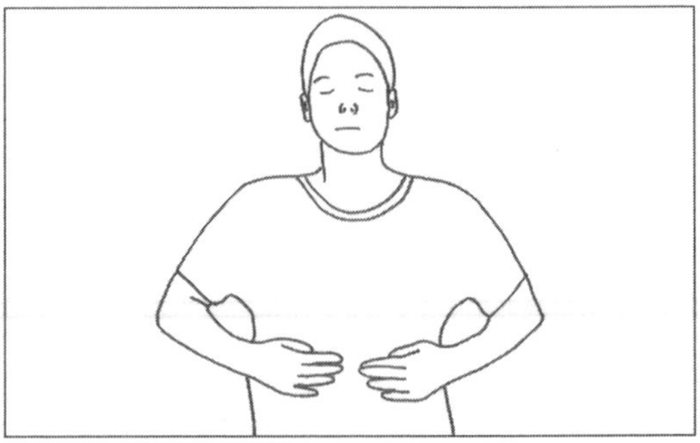

12. Milz und Leber mit einer Hand rechts unter der Brust (Leber) und einer Hand links unter der Brust (Milz).

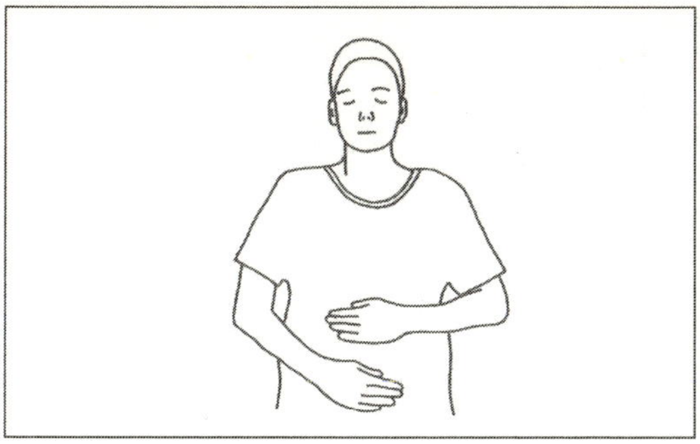

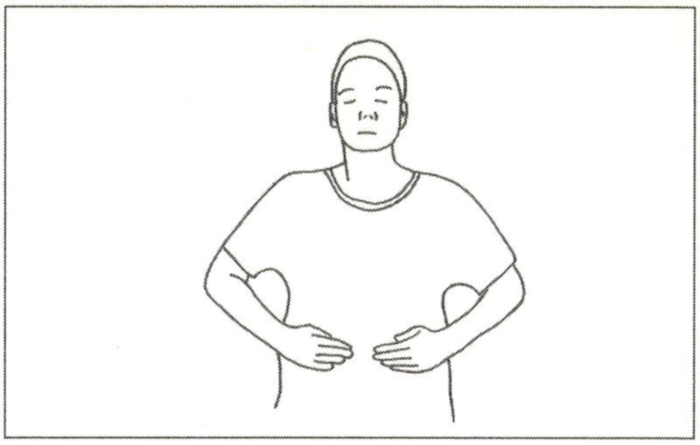

13. Magen und Bauch mit einer Hand über dem Nabel und der anderen unter dem Nabel oder eine Hand auf der linken Seite des Nabels, die andere auf der rechten Seite oder beide Hände zugleich auf dem Nabel.

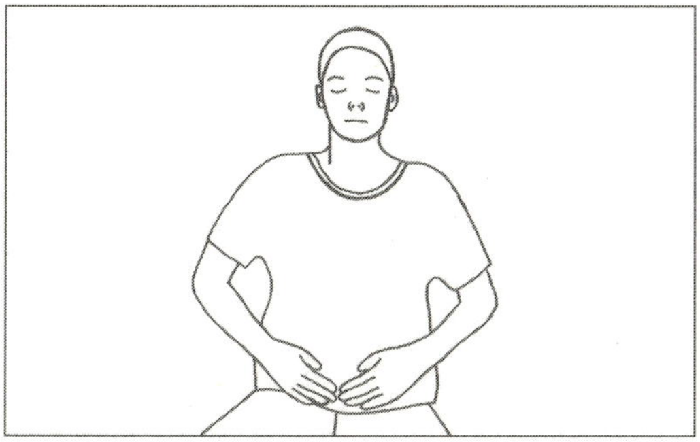

14. Für eine Unterbauchbehandlung liegen die Hände V-förmig unter dem Nabel oder beide Hände auf dem Unterbauch.

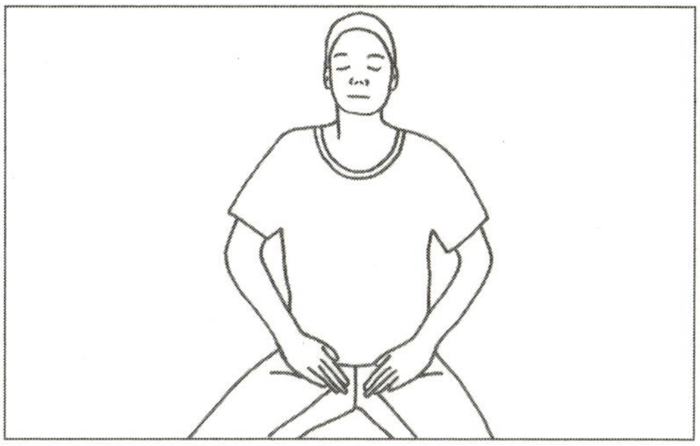

15. Leisten

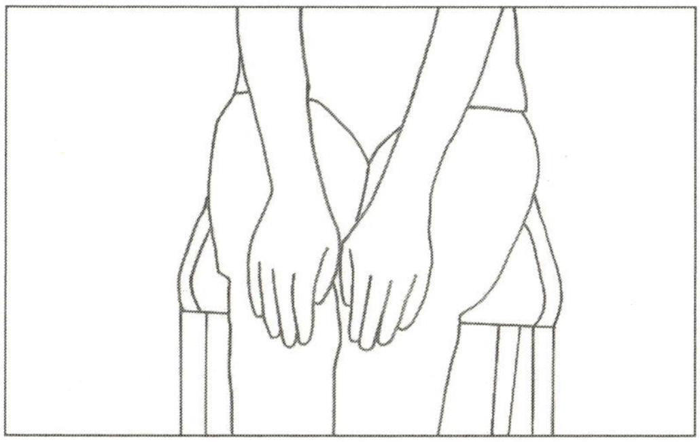

16. Knie

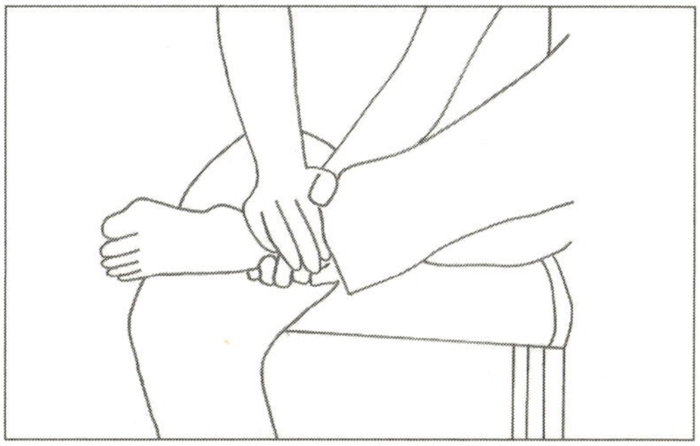

17. Knöchel machst du beispielsweise jeweils einzeln nach und nach.

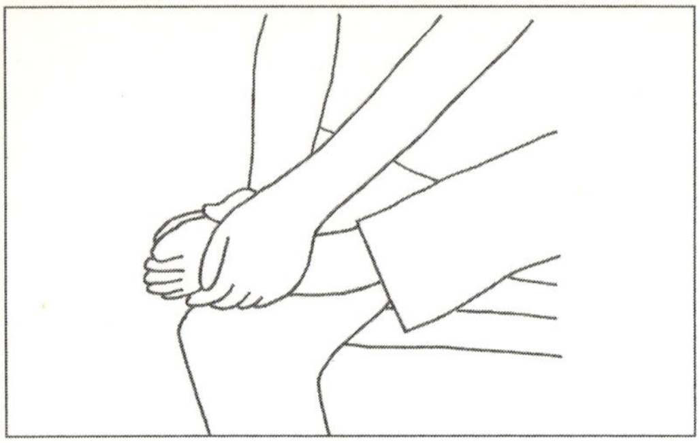

18. Die Füße machst du jeweils einzeln.

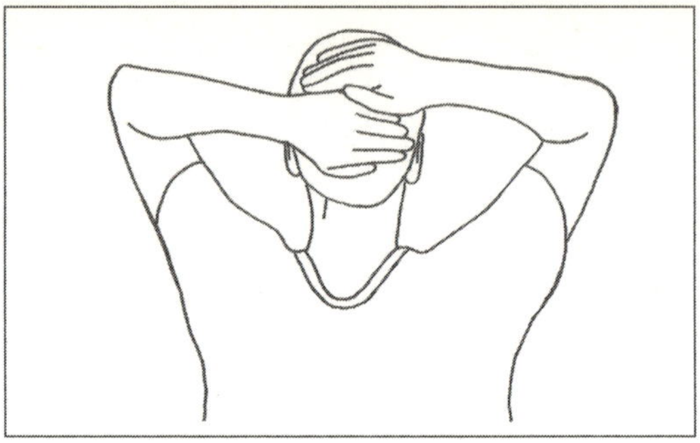

19. Die Rückseite mitbeiden Händen am Hinterkopf beginnend.

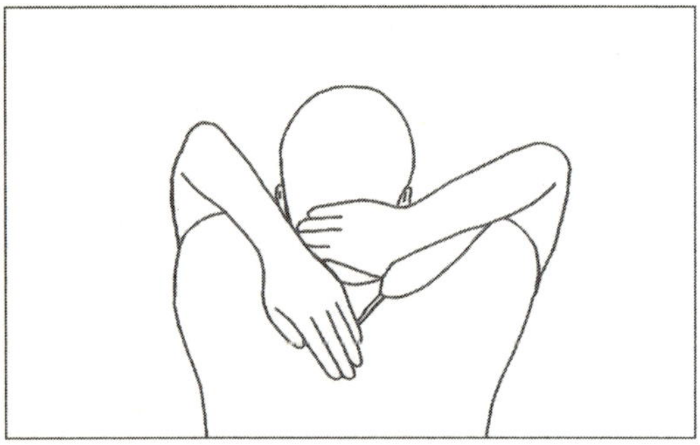

20. Nacken und oberste Haslwirbel

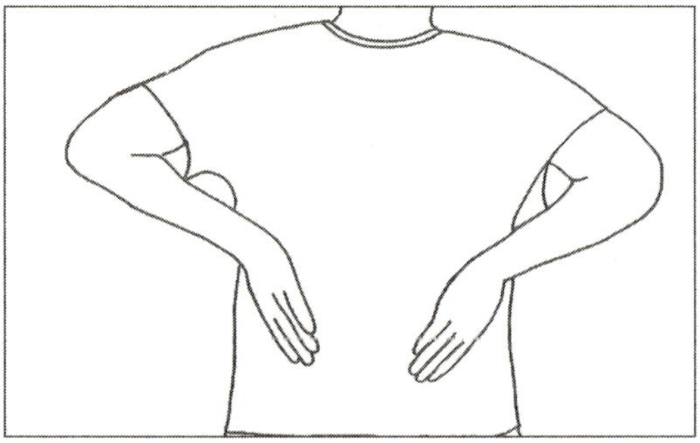

21. Den Rücken und einen großen Teil des unteren Rückens kannst du eventuell mit in der Sofalehne abgestützend Ellenbogen behandeln.
Lungen (hier ist es einfacher mit eienr Hand zu behandeln, wechsle dann ab).
Nieren behandeln (gut für die Ausscheidung von Abfallstoffen).

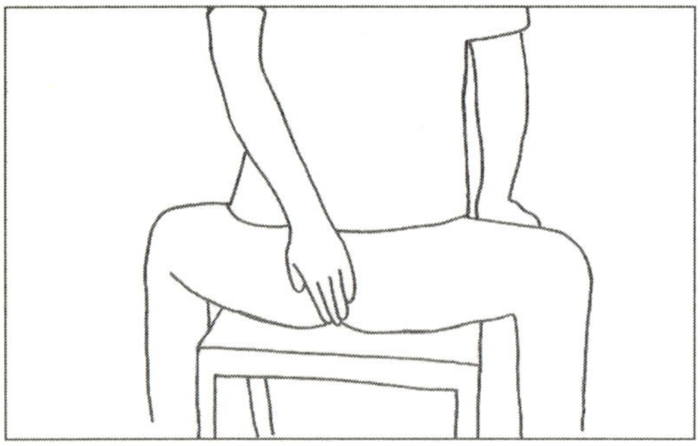

22. Steiß (Erdung)

Und alles was hier nicht speziell aufgeführt wurde, aber deiner Aufmerksamkeit bedarf! Wenn es dir zu anstrengend wird, kannst du auch erst mit der einen Hand und dann mit anderen bzw. im Wechsel vorne und hinten.

415. Wie behandle ich meine eigenen Chakren?

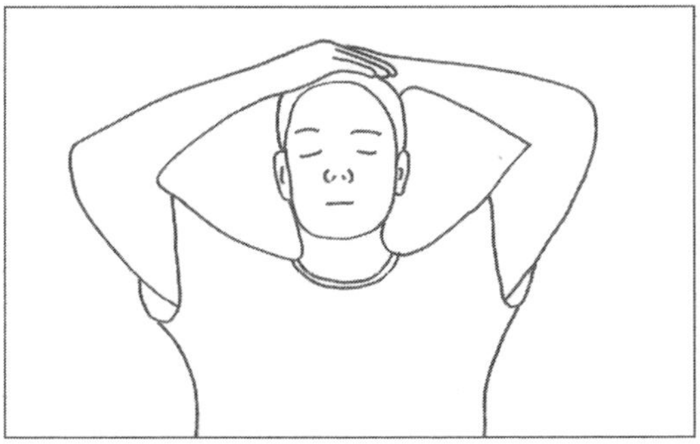

1. Du kannst mit den Händen auf dem Kopf beginnen. (Scheitelchakra / 7. Chakra)

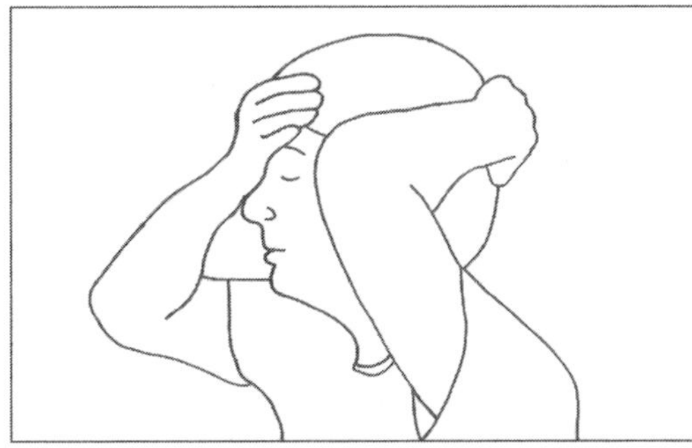

2. Dann eine Hand auf die Stirn (drittes Auge), die andere Hand auf den Hinterkopf oder beide Hände auf die Stirn. (Stirnchakra / 6. Chakra)

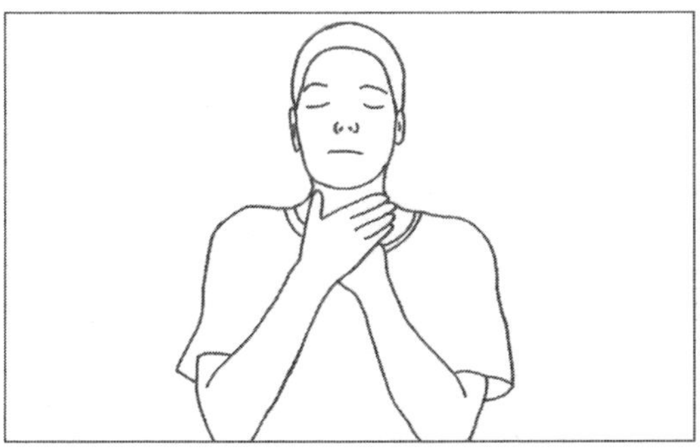

3. Beide Hände auf die Vorderseite auf die Kuhle unter der Kehle oder eine Hand an die Vorderseite und die andere Hand auf die Rückseite auf den 7. Halswirbel (Halschakra / 5. Chakra)

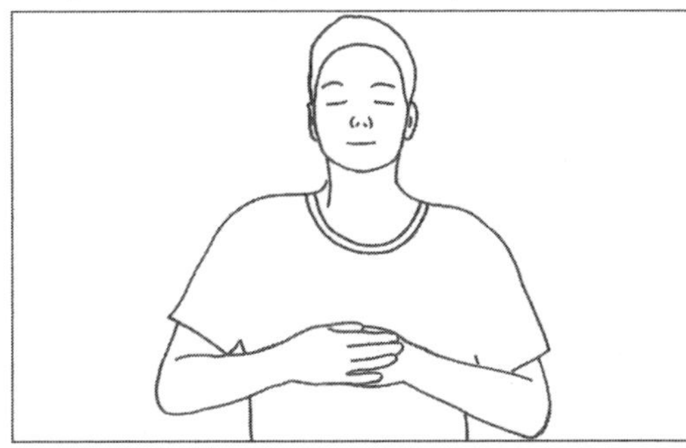

4. Beide Hände auf das Herzchakra (in der Mitte der Brust in Höhe des Herzens). (Herzchakra / 4. Chakra)

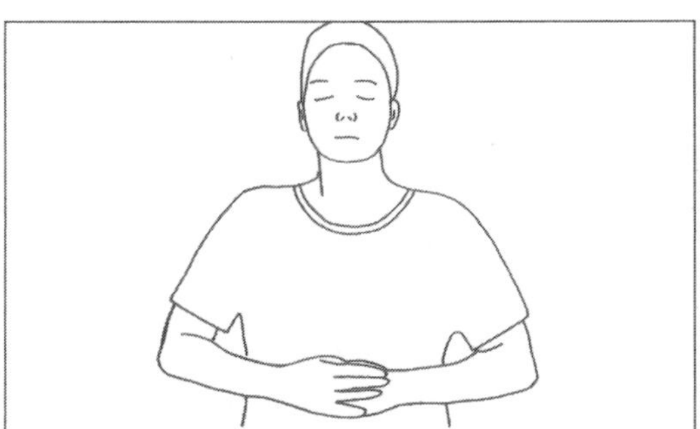

5. Beide Hände über dem Nabel (Sonnengeflecht oder Solar plexus genannt). (Magen- oder Nabelchakra /3. Chakra)

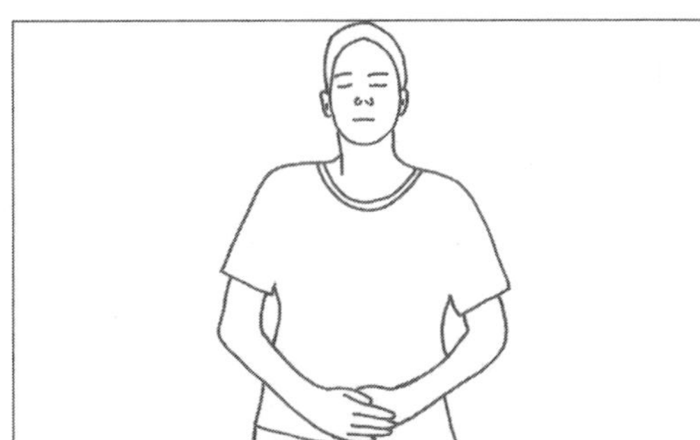

6. Beide Hände unter dem Nabel (ungefähr zwei Finger breit unter dem Nabel). (Milz- oder Kreuzchakra / 2. Chakra)

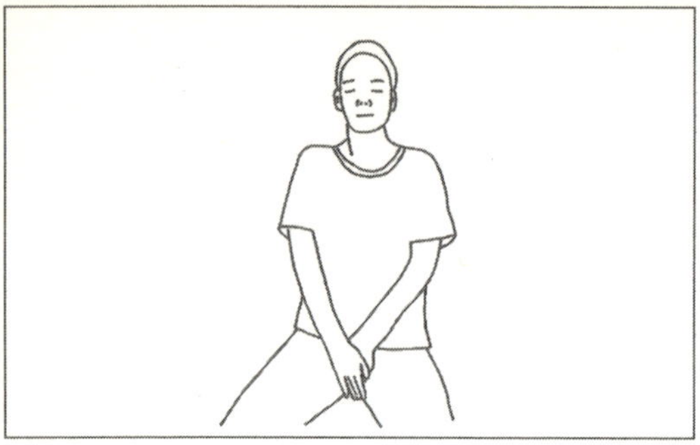

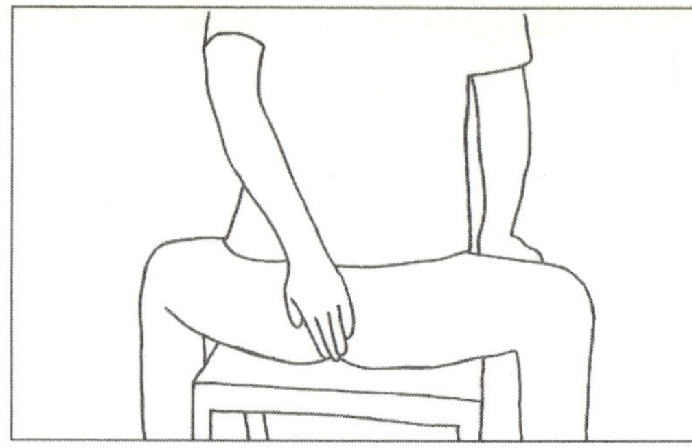

7. Beide zwischen die Beine auf das Perineum oder eine Hand auf den Steiß. (Wurzelchakra / 1. Chakra)

416. Wie lade ich mich selbst auf?

Du kannst täglich dein inneres Energiereservoir, deinen 'Akku', aufladen, indem du deinen Bauch behandelst. Besonders schön daran ist, dass du es völlig unbemerkt von anderen tun kannst.

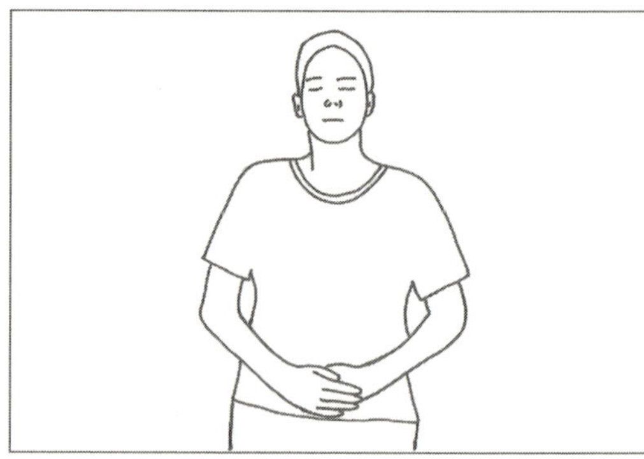

417. Wie kann ich einfacher einschlafen?

Sehr beruhigend ist das Auflegen der Hände auf das Brustgebiet. Lege dazu die eine Hand auf das Herzchakra und die andere Hand darüber auf die Thymusdrüse. Du kannst aber auch beide Hände auf das Herzchakra legen, oder eine aufs Herzchakra und die andere auf das Milz- oder Kreuzchakra.

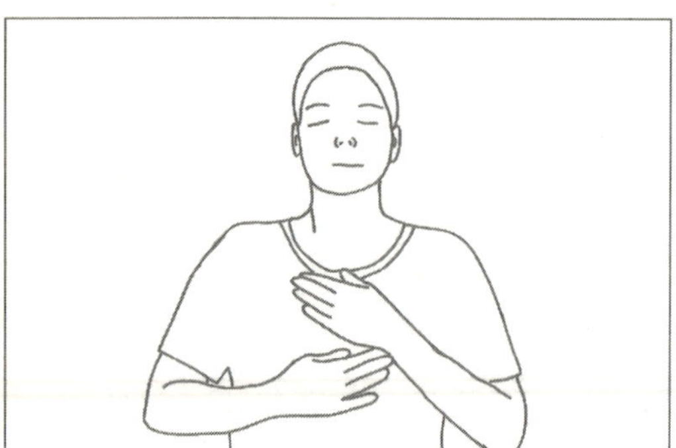

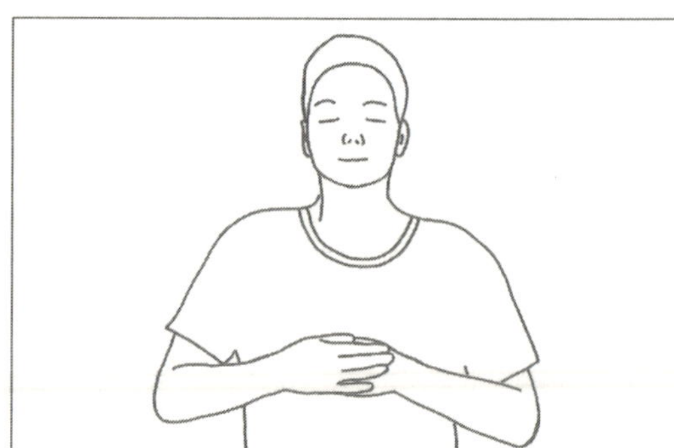

Tipp: Sprich mit dir selbst ab, dass du in der nächsten Viertelstunde nicht schlafen brauchst. Damit nimmst du dir den Druck, schnell einschlafen zu wollen, was wiederum verhindert, dass du zielorientiert handelst.

418. Ich schlafe immer ein, wenn ich mich selbst behandle. Ist das schlimm?

Das ist überhaupt kein Problem, im Gegenteil! Wenn du den Eindruck hast, dass dadurch aber bestimmte Stellen nicht genug Energie abbekommen, weil du immer schon eingeschlafen bist, ehe du dorthin gelangst, dann beginne bei der nächsten Eigenbehandlung einfach mit genau diesen Stellen. Mache es, wie es für dich am angenehmsten ist.

419. Ich bekomme Herzklopfen, wenn ich mein Herzchakra behandle. Was kann ich da tun?

Das kann durchaus vorkommen. Möglicherweise hängt es mit deiner Atmung zusammen, die womöglich zu flach ist. Lege eine Hand auf deinen Bauch oder deinen Magen, während die andere auf dem Herzchakra liegt. Das verhindert zu flache Atmung.

420. Wie verwende ich Reiki als Anti-Stressmittel?

Indem du dich selbst regelmäßig mit Reiki behandelst, lernst du besser mit Stress umzugehen. Du wirst dir schneller bewusst, dass du in Stress gerätst und weißt auch, was du dagegen tun musst. Mit Reiki verfügst du über eine wunderbare Methode, zu dir zu kommen und die nötige Entspannung zu finden.

421. Wie kann ich mit Reiki liebevoller werden?

Reiki wird auch die Energie aus dem Herzchakra genannt, denn der Energiestrom durchläuft immer auch diesen Energiepunkt. So entwickelt sich durch häufige Behandlungen (entweder Eigenbehandlungen oder Behandlungen von anderen) deine Fähigkeit dich selbst und andere zu lieben. Auch häufige Behandlung deines Herzchakras selbst, etwa täglich vor dem Schlafengehen, fördert deine Fähigkeit zu lieben!

422. Ich bekomme Probleme mit meinen Muskeln, wenn ich mich selbst behandle. Was kann ich tun?

Versuche immer eine für dich möglichst bequeme Körperhaltung zu finden, die dich nicht belastet! Alle Behandlungspositionen kannst du so anpassen, wie es für dich am angenehmsten ist. Manche Haltungen sind im Sitzen leichter und bequemer, andere sind angenehmer im Liegen. Probier es aus!

423. Wie reinige ich meine Aura?

Das geht auf unterschiedliche Weisen. Hier einige Beispiele:

- ▹ Streiche deine eigene Aura aus, wie du es gelernt hast, bei anderen zu tun (siehe *Frage 400*).
- ▹ Setze dich selbst in weißes Licht (das musst du nicht förmlich 'sehen', es reicht auch zu sagen: "Ich umgebe mich mit weißem Licht!", denn Energie folgt der Zuwendung). Weiß ist eine reinigende und schützende Farbe.
- ▹ Schon gewöhnliches Duschen reinigt die Aura. Stell dir dabei vor, dass das Wasser alle Sorgen wegschwemmt!
- ▹ Visualisiere einen weißen Wirbelwind, der alles mit sich reißt, was nicht (mehr) in deine Aura gehört!

- ▹ Eine gute Erdung sorgt ebenfalls dafür, dass alles, was nicht (mehr) zu dir gehört, in die Erde ausgeleitet wird. Siehe *Kapitel G. (Teil I: Praxis).*

424. Wie verschließe ich meine Aura?
Siehe *Frage 350* über Energieverlust.

Die Entfernungsbehandlung

425. Wie behandle ich jemanden auf Entfernung?
Dazu empfehle ich, zuerst die Theorie über die Behandlung auf Entfernung in *Kapitel K. (Teil I: Theorie)* zu lesen, denn es ist sehr wichtig deine Intentionen zu durchschauen und sich der ethischen Dimension dieses Themas bewusst zu sein. Grundsätzlich solltest du nur denjenigen auf Entfernung behandeln, der dieser Behandlung zugestimmt hat.

Die Behandlung als solche kann auf folgende Weisen vollzogen werden:

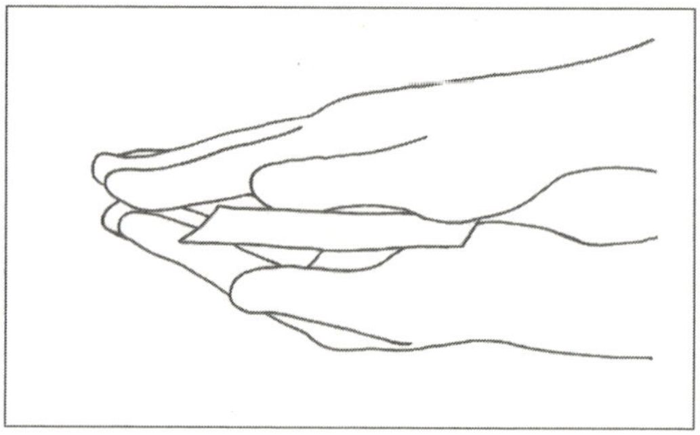

- ▹ Nimm ein Foto des Betreffenden in beide Hände und übertrage Energie auf das Foto, oder
- ▹ Nimm einen Zettel mit dem Namen des Betreffenden darauf fest in beide Hände, oder
- ▹ Stelle dir die betreffende Person vor als Miniaturausgabe, die in deinen Händen liegt, oder
- ▹ Bete, oder
- ▹ Zünde in Gedanken an den Betreffenden eine Kerze an, etc.

Du kannst dich zunächst mit Worten oder Gedanken als Kanal für die Energie öffnen und dich so mit dem Energiefeld verbinden. Dann beginne die Behandlung, indem du den Namen bzw. das Bild des Betreffenden in Gedanken vor Augen hast. Dann sende der Person Energie.
Du wirst die Energie nicht die Straße hinunterfahren sehen und an der nächsten Ampel anhalten. Allein deine Intention reicht, um der Kanal für die Energie zu sein, das reicht. Die Energie findet ihren Weg, sie folgt der Zuwendung! Eine Entfernungsbehandlung dauert in der Regel 5 bis 15 Minuten, kann aber auch sowohl länger als auch kürzer dauern.
Eine gute Methode sich seiner Kanalfunktion bewusst zu bleiben und sich nicht als den großen 'Heiler' zu betrachten, ist der Abschluss der Behandlung mit einer kurzen Besinnung. "Ich bin nur der Kanal für die Energie. Das was geschehen muss, wird geschehen." Natürlich kannst du solche Sätze auch anderweitig in deine Arbeitsweise integrieren. Dan-

ke beispielsweise dem Kosmos, Gott, Buddha, der Person usw., das hängt ganz von deiner Erlebniswelt und deiner Überzeugung ab.

426. Darf ich jemanden ungefragt auf Entfernung behandeln?

Im Prinzip nicht. Allerdings kann es auch Ausnahmen geben. Am besten liest du dazu die *Fragen und Antworten 590* und *591*.

427. Wie behandle ich Tiere auf Entfernung?

Siehe *Frage 425*. Ersetze in der Anleitung einfach den Menschen durch ein Tier. Auf diese Weise kannst du natürlich auch wilde Tiere behandeln.

428. Wie behandle ich Situationen auf Entfernung?

Auch das geht auf unterschiedliche Weisen. Eine Situation kannst du im Voraus, im Nachhinein und im Verlauf der Situation selbst mit Energie versorgen. Siehe dazu die *Fragen 605* und 607 bezüglich des Sendens von Energie in Situationen, bevor du damit anfängst (wenn du noch nicht des 2. Grad hast, arbeitest du ohne die Reiki 2-Symbole).
Situationen kann man nicht manipulieren. Energie in ein Bewerbungsgespräch zu schicken, bedeutet nicht automatisch, dass man damit den Job bekommt. Wenn nicht, wartet möglicherweise noch etwas Besseres auf dich! Vorab Energie in ein solches Gespräch zu schicken heißt einfach, dass du dich während des Gesprächs besser fühlst, ganz du selbst bist und so verdeutlichen kannst, was alles in dir steckt.
Wenn du Energie in ein schwieriges Gespräch schickst, kann das zu mehr gegenseitigem Respekt der Gesprächspartner und einer entspannten Atmosphäre führen, weil du eine ganz andere Ausstrahlung bekommst indem du eigentlich Liebe in dieses Gespräch einbringst. Und Liebe wirkt immer heilsam, auch bei großen Unterschieden.

F. Wie behandle ich bestimmte Fälle

KÖRPERLICH

Es ist bei gesundheitlichen Problemen immer angeraten, zunächst den Hausarzt aufzusuchen!

Im Falle **akuter Erkrankungen** und **Notfälle** (Herzstillstand, Schlaganfall, ein Asthma-Anfall usw.) ist sofort der Notarzt zu verständigen, in weniger schweren Fällen (unklare Beschwerden, kleinere Unfälle usw.) ein anderer Arzt.
Nach einem Arztbesuch kann, je nach Situation, sehr wohl unterstützend mit Reiki geholfen werden.
Bei einer Reihe von Allgemeinbeschwerden folgen unten einige Hinweise, wie man Reiki unterstützend einsetzen kann. Bei etlichen Leiden ist viel Unterstützung nötig. Meist wird die schmerzende Stelle direkt bzw. die Ursache für das Leiden behandelt.

Was tust du also bei:

429. Aids
Ein Aids-Patient hat vielfache körperliche Probleme. Zumeist wird eine Reiki-Behandlung daher mit Dank angenommen. Eine schöne Idee ist es, eine Reiki-Gruppe aus mehreren Behandlern zusammenzustellen, so dass die betreffende Person jeden Tag reihum von jemand anderem aus der Gruppe behandelt werden kann. Reiki ist kein Heilmittel gegen Aids, aber es stärkt die Lebensenergie, die innere Kraft und die emotionalen Befindlichkeiten des Patienten. Aids-Kranke können auch sehr gut einen Reiki-Kurs absolvieren, sofern sie dafür nicht schon zu krank sind. Möglicherweise können sie aber auch dann noch einen individuellen Kurs belegen, der auf ihre Möglichkeiten eingestimmt ist.

430. Allgemeine Stärkung
Durch tägliche Eigenbehandlung, aber auch durch häufige Behandlung anderer, wobei regelmäßig die Thymusdrüse behandelt werden sollte, wird das Befinden allgemein gestärkt (siehe auch '*Stärkung des Immunsystems*'). Das Wort *Thymus* kommt vom griechischen *thymos*, was *Lebenskraft* bedeutet. Wenn du also diesen Energiepunkt regelmäßig behandelst, dann wird die Lebenskraft allgemein gestärkt. Natürlich ist eine gesunde Ernährung, eventuell mit entsprechenden Nahrungsergänzungsmitteln wie Vitaminen und Mineralien, unerlässlich für eine starke Lebenskraft. Bei entsprechenden Schwächegefühlen sollte man auch hier zum Arzt gehen und nicht selbst an sich herumlaborieren!

431. Aufladepunkt
Beide Hände auf das 2. Chakra legen (ca. 2 Fingerbreit unter den Nabel).

432. Autoimmunkrankheiten
Siehe *Kapitel D. Besondere Warnungen (Teil I: Praxis).*

433. Blinddarmentzündung
Nicht behandeln! Siehe *Kapitel D. Besondere Warnungen (Teil I: Praxis).*

434. Brandwunden
Wasser ist noch immer das sicherste und beste Mittel gegen Verbrennungen. Du kannst, während die verbrannte oder verbrühte Stelle unter fließendes kaltes Wasser gehalten wird, etwas Energie geben (dabei aber nicht die verletzte Stelle direkt berühren!).

435. CFS (chronisches Erschöpfungssyndrom) & Fibromyalgie
Bei Gelenk- und Muskelschmerzen kann Reiki eine mildernde Wirkung haben. Dazu sollten die schmerzenden Stellen täglich behandelt werden. Viele Patienten haben positive Erfahrungen mit der Reiki-Behandlung gemacht, vor allem natürlich weil diese Methode ihren Mangel an Energie ausgleicht. Auch hier verschafft die Kombination von Reiki und anderen Therapieformen wie einer speziellen Diät, orthomolekularer Therapie und Bewegung Abhilfe.

436. Diabetes
Siehe *Kapitel D. Besondere Warnungen (Teil I: Praxis).*

437. Durchblutung
Um die Durchblutung anzuregen ist neben ausreichender Bewegung Reiki eine sehr geeignete Maßnahme. Bei Durchblutungsstörungen legst du beispielsweise zunächst eine Hand auf den Steiß und die andere auf die Ferse eines Fußes. Anschließend arbeitest du dich mit beiden Händen von oben nach unten vor, wobei du jede Stelle mindestens 4-5 Minuten behandelst. Schmerzende Stellen, so möglich, auch mit beiden Händen direkt behandeln.

438. Durchfall
Zeitlich begrenztes Fasten hilft, aber auch eine ausgiebige Reiki-Behandlung der Bauchregion und der Organe (Leber, Milz, Nieren).
Durchfall ist eine Entgiftungserscheinung des Körpers. Vermeide eine Austrocknung, indem du viel trinkst und Elektrolytpräparate (in der Apotheke) nimmst. Fall der Durchfall eine Nebenwirkung einer Antibiotikabehandlung ist, kann die Darmflora am besten durch Einnahme entsprechender Bakterien wieder hergestellt werden. Dazu findet man in Bioläden entsprechende Präparate. Auch die orthomolekulare Therapie bietet hier Möglichkeiten.

439. Entspannungspunkt
Im Allgemeinen wird die Behandlung des Herzchakras, ab besten gleich zusammen mit der Thymusdrüse oder dem Nabel- oder Magenchakra, als sehr entspannend empfunden.

440. Entzündungen allgemein
Eine Blinddarmentzündung darfst du nicht behandeln! Siehe *Kapitel D. Besondere Warnungen (Teil I: Praxis).*
Andere Entzündungen stellen in der Regel kein Problem dar. Es ist allerdings bei vielen Entzündungen angeraten, die Hände nicht direkt aufzulegen, um den Entzündungsherd nicht zusätzlich aufzuwärmen.

441. Erkältung
Reiki erhöht die Widerstandskräfte (siehe auch *'Allgemeine Stärkung'* und *'Stärkung des Immunsystems'*), was zur schnellen Überwindung einer Erkältung hilft. Vorzugsweise sind bei Erkältungen die Thymusdrüse und die Milz, aber auch die Ohren, der Hals und die Wangen zu behandeln. Daneben solltest du die 'klassischen' Mittel gegen Erkältung wie die Einnahme von reichlich Vitamin C und (Kopf-)Dampfbäder anwenden.

442. Fibromyalgie
Siehe 'CFS'.

443. Gespendetes Organ
Nicht behandeln! Siehe *Kapitel D. Besondere Warnungen (Teil I: Praxis).*

444. Gicht
Gicht äußert sich in schmerzhaft entzündeten Gelenken und kann mit Reiki gut behandelt werden. Eine akut schmerzende Gichtstelle schmerzt allerdings nur noch mehr, wenn du sie mit warmen Händen direkt berührst. Hier ist es besser, die Hände in wenigen Zentimetern Abstand über der Stelle schweben zu lassen. Medikamente sind unumgänglich und vor allem auch eine entsprechende Diät hilft hier.

445. Grippe
Insbesondere wenn die Grippe nicht richtig auskuriert wird, sind die Folgen oft ernsthaft. Reiki ist neben den notwendigen Arzneimitteln eine gute Unterstützung bei der Genesung. Mit Reiki behandelst du die Regionen, die für die Steigerung der Abwehrkräfte relevant sind. Siehe *'Stärkung des Immunsystems'*.

446. Halsschmerzen
Mehrmals am Tag den Hals, die Kehle und die Schlüsselbeine behandeln. Wenn die Halsschmerzen aller Wahrscheinlichkeit durch eine Virusinfektion verursacht sind, dann auch die Thymusdrüse behandeln. Siehe *'Stärkung des Immunsystems'*.

447. Herzbeschwerden
Die Herzregion und das Herzchakra behandeln. Zu Herzinfarkt, Herzschrittmacher usw. siehe *Kapitel D. Besondere Warnungen (Teil I: Praxis).*

448. Husten
Siehe 'Lungenproblemen' und 'Halsschmerzen'.

449. Hyperventilation
Hyperventilation wird häufig durch Anspannungen und falsche Atmung verursacht (durch Anspannung oder Beklommenheit wird die Atmung oft ganz flach). Mit Reiki kann man dagegen angehen und die Atmung wieder 'tiefer legen', indem du den Bauch behandelst und zugleich bewusst über den Bauch atmest bzw. atmen lässt. Das ist gut zur Entspannung und hilft, die Brustatmung wieder in die Bauchatmung umzulenken. Ein Physiotherapeut kann dazu gute Übungen nennen, die man wiederum gut mit Reiki kombinieren kann. Komplettbehandlungen wirken entspannend und sind daher bei Hyperventilation zu bevorzugen.

450. Kalte Füße
Hände in die Leisten legen, das fördert die Durchblutung und den Energiedurchfluss in die Beine und damit in die Füße.

451. Knochenbrüche
Siehe *Kapitel D. Besondere Warnungen (Teil I: Praxis).*

452. Kopfschmerzen
Wenn die Person das verträgt, kannst du den Kopf direkt behandeln, nötigenfalls indem du ihn nicht direkt berührst, sondern deine Hände mit leichtem Abstand darüber schweben lässt. Es hängt natürlich auch von den Ursachen der Kopfschmerzen ab, wie du sie am besten behandelst. Wenn du die Ursache kennst, dann kannst du die Positionen, die du behandeln willst, darauf einstimmen. Bei Stresskopfschmerzen also beispielsweise die Entspannungspunkte, bei einem Überschuss an Abfallstoffen die Nieren, bei Nacken- und Rückenproblemen behandelst du den Nacken und den Rücken ausgiebig, bei Schlaflosigkeit die Entspannungspunkte usw. Wenn die Ursache unbekannt ist, dann eine Komplettbehandlung geben und wenn das nicht möglich ist, dann nur die Hauptpositionen.

453. Krämpfe
Wenn möglich, zunächst den Krampf durch Muskelstreckungen auseinander ziehen. Anschließend mit Reiki behandeln, um die Region zu entspannen. Auch beim Sport kann Reiki eine gute Ergänzung sein. Bei Waden- oder anderen Krämpfen legst du einfach die Hände auf die betreffende Stelle.

454. Krebs
Siehe *Kapitel D. Besondere Warnungen (Teil I: Praxis).*

455. Lungenprobleme
Schlüsselbeine, Brustkasten und Rücken in Höhe der Lunge ausgiebig behandeln.

456. Mausarm / RSI
Siehe unter *Tennisarm.*

457. MCS (Multiple Chemical Sensitivity)
Menschen, die an MCS leiden, reagieren auf vielfältigste Stoffe in der Umwelt hypersensibel. Schon kleinste chemische Partikel (Rauch, Duftstoffe, Reinigungsmittel etc.) führen zu teils schweren körperlichen Symptomen. Häufig liegt die Ursache für dieses Syndrom, sofern es sich nicht um genetische Veranlagungen handelt in einer Störung der Entgiftungsmechanismen des Körpers und/oder in einer Überbelastung mit chemischen Stoffen (wie etwa bei vielen amerikanischen Soldaten im Golfkrieg, Feuerwehrleuten nach dem Terroranschlag vom 11. September, durch Lösemittel etc. verursachten Berufskrankheiten von beispielsweise Anstreichern usw.). Reiki kann diese Probleme nicht lösen, kann aber die physischen und emotionalen Abläufe unterstützen. Auch der Energiemangel, der nach akuten Anfällen bei diesem Syndrom auftritt, kann mit Reiki ausgeglichen werden. Sehr gut ist auch die Kombination von Reiki und gleichzeitiger Vermeidung aller Substanzen, welche Beschwerden verursachen, Ernährungsumstellung, Entgiftung, Meditation und Bewegung. Im Internet finden sich verschiedene Websites, die dieses Thema vertiefen.

458. Medikamentengebrauch
Siehe *Kapitel D. Besondere Warnungen (Teil I: Praxis).*

459. Menstruationsbeschwerden
Reiki hilft bei Menstruationsbeschwerden, insbesondere bei Krämpfen sehr gut. Die Hände lange auf den Unterbauch auflegen, um die Krämpfe zu mildern.

460. Müdigkeit
Hier eigenen sich vor allem Reiki-Komplettbehandlungen ganz besonders. Ist dafür nicht genug Zeit vorhanden, dann kannst du die Behandlung auf den Aufladepunkt (siehe dort) oder eine Teil- bzw. Komplettbehandlung der Chakren beschränken.

461. Narkose
Siehe *Kapitel D. Besondere Warnungen (Teil I: Praxis).*

462. Nebenhöhlenentzündungen
Behandle die Wangen und auch die Ohren des Betreffenden mit Reiki. Bei einer Stirnhöhlenentzündung behandelst du natürlich auch die Stellen über den Augen. Dampf und Nasensprays helfen, die Schwellung der Schleimhäute zu reduzieren und den Atem frei zu machen.

463. Phantomschmerzen
Phantomschmerzen behandelst du, indem du so tust, als sei der amputierte Körperteil noch dort, wo es einmal war. Wenn die Person das angenehm findet, kannst du auch den Stumpf behandeln. Phantomschmerzen können sich oft über Monate hinziehen und zumeist sind auch Schmerzmedikamente notwendig.

464. Psychiatrische Probleme
Siehe *Kapitel D. Besondere Warnungen (Teil I: Praxis).*

465. Rheuma
Wenn die Gelenke derart schmerzen, dass die Person keine warmen Hände ertragen kann, dann die Hände etwas entfernt darüber halten. Wenn nicht, kannst du die Hände direkt auflegen und die schmerzenden Gelenke ausführlich behandeln. Des Weiteren hilft Reiki bei Steifheit und Muskel- und Gewebeschmerzen, Weichteil-Rheuma oder Fibromyalgie.

466. Rückenbeschwerden
Häufig die schmerzenden Stellen direkt und die Gebiete darum herum behandeln.

467. Schlaflosigkeit
Wenn die Schlaflosigkeit durch Stress, innere Unruhe, Sorgen usw. ausgelöst wird, ist Reiki ein schönes Hilfsmittel, zur Ruhe zu kommen, sich zu entspannen und so in den Schlaf zu sinken. Besonders beruhigend ist die Behandlung der Brustregion. Eine Hand liegt dabei auf dem Herzchakra und die andere darüber auf der Thymusdrüse. Du kannst auch beide Hände auf das Herzchakra legen, oder eine auf das Nabel- oder Magenchakra und die andere auf das Herzchakra.

468. Schlaganfall
Während des Genesungsprozesses regelmäßig und häufig Reiki geben, vorzugsweise als Komplettbehandlung mit besonderer Beachtung der Kopfregion.

469. Schleimbeutelentzündung
Ausführlich lokal behandeln, möglicherweise ohne direkten Körperkontakt, wenn dies nicht vertragen wird. Die Regionen schonen.

470. Schmerzen

Die Hände auf die schmerzende Stelle oder etwas darüber halten. Wenn die Person das nicht aushält, dann eine Komplettbehandlung anwenden und die schmerzende Stelle dabei übergehen und nicht direkt behandeln.

471. Schwellungen

Bei Verstauchungen, Prellungen, Verrenkungen, Klemmungen etc. oder bei beginnenden Schwellungen nach einem Sturz ist die allererste Maßnahme, die Stelle zu kühlen, möglichst mit Eis. Das verhindert Schwellungen. Anschließend kann eine ausgiebige Reiki-Behandlung an der verletzten Stelle folgen, was natürlich auch geht, wenn diese getaped oder verbunden wurde.

472. Schwindel

Hier ist die Behandlung davon abhängig, was den Schwindel verursacht. Tritt er nach einer Reiki-Behandlung auf? Dann solltest du nochmals die Schläfen behandeln und für eine gute Erdung der Person sorgen. Geht der Schwindel auf Störungen in den Gleichgewichtsorganen (im Innenohr) zurück, dann die Hände auf die Ohren legen.

473. Stärkung des Immunsystems

Jeden Tag die Thymusregion behandeln, das regt die Thymusdrüse an, u. a. T-Lymphozyten (T steht für Thymus) zu produzieren. Diese weißen Blutkörperchen spielen eine wichtige Rolle bei der körpereigenen Abwehr, da sie Eindringlinge wie Viren oder körperfremde Zellen unschädlich machen. Bei Erwachsenen ist diese Drüse sehr viel kleiner als bei einem Kind. Die Thymusdrüse sitzt hinter dem Brustbein.
Auch die häufige Behandlung der Milz stärkt die Abwehrkräfte, da dieses Organ das Blut reinigt, indem sie beschädigte Blutzellen vernichtet und weiße Blutkörperchen produziert. Eine gut arbeitende Milz schützt vor Infektionen. Das Organ sitzt links hinter dem Magen. Selbstverständlich wirken auch Komplettbehandlungen stärkend auf das Immunsystem.

474. Steifer Nacken

Hier hilft eine ausführliche Reiki-Behandlung, eventuell abwechselnd mit anderen Wärmebehandlungen (Kirschkernkissen, warme Halswickel, Wärmflasche, Rotlichtlampe usw.).

475. Tennisarm

Neben einer physiotherapeutischen Behandlung und der richtigen Arbeitshaltung hilft auch die regelmäßige Behandlung eines Tennisarms mit Reiki. Achte darauf, dass du dabei nicht andere Körperteile überlastest!

476. Übelkeit

Behandle Magen, Leber und Nieren mit Reiki. Den Magen gegen die akute Übelkeit, die anderen Organe, um die Blutreinigung zu animieren.

477. Unfall
Aus Sicherheitsgründen solltest du einen frisch Verletzten nicht mit Reiki behandeln, solange nicht geklärt ist, wo und wie er verletzt ist.

478. Verschleiß
Schmerzende Stellen als Folge von Verschleißerscheinungen können auch sehr gut mit Reiki behandelt werden. Zusätzlich solltest du aber Schritte unternehmen, weiteren Verschleiß weitestgehend zu verhindern.

479. Verstopfung
Wenn die Verstopfung auf Bewegungsmangel zurückzuführen ist, dann hilft zunächst einmal natürlich mehr körperliche Betätigung (Joggen, Spazierengehen, Schwimmen usw.). Durch eine Reiki-Behandlung im Bauchbereich unterstützt du die Darmfunktion. Zusätzlich helfen natürliche Abführmittel wie Leinsamen oder Kleie (aus dem Bioladen).

480. Wespenstiche, etc.
Wenn nötig, direkt den Stich aussaugen und bei Allergiegefahr sofort einen Arzt aufsuchen.
Reiki hilft, Schwellungen zu mindern oder zu verhindern. Dazu legst du so lange eine Hand (oder beide) auf die betreffende Stelle, bis die Schwellung zurückgegangen ist oder jedenfalls nicht deutlich stärker wird. Zur Behandlung bei Schwellungen infolge von Verstauchungen etc. siehe bei 'Schwellungen'.

481. Wirbelsäule
Behandle die schmerzenden Stellen ausgiebig, eventuell mit übereinander gelegten Händen. Achte darauf, dass du nicht zu heftig drückst!

482. Wunden
(Operations-) Wunden behandelst du, indem du die Hände mit etwas Abstand über die Wunde hältst, um Infektionen zu vermeiden. Nie Wunden direkt berühren!

Schwangerschaft

483. Kann ich eine schwangere Frau behandeln?
Reiki kann ohne Beschränkungen auch Schwangeren gegeben werden. Möglicherweise will die schwangere Frau aber nicht, dass ihr Bauch behandelt wird. Dann lass sie selbst ihren Bauch mit beiden Händen fest halten, während du den restlichen Körper behandelst.

484. Ist Reiki bei Schwangerschaft und Niederkunft zu empfehlen?
Sicher, denn Reiki unterstützt vielfältig. Das Baby kann sogar noch vor seiner Geburt im Mutterleib behandelt werden. Reiki erhöht die Verbindung zwischen Mutter und Kind,

hilft bei 'chronischer' Müdigkeit und Schlappheit während der Schwangerschaft, bei Übelkeit usw. Reiki kann auch die Wehenschmerzen lindern, so wie ein warmes Bad es auch kann. Wenn die Geburt dann für beide überstanden ist, können sowohl Mutter als auch das Neugeborene einen ordentlichen Energieausgleich gebrauchen. Bei den vielfältigen physischen (Hormonumstellung, Milchproduktion etc.) und psychischen Prozessen (Wöchnerinnendepression etc.), die bei der Mutter nach der Niederkunft ablaufen, ist Reiki ebenfalls eine wichtige Hilfe.

485. Hilft Reiki, schwanger zu?
Falls die Ursache darin liegt, dass Spannungen oder innere Widerstände ein Schwangerwerden verhindern, dann kann Reiki helfen sich zu entspannen und sich frei zu machen, 'es geschehen' zu lassen. Mehr kannst du mit Reiki auch nicht erreichen. Du kannst damit nicht die Natur nach deinem Willen steuern.

486. Kann ich durch Reiki eine Fehlgeburt bekommen?
Du kannst mit Reiki nicht die Natur nach deinem Willen beeinflussen und daher kann Reiki eine Fehlgeburt weder verhindern noch auslösen. Wenn die Leibesfrucht aus welchen Gründen auch immer aus deinem Körper abgestoßen werden soll, dann wird es geschehen und wenn nicht, dann nicht. Reiki kann dich aber nach einer Fehlgeburt sehr wohl unterstützen, diesen traurigen Verlust zu verarbeiten.

Kinder

487. Kann ich Babys behandeln?
Selbstverständlich. Dass der Körper eines Kindes, und damit die zu behandelnde 'Oberfläche', sehr viel kleiner ist, als bei einem Erwachsenen, ist natürlich die Behandlungsdauer auch entsprechend kürzer. Du kannst aber durchaus mehrmals am Tag Reiki geben.

488. Wie bringe ich mein Kind zum Schlafen?
Wenn Kinder schlecht einschlafen und unruhig sind, dann behandle ihre Füße. Indem du die Füße behandelst, behandelst du über die vielen Energiepunkte, die in den Fußsohlen sitzen (Fußreflexzonen) den ganzen Körper. Wie beim Erwachsenen auch kannst du das Herzchakra behandeln, was sehr entspannend wirkt.
Achte aber als Elternteil darauf, dass du nicht zielorientiert arbeitest, weil du unbedingt willst, dass dein Kind jetzt schnell einschläft!

489. Hilft Reiki bei Bauchweh?
Bei Bauchweh behandelst du selbstverständlich den Bauch des Babys. Junge Eltern machen sehr gute Erfahrungen mit Reiki und nutzen zusätzlich Fencheltee o. ä.

Sterben

490. Was tue ich, wenn jemand im Sterben liegt?
Bei Sterbenskranken und Sterbenden sind Reiki-Behandlungen außerordentlich hilfreich: Sie helfen bei der Schmerzdämpfung und bei der psychischen Verarbeitung des bevorstehenden Todes. Reiki ist eine liebevolle Stütze beim Übergang in eine andere Seinsdimension, wie immer diesbezüglich die Weltanschauung ist. Reiki kann den Tod nicht verzögern oder beschleunigen, es kann nur den Prozess des Sterbens unterstützend begleiten.

491. Wie gebe ich Reiki bei der Sterbebegleitung?
Du kannst Reiki beispielsweise geben, indem du die Hände, den Kopf, die Schultern oder die Füße ganz sanft hältst. Eine Komplettbehandlung wird möglicherweise wegen vorhandener Schmerzen nicht vertragen. Wenn es aber auf Grund des Zustandes des Sterbenden möglich ist, kannst du natürlich problemlos eine Komplettbehandlung anwenden. Die Behandlungen unterstützen den Sterbenden, aber auch deine eigenen Befindlichkeiten im Umgang mit dem Tod und sind zugleich eine sehr intensive Form des Abschiednehmens.

GEISTIG / SEELISCH

492. Ist Reiki für Menschen geeignet, die depressiv sind?
Das hängt davon ab, welcher Art die Depression ist. Für Menschen die durch äußere Umstände in eine depressive Phase geraten sind, kann Reiki anregend sein, die innere Kraft und das Glück wieder zu finden. Depressionen als Folgen physischer Dysfunktionen sind besser mit medizinischen Methoden zu behandeln. Reiki kann hier aber eine willkommene Ergänzung zu anderen ärztlichen Methoden sein, weil es entspannt, Energie gibt, die Selbstheilungskräfte stimuliert und dafür sorgt, dass man einfach besser beieinander ist. Im 2. Grad lernst du Techniken, um spezielle mentale Behandlungen anzuwenden. Zu psychiatrischen Problemen siehe *Kapitel D. Besondere Warnungen (Teil I: Praxis).*

493. Wie behandle ich Stress und Anspannungen?
Indem du die Entspannungspunkte (siehe unter *Körperlich*) ausgiebig behandelst oder eine Komplettbehandlung gibst. Wenn jemand durch alltägliche Lebenssituationen schnell aus der Bahn geworfen wird, ist es angezeigt, etwas in Richtung 'Erdung' zu unternehmen, siehe *Kapitel G. (Teil I: Praxis).*

494. Wie behandle ich Angst?
Angst kann sowohl mit psychischen als auch mit physischen Abläufen etwas zu tun haben. Beispielsweise können bestimmte Medikamente Angstattacken auslösen. Bei ausgeprägten Angstzuständen kann eine Verhaltenstherapie helfen, das Leben wieder erträglicher zu machen. Reiki selbst ist keine Therapie, unterstützt aber die internen Abläufe und gibt Ru-

he, weil sich die Person wieder wohler in ihrer Haut fühlt und sich entspannt. Übungen zum 'Erden' sind hier ebenfalls eine gute Hilfe, siehe *Kapitel G. (Teil I: Praxis)*.
Gerade hier ist die deutliche Warnung am Platz, sich als Reiki-Behandler nicht zum Therapeuten oder gar Arzt aufzuspielen. Nimm die Ängste einer Person ernst und schicke sie immer auch zu einem Arzt oder Psychologen. Reiki ist immer nur Ergänzung einer regulären Therapie, nie ein Ersatz dafür. Zu psychiatrischen Problemen, siehe *Kapitel D. Besondere Warnungen (Teil I: Praxis)*.

495. Hilft Reiki bei einem Burn-Out-Syndrom?
Nach einer langen Phase intensiver Arbeit und höchster Belastung, kann es geschehen, dass man sich völlig ausgebrannt und leer fühlt, dass man Anzeichen des Burn-Out-Syndroms zeigt. Früher nannte man das einfach Überspanntheit. Meistens gab es schon vorher erste Signale, die aber nicht wahrgenommen wurden. Wenn erst einmal 'das Licht ausgegangen' ist, dann kann es manchmal eine ganze Weile dauern, bis man sich wieder bekrabbelt hat. Reiki ist hier eine wunderbare Unterstützung der Rekonvaleszenz und wirkt sogar vorbeugend, weil es den Prozess der Bewusstseinsentwicklung fördert. Tägliche Komplettbehandlungen sind hier angesagt (sowohl bezogen auf die Wiederherstellung als auch auf die Vorbeugung). Reiki sollte eigentlich ein fester Bestandteil innerhalb von Arbeitsprozessen werden, da es den Arbeitsausfall durch Krankheit und die dadurch entstehenden Kosten sehr vermindern könnte.

Weitere Informationen über spezielle Positionen gefällig?

496. Wo finde ich mehr Informationen über die Behandlung bestimmter Beschwerden?
Die Bücher *Das grosse Reiki-Heilbuch* und *Das Reiki Handbuch* von Walter Lübeck (siehe *Teil IV: Sonstige Informationen*) beinhalten umfangreiche Listen mit Beschwerden und den dazu passenden Reikipositionen.

G. Das Erden

497. Was ist Erden?
Erden heißt, sich energetisch mit der Erde verbinden. Erden im elektrischen Sinne bedeutet sichern und diese Bedeutung hat das Wort auch im energetischen Sinne. Denn sich zu erden heißt, sich gegen Störungen des Gleichgewichtes abzusichern.

498. Warum ist es gut, mich zu erden?
Sich erden ist eine Methode sich energetisch im Gleichgewicht zu halten, was wiederum eine positive Auswirkung auf den ganzen Körper und Geist hat.
Meistens beachten wir diesen Aspekt erst in dem Moment, wo wir Probleme mit unserer Erdung bekommen. Viele Menschen sind von Natur aus gut geerdet und sie werden kaum ein Problem damit bekommen. Andere Menschen, die eher ängstlich und unsicher sind, haben dagegen schneller und öfter Schwierigkeiten mit der Erdung. Es kann auch ein Ungleichgewicht entstehen, wenn man sich beispielsweise auf einen (neuen) spirituellen Weg macht und seine ganze Aufmerksamkeit den oberen Chakren zuwendet. Hier ist es wichtig, sich gut zu erden, um mit beiden Beinen auf der Erde zu bleiben!

499. Wann habe ich keine gute Erdung?
Symptome für eine ungenügende Erdung können sein:
- ein merkwürdig leichtes Gefühl im Kopf,
- chaotische Gedanken,
- das Gefühl, dass dir der Kopf überläuft,
- ein heißer Kopf,
- kalte Füße,
- deine Beine und Füße fühlen sich nicht gut an,
- du bist leicht beeinflussbar,
- Unsicherheit,
- du fühlst dich unausgeglichen,
- du möchtest am liebsten vor der Realität flüchten usw.

500. Welches sind die Vorteile einer guten Erdung?
- Gute Erdung sorgt für den Abfluss überschüssiger Energien (etwas durch Stress verursachter Energieüberschuss in deinem Kopf), wodurch du schneller zu dir selbst kommst.
- Gute Erdung sorgt dafür, dass du dich wohl in deinem Körper fühlst, mit deinen Emotionen im Einklang bist und weißt was du wirklich willst.
- Gute Erdung sorgt dafür, dass du buchstäblich und im übertragenen Sinne fester mit beiden Beinen auf der Erde stehst und dass dich so schnell nichts 'umhauen' kann, selbst wenn sich die ganze Welt gegen dich verschworen zu haben scheint.

- Gute Erdung sorgt dafür, dass du nicht 'abhebst' (im übertragenen Sinne), sondern mit beiden Beinen in der Realität stehst.
- Gute Erdung sorgt dafür, dass du nicht 'abhebst' (im wörtlichen Sinne) und dir nicht schwindelig wird (etwas auf Grund eines Energieüberschusses im Kopf).
- Gute Erdung bringt Ordnung ins Chaos, weil die Energie über dein ganzes System gleichmäßig verteilt wird und du dadurch klarer denken kannst.
- Gute Erdung sorgt für ein energetisches Gleichgewicht, sodass die Energie nicht nur im Kopf sondern auch im Bauch und in den Füssen ist (gut gegen kalte Füße).
- Gute Erdung sorgt dafür, dass du ganz im Hier und Jetzt stehst. Wie oft geschieht es, dass du mit dem Kopf ganz woanders bist als dein Körper?
- Gute Erdung sorgt dafür, dass du dir deines Körpers bewusster bist und seine Signale besser verstehst.
- Gute Erdung sorgt dafür, dass du mit dir selbst mehr im Einklang bist und dadurch auch besser in der Lage bist, Dinge intuitiv wahrzunehmen und so eher auf Signale aus deiner Umwelt zu reagieren.
- Gute Erdung sorgt dafür, dass du dich sicherer fühlst.
- Gute Erdung sorgt dafür, dass du ganz du selbst bist und dir so eher klar wird, ob du dich für Weg A oder Weg B entscheidest.

501. Was sind die Vorteile 'abzuheben'?

- 'Abheben' bringt dich weg von einer manchmal unerträglich harten Realität.
- 'Abheben' sorgt dafür, dass du nicht fühlen musst, was in dir los ist.
- 'Abheben' sorgt dafür, dass du dich von deiner Umgebung entfernst.
- 'Abheben' schafft keine Klarheiten und macht so auch keine Entscheidungen nötig.
- 'Abheben' kann eine bestimmte 'himmlische' Atmosphäre schaffen (auf rosa Wolken schweben).

Es kommt aber immer der Augenblick, wo du vom fliegenden Teppich herunterfällst...

502. Kann ich behandeln, ohne mich selbst zu erden?

Der eine hat mit der Erdung nie Probleme, dem anderen wird bei einer Behandlung schnell schwindelig. Tatsächlich tauchen Erdungsprobleme bei der Behandlung von anderen eher auf, als bei Eigenbehandlungen. Es kann aber durchaus sein, dass der eine selbst bei schlechter Erdung keine Probleme bei Behandlungen von anderen hat, der andere aber selbst bei Eigenbehandlungen seine schlechte Erdung spürt. Wenn du also bei einer (Eigen-) Behandlung plötzlich ein unklares, schwammiges Schwebegefühl im Kopf bekommst, dann ist das ein Anzeichen für mangelhafte Erdung. Du kannst dich dann in Gedanken erden, denn Energie folgt ja der Zuwendung. Visualisiere beispielsweise ein Seil oder lange Wurzeln, die von deinem Steiß aus Richtung Erde wachsen. Wenn du dich im Liegen selbst behandelst, kann das auch ein guter Weg sein, die Erdung herzustellen.

503. Manchmal bekomme ich beim Behandeln Hitzewallungen. Ist das normal?
Wenn du während einer Behandlung Hitzewallungen bekommst, kann dass an mangelnder Erdung liegen. Die Energie sitzt dann zu hoch, was zu einem hochroten Kopf, Schweißausbrüchen usw. führt.

504. Mir wird beim Behandeln schwindelig. Wie kommt das?
Wenn dir während des Behandelns schwindelig wird, liegt das womöglich an mangelhafter Erdung. Die Energie sitzt dann zu hoch und dir wird schwindelig.

505. Wie kann ich mich am besten erden?
- Regelmäßig den Bauch behandeln, 1. und 2. Chakra und tiefer (Leisten Füße etc.).
- Aufstampfen oder urtümliche Tänze (wie afrikanischen Tanz etc.) tanzen.
- Durch Visualisierungen (etwa lange Wurzeln in die Erde 'denken' oder klebrigen Leim 'denken', der einen mit der Erde verbindet).
- Mit nackten Füßen über Gras oder Erde laufen.
- Im Garten 'buddeln' (das bringt wieder in Kontakt mit der Erde).
- Die Füße auf eine Massagerolle oder zwei Tennisbälle stellen und dann bewegen.
- Wenn du dir deines 2. Chakras bewusster werden willst, dann stecke dir an diese Stelle einen Tennisball in die Hose. Durch den Druck auf das 2. Chakra wirst du dir deines Bauches bewusster und du kommst mit dir und deinem Köper in Einklang.
- Zentriere deinen Körper durch bewusste Atmung. Lege die Hände dazu auf das 2. Chakra und atme bewusst unter deinen Händen. Wer bewusst atmet, ist sich auch seines Körpers bewusster.

Eine gute Übung aus dem chinesischen Chi Gong ist:
- Beide Füße in Hüftbreite fest auf die Erde stellen.
- Die Knie leicht gebeugt halten.
- Das Becken etwas nach vorne kippen.
- Das Kinn etwas einziehen, so als ob dich ein Seil an deinem Hinterkopf nach oben zieht.
- Die Zunge an den Gaumen drücken.
- Beide Arme langsam seitwärts und dann nach oben führen.
- Die Hände entspannen und die Handflächen dabei nicht nach oben drehen.
- Oben angekommen, beide Arme seitwärts und wieder nach unten bewegen.
- Und wieder nach oben. So als ob du Flügel hättest, mit denen du ganz langsam schlägst.
- Dabei die Arme entspannen und gestreckt halten.
- Diese Übung mehrmals wiederholen.

Variante: Beim Einatmen die Arme nach oben ziehen, beim Ausatmen nach unten bewegen.

Möglicherweise wirst du bei dieser Übung ein Kitzeln oder ein kühles Schauern durch deinen Körper laufen fühlen. Nach mehrmaliger Wiederholung wirst du merken, dass deine Füße ganz warm werden und dass du fest auf der Erde stehst!

Es gibt viele Methoden, sich gut zu erden. Suche dir eine heraus, die am besten zu dir passt. Ein empfehlenswertes Buch zu diesem Thema ist: *Energiearbeit mit Aura und Schakra* von Ursula Georgii (siehe *Teil IV: Sonstige Informationen*)

H. Keine Ergebnisse

506. Wie weiß ich, ob die Behandlung geholfen hat?
Die Auswirkungen der Energie sind nicht immer sofort, meist aber auf längere Sicht und nach mehreren Behandlungen wahrnehmbar. Reiki ist eine unterstützende Methode, die mit Hilfe von Energieaufnahme die Selbstheilungskräfte fördert. Reiki ist Nahrung für das Energiesystem. Energie ist immer da, und daher bewirkt eine Energiebehandlung auch immer etwas, auch wenn es nicht sofort an Ort und Stelle direkt spürbar ist.

507. Meine Behandlung hatte kein Ergebnis. Habe ich etwas falsch gemacht?
Ergebnisse sind nicht immer sofort und unmittelbar sichtbar. Der Behandelte selbst bestimmt auf unbewusster Ebene, was geschieht und wie viel Energie aufgenommen wird. Du selbst dienst lediglich als Kanal für die Energieübertragung aus dem Energiefeld zum Behandelten. Wenn keine sofortigen Ergebnisse sichtbar sind, heißt das nicht, dass du etwas falsch gemacht hast. Die Effekte sind nur noch nicht erkennbar.
Wenn du das Gefühl hast, völlig umsonst gearbeitet zu haben, dann liegt das eher an deiner Erwartungshaltung. Die Gesetze des Universums haben womöglich für die Person etwas ganz anderes vor, als du dir das vorgestellt hast. Wir können die Selbstheilungskräfte eines anderen nicht steuern, aber wir können sie mit Energie unterstützen.
Es kann sogar sein, dass schon eine einzige Reiki-Behandlung etwas angeschoben hat, was sich erst Wochen oder Monate später bemerkbar macht, weil sich im Inneren Wandlungsprozesse abspielen, ohne dass der Behandelte das spürt. Womöglich weil er sich seiner inneren Abläufe noch nicht bewusst ist und falls doch, diese dann nicht mit dir teilen möchte.

508. Wann kann ich Ergebnisse erwarten?
Geduld und Vertrauen sind die Schlüsselworte im Umgang mit Reiki. Zumeist wollen wir kurzfristige Ergebnisse sehen, weil wir uns nicht bewusst sind, dass die Energie im Innern vollauf tätig ist! Unser Bewusstsein nimmt davon nur einen Bruchteil wahr, bemerkt nur die Spitze des Eisberges. Die überwiegende Arbeit der Energie bleibt unbemerkt, doch werden sich auf längere Sicht die Ergebnisse dieser Arbeit zeigen. Sofort an Ort und Stelle bei oder nach einer Behandlung zeigen sich meist keine Ergebnisse.

509. Nach einer Reiki-Behandlung war ich eher müde als voller Energie. Wie kann das sein?
Energie ist Bewegung und setzt Prozesse in Gang. Da jede Behandlung anders ist, ist auch die Arbeit der Energie immer wieder anders. Einen Heilungsprozess kann man mit dem Pellen eine Zwiebel vergleichen. Schicht um Schicht muss man abschälen, bis man zum Kern vorgedrungen ist. Manchmal gehen Müdigkeitsgefühle mit diesen 'Aufräumprozessen' einher, manchmal aber auch Gefühle der Euphorie. Wenn du jemand anderen behandelst kann dich beides überkommen, denn indem du Energie überträgst, behandelst du auch immer dich selbst gleich mit.

510. Mein Partner fühlt nie etwas, wenn ich ihn behandle. Wie gehe ich damit um?
Versucht euch beide von der Erwartung zu lösen, die Energie spüren zu wollen und euch stattdessen ohne jede Erwartung einfach der Energie zu öffnen. Öffnet euch Reiki und genießt völlig unvoreingenommen die (gegenseitige) Reiki-Behandlung. Macht euch klar, dass Energie nicht spürbar sein muss und das ihre Auswirkungen viel wichtiger sind, als irgendwelche Wahrnehmungen bei der Energieübertragung.

511. Ich fühle keine Energie mehr strömen. Ist mein Kanal noch offen?
Es strömen fühlen heißt, die Energie wahrzunehmen. Das eine Mal fühlt man es, das andere mal wieder nicht. Manchmal nimmt der Behandelnde den Energiefluss wahr, manchmal der Behandelte, manchmal beide, manchmal keiner. Wenn du also die Energie nicht strömen fühlst, dann heißt das nicht, dass nichts geschieht! Die Einstimmungen in einem Reiki-Kurs stellen die Verbindung zum Energiefeld wieder her. Phasen, in denen du keine Empfindungen der Energie bei Behandlungen hast, bedeuten nicht, dass dein Kanal verstopft ist. Du nimmst die Energie nur einfach in dem Moment nicht wahr. Löse dich davon, die Energie spüren zu 'wollen', so bist du deinen Emotionen viel näher und bist mehr in deinem Körper, als in deinem Kopf. So sind die Chancen, die Energie tatsächlich zu spüren sehr viel größer.

512. Kann ich Beschwerden auch schon nur durch Entspannung lindern?
Absolut! Meist geht es jedoch um die Kombination von verschiedenen Faktoren.
Ein wunderbares Gefühl ist es schon, wenn du dich dir selbst oder jemand anderem zuwendest und dir/ihm deine volle Aufmerksamkeit schenkst. Schweige einfach, höre ein wenig ruhige Musik, entspanne dich! Entspannung wirkt auf viele Beschwerden positiv. Man kann nicht genau erfassen, wie viel durch reine Entspannung und wie viel durch Energiearbeit bewirkt wurde. Beides, Energie und Entspannung tun das ihrige dazu.

Teil II:

2. Grad

A. 2. Grad

513. Was beinhaltet der 2. Grad?

- ▷ Im 2. Grad lernst du Techniken, um die Schwingungsfrequenz der Energie mit Hilfe von Mantras und Symbolen zu erhöhen (siehe die *Fragen 537* und *538*).
- ▷ Der 2. Grad bezieht sich vor allem auf die emotionale und mentale Ebene.
- ▷ Der 2. Grad eröffnet dir weitere Möglichkeiten, dein Bewusstsein noch weiter zu entwickeln und noch tiefere Bewusstseinsschichten zu erkunden.
- ▷ Der 2. Grad beeinflusst sehr stark das 3. Auge (Intuition), hat einen mentalen (deine Gedankenmuster werden deutlicher) und einen emotionalen Aspekt (du lernst, deine Gefühle besser zu verstehen).
- ▷ Du lernst, wie du dich selbst mit jemand anderem über das Energiefeld verkoppelst und wie du mit Hilfe der Reiki-Symbole ein geeigneter Energie-Kanal sein kannst.

514. Wie viel Zeit muss zwischen dem 1. und dem 2. Grad vergangen sein?

Die meisten Lehrer haben hier keine festgelegten Regeln, da der Kursteilnehmer selbst am besten weiß, wann er den nächsten Schritt machen kann und will. Wenn jemand allzu schnell alle Stufen durchlaufen will, dann wird fast jeder Lehrer ihn da ein wenig bremsen. Die Symbole und Grade sind Hilfsmittel für den Energie-Weg der Bewusstseinsentwicklung und keine Zaubermittelchen für eine schnelle 'Erleuchtung'. In der Regel wird eine 21-tägige 'Klärungs- oder Reinigungsphase' zwischen den beiden Graden empfohlen.

515. Beinhaltet der 2. Grad auch wieder eine Reinigungsphase?

Nach jedem Grad wird eine 21-tägige Reinigungsphase empfohlen. Dieses ist ungefähr die Zeit, die dein Körper und dein Geist brauchen, um die erhöhten Schwingungsfrequenzen zu verarbeiten und sich 'zu Eigen' zu machen. Siehe auch *Frage 148*.

516. Ich habe noch nicht mit dem 1. Grad gearbeitet. Kann ich trotzdem schon weitermachen?

Im 2. Grad lernst du Techniken, die auf den im 1 Grad erlernten aufbauen. Daher ist es sinnvoll, zuerst mit den im 1. Grad gelernten Techniken praktisch zu arbeiten und dann erst weiter zu machen. Im Kurs zum 2. Grad werden die Inhalte des 1. Grades auch nicht wiederholt, sodass du den 1. Kurs ggf. überspringen könntest.

517. Muss ich den 1. Grad wiederholen, wenn ich den 2. Grad bei einem anderen Lehrer machen möchte?

Im Prinzip nicht, es sei denn, der neue Lehrer arbeitet in einem ganz anderen Reiki-System. Dann wird eine Wiederholung des 1. Grades in der Regel erwartet bzw. gefordert.

518. Kann ich zum nächsten Grad wechseln, wenn ich noch nie Energie gefühlt habe?
Ja. Allerdings garantiert der nächste Grad nicht, dass du dann Energie spürst! Es ist auch überhaupt nicht relevant, ob du die Energie spürst oder nicht. Keine oder nur schwache Energiewahrnehmungen zu haben, hat meist damit zu tun, dass du noch zu sehr kopfgesteuert bist und zu wenig körperorientiert. Wenn du dich mehr um eine gute Erdung bemühst, stehen die Chancen besser, Energie zu fühlen, als einfach schnell zum nächsten Grad zu wechseln.

519. Hebe ich nun ab?
Nein, nichts ist irdischer und normaler als Reiki und die Arbeit mit Energie. Die Energie ist da, in uns, um uns. Abzuheben, ein Traumtänzer zu werden, ist eine Entscheidung, die du triffst. Meist sind dies Menschen, die mit dem realen Leben nicht klar kommen (wollen), die vor sich selbst flüchten und jede Erdung (die Verbindung zum Boden der Tatsachen) verloren haben.
Es ist schwierig, zu definieren, was 'abgehoben sein' bedeutet. Es kommt immer darauf an, womit oder mit wem du dich vergleichst. In *Kapitel G. (Teil I: Praxis)* sind ein paar Anzeichen für 'abgehoben sein' und auch Hinweise, was du dagegen tun kannst, aufgelistet.

B. Der Unterschied zum 1. Grad

520. Erhalte ich jetzt stärkere Energie?
Du lernst die Schwingungsfrequenz der Energie zu erhöhen. Das nennt man auch *verstärken*.

521. Können die Behandlungen mit dem 2. Grad kürzer dauern?
Ja, doch kann ich mit dem 2. Grad die Behandlungsdauer ebenso gestalten wie im 1. Grad. Der Hintergrund dieser Frage ist, dass durch die Verwendung der Symbole die Schwingungsfrequenz erhöht wird und so die Energie 'stärker' wird. Infolge dessen kann die Behandlungsdauer natürlich verkürzt werden. Ich frage mich allerdings immer, warum es kürzer sein sollte, wenn es auch länger geht? Reiki ist so schön und entspannend. Warum sollte ich mir also nicht alle Zeit der Welt für mich und andere dafür nehmen? Zu viel Energie kannst du ohnehin nicht übertragen, selbst wenn du stundenlang unter Zuhilfenahme aller Symbole behandelst. Das Selbstheilende System bestimmt selbst, wann es genug ist.

522. Werde ich die Energie jetzt besser spüren?
Durch häufige Arbeit mit Energie wachsen das Körperbewusstsein und damit die Intuition, wodurch auch die Energie leichter wahrgenommen werden kann. Viele Menschen erleben nach Erreichen des 2. Grades diesbezüglich tatsächlich eine sprunghafte Weiterentwicklung. Allerdings haben ebenso viele Menschen diese Erfahrung auch schon in dem Monaten nach dem 1. Grad gemacht und erleben den 2. Grad dann nicht mehr als derartigen Quantensprung. Jeder Mensch ist einzigartig und somit auch der individuelle Prozess der Bewusstseinsentwicklung und die Fähigkeit, Energie zu fühlen (Energie zu fühlen ist allerdings nicht wichtig; siehe die Fragen in *Kapitel E. (Teil I: Theorie)* unter 'Das Reiki-Gefühl').

523. Kann ich besser auf Entfernung arbeiten als bisher?
Die Techniken für Entfernungsbehandlungen haben zum Ziel, dich schnell und problemlos mit etwas oder jemandem über das Energiefeld zu verbinden. Damit wird die Arbeit auf Entfernung für viele bequemer und leichter. Sie können mit diesen Techniken besser fokussieren. Energie ist überall und auch ohne die Techniken des 2. Grades oder ohne überhaupt einen Reiki-Kurs gemacht zu haben, kannst du Energie übertragen. Energie folgt der Zuwendung, das ist ihr Wesen!

524. Entwickle ich jetzt meine Intuition stärker?
Indem du dich regelmäßig mit dem Energiefeld verkoppelst, etwa durch Reiki oder Meditation, kommst du dir selbst näher und öffnest dich dadurch für Einsichten. Das nennt man auch Intuition.

525. Werde ich mit den Techniken des 2. Grades paranormal?

Jeder ist paranormal, diese Fähigkeit ist angeboren. Allerdings ist diese Fähigkeit bei dem einen stärker ausgeprägt als bei dem anderen. Durch häufige Energiearbeit und Meditation entwickelst du deine Intuition, was wiederum dafür sorgt, das du 'übersinnlicher' wirst. Es ist aber für die Arbeit mit Energie nicht wichtig, übersinnliche Fähigkeiten auszubauen. Du läufst dann Gefahr, dich mehr mit der Zurschaustellung deiner paranormalen Fähigkeiten zu beschäftigen, als mit dem, was dein Innerstes bewegt!

526. Kann ich jetzt andere Blockaden beseitigen?

Du bist ständig mit der Beseitigung von Blockaden beschäftigt, wenn du an dir selbst arbeitest. Das ist eine Lebensaufgabe. Die Arbeit mit Energie hilft dir, Schicht für Schicht aufzudecken, so wie du eine Zwiebel pellst, bis du endlich den schönen Kern freigelegt hast. Mit Hilfe der Techniken des 2. Grades (etwa der mentalen Behandlung) wirkst du speziell auf die mentale Ebene ein. Durch den Prozess der Bewusstseinsentwicklung wirst du dir auch deiner emotionalen Blockaden bewusster (die etwa Folgen hindernder Denkschablonen sind, von deren Existenz du nichts wusstest oder die du einfach verdrängt hattest). So gesehen beseitigst du natürlich andere Blockaden. Dabei handelt es sich aber weniger um das Ergebnis bestimmter Techniken, sondern es gehört vielmehr zum Reiki-Weg als Weg der Bewusstseinsentwicklung dazu. Auch andere Methoden als Reiki können da helfen. Es führen immer viele Wege nach Rom.

C. Der Reiki-Kurs für den 2. Grad

527. Was geschieht während eines Reiki-Kurses für den 2. Grad?

Ein solcher Kurs beinhaltet Folgendes:

- ▷ Das Erlernen der Symbole des 2. Grades
- ▷ Eine Einstimmung
- ▷ Die Behandlung einer Gruppe unter Anwendung der Symbole
- ▷ Das Erlernen und Anwenden eine Behandlung auf Entfernung
- ▷ Das Erlernen und Anwenden der mentalen Behandlung
- ▷ Die Theorie der 'Erdung' und das Erlernen entsprechender Übungen
- ▷ Die Theorie verschiedener Einsatzmöglichkeiten der Symbole
- ▷ Die Meditation mit den Symbolen

Viele Reiki-Lehrer ergänzen dieses Programm noch durch persönliche Aspekte und Arbeitsweisen wie Gruppenmeditation, Erkenntniskarten ziehen usw.

528. Ist ein Reiki-Kurs zum 2. Grad sehr Gefühlsbeladen, weil er auf die emotionale Ebene abzielt?

Wenn in einem solchen Kurs Gefühlsarbeit geleistet wird, dann hat das nichts mit den Techniken des 2. Grades zu tun, sondern mit dem persönlichen Stil des Lehrers. Siehe auch die *Fragen 112* und *113*. Informiere dich also zuvor, ob dein Lehrer hier eher nüchtern und sachlich arbeitet oder ob er das Aufbrechen und Verarbeiten von Gefühlen im Kurs für wichtig erachtet (siehe die *Fragen 65* bis *67*). Ist letzteres der Fall, dann kannst du davon ausgehen, dass in dem Kurs reichlich geheult und geherzt wird. Du hast die Wahl.

529. Erhalte ich wieder vier Einstimmungen?

Nein, hier bekommst du nur eine Einstimmung. Es kann sein, dass der Lehrer die letzte Einstimmung aus dem 1. Grad wiederholt und dann gleich die Einstimmung des 2. Grades vornimmt. Die Wiederholung der letzten Einstimmung aus dem 1. Grad kann eine Handlung sein, die dein Lehrer vornimmt, weil es zu seinem persönlichen Stil gehört und er es bei jedem Kursteilnehmer macht, der den 2. Grad anstrebt oder weil du den 1. Grad bei einem anderen Lehrer gemacht hast. Manche Lehrer wollen damit etwas ‚ausbügeln', was aber eigentlich unnötig ist, es sei denn, du hast den 1. Grad in einem ganz anderen System gemacht.

530. Was geschieht während der Einstimmung?

Diese Einstimmung hat zum Ziel, dich auf Basis buddhistischer Techniken auf der Ebene des Unbewussten energetisch mit den Symbolen zu verbinden. Mit dieser Einstimmung bekommst du zudem den ‚Schlüssel' zur Aktivierung der Schwingungsfrequenzen (die Symbole).

Diese Einstimmung ist mit denen des 1. Grades durchaus vergleichbar, im Grundprinzip sind sie gleich. Der Unterschied besteht darin, dass dir hier die Symbole energetisch in die Hände 'gebrannt' werden. Dieses geschieht, indem der Lehrer die Symbole in deine Hände zeichnet und das Mantra dreimal (sanft) hinein klopft oder hinein bläst. Diese Handlung verankert die Symbole fest in deinem Bewusstsein.

531. Wenn ich nach dem 2. Grad immer noch nichts spüre, bin ich dann richtig eingestimmt?
Auch nach dem 2. Grad gibt es einige Menschen, die nur wenig oder gar nichts spüren. Das liegt aber nicht daran, dass sie nicht richtig eingestimmt sind. Dein Lehrer ist ebenfalls nur ein Kanal für die Energie und du selbst bestimmt unbewusst, was geschieht (ebenso wie bei einer ‚normalen' Behandlung). Die Fähigkeiten und persönlichen Belange des Lehrers tun bei der Einstimmung nichts zur Sache. Daher gelingt deine Einstimmung auch immer, es sei denn du stellst dich bewusst dagegen. Das Wahrnehmen von Energie ist nicht wichtig, siehe die Fragen in *Kapitel E. (Teil I: Theorie)* bei *'Das Reiki-Gefühl'*.

532. Darf ich die Symbole mit nach Hause nehmen?
Die Symbole geheim zu halten ist heute nicht mehr zeitgemäß, schließlich sind sie überall zu finden (in Büchern, im Internet etc.). Die meisten Lehrer drucken die Symbole für ihre Schüler sogar aus oder zeichnen sie eigenhändig auf. Falls dies bei dir nicht der Fall ist, kannst du sie dir auch selbst aufzeichnen und mit nach Hause nehmen, oder lerne sie auswendig und zeichne sie zu Hause auf. Viele Menschen wissen nach einer Weile sonst nicht mehr, wie die Symbole ausgesehen haben. Wenn du deine Symbole dann doch verloren oder vergessen hast, kannst du dich auch immer wieder an den betreffenden Lehrer wenden.

533. Erhalte ich Arbeitsunterlagen?
Bei den meisten Lehrern ja, in der Regel zusammen mit den Symbolen.

534. Wird während des Kurses die Behandlung auf Entfernung geübt?
Nicht jeder Lehrer lässt seine Schüler gleich vor Ort die Entfernungsbehandlung üben, wenngleich diese Erfahrung sehr schön wäre. Häufig bleibt es bei einer ausführlichen Erklärung und einer Beschreibung in den Unterlagen. Es ist jedoch kein Problem eine Übung einzubauen, die Gruppe zu teilen und die jeweiligen Gruppenmitglieder dann Energie zu Mitgliedern der anderen Gruppe senden zu lassen und dann anschließend auszuwerten, wie jeder den Vorgang erlebt hat.
Der Lehrer kann dich auch vorher bitten, jemanden aus deinem privaten Umkreis vom Kurs aus mit Energie zu versorgen. Nachteilig ist hier, dass im Kurs kein Erfahrungsaustausch darüber stattfinden kann. Wenn der Kurs länger als einen Tag dauert, bekommst du meist als Hausaufgabe, den auf Entfernung Behandelten nach seinen Erfahrungen zu befragen und darüber später im Kurs zu berichten.

D. Die Reiki-Symbole

535. Was ist ein Symbol?

Das Wort Symbol wird im Lexikon als *,Verdichtung eines Begriffs in eine einzelne Vorstellung'* erklärt. Das Wort selbst stammt aus dem Griechischen und ist ein Kompositum aus den Worten *sym* und *ballein*, was *zusammenfügen, vereinigen* bedeutet. Zusammenfügen und Vereinigen stehen für Einheit und ein Ganzes aus etwas machen. Symbole haben u. a. das Ziel, ein komplexes Ganzes in einen Begriff zu gießen.

536. Was ist ein Mantra?

Ein Mantra ist eine Gebetsformel. Durch Wiederholung eines Mantras schwingst du dein Bewusstsein auf eine bestimmte Wellenlänge oder Frequenz ein. *Man* bedeutet ,Geist' und *tra* ,Projektion'. Durch Aufsagen und Wiederholen eines Mantras projizierst du deinen Geist auf einen bestimmten Punkt, wodurch der Geist sich leichter mit dem Energiefeld verbinden kann.

537. Was sind Reiki-Symbole?

Reiki-Symbole sind buddhistische Begriffe, die in den über 2500 Jahre alten Sutren entdeckt wurden. Es sind Kanji-Zeichen wie man sie vielfach in den japanischen und chinesischen Alphabeten findet. Interessant ist, dass die Umsetzung dieser eigentümlichen Worte in die Mantras schon sehr Essentielles über die Symbole selbst erklärt. Die Symbole in Verbindung mit den Mantras nennt man auch ,buddhistische Gebete'. Sie haben zum Ziel, die Verbindung zum Energiefeld herzustellen und zu halten, was zu Vollständigkeit und Einheit führt.

538. Wie wirken die Reiki-Symbole?

Die Reiki-Symbole sind Werkzeuge, um die Schwingungsfrequenz von Energie zu erhöhen. Die erhöhte oder verstärkte Schwingungsfrequenz sorgt dafür, dass bisher Verborgenes mit der Zeit sichtbar wird, was unbewusst war, wird bewusst.

Energie ist Schwingung und durchdringt alles, also auch die Materie. Symbole und Mantras sind Hilfsmittel, mit denen dein Bewusstsein in die Lage versetzt wird, die Schwingung zu beeinflussen und sich auf die Arbeit mit der Energie zu fokussieren. Fokussiert bedeutet nicht konzentriert oder zielorientiert, sondern entspannte Aufmerksamkeit. Energie folgt der Aufmerksamkeit, der Zuwendung!

539. Lernt jeder die gleichen Symbole?

Nein. Es gibt unterschiedliche Reiki-Symbole. Das liegt u. a. daran, dass Frau Takata den von ihr ausgebildeten 22 Reiki-Lehrern unterschiedliche Symbole mitgab. Andere Unterschiede haben sich auf Grund der mündlichen Tradition herausgebildet. Früher durften die Schüler die Symbole nicht aufzeichnen, sondern mussten sie im Unterricht auswendig ler-

nen. Als dann die Schüler später selbst Lehrer wurden, hatten sich die individuell auswendig gelernten Symbole schon leicht verändert. Symbole sind Hilfsmittel und durch die Einstimmung energetisch mit dir verbunden, wobei es gleichgültig ist, ob das Symbol, mit dem du eingestimmt wurdest, anders aussieht, als das von jemand anderem. Letztlich geht es nur um die Intention.
Gegenwärtig gehen viele Lehrer dazu über, den Schülern ihr Wissen auch schriftlich fixiert mitzugeben, damit nicht zu viel verloren geht.

540. Sind die Symbole geheim?

Die Symbole werden von manchen Lehrern noch immer als geheim betrachtet. Gleichzeitig findest du sie aber verbreitet in vielen Büchern und auch im Internet abgebildet. Durch die jahrelange Geheimhaltung und die ausschließlich mündliche Weitergabe ist im Laufe der Zeit einiges Wissen verloren gegangen. Aus den gleichen Gründen haben sich auch Varianten in den Symbolen herausgebildet. Dennoch kannst du mit den Symbolen nichts falsch machen, denn sie symbolisieren Lebensenergie. Aus genau dem Grund gehen auch immer mehr Menschen von der bisherigen Geheimhaltung ab, um einen öffentlichen, aber respektvollen Umgang mit den Reiki-Symbolen zu propagieren.

541. Warum sind die Symbole nicht in diesem Buch abgebildet?

Der Grund dafür liegt in der in den vorigen beiden Fragen geschilderten Unterschiedlichkeit der im Umlauf befindlichen Reiki-Symbole. Durch eine Abbildung von einigen Symbolen könnte der Leser eher verunsichert werden, ob er denn das ‚richtige' Symbol bekommen habe, wenn er es hier nicht findet. So ist es vielen Lesern nach der Lektüre des Buches *Reiki-Essenz* von Diana Stein ergangen, welches den Eindruck vermittelt, man müsse nun exakt so arbeiten, wie in dem Buch beschrieben und nicht anders.
Es gibt aber kein ultimatives Symbol, welches für jeden gleich aussieht. Deine Symbole lernst du während des Kurses kennen und mit diesen Werkzeugen wirst du eingestimmt. Mit den Symbolen, mit denen du eingestimmt wurdest, arbeitest du dann weiter. Die Symbole werken so oder so, denn Energie folgt der Zuwendung.

542. Sind die ursprünglichen Symbole von Usui bekannt?

Nein. Eine Art, die Symbole von Frau Takata anzusehen, ist das Downloaden aus dem Internet. Doch diese Symbole sind nicht die ‚ultimativen', nicht zuletzt deshalb, weil Frau Takata aus welchen Gründen auch immer, jedem der 22 von ihr eingestimmten Meistern ein anderes Symbol mitgab. Lass dich auch nicht verunsichern, wenn die dort gezeigten Symbole anders aussehen, als deines (siehe die vorigen drei Fragen). Du kannst dir diese Symbole kostenlos von der Website von William Rand herunterladen (www.Reiki.org / unter free downloads).

543. Welche Symbole und Mantras lerne ich im 2. Grad?

Im 2. Grad lernst du drei Symbole. Das erste ist das Entfernungs- oder Abstandssymbol, das Zweite ist das mentale Symbol und das Dritte ist das physische Symbol.

Bezeichnung des Symbols	Mantra:	Abkürzung:
1. Entfernungssymbol (die Brücke)	HON SHA ZE SHO NEN	HSZSN
2. Mentales Symbol	SEI HE KI	SHK
3. Physisches	CHO KU REI	CKR

544. Was bedeuten die Symbole und die zugehörigen Mantras?

HON SHA ZE SHO NEN ist das Mantra des Entfernungssymbols, welche auch ‚Die Brücke' genannt wird. Es stellt die Verbindung zum Energiefeld her.

Die Bedeutungen sind u. a.:
HON - Ursprung; Universum; kennt keine Grenzen;
reist durch Zeit und Raum; Vergangenheit und Zukunft.
SHA - reflektiert; sagt etwas darüber, wo es her kommt;
Höheres Bewusstsein.
ZE - Sein; waches Wahrnehmen; Integrität.
SHO - Intuition; Gebot der Liebe; Wärmequelle aus Energie.
NEN - Im Namen des Kosmos; Intention; Erinnerung; Bewusstsein;
Eins sein mit dem Ganzen.

Esoterische Bedeutung:
Der Buddha in mir verbindet sich mit dem Buddha in dir.

SEI HE KI ist das Mantra des mentalen Symbols.

Bedeutung:
SEI HE KI - Kraft/Energie des Geistes

'SEI' bedeutet u. a. Geist, Energie, Vitalität, Sex, Natur, positiv und heilig.

Esoterische Bedeutung:
Führt dich in die Schatzkammer der Seele mit den tausend Masken.

Schlüssel zum Unbewussten. Das Unbewusste wird bewusst. Regt die beiden Hirnhälften an. Für mentale Reinigung und Heilung.

CHO KU REI ist das Mantra des physischen Symbols, welches auch ‚Kraftsymbol' genannt wird.

Bedeutung:
CHO KU REI - Verstärker der Energie

Esoterische Bedeutung:
Verwirklichung der Buddhaschaft (d. h. das spirituelle Erwachen im irdischen Leben).

Die Spirale steht für Schöpfungskraft.
Die Essenz dieses Symbols ist Energie in Bewegung.
Das Symbol wird auch ‚Der Aktivierer' genannt.

545. Wann verwendet man welches Symbol?
HSZSN nutzt du:
- ▷ um auf Entfernung eine Verbindung herzustellen (als eine Art energetisches Bindeglied zum Energiefeld),
- ▷ aber auch um bei direkten Körperbehandlungen als Hilfsmittel, dich selbst auf das Energiefeld einzuschwingen,
- ▷ für dich selbst, für andere, für Tiere, Bäume, Pflanzen, Situationen in der Vergangenheit, der Gegenwart und der Zukunft, für die Erde, bei Katastrophen, bei Meditationen, Versammlungen usw.

SHK nutzt du:
- ▷ für alle Behandlungen (sowohl Körper- als auch Entfernungsbehandlungen),
- ▷ für die mentale und emotionale Ebene; wirkt aber auch reinigend / heilend auf die anderen Ebenen,
- ▷ zugleich auch beim Reinigen von Zimmern, bei Meditationen, zum Schutz usw.

CKR nutzt du:
- ▷ für alles. Es ist der Aktivierer für die Energie. Bei allem, was du mit Reiki behandelst, kannst du dieses Symbol als Aktivierer nutzen, ob nah oder fern.

546. Wie verwende ich die Symbole?
Für alle Symbole gilt:
1 x zeichnen oder visualisieren und immer 3 x das Mantra sprechen (laut oder im Stillen).

- ▷ Du kannst das Symbol in die Luft zeichnen und dabei dreimal das zugehörige Mantra aussprechen. Wenn du allein bist, dann eventuell auch laut.
- ▷ Du kannst das Symbol visualisieren. Stell dir etwa eine Schultafel vor, auf die ein weißes Kreidestück das Symbol zeichnet.
- ▷ Du kannst das Symbol mit der Nase, mit den Fingerspitzen, mit den Zehen zeichnen, ja selbst mit der Zunge an den Gaumen (das taten etwa die tibetischen Mönche). Letzteres ist sehr praktisch, wenn du jemanden behandelst, der nicht merken soll, dass du gerade ein Reiki-Symbol anwendest. Pass dann auf, dass du nicht beginnst, das Zeichen mit den Fingern auf den Körper des Behandelten zu malen! Die Symbole wirken auch, wenn du sie ganz klitzeklein zeichnest. Letztendlich geht es um deine Intention. Energie folgt der Zuwendung.

547. Muss ich die Mantras laut aussprechen?
Vielen Personen ist es angenehmer, wenn sie die von dir angewendeten Techniken nicht spüren, fühlen, oder hören, weil sie sich in dieser Materie nicht auskennen und eher verstört reagieren würden, wenn du plötzlich laut Mantras vor dich hin brabbelst. Beim Behandeln sprichst du also lieber die Mantras leise für dich und unhörbar für deine Umgebung.

548. Wie kann ich die Mantras schnellstmöglich auswendig lernen?
Tägliche Wiederholung führt zu einer Art Automatismus. Zeichne dir die Symbole und die dazugehörigen Mantras auf einen Zettel, den du im Portmonee oder in deinem Kalender legst und immer dabei hast. Schau dir den Zettel zwischendurch immer wieder an, erinnere dich und übe. Durch tägliche Eigenbehandlung mit allen Symbolen werden die Symbole zu deiner zweiten Natur.

549. Wenn ich die Mantras bzw. Symbole falsch zeichne, wirken sie dann negativ?
Energie ist Energie und folgt der Zuwendung, der Intention. Mit Intention ist die Intention gemeint, zu behandeln, lediglich der Kanal für Energie zu sein! Du kannst Energie nicht manipulieren, weder positiv noch negativ. Auch wenn du ein Element vergessen hast oder anders aufzeichnest, als du es gelernt hast, wird die Energie ihre Wirkung haben. Energie ist eine neutrale unterstützende Lebensenergie und wird nicht negativ werden, wenn du die Symbole zufällig anders aufzeichnest.

550. Wenn ich das Mantra dazu vergesse, wirkt das Symbol dann trotzdem?
Symbol und Mantra gehören zusammen. Wenn du das Mantra vergisst, heißt das aber nicht, dass die Energie nicht wirkt, denn die wirkt auch ohne Symbole und Mantras. Diese sind nur Hilfsmittel, Werkzeuge, um sich besser zu fokussieren und die Schwingungsfrequenz der Energie zu erhöhen. Basis für all dies ist deine Intention, denn Energie folgt der Zuwendung. Intention. Auch wenn du nur das Symbol verwendest und das dazugehörige Mantra zu sprechen vergisst, wirkt die Energie trotzdem. Das liegt daran, dass beides in deinem Unterbewusstsein miteinander verbunden ist.

551. Ist die Arbeit mit den Symbolen nicht eine Art Zauberei?
Mit Zauberei hat die Symbolarbeit nichts zu tun. Energie sendest du vorbehaltlos, d. h., was geschehen muss, geschieht. Energie unterstützt alle Prozesse, die irgendwie ablaufen müssen. Zaubern heißt, mittels Magie Dinge gefügig machen. Und das ist etwas, was du mit Reiki nicht kannst, nämlich dir dein Leben gefügig zu machen. Reiki bewirkt allerdings, dass du dir etwa schlechter Gedankenmuster (krank machend oder zerstörerisch) bewusst wirst und als Folge, positive Gedankenmuster (heilende, aufbauende) zu entwickeln. Positive Gedanken ziehen automatisch positive Dinge an, die dich bestätigen und unterstützen. Wenn du häufig mit Energie (und den Symbolen) arbeitest, verwandelst du deine eigene Welt und damit in gewisser Weise auch die Menschen in deiner Umgebung. Das

aber ausschließlich durch deine Bewusstseinsentwicklung und nicht durch die eine oder andere Zauberformel.

552. Wie ist es möglich, dass schon etwas geschieht, wenn ich ein Symbol nur aufzeichne?

Das sind die Kraft der Intention und die Tatsache, dass das Symbol auf Grund der Einstimmung energetisch mit dir verbunden ist. Unbewusst ‚weißt' du, dass durch die Verwendung des Symbols eine bestimmte Schwingung entsteht, die heilend wirkt. Symbole sind Hilfsmittel zur Aktivierung der Energie. Diese Aktivierung kann aber auch auf anderem Wege erreicht werden. Die Nutzung der Symbole ist eine Arbeitstechnik, mehr nicht. Wesentlich ist letztlich die Intention. Diese sorgt für den Energiefluss, der Empfänger bestimmt selbst, ob er mit der empfangenen Energie auch etwas tut.

553. Zeichne ich das CKR-Symbol im Uhrzeigersinn oder gegen den Uhrzeigersinn?

Dieses Symbol aktiviert die universale Energie (daher wird es auch ‚Der Aktivierer' genannt). Die Spirale steht für die Schöpferkraft, ob nun linksdrehend oder rechtsdrehend. Es ist also gleichgültig, ob du sie im oder gegen den Uhrzeigersinn zeichnest. Wesentlich ist lediglich deine Intention.

Die Spirale ist ein sehr altes Symbol, welches in vielen Kulturen zu finden ist. Der Kern dieses Symbols meint Energie *in Bewegung*. Es gibt auf Grund unterschiedlicher Reiki-Strömungen Varianten in der Vorstellung. In die eine Richtung gedreht soll sie Energie verstärken, anders herum abschwächen. Auf der Nordhalbkugel soll man die Spirale andersherum zeichnen als auf der Südhalbkugel. Daneben existiert noch die Vorstellung, dass die Spirale immer doppelt und gegenläufig gezeichnet werden muss usw.

Die Selbstheilungskräfte regeln, was mit der Energie in dem Moment geschehen muss. Du bist lediglich der Kanal für die Energie und die Symbole sind Werkzeuge, um höhere Schwingungsfrequenzen zu erzeugen, damit die Energie tiefer eindringen kann: Die unterschiedlichen Drehrichtungen des Symbols haben keinen Einfluss darauf, was das empfangende System damit macht. Dieses bestimmt völlig selbständig und nimmt nur die aktivierte Energie auf, unabhängig davon, was der Behandelnde damit beIntentionigt. Mit welchem CKR du also in deinem Bewusstsein die Energie aktivierst, ist unerheblich.

554. Kann ich die Symbole auch verwenden, wenn ich nicht eingestimmt bin?

Im Prinzip kann jedes Symbol als Werkzeug helfen, dich zu fokussieren, zu meditieren oder Energie aus dem Energiefeld zu übernehmen oder zu übertragen. Viele Menschen nutzen etwa Gegenstände wie einen Rosenkranz, um sich beim Beten besser zu fokussieren. Auch die Reiki-Symbole sind in dieser Art zu benutzen, denn es sind ja eigentlich buddhistische Gebete. Eine Einstimmung bewirkt eine tiefere Verbindung mit den Symbolen und öffnet damit eine neue Dimension hinsichtlich deiner Bewusstseinsentwicklung und deiner Arbeit mit Energie.

Die Einstimmung zielt darauf ab, dich mittels dieser buddhistischen Techniken mit der Kraft dieser Symbolik, die für Ganzheit (auch im Sinne von Unversehrtheit, Gesundheit) und Einheit stehen, zu verbinden.

555. Wirken die Symbole auch, wenn ich sie meinem Freund gebe?
Siehe die vorige Frage.

556. Die Symbole auf Papier aufgezeichnet aufzubewahren, könne ein ‚energetisches Leck' verursachen. Stimmt das?
Tatsächlich wird so etwas manchmal behauptet, was meist damit zusammen hängt, dass der betreffende Lehrer die Meinung vertritt, die Symbole müssten streng geheim gehalten werden. Und wenn du sie dann trotzdem heimlich aufzeichnest und mitnimmst, könne das ‚zur Strafe' ein Energieleck bei dir verursachen. Mit der Essenz der Energie hat eine solche Aussage aber nichts zu tun und dient lediglich dazu, dir Angst- oder Schuldgefühle einzureden. So versucht der Lehrer dich zu indoktrinieren, nur das zu tun, was du bei ihm gelernt hast und es auch nur auf genau diese von ihm gelehrte Weise zu tun.
Symbole vergegenwärtigen eine bestimmte Schwingung und die wird nicht anders, wenn du die Symbole schriftlich fixierst. Symbole in die Luft zeichnen, im Kopf visualisieren oder sie auf Papier malen, das sind nur unterschiedliche Arbeitsweisen. Die Aktivierung der Symbole bzw. der Energie geschieht mit deinem Bewusstsein. Wenn du der Überzeugung bist, dass diese oder jene Arbeitsweise die Schwingungsfrequenz gleichermaßen beeinflusst, dann tut sie es auch. Energie folgt der Zuwendung! Mit deinen Überzeugungen schaffst du deine eigene Welt.

557. Kann ich die Symbole wie ein Bild an die Wand hängen?
Das ist ganz und gar dir überlassen, auch wenn manche Lehrer anders darüber denken (siehe die vorige Frage). Wenn du dir die Symbole an die Wand hängst, ist dies ein Ausdruck für die Bedeutung, welche die Energie in deinem Leben spielt. Wenn dich deshalb jemand verurteilt, zeigt er nur, dass er keinen Respekt vor der Lebensweise anderer hat.

E. Wie arbeite ich mit den Symbolen

558. Wann wende ich die Symbole an?

- Das HSZSN benutzt du meistens bei Behandlungen auf Entfernung. Du kannst es aber auch bei direkten Körperbehandlungen nutzen, um eine ‚energetische Brücke' zwischen dir und dem Behandelten zu schlagen oder um ganz bewusst den Kontakt zum Energiefeld herzustellen.
- SHK und CKR kannst du wechselweise anwenden, wobei aber zumeist das CKR als Energie-Aktivierer verwendet wird. Bei manchen Positionen kannst du, sofern es um Behandlungen auf mentaler oder emotionaler Ebene geht, nur das SHK anwenden.

559. Wie ist die Reihenfolge der Symbole?

Wenn das HSZSN zum Einsatz kommt, dann verwendest du dieses als Erstes, denn du entscheidest ja zuerst, ob du direkt oder auf Entfernung behandeln willst. Dann folgen die anderen beiden Symbole, wobei es gleichgültig ist, ob du zuerst das SHK oder zuerst das CKR nimmst.

560. Kann ich das SHK mit dem CKR verstärken?

Das CKR ist ohnehin der Energieverstärker. Eventuell kannst du das SHK zwischen zwei CKRs einsetzen, indem du erst ein CKR, dann das SHK und schließlich wieder ein CKR zeichnest.

561. Kann ich die Symbole jederzeit auf alles anwenden?

Ja, denn der Empfänger bestimmt schließlich selbst, was geschieht. Du bist nur der Kanal für die Energie.

562. Muss ich immer alle Symbole anwenden?

Im Prinzip nutzt du alle Symbole. Die Nutzung richtet sich aber oft nach deinem Gefühl, d. h., bei einer Behandlung wendest du sie häufiger an, und bei einer anderen gar nicht. Wenn du eine spezielle Behandlung machst (etwa die mentale Behandlung, siehe *Kapitel G. (Teil II)*), dann ist damit auch eine bestimmte Technik verbunden. Bei einer Behandlung auf Entfernung verwendest du im Allgemeinen das HSZSN, welches du aber auch bei einer direkten Körperbehandlung oder anderen als Entfernungsbehandlungen nutzen kannst.

563. Kann ich die Symbole auch ganz weglassen?

Ja. Siehe die vorige Frage.

564. Was, wenn jemand sehr empfindlich auf eine Behandlung 2. Grades reagiert?

Dann sorge vor allem für eine gute Erdung des Behandelten, denn damit hat eine empfindliche Reaktion meist zu tun. Du kannst die Behandlungen auch nach und nach steigern, indem du zunächst nur kurze Behandlungen ohne Symbole machst und die Dauer inklusive Anwendung der Symbole stetig steigerst. So kann sich die Person daran gewöhnen.

565. Wie nutze ich die Symbole bei einer Behandlung im Liegen und wie bei einer Behandlung im Sitzen?

1. Öffne dich zu Beginn ganz bewusst als Kanal für die Energie und lege dabei beispielsweise die Hände auf die Schultern der Person.
2. Stimme dich auf die Person ein, indem du still für dich ein paar Mal seinen Namen sagst.
3. Zeichne oder visualisiere 1 x das HSZSN und sprich 3 x das Mantra dazu (still für dich). Die Anwendung des HSZSN ist fakultativ (siehe *Frage 545*).
4. Zeichne oder visualisiere 1 x das SHK und sprich 3 x das Mantra.
5. Zeichne oder visualisiere dann 1x das CKR und sprich 3 x das Mantra.
6. Anschließend legst du deine Hände auf die erste Position.
7. Wann immer du willst, kannst du die Symbole SHK und CKR wiederholen.

566. Wie häufig muss ich die Symbole in einer Behandlung wiederholen?

So häufig, wie du es willst. Wenn du ein Symbol zehn Mal zeichnest, wirkt es aber nicht unbedingt besser, als wenn du es nur einmal machst. Der Empfänger bestimmt schließlich, wie viel Energie aufgenommen wird.

Die Frage ist vielmehr, in welcher Intention du die Symbole anwendest:

- ▷ Ist die sehr häufige Wiederholung eines Symbols nicht vielleicht eher Ausdruck eine starken Konzentration und zielorientierten Handelns? *‚Ich will ein Ergebnis, und zwar jetzt!'*
- ▷ Oder ist die häufige Wiederholung eine Form der Entspannung für dich und ein Weg, deine Aufmerksamkeit zu fokussieren?

Achte darauf, dass du unbedingt handelst ('Ich bin nur ein Kanal für die Energie'). Behandle nicht in der Intention, dass die Häufigkeit der Symbolanwendung direkt ein vorliegendes Problem löst. Denn damit handelst du zielorientiert, nicht mehr vorbehaltlos.

Wir verfolgen kein Ziel mit einer Behandlung.
Wir sind nur ein Kanal für die Energie!

567. Kann ich die Symbole zu häufig anwenden?

Nein, denn das System des Empfängers bestimmt, wie viel Energie aufgenommen wird. Du bist nur der Kanal. Du selbst gibst nichts, sondern bist nur Durchfluss für die Energie, die der Behandelte über dich aus dem Energiefeld aufnimmt.

568. Wirkt das Symbol auch, wenn ich bei der Anwendung nichts spüre?

Wenn du nichts spürst, heißt das nur, dass du in diesem speziellen Moment die Energie nicht wahrgenommen hast (und solche Momente gibt es viele!). Eine Wahrnehmung ist wie die

Spitze eines Eisbergs. Es geschieht so viel, ohne dass wir es wahrnehmen! Mach dir klar, dass die Energie auch fließt (sie fließt immer!) und wirkt, wenn du sie zufällig nicht wahrnimmst. Der Empfänger der Energie bestimmt, was geschieht, du bist nur ein Kanal! Behandle also einfach mit den Symbolen weiter, auch dort, wo du nichts spürst. Es geht um mittel- und langfristige Effekte und nicht darum, sofort an Ort und Stelle etwas zu fühlen.

569. Muss ich nun intuitiv behandeln?

Du kannst auch im 2. Grad so arbeiten, wie du es bisher im 1. Grad gelernt hast und zudem deine Intuition ‚sprechen' lassen. Indem du als Erstes das Symbol HSZSN anwendest, schlägst du eine Brücke zwischen dir, dem Behandelten und dem Energiefeld. Das kann dafür sorgen, dass du einfacher in Einklang mit deinen Gefühlen und deiner Intuition kommst. Intuitiv behandeln heißt, sich von seinen Händen leiten lassen. In dem Moment, wo du versuchst, das was in dir aufsteigt zu erklären, setzt schon wieder die Ratio ein und schon handelst du nicht mehr intuitiv. Auch wenn es sich etwas merkwürdig anhört, versuche einfach auf deine Intuition zu vertrauen, ohne zu urteilen oder Schlussfolgerungen zu ziehen. Siehe auch *Frage 406*.

570. Kann ich mit den Symbolen manipulieren?

Menschen können manipulieren, wenn man ihnen den Raum dafür lässt. So gibt es sicher auch Menschen, die versuchen mit den Reiki-Symbolen andere zu manipulieren. Das hat allerdings mit den Symbolen selbst nichts zu tun, sondern sagt vielmehr etwas über die Person aus, die versucht, die Symbole zu missbrauchen. Die Symbole stehen für eine neutrale unterstützende Lebensenergie und sind nicht dafür da, etwas in deinem Sinne ‚hinzubiegen'. Die Energie der Symbole findet allein durch Unbedingtheit und mit Respekt vor dem freien Willen ihren Weg. Du kannst daher niemanden zu etwas zwingen (auch nicht dazu, gesund zu werden oder an seinen Problemen zu arbeiten!).

571. Kann ich die Symbole negativ gebrauchen?

Siehe dazu auch die vorige Frage.

Die Symbole unterstützen die leichte Aufnahme der neutralen Lebensenergie aus dem Energiefeld und haben zum Ziel, Einheit und Ganzheit durch Bewusstsein zu schaffen.

Da der Energieempfänger selbst bestimmt, was mit der Energie geschieht, kann es gar nicht sein, dass der Sender bzw. Geber negative Energie überträgt bzw. weitergibt. Der Empfänger nutzt lediglich den Kanal, um Energie aus dem Energiefeld zu sich zu saugen und das ist völlig unabhängig von der Person, die sendet bzw. überträgt. Irgendwelche Befindlichkeiten oder gar negative Strömungen können nicht übertragen werden und haben wenn überhaupt nur eine Wirkung auf die Gesundheit und das persönliche Glück des Behandlers. Negativität des anderen kann allerdings wahrgenommen werden, denn wir haben alle ein eigenes Energiefeld (Aura), in dem sich Negatives bemerkbar macht. In der Reiki-Welt wird leider das Wahrnehmen von etwas häufig mit der Möglichkeit zu übernehmen / zu übertragen verwechselt! Letztlich bestimmt immer der Empfänger, was mit der Energie geschieht!

572. Helfen die Symbole des 2. Grades auch gegen Sucht?

Energie wirkt auf allen Ebenen und damit auf deine Bewusstseinsentwicklung ein. Eine Sucht hat immer eine Ursache. Wenn du die Symbole im Hinblick auf die Ursache deiner Sucht anwendest, dann kann diese Ursache dir bewusst werden. Dir wird klar, worin deine Sucht eigentlich begründet ist. Zu diesem Zweck kannst du auch die mentale Behandlung nutzen!
Wenn dir erst einmal klar ist, warum du süchtig bist (wonach auch immer), dann kann dir dieses Bewusstsein helfen, diesbezüglich Entscheidungen zu treffen, etwa indem du professionelle Hilfe aufsuchst oder deinen Lebenswandel änderst.
Die Symbole sind keine Zaubermittelchen. Die Arbeit mit Energie und den Symbolen macht dir nur bewusster, dass du selbst die Verantwortung für dein Leben trägst.

573. Helfen die Symbole auch gegen meine Depressionen?

Energie wirkt auf die Ursachen von Depressionen ein. Sie unterstützt den Prozess der Bewusstseinsentwicklung. In dieser Sichtweise kann Reiki bei der Überwindung von Depressionen helfen. Das hängt natürlich davon ab, inwieweit die Ursache tatsächlich erreicht werden kann. Wenn nämlich eine Depression körperliche oder psychische Krankheiten als Ursache hat, dann sieht die Sache anders aus und häufig braucht dann jemand Medikamente.

574. Kann ich die Symbole des 2. Grades als eine Art Therapie betrachten?

Reiki ist nie ein Ersatz für fachkundige Hilfe und mit den Symbolen des 2. Grades solltest du dich auch nicht zum Therapeuten aufspielen wollen, weder für dich selbst noch für andere.
Du kannst die Symbole des 2. Grades dafür nutzen, Energie in vergangene Situationen zu schicken. Das bedeutet, dass die damals erlittene innere Verletzung dir ein Signal gibt, jetzt die Sache heilend abzuschließen. Möglicherweise wird dir dadurch deutlich, dass du professionelle Hilfe brauchst! Es gibt viele Wunden, die mit der Zeit verheilen, ohne dass wir dafür nach Heilung suchen. Doch bestimmte Verletzungen aus der Vergangenheit behindern dich in deiner Entwicklung und bei der Entdeckung deines wahren Selbst. Solche Verletzungen brauchen natürlich besondere Aufmerksamkeit und mit den Techniken des 2. Grades hast du die notwendigen Hilfsmittel dazu in der Hand.

575. Welche zusätzlichen Einsatzmöglichkeiten haben die Symbole?

Siehe *Kapitel F* für:
- Behandlungen auf Entfernung.

Siehe *Kapitel G* für:
- Mentale Behandlung.
- Reinigung von Räumen.
- Erdung.
- Schutz.
- Meditieren.

F. Die Behandlung auf Entfernung

Allgemein

576. Wie wirkt Energie auf Entfernung?
Wir sind alle miteinander verbunden und Teil des großen universalen Energiefeldes. Daher kann man über dieses Feld Energie zu anderen senden.
Indem du dich auf das Energiefeld und den fraglichen Empfänger einschwingst, stellst du die Verbindung her. Man kann das mit dem Versenden und Empfangen von Radiowellen vergleichen. Du stellst dich und den anderen über das Energiefeld auf die gleiche Wellenlänge ein. Das Einstellen eines Radiosenders ist für uns alle gewöhnlicher Alltag. Das Einstellen auf einen anderen Menschen über das Energiefeld ist in unserer Kultur aber keineswegs selbstverständlich, während es für andere Kulturen (etwas die Aborigines in Australien) die normalste Sache der Welt ist. Dort wird mit Gedankenübertragung (Telepathie) über manchmal sehr weite Entfernungen kommuniziert. Zeit und Raum spielen bei der Arbeit mit universaler Energie keine Rolle. Energie durchdringt Materie und ‚fliegt' über alle Grenzen hinweg. Wenn du die Verbindung zum anderen hergestellt hast, fließt die Energie unmittelbar. Die Geschwindigkeit, mit der Energie Entfernungen überwindet, gleicht der Lichtgeschwindigkeit, die rund dreihunderttausend Kilometer pro Sekunde beträgt.
Wir sind auf Grund unserer Kultur und unserer Erziehung allerdings von dieser Möglichkeit völlig entwöhnt. Mit Hilfe der Symbole des 2. Grades kannst du aber diese Fähigkeit wieder erwecken, denn gänzlich verschwunden ist sie nicht. Indem du einfach damit arbeitest, merkst du, dass es der Energie gleichgültig ist, ob du physisch anwesend bist. Es ist der Energie auch egal, welche Techniken du verwendest .Energie folgt der Zuwendung. Ob du nun über Meditation, mit Hilfe der Reiki-Symbole, mit Gebeten oder sonst wie Energie verschickst: Die Energie ist immer dieselbe! Nur der Umgang damit ist jeweils ein anderer!

577. Wie schicke ich Energie auf Entfernung?
Du kannst Energie auf unterschiedliche Weise versenden:
- ▷ Ohne Reiki.
- ▷ Mit Reiki 1. (siehe dazu *Frage 425*)
- ▷ Mit Reiki 2. (siehe dazu die *Fragen 584* und *585*)

Bei allen drei Methoden kannst du es in folgender Manier machen:
1. In Gedanken.
2. Betend.
3. Meditierend.
4. Mit einem Brief.
5. Mit einem Foto.
6. usw.

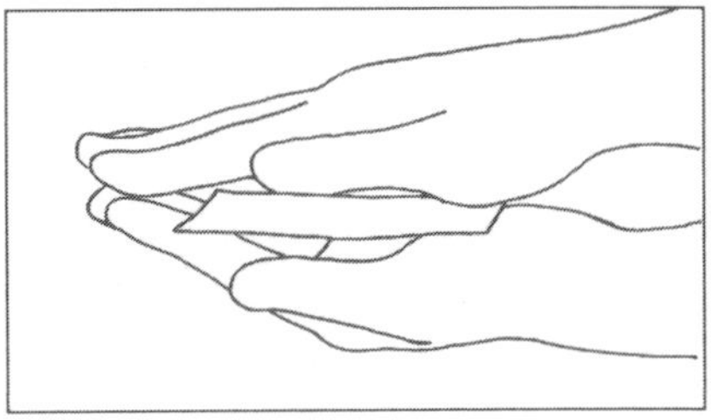

Es geht darum, sich mit jemandem über das universale Energiefeld zu verkoppeln und dann Energie zu schicken. Energie folgt der Zuwendung. Mit dem 2. Grad wendest du dazu auch die Symbole an (siehe *Frage 584*).

578. Wen oder was kann ich behandeln?

Prinzipiell kannst du alles und jeden mit universaler Energie versorgen, vorausgesetzt der andere Mensch hat seine Zustimmung dazu gegeben (siehe *Fragen 590* und *591*).

Hier einige Beispiele für Energie-Ziele: du selbst, andere Menschen, Tiere, Pflanzen, der Wald, eine Versammlung, schwierige Situationen aus der Vergangenheit, Situationen heute, Situationen in der Zukunft, die Erde, Katastrophen, Blockaden bei dir oder anderen, ein erkrankter Körperteil, eine Beziehung usw.

Energie überwindet Entfernungen, Raum und Zeit (siehe die *Bedeutung des Mantras HSZSN* bei *Frage 544*).

579. Sind dazu besondere Vorbereitungen nötig?

Wenn möglich, kannst du einen ruhigen Moment wählen (etwa auf dem WC). Verbinde dich vorab ganz bewusst mit dem universalen Energiefeld und beginne erst dann mit der Entfernungsbehandlung.

Das ist nun aber keine Bedingung, sondern nur eine Weise, um diesen Moment ganz bewusst zu erleben. Prinzipiell kannst du von jedem Ort aus und zu jeder Zeit Energie versenden (aus einer vollen Straßenbahn, aus dem Auto oder sogar aus einer Konferenz heraus usw.)

580. Muss ich dazu eine spezielle Körperhaltung einnehmen?

Eine entspannte Körperhaltung und fokussierte Aufmerksamkeit (für wen oder was bin ich der Kanal?) reichen völlig aus. Auch wenn dir alle möglichen Gedanken durch den Kopf gehen, muss dich das nicht abhalten. Akzeptiere, dass dein Denkapparat nie still steht. Energie folgt der Zuwendung, du brauchst sie also nicht irgendwohin zu schieben oder zu ‚denken'!

581. Wenn ich auf Entfernung Energie schicke, darf ich dann mit meinen Gedanken abschweifen?

Es ist sehr schwierig, seine Gedanken eine lange Zeit auf einen bestimmten Punkt zu fokussieren. Die Gedanken laufen, wie sie wollen und wenn du gerade in einer Entfernungsbehandlung bist, dann ziehen auch immer wieder andere Gedanken durch deinen Kopf. Betrachte sie einfach als vorbeiziehende Wölkchen, die kommen und wieder verschwinden. Gegen solche Gedanken anzukämpfen (nach dem Motto ‚Ich muss ganz leer sein') hält dich erst recht in den Gedanken fest und stört deine Entspannung. Deine Intention reicht vollkommen aus.

Wenn du den Eindruck hast, nun völlig von deinen Gedanken gefangen zu sein, dann kehre ganz ruhig zu dem zurück, was du gerade tust. Wenn du das Bedürfnis verspürst über einen bestimmten Sachverhalt nachzudenken, dann sage zu dir selbst: „Jetzt nicht. Später!" und fahre mit deiner Entfernungsbehandlung fort. Es ist nicht nötig, jedes mal wieder das HSZSN zu machen, wenn du gedanklich abgeschweift bist. Mach es nur, wenn du das Gefühl hast, doch eine ganze Weile ‚weg' gewesen zu sein.

582. Kann ich die komplette Behandlung auf Entfernung auch allein in Gedanken vollziehen?
Ja. Dem einen fällt dies leichter als dem anderen. In *Frage 585* werden einige Hilfsmittel vorgestellt, die dir das verschicken von Energie leichter machen.

583. Welche Intention ist beim Behandeln die beste?
„Ich bin ein bedingungsloser Kanal für die universale Energie."

Sonstiges

584. Wie behandle ich jemanden auf Entfernung mit den Techniken des 2. Grades?

- ▷ Zunächst legst du fest, an wen du Energie schicken willst (etwa indem du im Stillen für dich ein paar Mal den Namen des Betreffenden wiederholst).
- ▷ Zeichne oder visualisiere das Symbol HSZSN und wiederhole 3 x das dazu gehörige Mantra.
- ▷ Zeichne oder visualisiere die Symbole SHK und CKR und wiederhole auch hier in dir selbst 3 x die zugehörigen Mantras.
- ▷ Anschließend schickst du Energie, entweder auf deine eigene Weise oder so, wie in den *folgenden Fragen* beschrieben.

585. Wie kann ich während einer Behandlung auf Entfernung am besten fokussieren?
Hier folgen einige Tipps, wie du dich während einer Entfernungsbehandlung besser fokussieren kannst:

a) Stell dir vor, deine Beine seien jeweils die Vorder- bzw. Rückseite der auf Entfernung zu behandelnden Person. Wenn du beispielsweise dein rechtes Bein als Vorderseite der Person definiert hast, dann beginnst du beim Knie und arbeitest in drei Schritten nach oben bis zu deiner Hürte. Das Knie stellt den Kopf, der mittlere Oberschenkel den Rumpf, der obere Oberschenkel die Beine der Person dar. Jedes Mal, wenn du die Handposition änderst, kannst du erneut die Symbole SHK und CKR machen. Wenn du das Gefühl hast, du musst auch das HSZSN noch ein Mal machen, weil du etwa durch Telefonklingeln o. ä. abgelenkt worden bist, dann tue es, auch gerne häufiger, ganz wie du es willst. Während du deine Hände auf den Beinen liegen hast, kannst du die Symbole mit der Fingerspitze erneut machen. Es ist aber keine ‚Pflicht' jedes Mal die Symbole neu zu visualisieren, wenn du dich abgelenkt fühlst, denn du musst für die Energieübertragung nicht ‚leer' zu sein.

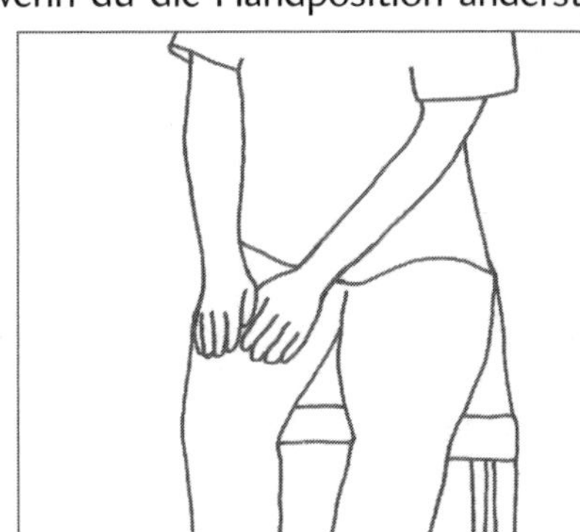

b) Nimm ein Foto des Betreffenden in die Hände und mache die Symbole. Deine Hände können sich dabei stark erwärmen und möglicherweise das Foto beschädigen. Wenn es (dir) also sehr wichtig ist, dann Halt lieber die Hände nur darüber, ohne das Foto direkt zu berühren.

c) Du kannst auch mit einem Zettel arbeiten. Schreibe den Namen der zu behandelnden Person darauf und halte diesen Zettel dann in deinen Händen und mache die Symbole.

d) Behandle deinen eigenen Körper als ob es der Körper der Person in der Ferne sei. Du legst dazu deine Hände auf Gesicht, Herzgegend, Bauch etc. und denkst dabei, es seien das Gesicht, die Herzgegend, der Bauch etc. des auf Entfernung zu behandelnden Person.

e) Benutze einen Teddybär oder eine Puppe als ‚Stellvertreter' für die betreffende Person.

f) Stell dir vor, die zu behandelnde Person sei ganz winzig klein wie eine Elfe, die in deinen geöffneten Händen steht.

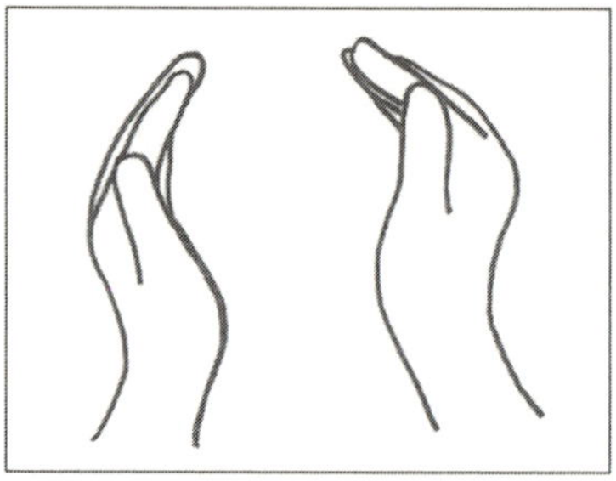

g) Oder du behandelst ganz und gar in Gedanken. Stell dir vor, du seiest bei der Person und behandelst sich wirklich direkt.

h) Und natürlich kannst du diesbezüglich auch eigene Techniken entwickeln oder welche übernehmen, die du von anderen Kollegen erfahren hast.

586. Wie viel Zeit muss ich mir dafür nehmen?
Eine ‚komplette' Entfernungsbehandlung dauert etwa 15 bis 20 Minuten, kann aber auch kürzer oder länger dauern. Wenn du nur ‚eben schnell' Energie in eine bestimmte Situation übertragen willst, dann können es auch nur ein paar Sekunden oder Minuten sein.

587. Muss ich ganz von vorne beginnen, wenn ich 20 Minuten nicht durchhalte?
Nein. Die Behandlung ist nicht an einen bestimmten Zeitrahmen gebunden. Du kannst dann problemlos einige Zeit später oder an einem anderen Tag die Behandlung fortsetzen.

588. Wo überall kann ich die Entfernungsbehandlung anwenden?
Die Entfernungsbehandlung kannst du beinah überall anwenden und niemand wird es bemerken, es sei denn du zeichnest die Symbole ganz deutlich in die Luft und sprichst die Mantras dazu lautstark aus...
Die Symbole kannst du dir ganz ‚im Geheimen', nur für dich still im Geiste vorstellen oder ganz klein mit den Fingerspitzen, Dauem oder Zehen machen. Du kannst die Energieübertragung komplett im Kopf sich abspielen lassen oder eine Hand auf die Knie legen (in ‚Vertretung' der

entfernten Person, der du Energie geben möchtest) und dabei mit der anderen Hand die Kaffeetasse zum Munde führen. Du kannst eine Hand, beide oder gar keine verwenden – das ist gleichgültig. Manche Menschen finden es aber schöner, sich mit ihren Händen bei der Entfernungsübertragung ‚fest zu halten' anstatt alles nur in Gedanken durchzuspielen.

Hier einige Beispiele für unterwegs:

- ▷ Wenn du dich im Wartezimmer eines Arztes langweilst.
- ▷ Wenn du im Zug, im Bus oder in der Straßenbahn sitzt.
- ▷ Bei der Arbeit.
- ▷ Während langweiliger Geburtstagsfeiern kannst du dir selbst und deinem Partner universale Energie geben. Es ist doch schön zu sehen, wie dieser fast einschläft und nach deiner Entfernungsbehandlung wieder voll aufblüht.
- ▷ Im Stau oder in einer Warteschlange. Eine sehr gute Methode, um die öde Wartezeit zu überbrücken.
- ▷ Im Auto während der Fahrt. Das Lenkrad kannst du dabei als Verkörperung dessen ansehen, was du behandeln willst. Achte aber weiter auf den Verkehr!!

589. Wie frage ich um Erlaubnis, wenn ich jemanden auf Entfernung behandeln möchte?

Das hängt ein wenig davon ab, was du vorhast. Am einfachsten ist es meist, wenn du der betreffenden Person erklärst, was da vonstatten geht und ihr die Reiki-Behandlung erläuterst. Erkläre ihr, dass es mit dem Anzünden einer Kerze für jemanden anderen oder mit beten zu vergleichen ist, wenngleich letzteres bei (streng) gläubigen Menschen, die ohnehin dem Reiki sehr ablehnend gegenüberstehen, einigen Widerstand hervorrufen kann. Je normaler und nüchterner du aber selbst mit dem Thema umgehst, desto leichter machst du es dem anderen, sich darauf einzulassen. Mit Worten kannst du ohnehin kaum jemanden von Reiki überzeugen. Meist akzeptieren diese Menschen Reiki, wenn sie es erst einmal an sich selbst erfahren haben. Jemanden auf Entfernung Bekanntschaft mit Reiki machen zu lassen, ist für diesen natürlich sehr ‚sicher', wenngleich manche die Entfernungsbehandlung als Hokuspokus ansehen. Solchen Leuten kannst du vielleicht lieber eine kurze Behandlung im Sitzen anbieten.

590. Darf ich jemandem ungefragt auf Entfernung universale Energie schicken?

Eine der wichtigsten Leitlinien in der Energiearbeit ist der Respekt vor dem freien Willen eines anderen. Dazu gehört natürlich, dass du nicht einfach ungefragt jemandem eine Entfernungsbehandlung angedeihen lässt. In vielen Fällen bittest du vorher um Erlaubnis.
Manche Menschen sind natürlich für eine Reiki-Behandlung nicht offen, meist weil sie keine Kenntnisse von der Arbeit mit Energie haben oder sich aus Glaubensgründen davor fürchten. Eine Körperbehandlung lehnen sie ebenso ab wie eine Entfernungsbehandlung. Und wer bist du, dass du diesen Menschen vorschreiben zu können glaubst, dass sie ihre Überzeugungen ändern müssten?
Jeder Mensch geht seinen eigenen, individuellen Lebensweg, und wenn Reiki in diesem Leben keinen Platz hat, dann soll das wohl so sein. Wenn du einen solchen Menschen dann doch

heimlich behandelst, gibst du mangelnden Respekt vor dem freien Willen und dem individuellen Lebensweg eines anderen zu und handelst ethisch falsch. Zudem arbeitest du auch noch Ziel gerichtet, weil du hoffst, derjenige würde anschließend doch Interesse an Reiki äußern. Mit Vorbehaltlosigkeit hat dies alles nichts zu tun, mehr mit deinem eigenen Ego!
Wenn jemand krank ist, hat er das Recht zu bestimmen, welche Heilmethode und welche ergänzende Behandlung er haben möchte. Wenn jemand keine Energie aufnehmen möchte (bewusst oder unbewusst) dann wird er auch keine aufnehmen. Du kannst nur der Kanal für die universale Energie sein, der Empfänger bestimmt, was mit der übertragenen Energie oder ob überhaupt etwas geschieht.

591. Wem darf ich ungefragt Energie auf Entfernung schicken?

- Menschen, die dir eine generelle Erlaubnis dazu erteilt haben, jederzeit wann du willst, von dir Energie geschickt zu bekommen. Die musst du nicht jedes Mal fragen. Sehr praktisch wäre es, solche Absprachen mit Freunden, Partnern, Kindern etc. zu treffen.
- Menschen, die bestimmte Ämter oder Funktionen bekleiden (z. B. Präsident, Pilot, Arzt usw.). Denen kannst du ungefragt Energie spenden in ihrer Funktion als Präsident etc., nicht aber ihnen als Privatperson!
- Menschengruppen.
- Menschen, die du nicht (mehr) um Erlaubnis bitten kannst, wie demente alte Menschen, Komapatienten, sehr kranke Menschen, manche geistig Behinderte, Sterbende, Verstorbene (siehe auch *Frage 601*) usw.
  Dabei kannst du etwa folgenden Satz zu dir sagen: "Ich schicke dir Energie. Wenn du sie aber nicht willst, dann kommt sie zurück zu mir." Hiermit respektierst du in jedem Fall den Willen des Empfängers. Siehe auch *Frage 590*.

592. Was mache ich, wenn ich nicht um Erlaubnis bitten kann, aber trotzdem Energie schicken möchte?

Siehe die vorige Frage, besonders den letzten Absatz.

593. Macht es überhaupt einen Unterschied, ob man direkt auf dem Körper oder auf Entfernung behandelt?

Für die Energie ist es völlig gleichgültig. Ob du auf dem Körper oder auf Entfernung arbeitest, die Energie ist dieselbe.
Manche Menschen geben dem körperlichen Kontakt den Vorzug und genießen es, sich ohne Zeitdruck zu entspannen und mit Energie aufzuladen. Andere Menschen wiederum bevorzugen gerade eine Entfernungsbehandlung. Sie haben meist keine Zeit oder Muße, sich lange mit Reiki zu beschäftigen, möchten aber doch die angenehmen Effekte einer Behandlung erleben. Es liegt also an der betreffenden Person selbst, wie sie mit Reiki umgeht. Die Energie ist immer dieselbe, ungeachtet der Technik oder der Methode, mit der du arbeitest.

594. Kann ich Befindlichkeiten eines anderen spüren, wenn ich universale Energie übertrage?
Genauso wie bei einer direkten Körperbehandlung kann es sein, dass du auch bei einer Entfernungsbehandlung Wahrnehmungen hast. Allerdings sind diese Wahrnehmungen nicht relevant (siehe die *Fragen 152* und *373*)! Es ist sehr gut möglich, dass du in deinem eigenen Körper Signale des anderen wie ein Prickeln, ein Stechen, einen Druck o. ä. spürst, während du mit seiner Behandlung auf Entfernung befasst bist. Es ist durchaus schön, nach einer solchen Entfernungsbehandlung sich über die (gegenseitigen) Wahrnehmungen auszutauschen (etwa telefonisch), doch ist es nicht das Ziel, irgendwelche Rückschlüsse daraus zu ziehen. Du bist lediglich der Kanal und was du fühlst, kann sehr wohl das genaue Gegenteil dessen sein, was der andere gefühlt hat (wenn er denn überhaupt etwas gespürt hat). Das, was du spürst, kann durchaus auch mit dir zu tun haben und gar nicht mit dem anderen, denn bei einer Energieübertragung bekommst du in dem Moment, wo du Energie schickst, ja selbst auch Energie ab!

595. Kann jemand es spüren, wenn ich ihn auf Entfernung behandle?
Ja, siehe die vorige Frage. Es ist genauso wie bei einer Behandlung im Liegen oder im Sitzen, wenngleich die Wahrnehmungen bei einer Entfernungsbehandlung schwächer ausfallen können, als bei einer direkten Körperbehandlung, weil eben der Körperkontakt fehlt.

596. Spürt der Behandelte auch etwas, wenn er gar nicht weiß, dass er behandelt wird?
Manche spüren das, andere nicht. Es spielt aber letztlich keine Rolle ob jemand irgendetwas dabei spürt. Es ist in der Regel so, dass derjenige, der von seiner Arbeit und den täglichen Belastungen völlig vereinnahmt ist, weniger schnell etwas davon spüren wird, als jemand der zu einem fest vereinbarten Termin wirklich speziell für diese Behandlung dir liegt oder sitzt.

597. Kann ich auch mehrere Menschen zugleich behandeln?
Das geht. Du kannst dir etwa eine Liste mit den Namen der zu behandelnden Personen auf einen Zettel schreiben und dann diese Liste behandeln. Viele Reiki-Anwender, die eine eigene Praxis haben und häufig Entfernungsbehandlungen applizieren, arbeiten so. Möglicherweise läuft irgendwann deine Praxis auch so gut, dass du, um den Andrang zu bewältigen, auch gelegentlich auf diese Weise arbeiten wirst.

598. Meine Mutter hält Reiki für kompletten Unsinn. Kann ich sie trotzdem auf Entfernung behandeln?
Auch deine Mutter hat das Recht auf ihren freien Willen! Wie würdest du es finden, wenn sich dir plötzlich jemand aufdrängt? Da du es selbst sicher nicht schön fändest, solltest du es bei anderen auch nicht tun, selbst bei deiner eigenen Mutter nicht.

599. Kann ich universale Energie über das Telefon verschicken?
Ja, beim Telefonieren kannst du dir dann vorstellen, wie die Energie vom einen Ende des Telefonkabels zum anderen strömt. Und natürlich kannst du dabei auch die Symbole anwenden.

600. Kann ich jemanden in einer bestimmten Funktion, einen Arzt etwa, auf Entfernung behandeln?

Du schickt dann Energie ausschließlich an die Person in ihrer Funktion, nicht an die Person als solche. Du kannst einem Arzt beispielsweise, bevor er zu operieren oder zu behandeln beginnt, Energie schicken, um die Operation oder die Behandlung zu unterstützen. Wenn du damit aber bezweckst, dass der Arzt ein bestimmtes Ergebnis erreicht, handelst du zielgerichtet. Und das wiederum geht mit den Symbolen nicht, denn die stehen für die bedingungslose Lebenskraft.

601. Kann ich jemandem Energie schicken, der schon gestorben ist?

Energie überschreitet alle Grenzen. Daher kannst du tatsächlich auch einem Verstorbenen noch Energie schicken. Zumeist tut man dies, um den Toten auf seiner Reise Unterstützung zu geben. Das geht auch noch beim Begräbnis oder im Krematorium. Selbst Jahre später kannst du noch Energie in dieses traurige Ereignis entsenden. Das ist dann mehr eine Stütze für dich selbst, die die Trauer heilen kann und dir eine wirkliche Rückkehr in das Leben erleichtert.

Wenn du die Symbole aber anwendest, um den Verstorbenen an dich zu binden, dann zeigst du damit mangelnden Respekt vor seinem Willen und seinem einzigartigen Lebensweg. Wie große deine Trauer über den Verlust eines Mitmenschen auch sein mag, wir gehen immer nur einen kleinen Weg gemeinsam und wenn die Zeit des Abschieds kommt, müssen wir den anderen loslassen. Das ist eine Sache bedingungsloser Liebe. Eine Entfernungsbehandlung kann den Übergangsprozess bei dir und dem Verstorbenen dabei unterstützen.

So geht's:

1. Du stimmst dich auf den Verstorbenen ein,
2. dann machst du das Symbol HSZSN,
3. anschließend das Symbol SHK
4. und das Symbol CKR.
5. Behandele auf deine eigene Weise oder so wie in *Frage 585* beschrieben.

Natürlich kannst du auch deiner religiösen Überzeugung hier freien Lauf lassen, indem du zu Gott betest, die Engel anrufst oder deine bzw. die Schutzengel des Verstorbenen um ihre Begleitung bitten usw. Viele Menschen sehen in dieser letzten Reise eine Reise ins Licht.

Ich selbst

602. Wie behandle ich mich selbst auf Entfernung?

So wie du andere auf Entfernung behandelst, kannst du auch dir selbst eine Entfernungsbehandlung geben, etwa weil du schlecht an bestimmte Körperregionen herankommst,

wie deinen Rücken, die Füße o. ä. Das ist auch praktisch, wenn du nicht viel Zeit hast. Zugleich ist es eine Art Meditation.
Mit dem HSZSN schwingst du dich auf dich selbst ein. Mehr dazu in den *Fragen 584* und *585*.

603. Warum sollte ich mich selbst auf Entfernung behandeln?
Es ist einfach eine andere Behandlungsmethode. Selbstverständlich kannst du dich selbst auch so behandeln, wie du es im 1. Grad gelernt hast, jetzt zusätzlich unter Anwendung der Symbole.

Argumente dafür:

- ▷ Die Entfernungsbehandlung deiner selbst ist eine sehr passive Form der Eigenbehandlung. Das führt dazu, dass du eigentlich zugleich meditierst und das wiederum verstärkt den Kontakt zu deinem inneren Selbst.

  Die Vorteile davon:
  - > Du kommst dir selbst und deinen Gefühlen näher;
  - > Du entwickelst damit deine Intuition;
  - > Du bist empfänglicher für Einsichten, Kreativität und Inspiration;
  - > Du wirst dir deiner Sache sicherer.

- ▷ Entfernungsbehandlungen haben auch den Vorteil, dass du dafür nicht viel Zeit brauchst.
- ▷ Darüber hinaus kannst du dich überall unbemerkt selbst behandeln, wo immer du auch bist auf der Welt. Es fällt nämlich in der Öffentlichkeit viel weniger auf, wenn du deine Hände auf die Beine legst, als wenn du sie auf den Kopf legst!

604. Kann ich mir heute schon für morgen universale Energie schicken?
Wenn du weißt, dass du morgen einen hektischen Tag vor dir haben wirst, dann kannst du mit den Entfernungstechniken vorsorglich universale Energie zu bestimmten Zeitabschnitten des morgigen Tages schicken. Eine wunderbare Hilfe in hektischer Zeit!

Situationen

605. Was bewirkt eine Entfernungsbehandlung in persönlichen Situationen?
So wie du dich auf eine Person einstimmen kannst, so kannst du dich auch auf persönliche Situationen einschwingen. Das können Gegebenheiten aus der Vergangenheit, der Gegenwart oder der Zukunft sein. Du kannst diese Umstände aber nicht manipulieren, sondern lediglich helfende Energie in welche Abläufe auch immer hinein senden.

Beispiele:

- ▷ Indem du Energie in vergangene Situationen schickst, regst du deine Selbstheilungskräfte an, innere Verletzungen zu heilen. Damit können sich die negativen Nachwirkungen des Gestern auf das Heute vermindern oder gar ganz verschwinden. Energie in die Vergangenheit zu schicken, eröffnet dir häufig ganz neue Einsichten über das fragliche Geschehen und ermöglicht dir zu erkennen, welche Veränderungen bei dir noch nötig sind. Es kann dir auch bewusst machen, dass du vielleicht professionelle Hilfe brauchst, um ein seelisches Trauma zu verarbeiten.

- ▷ Durch die Entsendung von Energie in eine heutige Situation kannst du sehr viel leichter du selbst in dieser Situation bleiben. Reiki hilft dir nämlich, dir deiner selbst immer bewusster zu werden. Es hilft auch, dir deiner Gefühle bewusster zu werden, was in Konfliktsituationen hilfreich sein kann. Die Verhärtung der Fronten zwischen zwei aufeinander prallenden Egos kann dadurch verringert werden.
- ▷ Schicke Energie in ein zukünftiges Ereignis, was wichtig für dich ist. Das kann ein Gespräch sein, eine Reise, eine Hochzeit, ein Begräbnis usw. Du kannst damit dessen Ablauf nicht beeinflussen, wohl aber, dass du in der Situation ganz du selbst bleibst, was immer auch geschieht. Wenn du auf Reisen gehst, kann eine Voraus-Reiki-Behandlung dieser Reisesituation dir innere Unruhe, Ängste oder Gefühle von Unsicherheit etc. wegnehmen.

606. Kann ich auch eine Gegebenheit, die zu mir selbst keinen Bezug hat, mit Energie versorgen?

Ja, du kannst dich auf die betreffende Situation (etwa Kriege, Katastrophen, Unglücke usw.) einstimmen und sie dann mit Energie versorgen. Siehe die *Fragen 622* und *623*.

607. Wie behandle ich eine Situation auf Entfernung?

Eine Situation auf Entfernung zu behandeln, funktioniert genauso, wie du eine Person oder dich selbst auf Distanz behandelst.

So geht's:

1. Du stimmst dich auf die Situation ein,
2. dann machst du das Symbol HSZSN,
3. anschließend das Symbol SHK
4. und das Symbol CKR.
5. Behandele auf deine eigene Weise oder so wie in *Frage 585* beschrieben.

Du kannst auch hier mit einem Zettel arbeiten, auf dem du die zu behandelnde Situation kurz beschreibst, mit Datum und Uhrzeit versiehst. Beispiele:

- ▷ für eine Situation in der Vergangenheit: "Der Unfall vom 13. Januar 2000" (an dessen Folgen du noch heute leidest) oder
- ▷ für eine Situation in der Zukunft: "Das Gespräch / Examen o. ä. morgen um 14.00 Uhr" oder
- ▷ für eine Situation in der Gegenwart: "in dieses Gespräch" oder "in diese Situation" usw.

608. Hilft eine Entfernungsbehandlung während eines Streits?
Energie in einen Streit zu schicken hilft, die Spannung in Entspannung zu transformieren. Es kann die Situation neutralisieren und die Streithähne einander näher bringen. Die Liebe gewinnt.
Wenn es dich selbst betrifft, dann wird dir das Einsicht in dein Verhalten geben, was dir womöglich zeigt, wie du die Streitsituation auflösen kannst. Du kannst einen anderen nicht verändern, indem du ihn mit Energie versorgst. Die einzige Möglichkeit jemand anderen zu verändern, ist dich selbst zu verändern. Dann nämlich verändert sich deine Umgebung und damit auch automatisch der andere. Erwarte keine handfesten Ergebnisse, wenn du Energie in einen Streit schickst, denn Reiki ist eine bedingungslose Energie. Reiki kann die notwendige Hilfe auf dem Weg zur Versöhnung sein.

609. Kann ich aus dem Auto universale Energie in eine Situation lenken?
Das geht, aber du solltest dich dabei nicht ablenken lassen und weiter auf den Verkehr achten. Wenn du beide Hände fest am Lenkrad hältst und dir dabei vorstellst, das beispielsweise das Lenkrad die Situation ist, dann ist das schon ausreichend. Wenn du dich aber leicht ablenken lässt oder du von Reiki gar müde wirst, dann solltest du es im Auto auf jeden Fall sein lassen!
Als Beifahrer oder Mitfahrer kannst du allerdings ohne jede Einschränkung während der Fahrt wen oder was auch immer (auf Entfernung) mit Reiki behandeln.

610. Kann ich universale Energie auch zu den Ursachen eines Problems schicken?
Ja. Auch wenn du die Ursache deines oder des Problems von jemand anderem nicht kennst, kannst du Energie dorthin lenken. Dann formulierst du deine Intention etwas allgemeiner: "Ich lenke Energie zur Ursache des Problems (hier das Problem benennen)".
Das geht bei körperlichen, aber auch bei emotionalen, mentalen, spirituellen oder sonstigen Problemen. Es kann geschehen, dass sich das eine oder andere in Bewegung setzt, sodass sich etwas plötzliche Einsichten auftun, sich die Selbsterkenntnis verbessert, sich gehegter Groll auflöst, sich das Bewusstsein des eigenen Anteils oder bezüglich der Notwendigkeit externe Hilfe usw. einstellt oder schlicht, dass man das Problem als solches klarer erkennt. Wichtig ist dabei, dass man nicht zielgerichtet auf die Offenbarung wartet! Durch regelmäßige Versorgung mit Energie kommt Bewegung in jede Sache! Das heißt aber nicht, dass sich alle Probleme wie von Zauberhand erledigen. Das Leben ist ein fortdauernder Prozess.

611. Wie kann ich mit Hilfe von Reiki Dinge aus der Vergangenheit vergeben und vergessen lernen?
Viele Beziehungen und manches Lebensglück leiden unter unverarbeiteten Gegebenheiten aus der Vergangenheit.
Wenn du eine Entfernungsbehandlung auf eine Vergangenheitssituation anwendest, kannst du dich selbst bitten, dass das, was damals geschehen ist, keinen Einfluss mehr auf deine Gegenwart haben soll. Indem du Energie zu dieser inneren Verletzung lenkst, förderst du den Vergebungs- und den Heilungsprozess. Was dabei übrigens zusätzlich hilft, ist eine Affirmation mit dem Thema Vergebung, beispielsweise: „Ich vergebe dir (Vater, Mutter, Chef, Freundin, dem Täter usw.)."

Vielleicht sagt du zuerst "Ich vergebe dir", ohne das aber wirklich zu meinen. Doch das macht nichts (siehe auch *Frage 634* bezüglich der Arbeit mit Affirmationen).
Indem du dir diese Affirmation immer wieder bewusst sagst, glaubst du irgendwann selbst daran und kannst dann tatsächlich vergeben. Vergiss vor allem nicht, auch dir selbst zu vergeben, denn wir können uns häufig von vergangenen Dingen nicht lösen, weil wir unseren eigenen Anteil und unsere eigene Verantwortlichkeit dafür nicht sehen wollen. Wenn du aber ganz offen und aufrichtig dich selbst betrachtest, dann wird dies oft sichtbar. Auch eine Affirmation ist kein Zaubermittel, sondern ein Werkzeug. Es erfordert daher Wiederholung und Aufmerksamkeit.
Entfernungsbehandlungen für vergangene Situationen sorgen dafür, dass du wieder stark wirst und dich nicht mehr als Opfer der gewesenen Situation fühlst. Innere Stärke bringt Lebensglück.

Warnung:
Reiki ist eine Ergänzung und kein Ersatz für reguläre konkrete (medizinische, psychologische etc.) Hilfe. Entfernungsbehandlungen sind auch keine Therapien, sondern stärken lediglich die Selbstheilungskräfte.

612. Kann ich die Zukunft beeinflussen?

Nein, mit Reiki kannst du nicht manipulieren, also weder Menschen noch Situationen nach deinem Gusto ‚verbiegen'. Reiki versorgt die Selbstheilungskräfte mit Energie (quasi mit Nahrung für das Energiesystem). Ob du Reiki nun in ein schwieriges Gespräch einfließen lässt oder in einer gewöhnlichen Behandlung überträgst: Es ist eine Hilfe, eine Unterstützung, nicht mehr!
Und **ja**: Selbstverständlich kannst du mit einer positiven Lebenseinstellung viel Einfluss auf deine Zukunft ausüben. Eine positive Grundhaltung zieht positive Dinge an, mehr jedenfalls, als eine negative Haltung. Siehe die *Fragen 634* und *638* (Affirmationen und mentale Behandlung).

613. Kann ich Energie in mehrere Situationen zugleich lenken?

Ebenso wie du mehrere Menschen auf Entfernung mit Energie versorgen kannst, so kannst du das auch mit unterschiedlichen Situationen zugleich tun (wobei es gleichgültig ist, ob es um eigene Gegebenheiten oder die von anderen, der Welt, der Politik usw. geht). Wenn es um persönliche Lebenslagen geht, ist es meist angenehmer, sich immer nur um eine zurzeit zu kümmern, vor allem auch deshalb, weil du bei der Energieübertragung selbst zu besonderen einsichten gelangen kannst. Es wäre doch Schade, wenn du auf Grund der Vielfalt an Situationen, die du gerade gleichzeitig versorgst, diese Einsichten verpassen würdest. Es stellt sich ohnehin die grundsätzliche Frage: Warum so viele Situationen gleichzeitig? Wenn du dich intensiv mit einer Gegebenheit beschäftigst und es folgt daraus ein Transformationsprozess in dir selbst, dann hat dies automatisch eine vielfältige Auswirkung auf andere, vergleichbare Umstände in deinem Leben.
Wenn du viele Zettel mit Reiki-Adressaten (Personen oder Sachverhalten) darauf zu behandeln hast, kannst du diese alle in eine Reiki-Schachtel (das ist eine Schachtel oder Dose aus Holz o. ä., aber nie aus Metall!) stecken, die du anschließend in deine Hände nimmst und dann Energie auf ihren Inhalt lenkst.

614. Helfen Entfernungsbehandlungen auch bei einer Prüfung?
Die Entfernungsbehandlung eines Prüflings hilft diesem, sich auf den Stoff bzw. den Gegenstand der Prüfung zu konzentrieren. Die Energie wirkt entspannend und so kann der Prüfling ganz er selbst bleiben, ohne sich von der eigenen Nervosität oder störenden Außeneinflüssen ablenken zu lassen. Reiki ist aber keine Garantie für das Bestehen einer Prüfung! Lernen muss der Prüfling schon auch!
Es ist übrigens sehr hilfreich, dem Prüfungskandidaten vorab eine mentale Behandlung angedeihen zu lassen (siehe *Frage 629*). Das erleichtert ihm die Konzentration.

615. Hilft Reiki bei Vorstellungsgesprächen?
Wenn du zuvor Energie in das Gespräch lenkst, steht du näher bei dir und vermittelst demjenigen, mit dem du das Vorstellungsgespräch führen wirst, ein klareres Bild von dir. Das ist für beide Parteien angenehmer. Eine Garantie, dass du den Job auch bekommst ist das aber leider auch nicht, denn weder du noch Reiki können zaubern. Wenn es nicht klappt, dann kannst du offenbar noch etwas Besseres erwarten.

616. Kann ich während eines Gesprächs jemand anderen mit universaler Energie versorgen?
In schwierigen, festgefahrenen Gesprächen oder Verhandlungen kann ein bisschen universale Energie etwa Entspannung bringen und verhärtete Fronten auflockern, denn die Energie hat Einfluss auf dich und deine Umgebung. Es kann allerdings nicht das Ziel sein, den Gesprächspartner heimlich energetisch zu behandeln, schließlich hat er ebenso wie du einen freien Willen, den es zu respektieren gilt.

617. Kann ich einer Konferenz auf Entfernung Energie schicken?
Ja, das kannst du. Du hast es hier mit einer Gruppe von Menschen zu tun. Eine Versammlung oder Konferenz mit Energie zu versorgen, heißt aber nicht unbedingt, dass sie dadurch schnell beendet werden kann! Womöglich dauert sie tatsächlich viel länger als ohne Entfernungsbehandlung, weil die Teilnehmer sehr viel intensiver sich mit dem Thema auseinander setzen, wodurch einfach mehr Zeit notwendig ist.

618. Kann ich einen Unfall auf Entfernung behandeln?
Die Situation selbst jederzeit. Verletzte direkt solltest du lieber nicht behandeln (auch nicht auf Entfernung), bevor du nicht genau weißt, zu welchen Verletzungen es gekommen ist.

619. Kann ich Energie für die Heilung der Erde senden?
Einmal im Jahr, am 31. Dezember, dem *World Healing Day*, übertragen viele (Reiki-) Menschen Energie für die Heilung der Erde (je nach Zeitzone zwischen 13.00 Uhr und 14.00 Uhr; 12.00 Uhr Greenwich-Zeit).
Das kannst du an diesem oder jeweils am letzten Tag eines Monat oder sogar täglich, wenn du das möchtest, um die gleiche Zeit tun.
Indem du der Erde Energie zukommen lässt, hilfst du auf energetischer Ebene mit, unseren geplagten Planeten zu unterstützen. Alles besteht aus Energie, auch der Planet, auf

dem wir leben. Selbstverständlich kannst du dich dabei auch auf deine direkte Lebensumgebung beschränken oder speziell die tropischen Regenwälder, die Antarktis, Afrika oder die Watteninseln etc. mit Energie zu versorgen. Ein Schlüsselanhänger mit einem kleinen Globus daran, ein Foto des Planeten oder der Region, in die du Energie lenken willst, machen das Ganze greifbarer und auch einfacher, es sei denn, du bist gut im Visualisieren.

Während du Energie zur Erde leitest, löst du dich übrigens vorübergehend von deinen eigenen Problemen und arbeitest du auf einer viel höheren, erdumfassenden Ebene. Damit stellst du dich selbst in einen größeren Zusammenhang und damit erhältst du während der Energieübertragung schon eine andere, weitere Sicht.

620. Kann ich universale Energie in den Weltfrieden lenken?
Für den Weltfrieden kannst du täglich um 12.00 Uhr mittags (lokale Zeit) eine Minute (oder mehr) meditieren oder Energie lenken. Auch an jedem Sonntagabend zwischen 18.00 und 18.15 Uhr (lokaler Zeit) wird dies weltweit getan.
Wir haben alle Einfluss auf das universale Energiefeld. Auch wenn du nur ein Tropfen in dem großen Ozean bist, ein Tropfen schon verursacht eine Welle!

621. Kann ich auch Gruppen von Menschen, etwa solchen die Hunger leiden, Energie schicken?
Ja, stimme dich ein auf die beIntentionigte Gruppe und lenke Energie hinein.

622. Kann ich Energie zu einem Unfallgeschehen schicken?
Du kannst selbstverständlich alle Betroffenen und auch die Unfallhelfer mit Energie versorgen, wobei du zugleich den Kosmos um Hilfe für die Opfer, ihre Familien und Freunde sowie die tapferen Helfer bitten kannst.

623. Kann ich Energie in eine Kriegssituation schicken?
Das Schicken von Energie verursacht eine Schwingung im universalen Energiefeld, die wiederum Einfluss auf alles, was damit verbunden ist, ausübt. Daher hat das Schicken von Energie eine heilende, unterstützende Wirkung in Konfliktsituationen, wobei du natürlich beide Seiten energetisch versorgen kannst.
Siehe auch *Frage 235* bezüglich der wissenschaftlichen Beweise, die belegen, dass Meditation Einfluss auf die direkte Umgebung hat (weniger Kriminalität, Gewalt etc.). Ob du nun meditierst oder Energie schickst, kommt aufs Gleiche heraus: beides schlägt kleine Wellen im ‚Ozean' der Energie. Besser wenig als gar nichts! Die Summe aller kleinen Wellen ergibt eine große Welle.

624. Kann ich Reiki in einer bedrohlichen Situation anwenden?
Selbstverständlich ist es das erste Ziel, so schnell wie möglich aus einer solchen Situation zu entkommen und eventuell um Hilfe zu rufen. An Ort und Stelle kannst du dich mit dem Symbol SHK (siehe *Frage 644*) schützen. Oder du setzt dich und andere in ein weißes Licht, was ebenfalls wie ein kosmischer Schutzschirm wirkt. Je nach religiöser Verankerung kannst du natürlich auch Gott, den Kosmos, die Engel usw. um Hilfe bitten.

625. Wie kann ich die Techniken auf Reisen nutzen?

Wenn du planst, auf Reisen zu gehen, so kannst du der Reise im Ganzen oder etwa dem Flug im Speziellen mit Hilfe der drei Symbole Energie schicken. Dazu machst du das Symbol HSZSN über dein Flugticket und wendest anschleißend die anderen Symbole an. Selbst dem Piloten (in seiner Funktion als Lenker des Fliegers, nicht aber dem Piloten als Person!) kannst du Reiki auf Entfernung geben. Wenn du unter Flugangst leidest, solltest du dich selbst auch ausgiebig behandeln.

626. Darf ich Energie (auf Entfernung) in eine Operation schicken?

Es ist besser, keine Energie an jemanden zu schicken, der gerade in Narkose liegt und operiert wird. Diese Warnung beruht auf der Tatsache, dass Reiki die Selbstheilungskräfte fördert. Das sorgt wiederum dafür, dass Gift- und Abfallstoffe (so etwa das Narkosemittel) schneller aus dem Körper geschwemmt werden. Siehe *Kapitel D. Besondere Warnungen (Teil I: Praxis)*. Der Anästhesist müsste daher womöglich die Dosis des Narkosemittels noch erhöhen, um den Operierten im Tiefschlaf zu halten, ihm also noch mehr ‚Giftstoffe' verabreichen. Sehr wohl kannst du aber Energie in die Operationssituation als solche schicken und auch den operierenden Ärzten, nicht aber dem Patienten.
Nach einer Operation ist Reiki dagegen eine sehr gute Hilfe bei der Genesung, denn normalerweise dauert es recht lange bis die Narkosemittel aus dem Körper beseitigt sind. Reiki fördert die Abführung von Abfallstoffen und leistet so bei der Körperentgiftung eine wichtige Hilfe. Also nach einer Operation kann der Operierte recht häufig mit Reiki behandelt werden.

627. Hilft die Entfernungsbehandlung nun wirklich?

Viele Menschen erleben, dass Energie ihnen gut tut. Ob die Behandlung nun direkt an ihrem Körper stattfindet oder auf Entfernung, ist gleichgültig, weil Energie nicht an die physische Anwesenheit gebunden ist. Was eine Behandlung für den einen bewirkt, kann für einen anderen ganz anders aussehen. Energie unterstützt die Selbstheilungskräfte, die nur eines im Sinne haben: Die Heilung. Die Selbstheilungskräfte wissen schon, wie und in welcher Weise sie die zugeführte Energie zu verwenden haben. Der Energie ist es egal, ob sie direkt über die Hände eines Behandlers übertragen wird oder ob sie über das universale Energiefeld auf Entfernung fließt.

Mehr über die wissenschaftlichen Aspekte des Themas Energie und die Energietransformation auf Entfernung findest du in dem empfehlenswerten Buch: *Das Nullpunkt-Feld* von Lynne McTaggart (siehe *Teil IV: Sonstige Informationen*).

G. Zusätzliche Möglichkeiten

Die Mentale Behandlung

628. Was ist eine mentale Behandlung?
Eine mentale Behandlung ist eine Technik der Energiearbeit, die spezifisch auf die Behandlung der mentalen Ebene, des Denkens gerichtet ist.

629. Wie gebe ich eine mentale Behandlung?

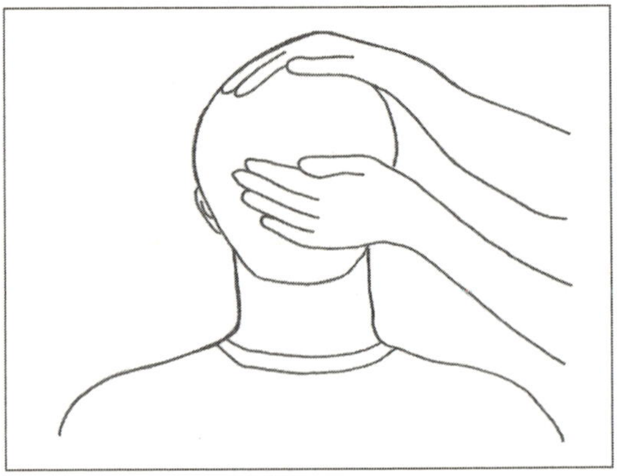

- ▷ Behandle zunächst genau so, wie du es gewohnt bist. Wenn du mit den Positionen am Kopf fertig bist, dann zeichne oder visualisiere das mentale Symbol über dem Scheitel und sprich 3 x zu dir selbst das Mantra SHK,
- ▷ anschließend zeichnest oder visualisierst du das Körpersymbol über dem Scheitel und sprichst zu dir selbst 3 x das Mantra CKR.
- ▷ Nun legst du eine Hand oben auf den Kopf und die andere auf den Hinterkopf;
- ▷ halte diese Position ungefähr 5 Minuten bei.

Danach kannst du die Behandlung wie gewohnt fortsetzen. Die mentale Behandlung kannst du im Liegen und im Sitzen anwenden. Wenn du eine mentale Eigenbehandlung machst, ist es im Liegen am bequemsten.

630. Wann wende ich die mentale Behandlung an?
Die mentale Behandlung kann während einer ganz gewöhnlichen Komplett- oder Teilbehandlung, aber auch als einzelne Behandlung angewendet werden.

631. Wie wirkt eine mentale Behandlung?
Sie fördert die Bewusstseinsentwicklung auf mentaler Ebene und hat dadurch wiederum Einfluss auf die emotionale Ebene.
Unter anderem kann eine mentale Behandlung Folgendes bewirken:

- ▷ Du wirst dir negativer Denkstrukturen bewusst. Damit wird ein Prozess zur positiven Veränderung in Gang gesetzt (siehe *Frage 632*). Bewusstsein ist der erste Schritt zu Veränderung.
- ▷ Du wirst dir bewusst, wie du mit dir und anderen umgehst.

- ▷ Sie schafft Ruhe und Ordnung in deinem Kopf (was in vielen Situationen hilfreich ist!). Die Behandlung kann dir auch bewusst machen, wie wichtig es ist, ab und zu die ‚Teetasse' zu leeren (die Japaner sagen, dass man in eine volle Teetasse nichts nachschenken kann). Das soll heißen, dass keine neuen Informationen, aber auch keine neuen Einsichten von deinem Kopf aufgenommen werden können, wenn er übervoll mit anderen Gedanken ist.
- ▷ Eine mentale Behandlung verdeutlicht die Ursachen von Süchten, Stress, Blockaden, psychischen Problemen und verwirrten Emotionen, sodass du zielgerichtet an einer Verbesserung arbeiten kannst.
- ▷ Sie macht dir bewusst, dass Entscheidungen zu fällen sind, womöglich aber in eine ganz andere Richtung, als du dachtest, in eine Richtung, die dir aber sehr viel mehr entgegenkommt.
- ▷ Manchmal macht eine mentale Behandlung auch bewusst, dass es nun wirklich Zeit ist, ein Problem anzugehen und sei es mit professioneller Unterstützung.

Du brauchst dir aber keine Sorgen zu machen, dass eine mentale Behandlung oder das mentale Symbol Dinge lostreten oder Entscheidungen forcieren, an denen dir nichts liegt. Energie ist wie die Natur. Veränderungen kommen, wenn die Zeit dafür reif ist und nicht früher. Daher kannst du mentale Behandlungen auch unbegrenzt auf dich und andere anwenden. Das innere System strebt nach Heilung, es regelt sich selbst. Durch die Anwendung der Symbole kannst du nicht zaubern im Sinne von: ‚Nun muss diese Blockade aber verschwunden sein....' Häufig geht der Veränderung erst noch ein Wachstumsprozess oder ein einschneidendes Ereignis voraus. Die mentale Behandlung ist eine ganz normale Unterstützung für mentale und emotionale Abläufe, kein Zaubermittel.

632. Was sind negative bzw. positive Denkmuster?

Negative und hinderliche Denkmuster sind beispielsweise:

- ▷ Ich bin nicht gut genug; Ich habe eine schwache Gesundheit; Ich versage ja doch dauernd; Iich finde nie die wahre Liebe; Ich bin ein hässliches Entchen; Ich verdiene dich nicht; Ich finde nie den richtigen Job usw.

Und nun sehen wir uns positive und heilsame Denkmuster an wie beispielsweise:

- ▷ Ich bin absolut in Ordnung, so wie ich bin; Ich bin gesund; Ich bin erfolgreich; Ich verdiene Liebe; Ich bin schön; Ich bin wertvoll; Ich habe einen Job, der genau der richtige für mich ist usw.

Es liegt auf der Hand, dass solche Denkmuster aus dir einen viel glücklicheren Menschen machen. Das Schöne daran ist, dass sich auch deine Ausstrahlung dadurch verändert, wodurch du automatisch mehr positive Dinge anziehen wirst. Das hatte schon Gautama Buddha erkannt, wenn er sagt: *Wir schaffen die Welt mit unseren Gedanken.*

633. Wie wirkt eine mentale Behandlung auf negative Denkmuster?

Die mentale Behandlung kann dir solche hinderlichen Denkmuster bewusst machen. Bewusstsein ist der 1. Schritt zur Veränderung.

Es ist auch eine Frage von aktiver Entscheidung, diesen negativen Denkmustern nicht zu erlauben, Besitz von einem zu ergreifen. Immer, wenn das geschieht, solltest du einem negativen Gedanken sofort einen positiven gegenüberstellen. In solchen Momenten helfen auch Affirmationen, auch direkt in Kombination mit einer mentalen Behandlung (siehe *Frage 638*).

Affirmationen/Visualisierungen

634. Was sind Affirmationen?

Affirmationen sind Sätze, die man als positive Bekräftigungen beschreiben könnte. Sie werden u. a. gebraucht, um negative Denkmuster in positive zu verwandeln oder um bestimmte persönliche Ziele in seinem Leben zu erreichen. Affirmationen werden immer positiv formuliert und zwar so, als hättest du das was du sein oder erreichen willst bereits erreicht hast.

Dein Bewusstsein kennt das Wort *nicht* nicht. Wenn du also sagst „Ich will *nicht* krank sein", bedeutet das nichts anderes, als dass du dich doch mit dem Kranksein beschäftigst. Energie folgt deiner Zuwendung – also solltest du besser das Wort *gesund* in den Satz einbauen: „Ich bin gesund!"

Auch wenn du eine Affirmation anfangs nicht ernst nimmst oder selbst nicht daran glaubst, im Lauf der Zeit wirst du dich selbst darauf programmieren, wenn du sie regelmäßig wiederholst und auch in deine mentalen Behandlungen einbaust, und so letztendlich selbst daran glauben, was du dir immer wieder vorsagst. So wird aus einer positiven Affirmation eine positive Überzeugung. Affirmationen werden häufig im Zusammenhang mit Visualisierungen verwendet.

Eine häufig genutzte allgemeine Affirmation ist etwa folgende: *Es geht mir jeden Tag in jeder Hinsicht besser!*

635. Was sind Visualisierungen?

Visualisierungen sind Bilder, die du vor deinem geistigen Auge erstellst. Visualisieren in dieser Hinsicht bedeutet, sich positive, bestätigende Bilder vorzustellen. Eine Affirmation bekräftigt in Worten etwas Positives (so, als hättest du es bereits erreicht). Eine Visualisierung tut genau dasselbe, nur eben nicht durch Worte, sondern durch positiv bestätigende Bilder. Du erschaffst ein Bild in dir dergestalt, als sei das, was du erreichen willst, beispielsweise inneres Glück, bereits erreichter Teil deines Lebens. Du siehst dich selbst vor deinem geistigen Auge bereits als glücklich, selbst wenn du es in dem Moment gerade nicht bist.

Mehr über Affirmationen und Visualisierungen und ihre heilsame Wirkung findest du in den Büchern von Louise Hay (u.a. *Gedanken können heilen*) und in dem sehr empfehlenswerten Buch von David Gershon und Gail Straub *Empowerment* (letzteres ist nur in englischer Sprache erhältlich; siehe *Teil IV: Sonstige Informationen*). Dieses Buch betrachtet sehr sachlich alle Lebensbereiche und hilft dir zu entdecken, wo deine behindernden Denkmuster sitzen. Die Autoren liefern auch gut Tipps für die Arbeit mit diesen Techniken.

636. Wie kann ich Affirmationen anwenden?

Zunächst kannst du eine entsprechende Affirmation formulieren, etwa: "*Ich denke und spreche positiv*".

Diese Affirmation schreibst du auf einen Zettel und wiederholst sie regelmäßig (notfalls laut gesprochen vor einem Spiegel).

Du kannst auch die Symbole SHK/CKR regelmäßig über dem Zettel machen, um deine Affirmation mit Energie zu unterstützen. Wenn du zu viel daran denkst, dann bist du zu bemüht darum, strebst womöglich ganz verkrampft nach deinem Ziel. Wenn du zu wenig daran denkst, dann verwässert dein Ziel. Finde einen gesunden Mittelweg, indem du dir ein paar Mal am Tag die Affirmation vergegenwärtig, ohne sie nun pausenlos zu wiederholen! Die Blätter an den Bäumen wachsen nicht, indem man ständig daran zieht!

Einige Beispiele, wann du deine Affirmation vergegenwärtigen kannst:

- ▷ Morgens, wenn du gerade aufgewacht bist;
- ▷ Abends vor dem Schlafengehen;
- ▷ Vor einer Meditation oder einer Reiki-Behandlung;
- ▷ Unter der Dusche oder in der Badewanne;
- ▷ In der Warteschlange usw.

Es geht um die Entwicklung des Bewusstseins, nicht um die zwanghafte Veränderung des Lebens! Affirmationen können sogar innere Widerstände hervorrufen, insbesondere, wenn das, was du darin sagst, aktuell noch nicht wahr ist. Doch indem du sie immer wieder wiederholst, beginnst du langsam selbst daran zu glauben. Affirmationen wirken wie eine Art Gehirnwäsche und positive Affirmationen führen dich am Ende zum Glück.

Eine Idee ist es, deine persönliche Affirmation hübsch geschrieben auf einer schönen Karte oder einem schönen Papier an deinen Badezimmerspiegel, an deinen PC-Bildschirm oder in deinen Kalender zu kleben. So hast du sie täglich vor Augen und erinnerst dich daran, woran du arbeiten willst.

637. Muss ich eine Affirmation immer zusammen mit einer Visualisierung anwenden?

Nein, du kannst entweder das eine oder das andere wählen. Wenn du es schöner findest, kannst du auch beides zusammen nutzen.

638. Wie kombiniere ich die mentale Behandlung mit Affirmationen/Visualisierungen?
Du beginnst eine mentale Behandlung (siehe *Frage 629*) und während dieser Behandlung konzentrierst du dich auf die betreffende Affirmation und wiederholst sie einige Male. Du kannst die Affirmation selbstverständlich auch jederzeit in eine Visualisierung einbauen, wenn du das angenehm findest. Etwa so, als ob du auf eine Kinoleinwand schaust, auf die deine Affirmation in Form eines Bildes projiziert wird. Wenn du ein Person behandelst, dann kannst du diesen aktiv mitarbeiten lassen, indem du ihn still für sich oder laut die Affirmation sagen oder sie visualisieren lässt.

Variante: Seiheki Chiryo (eine alte japanische Technik):
Lege eine Hand auf die Stirn und die andere auf den Hinterkopf. Halte diese Position 2 bis 3 Minuten, während du die Affirmation immerzu wiederholst.

In beiden Fällen kannst du dich leichter auf die Affirmation fokussieren und damit wird das neue Denkmuster im Kopf verankert. Du kannst einen anderen nicht ‚programmieren' oder manipulieren, während du ihn behandelst. Der Empfänger bestimmt alles selbst, du bist lediglich ein Werkzeug.

639. Was, wenn eine Affirmation oder eine Visualisierung nicht funktionieren?
Untersuche, ob du die Affirmation nicht vielleicht zu unrealistisch formulierst hast. Wenn du deine Ziele in näher liegende Teilziele unterteilst, dann glaubst du leichter daran. Du kannst ja jederzeit eine neue Affirmation formulieren, wenn du den einen Schritt erreicht hast (für manche Ziele ist Selbstakzeptanz beispielsweise der 1. Schritt und die Basis für das Erreichen des Ziels!). Dann wählst du etwa zunächst für eine ganze Weile die Affirmation: „Ich akzeptiere mich selbst völlig!", um sie dann nach einer Zeit durch eine andere Affirmation wie etwa: „Ich bin es wert, geliebt zu werden!" zu ersetzen.
Affirmationen und Visualisierungen bringen dir meistens inneren Frieden, Glück und Selbstakzeptanz durch Bewusstseinsentwicklung, aber sie sind keine Zaubermittelchen beispielsweise für die Heilung von Krankheiten (auch wenn sie den Heilungsprozess unterstützen können).

640. Helfen Affirmationen und Visualisierungen bei Krankheit?
Affirmationen und Visualisierungen können dich in deinem persönlichen Kampf gegen Krankheit unterstützen beim Akzeptieren von krankheitsbedingten Lebensveränderungen. Viele Menschen nutzen Affirmationen und Visualisierungen während einer Krankheit, um die inneren Kräfte zu mobilisieren, vor allem weil sie wissen, welchen Einfluss der Geist auf den Körper hat. Affirmationen unterstützen jeden Prozess und können dir selbst in einer schwierigen Phase inneren Frieden bringen.

Anmerkung: Ich empfehle besonders das Buch von Louise Hay *Gedanken können heilen* für das Erlernen des Umgangs mit Affirmationen und zum Verstehen ihres Wesens. Hier geht es nicht um eine Beurteilung von Krankheiten anderer anhand eine Liste ‚Symptome und mögliche falsche Denkmuster'! Mach dir immer wieder klar, dass jeder Mensch einzigartig ist! So kann dieselbe Krankheit bei dem einen gänzlich andere psychische Ursache haben, als bei einem anderen Menschen. Krankheit hat viele Gesichter. In der alternativen Heilung übersieht man gerne genetisch bedingte Faktoren, Umwelteinflüsse usw. und zu allem Übel wird vielfach auch noch den Menschen suggeriert, sie seine letztlich selbst an ihrer Krankheit schuld. Das Emotionen Auswirkungen auf den Körper haben, steht außer Frage, daher können Affirmationen ja gerade so gut helfen, aber sie sind nicht für alle körperlichen Leiden verantwortlich! Nutze das, was für dich richtig ist und vergiss den Rest!

Räume reinigen

641. Kann ich mit Hilfe der Symbole Räume reinigen?

Ja, in manchen Situationen ist es sinnvoll, Räume energetisch zu reinigen, was mit den Techniken des 2. Grades leicht zu bewerkstelligen ist:

- ▹ Nach einem Streit oder nach dem Besuch einer Person, die du als ,negativ' erlebt hast. Du hast womöglich das Gefühl, die Person sei noch immer da, obwohl sie schon lange gegangen ist.
- ▹ Versuche, die Atmosphäre in einem Zimmer zu erfassen, welches du gerade betrittst, ohne zu wissen, was sich dort abgespielt hat. Manchmal kannst du die ,Ladung' (die Spannung) geradezu fühlen, ob nun positiv oder negativ.
- ▹ Auf Reisen kannst du dein Hotelzimmer mit Hilfe der Symbole energetisch reinigen.
- ▹ Wenn du eine Praxis betreibst, dann kannst du zwischen zwei Behandlungen den Behandlungsraum mit Hilfe der Symbole energetisch reinigen, um die Atmosphäre so rein wie möglich zu halten. Dann brauchst du dazu keinen Weihrauch, auf den viele Menschen allergisch reagieren.
- ▹ In neu bezogenen Häusern oder Wohnungen, in denen noch die Energie der Vorbesitzer ,hängt' oder in denen du Energien aus der Welt des Unbegreifbaren spürst, solltest du mit Hilfe der Symbole die Räume energetisch reinigen. Insbesondere gilt dies dann, wenn du Besuch von ungebetenen Gästen (Entitäten oder Geistern) hattest, solltest du diesen alles Gute wünschen und sie mit Hilfe der Symbole ins Licht zu schicken. Licht transformiert nämlich.

  Die Symbole eignen sich übrigens nicht dazu, Geister anzurufen! Der Schleier zwischen den Dimensionen hängt dort nicht umsonst! Wenn du die Geisterwelt in Ruhe lässt, dann lassen dich auch die Geister in Ruhe, meistens jedenfalls.

642. Wie reinige ich mit Hilfe der Symbole einen Raum?

Indem du in alle Ecken und Winkel sowie auf die Fenster und Türen des Raumes die Symbole SHK und CKR zeichnest oder visualisierst und dazu natürlich die entsprechenden Mantras still zu dir selbst oder laut sprichst. Diese Zeremonie kannst du um die Bekräftigung ergänzen, dass alles, was nicht hierher gehört, in den Kosmos bzw. ins Licht zurück geschickt wird. Zusätzlich kannst du auch noch Weihrauch, Salbei oder Duftöle verwenden.

643. Kann ich Gegenstände mit Hilfe der Symbole reinigen?
Ja, indem du die Hände über die entsprechenden Gegenstände hältst und darüber die Symbole SHK und CKR einige Male zeichnest oder visualisierst, reinigst du den Gegenstand energetisch und lädst ihn mit neutraler Lebensenergie auf.

644. Wie kann ich mich selbst mit Hilfe der Symbole energetisch schützen?
Das SHK-Symbol wirkt schützend und reinigend. Wenn du also dieses Symbol in deiner eigenen Aura visualisierst, schaffst du ein schützendes und reinigendes ‚Schild'. Dieses kannst du gezielt zwischen dich und eine andere Person oder rund um dich herum platzieren (siehe auch *Frage 350* über Energieverlust).

645. Was ist die Reiki-Dusche?
Diese Technik zielt darauf ab, einen Energieschwall, eine Art ‚Energiedusche', auf einen bestimmten Ort zu gießen. Meist wird diese Energiedusche über der Eingangstür ‚angebracht'. Indem du die Tür mit dem Symbol HSZSN zusammen mit den Symbolen SHK und CKR an der Stelle machst und dazu laut oder still die Intention aussprichst (und/oder dies zugleich visualisierst), dass diese ‚Dusche' dauerhaft an dieser Stelle arbeiten soll. Jedes Mal, wenn du darunter hindurch gehst, weißt du, dass du darüber einen Schwall Energie bekommst.

Erden

646. Kann ich mit dem 2. Grad besser erden?
Mit dem 2. Grad lernst du lediglich eine andere, weitere Technik der Erdung. Erden verlangt das Bewusstsein, dass Erdung wichtig ist. So gibt es durchaus Menschen mit dem 2. oder 3. Reiki-Grad, die überhaupt nicht geerdet sind (‚abgehoben' sind) und dagegen Menschen mit dem 1. Grad, die perfekt geerdet sind. Allein den 2. Grad zu erreichen heißt noch lange nicht, auch gut geerdet zu sein. Allerdings lernt man dort Techniken, dies leichter etwa während der Arbeit, im Bus, beim Behandeln, während schwieriger Gespräche, in Gesellschaft etc. zu bewerkstelligen.

647. Wie kann ich mit den Techniken des 2. Grades erden?
Die folgende Technik entstammt dem Buch von Frank Arjava Petter *Das Reiki-Feuer* und ist eine sehr schnelle und einfache Art der Erdung:

- Stelle beide Füße fest auf den Boden.
- Fokussiere deine Fußsohlen.
- Stell dir auf jeder Fußsohle ein CKR-Symbol vor.
- Dann fokussiere das 2. Chakra (unter deinem Nabel) und stell dir auch dort ein CKR vor.
- Zuletzt visualisierst du je ein CKR in deinen beiden Handflächen.

Diese Methode kannst du auch bei einer Behandlung anwenden, wenn dir plötzlich ganz leicht im Kopf wird oder du das Gefühl hast, dass du abschweifst.
Wenn du dieses vor einer Meditation machst, sorgt es dafür, dass du mehr körperorientiert bist als nur kopfgesteuert. Siehe dazu mehr in *Kapitel G. (Teil I: Praxis).*

Meditieren

648. Kann ich mit den Techniken des 2. Grades meditieren?

Neben jeder anderen Form der Meditation kannst du auch die Techniken des 2. Grades zur Meditation nutzen. Mit manchen Meditationsformen kannst du die Reiki-Techniken kombinieren. Bei der Transzendentalen Meditation ist das schwerer, weil du dort bereits ein anderes (persönliches) Mantra zur Beruhigung des Geistes und zum Erreichen eines besseren Kontaktes zum universalen Energiefeld nutzt. Selbstverständlich kannst du aber vor einer Transzendentalen Meditation mit den Reiki-Symbolen meditieren oder du lässt eine TM-Meditation in eine Behandlung oder Meditation mit den Reiki-Symbolen übergehen.

649. Wie kann ich mit den Techniken meditieren?

Da gibt es unterschiedliche Möglichkeiten:

- ▷ Du kannst beispielsweise, bevor du mit welcher Meditationsform auch immer beginnst, die Symbole zeichnen oder visualisieren. Das HSZSN machst du dann zuerst über dich selbst und dann das SHK und das CKR.
- ▷ Du kannst das HSZSN über dein eigenes Herzchakra machen und anschleißend die anderen Symbole zeichnen/visualisieren und dann mit der Meditation beginnen. Während der Meditation legst du beide Hände auf dein Herzchakra oder jedes andere Chakra legen, von dem du weißt, dass dort noch Arbeit für dich zu erledigen ist. Namentlich die Herzchakrameditation ist sehr schön, weil sie dein Herzchakra weiter öffnet und damit deine Fähigkeit erhöht, Liebe zu geben und zu empfangen. Das Gleiche gilt entsprechend für die Wirkung auf die anderen Chakren. Es gibt spezielle CDs zur Chakrameditation, auf denen du musikalisch von Chakra zu Chakra geleitet wirst. Hierbei ist es empfehlenswert, jeweils das HSZSN, das SHK und das CKR über dem jeweiligen Chakra zu machen. Siehe die CD-Liste in Teil IV.

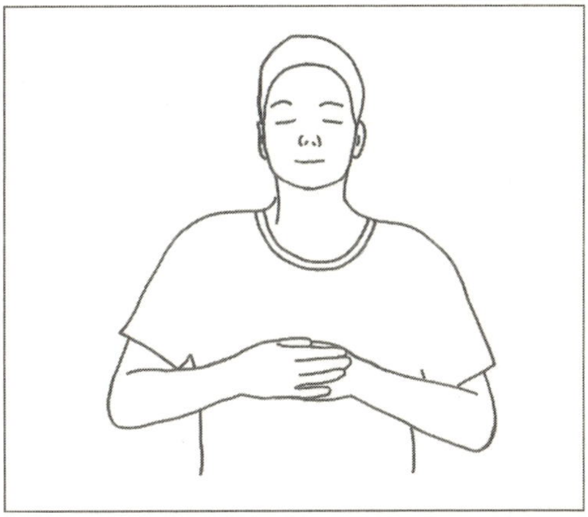

- ▷ Bevor du mit einer Meditation beginnst, kannst du die Symbole auch ganz bewusst auf den aktuellen Moment anwenden. Das bewirkt, dass du mit deinen Gedanken weniger schnell in die Vergangenheit oder in die Zukunft abschweifst, sondern ganz dich der Gegenwart widmest. Es verankert dich besser im Hier und Jetzt.

- Du machst die Symbole im Hinblick auf eine bestimmte Situation oder ein bestimmtes Problem und meditierst dann darüber. Dann bittest du dich selbst um Einsichten und Erkenntnisse.

Alle Antworten findest du in dir selbst!

Wichtig ist es, bei der Meditation nicht mehr über das Problem nachzudenken oder gar darüber zu grübeln, denn dann bleibst du kopfgerichtet. Und das ist nicht das Ziel. Du sollst dich lediglich für neue Erkenntnisse öffnen. Dadurch wechselst du von der Ratio zum Gefühl und verbindest dich auf diese Weise mit deinem inneren Selbst.
Wenn du auch mit Tarot- oder anderen Erkenntniskarten arbeitest, kannst du natürlich nach der Meditation eine Karte ziehen. Oder du zieht vorher eine Karte, über die du wieder meditieren kannst. Öffne dabei wieder dein Bewusstsein für das, was die Karte dir sagen will.

- Du machst die Symbole im Hinblick auf den Weltfrieden oder die Erde und meditierst anschließend für den Frieden und die Heilung der Erde.
- Du kannst auch eine Gassho-Meditation in Kombination mit den Symbolen machen (siehe *Frage 238*).

650. Wofür ist Meditation gut?
Siehe *Frage 235.*

651. Kann ich auch allein auf die Mantras der Symbole meditieren?
Ja, das geht. Die Symbole wie die Mantras sind buddhistische Gebete. Du kannst über die Mantras meditieren, indem du sie für dich im Stillen immer wieder wiederholst, um deinen Geist zu fokussieren und dich damit mit dem universalen Energiefeld zu verbinden.

Teil III:

3. Grad

A. 3. Grad

652. Was beinhaltet der 3. Grad?

- Im 3. Grad lernst du Techniken zur Frequenzverstärkung mit Hilfe des Meistersymbols DKM.
- Der 3. Grad arbeitet hauptsächlich auf der spirituellen Ebene.
- Der 3. Grad eröffnet dir weitere Möglichkeiten zur Entwicklung deines Bewusstseins und gibt dir Techniken an die Hand, in tiefere Schichten vorzudringen, um damit Heilung für Geist und Seele zu finden.
- Der 3. Grad übt einen starken Einfluss auf dein Selbstbewusstsein, dein Verantwortlichkeitsgefühl deinem eigenen Leben gegenüber und dein kosmisches Bewusstsein aus. Er hilft dir beispielsweise, dir deiner Lebensziele und Lebensaufgaben bewusst zu werden.

653. Wie viel Zeit sollte zwischen dem 2. und dem 3. Grad vergangen sein?

Die meisten Lehrer haben hier keinen festen Zeitrahmen, denn der Kursteilnehmer bestimmt selbst, wann er meint für den nächsten Schritt bereit zu sein. Wenn der Kursteilnehmer allerdings sehr schnell weiter machen will, weil er glaubt, dadurch schneller wachsen zu können bzw. besser die Energie spüren zu können, bremsen die meisten Lehrer etwas. Die Symbole und Grade sind Hilfsmittel auf dem Weg der Energie und keine Zaubermittelchen für die ‚schnelle Erleuchtung'!

Die meisten Lehrer empfehlen zwischen dem 2. und dem 3. Grad als Minimum eine Zeit von 21 Tagen, die Zeit der symbolischen Reinigung.

Für den 3. Grad ist es wichtig, eine gute Erfahrungsgrundlage in der Nutzung der Symbole und der Wirkung der Techniken zu haben. Lass dir also ruhig etwas Zeit und praktiziere den 2. Grad eine Weile, bevor du den 3. Grad machst. Gib Reiki Zeit, sich völlig in dein Leben zu integrieren.

654. Beinhaltet der 3. Grad auch wieder eine Reinigungsperiode?

Nach jedem Grad empfiehlt sich eine symbolische Reinigungsperiode von 21 Tagen. Das ist ungefähr der Zeitraum, den Körper und Geist benötigen, um die erhöhten Schwingungsfrequenzen zu verarbeiten und sich zu Eigen zu machen. Siehe auch *Frage 148*.

655. Ich habe noch nicht mit dem 2. Grad gearbeitet. Kann ich trotzdem zum 3. Grad überwechseln?

Im 3. Grad lernst du Techniken, die auf denen des 2. Grades aufbauen. Daher ist es unumgänglich, zunächst etwas mit den Techniken des 2. Grades zu arbeiten. Im Kurs zum 3. Grad werden die Techniken des 2. Grades nicht wiederholt, also kannst du den 2. Grad auch nicht überspringen.

656. *Muss ich alle Grade wiederholen, wenn ich den 3. Grad bei einem anderen Lehrer mache?*

Das kommt darauf an, ob du die vorigen Grade in einem ganz anderen System gemacht hast. Wenn ja, werden die meisten Lehrer eine komplette Wiederholung verlangen, da die Kurse und die Einstimmungen eine bestimmte Struktur haben und innerhalb eines Systems aufeinander eingestimmt sind.

657. *Wenn ich noch nie Energie gefühlt habe, ist es dann sinnvoll, weiter zu machen?*

Du kannst selbstverständlich weiter machen, auch wenn du die Energie noch nie gespürt hast. Allerdings gibt auch der 3. Grad keine Garantie, dass du dann die Energie fühlst. Letztlich ist das aber auch unerheblich. Ob du Wahrnehmungen hast oder nicht, kann damit zu tun haben, dass du zu kopflastig und daher zu wenig körperorientiert bist. Wenn du dich mehr mit dem Thema Erdung beschäftigst, kannst du deine Chance, Energie auch zu fühlen, wesentlich mehr erhöhen, als durch schnellstmögliches Durchlaufen aller Grade.

658. *‚Hebe' ich nun ab?*

Abzuheben oder nicht, ist eine Sache deiner persönlichen Entscheidung. Manche Menschen leben nicht gerne in der Realität, flüchten vor sich selbst und verlieren den Boden unter den Füßen. Wenn du dich nach dem 3. Grad ausschließlich und nur noch mit den spirituellen Seiten des Lebens beschäftigst, dann ist die Gefahr, ‚abzuheben' sehr groß. Durch die überstarke Beachtung der obersten Chakren werden die unteren Chakren (Erdung!) womöglich vernachlässigt. Unausgewogenheit ist die Folge. Das normale irdische Leben geht weiter (auch nach dem 3. Grad!). Teppichboden verlegen, einkaufen gehen, das Bad putzen, sich mit Freunden vergnügen, Rechnungen bezahlen, das kranke Kind pflegen, dich selbst, den Partner, den Hund etc. versorgen: Wenn du dich neben der Energiearbeit (behandeln und meditieren) weiterhin um die ganz irdischen Angelegenheiten kümmerst, dann bleibst du im Gleichgewicht. Siehe *Kapitel G. (Teil I: Praxis).*

B. Unterschiede zum 2. Grad

659. Empfange ich nun stärkere universale Energie?
Du lernst weitere Techniken, die Schwingungsfrequenzen zu erhöhen. Das nennt man auch ‚verstärken'.

660. Können die Behandlungen nun kürzer ausfallen?
Was die Dauer einer Behandlung angeht, gibt es zwischen dem 2. und dem 3. Grad keine Unterschiede. Du lernst ergänzende Techniken, namentlich für die Arbeit auf spiritueller Ebene. Allerdings wird hier mehr Nachdruck auf die gefühlsmäßige, intuitive Arbeit gelegt. Die eine Behandlung kann also durchaus länger als die ‚durchschnittliche' Zeit dauern, oder eben auch kürzer.

661. Werde ich die universale Energie nun besser fühlen oder nicht?
Durch die häufige Arbeit mit Energie werden dein Körpergefühl und damit auch deine Intuition trainiert. Die Folge ist, dass du durchaus auf unterschiedliche Weisen Energie besser spüren kannst.

662. Wird sich jetzt meine Spiritualität stärker entwickeln?
Die Techniken des 3. Grades arbeiten vor allem auf der spirituellen Ebene. Dadurch werden sich natürlich Veränderungen auf diesem Ebene abspielen.

663. Bekomme ich jetzt größere spirituelle Fähigkeiten?
Ja, je mehr du mit Hilfe von Reiki und/oder Meditation an deiner Bewusstseinsentwicklung arbeitest, desto mehr wirst du dir auch deiner spirituellen Lage bewusst werden. Der 3. Grad hat nicht zum Ziel, dir allerlei spirituelle Tricks beizubringen, sondern will dir helfen, ganz du selbst zu sein und dich zu entdecken. Reiki ist einfach und richtig in seiner Unbedingtheit. Es geht nicht darum, anderen zu beweisen, wie ‚weit' wir sind. Kunststückchen dienen lediglich dazu, das Ego zu streicheln, helfen dir aber auf dem spirituellen Weg nicht weiter!

664. Wie merke ich, dass sich spirituell etwas verändert hat?
Meistens ist es nicht so, dass sich mit einem Male eine große Veränderung zeigt (wenngleich es auch dafür zweifelsohne genügend Beispiele gibt). In der Regel ist es ein langsam sich vollziehender Prozess, den man *Bewusstwerdungsprozess* oder *Transformationsprozess* nennt. Andere nennen diesen Prozess das *Erwachen*. Tatsächlich hat er viel mit einem Erwachen zu tun. Durch häufige Behandlungen mit Hilfe der Symbole und durch regelmäßige Meditation wird dieser Prozess unterstützt. Spirituelle Entwicklung ist ein Vorgang, der sich durch das ganze Leben zieht, wenn du dich dafür öffnest und offen bleibst.

665. Beseitige ich jetzt andere Blockaden?

Mit dem Symbol des 3. Grades förderst du deine Bewusstwerdungsprozesse und deine Fähigkeit bedingungslose Liebe zu geben und zu empfangen. Das Symbol erleuchtet (siehe *Frage 683*). Durch die intensive Arbeit an dir selbst kannst du dein inneres Licht nach außen scheinen lassen. Du wirst selbst ein Licht für deine Umgebung. In dieser Hinsicht kann unterstellt werden, dass du tatsächlich andere Blockaden beseitigen wirst. Die Blockadenbeseitigung ist allerdings mehr eine Sache des Reiki-Weges insgesamt, als die eines speziellen Symbols oder Reiki-Grades. Mit Hilfe anderer Techniken könntest du das Gleiche erreichen. Es führen viele Wege nach Rom.

C. Der Unterschied zwischen dem 3. Grad A und dem 3. Grad B

666. Was ist der Unterschied zwischen dem 3. Grad A und dem 3. Grad B?
Im 3. Grad A kannst du nur mit den Energietechniken arbeiten, die zum 3. Grad gehören. Im 3. Grad B bist du in der Lage, andere einzustimmen und kannst damit Unterricht geben.

Man kann den Unterschied kurz auch so umschreiben:

3. A–Grad - Lehrer-Anwärter
3. B-Grad - praktizierender Lehrer

Viele Menschen möchten zwar nach dem 2. Grad einen Schritt weiter gehen, aber nicht selbst unterrichten. Was die Energie angeht, gibt es keinen Unterschied. Du arbeitest mit demselben Symbol.

667. Bin ich nach dem 3. Grad A dann kein ‚erleuchteter' Meister?
Der Titel ‚Meister' ist irreführend, weil er etwas impliziert, was der 3. Grad nicht bietet. Usui wurde '*sensei*' genannt, was nichts anders bedeutet als ‚Lehrer'.
Meister/Master ist ein Titel, den die Amerikaner ins Leben gerufen haben und der suggeriert, dass der Lehrer in seiner Entwicklung sehr weit fortgeschritten ist und weit über den Kursteilnehmern steht. Manche Menschen sind sehr empfänglich für solche Titel und setzen ihren Lehrer von vornherein auf einen goldenen Thron. Sie sind dann sehr enttäuscht, wenn ihr ‚Meister' sich auch als normaler Mensch erweist, mit einem eigenen Weg, eigenen Fehlern und seinem eigenen Lernprozess. Ein Lehrer ist jemand, der sich darauf spezialisiert hat, andere in der Arbeit mit Energie zu unterrichten, weil er viele Erfahrungen damit gemacht hat und aus seiner Begeisterung heraus den Drang verspürt, andere diesbezüglich zu begleiten. Das heißt aber nicht, dass ein Lehrer bereits mit seinem Entwicklungsprozess fertig ist!!!
Das Traurige ist, dass leider eine Reihe von Lehrern genau dieses Bild von sich transportiert, die sich Laien gegenüber erhaben fühlen und sich zu einer Art Guru aufspielen, der die Weisheit gepachtet hat. Das sagt viel über den Lehrer und seine Profilsucht aus, aber gar nichts (oder vielleicht alles?) über sein spirituelles Ebene!

668. Darf ich mich Meister oder Lehrer nennen, wenn ich den 3. Grad A erreicht habe?
Du bist dann Lehrer-Anwärter. Den Titel Lehrer oder Meister kannst du erst benutzen, wenn du den 3. Grad B erreicht hast. Du darfst dich aber sehr wohl mit dem 3. Grad A als Meister deines eigenen Lebens fühlen!

669. Warum kann man den 3. Grad in A und B teilen?
Das ist deshalb möglich, weil sehr wohl mit dem Symbol des 3. Grades gearbeitet werden kann, ohne das Kenntnisse im Unterrichten oder im Einstimmen nötig sind.

670. Untergliedert jeder Lehrer den 3. Grad in A und B?
Nein. Es gibt Lehrer, für die der 3. Grad nur mit Lehrer-Ausbildung komplett ist. Wer die nicht machen will, braucht ihrer Ansicht nach den 3. Grad gar nicht zu absolvieren. Daher bieten sie diese Teilung gar nicht erst an.

671. Kann ich mit dem 3. Grad A andere Menschen einstimmen?
Nein, das lernst du erst im 3. Grad B.

672. Wo liegt der Unterschied in der Einstimmung im 3. Grad A und B?
Es gibt unterschiedliche Arbeitsweisen für die Einstimmung. Häufig werden im 3. Grad A das Symbol sowie das zugehörige Mantra über der Hand gezeichnet oder visualisiert. Im 3. Grad B wird das Symbol in die Hand gezeichnet oder visualisiert und das Mantra wird durch leichtes Klopfen oder Blasen in die Handflächen ‚eingebrannt'. Ansonsten gleicht die Einstimmung im Prinzip den vorherigen.

673. Können der 3. Grad A und B zeitgleich gemacht werden?
In der Regel bekommst du erst die Einstimmung in den 3. Grad A und anschließend die in den 3. Grad B. Das kann sofort hintereinander geschehen. Es genügt aber auch die Einstimmung in den 3. Grad B allein, denn die umfasst beide Teilgrade. Das Symbol ist dasselbe. Wie die Einstimmung vollzogen wird, liegt an der Arbeitsweise des Lehrers und ob er den 3. Grad geteilt anbietet oder nicht.

D. Der Reiki-Kurs zum 3. Grad A

674. Was geschieht während eines Reiki-Kurses zum 3. Grad A?
Das hängt sehr vom persönlichen Stil des Lehrers ab. Es empfiehlt sich, ihn vorher zu befragen:
Im Folgenden ein paar Punkte, die in einem Kurs zum 3. Grad A gewöhnlich enthalten sind:
- ▷ Du lernst das Symbol.
- ▷ Du übst es in einer Gruppenbehandlung ein.
- ▷ Du erhältst eine Einstimmung.
- ▷ Du lernst einige Techniken, um dich auf spirituellem Gebiet und auf dem Gebiet der Bewusstwerdung weiter zu entwickeln.
- ▷ Es wird eine Meditation gemacht.
- ▷ Es werden Bücher empfohlen und besprochen.
- ▷ Es werden (Tarot-)Karten gezogen und besprochen.
- ▷ Das Thema ‚Erdung' wird ausführlich besprochen und praktisch geübt.
- ▷ Meistens gibt es Handreichungen zum Thema kosmisches Bewusstsein und zum Thema ‚Wie wirst du dir bewusst, dass du dir deine eigene Wirklichkeit erschaffst'. Dazu werden Techniken gezeigt, mit denen du deine eigene Wirklichkeit verändern kannst.

675. Warum ist die Herangehensweise in einem Kurs zum 3. Grad A so anders?
Spiritualität ist ein weiter Begriff und zudem ein sehr persönliches Erleben. Daher ist es für den Lehrer natürlich sehr schwierig, den Kurs für jeden Teilnehmer so angenehm wie möglich zu gestalten. Es ist gut möglich, dass der universelle Aspekt der Spiritualität aus Respekt vor allen Religionen und Weltanschauungen sehr betont wird. Es hängt sehr stark vom Lehrer ab, wie ein Kurs zum 3. Grad aussehen wird. Das meiste Wissen über Reiki ist ja auch schon in den Kursen zum 1. Und zum 2. Grad enthalten.

676. Ist ein Kurs spiritueller, weil auf der spirituellen Ebene gearbeitet wird?
Es lässt sich überhaupt nicht vermeiden, dass in einem Kurs, der ein Symbol lehrt, welches auf die spirituelle Ebene durchwirkt, auch sehr viel mehr über Themen gesprochen wird, die mit der Spiritualität zu tun haben. Wie spirituell ein Kurs zum 3. Grad wird, hängt aber zum einen vom Stil des Lehrers ab (bei der Wahl des Lehrers lässt du dich selbstverständlich von deinen eigenen Vorlieben lenken!) und zum anderen vom persönlichen Erleben ab. Spiritualität muss absolut nicht ‚abgehoben' sein und kann vielmehr eine wunderbare Vertiefung deiner Energiearbeit und deiner Bewusstseinsentwicklung bedeuten.

677. Wird der Reiki-Kurs zum 3. Grad A immer im Gruppenunterricht abgehalten?
Manchmal entscheiden sich Reiki-Lehrer, die Kandidaten für den 3. Grad A individuell auszubilden, während andere Lehrer ausschließlich mit einer Gruppe arbeiten.

678. *Bekomme ich nun wieder eine Einstimmung?*
Ja, du bekommst eine Einstimmung während des Kurses.

679. *Wenn ich nach dem Kurs zum 3. Grad A noch immer nichts spüre, bin ich dann vielleicht nicht richtig eingestimmt worden?*
Selbst nach dem 3. Grad A gibt es noch Menschen, die keine Wahrnehmungen bei der Energieübertragung haben. Das liegt aber nicht daran, dass sie vielleicht nicht korrekt eingestimmt worden sind. Auch ein Lehrer ist lediglich ein Energiekanal und du selbst als Empfänger bestimmst auf unbewusster Ebene, was alles mit dir geschieht (genau so wie bei einer Reiki-Behandlung). Die Fähigkeiten und persönlichen Belange des Lehrers spielen bei einer Einstimmung keine Rolle. Die Einstimmung gelingt immer, es sei denn, du sperrst dich ganz bewusst dagegen. Wahrnehmungen zu haben ist überdies absolut unwichtig. Siehe dazu auch die Fragen in *Kapitel E. (Teil I: Theorie)* bei 'Das Reiki-Gefühl'.

680. *Darf ich das Symbol mit nach Hause nehmen?*
Die Symbole geheim zu halten, ist ein wenig anachronistisch, denn die Symbole sind in Büchern, im Internet usw. publiziert. Die meisten Lehrer geben dir einen Computerausdruck des Symbols mit nach Hause oder zeichnen es eigenhändig auf ein Blatt Papier. Selbstverständlich kannst du es dort auch selbst aufzeichnen, falls du es nicht mitbekommst. Oder du prägst es dir genau ein und zeichnest es zu Hause nach. Viele Menschen wissen nach einer Weile nicht mehr, wie das Symbol genau aussah und können dann in ihren Aufzeichnungen nachsehen. Oder sie bitten ihren damaligen Lehrer, ihnen das Symbol noch einmal zu geben.

681. *Bekomme ich schriftliche Unterlagen?*
Bei den meisten Lehrern bekommst du entsprechendes Material.

682. *Ist es korrekt, wenn ich kein Zertifikat nach dem Kurs zum 3. Grad erhalten habe?*
Manche Lehrer vergeben tatsächlich nach einem Kurs zum 3. Grad A kein Zertifikat. Du hättest allerdings durchaus ein Recht darauf (schließlich hast du auch dafür bezahlt!). Wenn der Lehrer das damit begründet, dass der Kurs 3 A kein eigenständiger Kurs sei und nur zusammen mit dem Kurs 3 B vollständig, dann sollte er lieber erst gar keinen separaten Kurs 3 A anbieten. Sicherheitshalber solltest du vor Kursbeginn die Zertifikatsfrage klären.

E. Das Reiki-Symbol

683. Welches Symbol hat der 3. Grad?

Das Symbol des 3. Grades ist dreiteilig und heißt 'DKM-Symbol'. Der letzte Teil dieses Symbols kann bei Behandlungen oder Einstimmungen auch einzeln verwendet werden und wird das Meister-Symbol genannt. Dieses Symbol wird meist beim Kurs zum 3. Grad A gegeben. Es steht für ‚Erleuchten'.

684. Wie lautet das Mantra zum 3. Grad?

Bedeutung:

DAI	=	der Mensch / groß
KHO*	=	strahlendes Licht
MYO	=	erleuchten

Esoterische Bedeutung: Der erleuchtete Mensch ist das strahlende Licht.

▷ Heilung der Seele

685. Was bewirkt das Symbol?

Das Symbol 'erleuchtet' in dem Sinne, dass es ein Licht auf alle Aspekte deiner selbst wirft, also auch auf deine Schattenseiten, deine verborgenen Ängste und Ansichten.

Das Symbol steht, wie andere Symbole, für Einheit und Ganzheit, für die Aufhebung der Dualität.

Es verbindet dein Bewusstsein mit deinen spirituellen Schichten und bewirkt so eine tief greifende Transformation auf spiritueller Ebene. Durch die Arbeit mit diesen hohen Schwingungsfrequenzen beschreitest du den Weg zur inneren Meisterschaft (3 A) und im 3. Grad B kommt (gegebenenfalls) noch der Weg der äußeren Meisterschaft (Lehrer) dazu.

686. Wie wird das Symbol verwendet?

Im 3. Grad A empfängst du den letzten Teil des dreiteiligen DKM. Dieses Symbol kann in Behandlungen und Meditationen verwendet werden. Man nennt es auch das Meister-Symbol. Zu ihm gehört dasselbe Mantra wie zum DKM gesamt. Eingestimmt wirst du mit dem ganzen dreiteiligen Symbol.

Varianten:

- ▷ Manche Lehrer geben das dreiteilige DKM-Symbol schon im 3. Grad A komplett mit.
- ▷ Andere Lehrer geben überhaupt kein Symbol mit. Dann stellt sich allerdings die Frage: „Warum eine Einstimmung und ein Kurs, wenn der Teilnehmer anschließend kein ‚Werk-

* auch als KO oder KOO bekannt

zeug' mitbekommt?" Denn schließlich ist das Symbol der Schlüssel, um mit den höheren Schwingungsfrequenzen arbeiten zu können.

Alle Varianten sind lediglich unterschiedliche Arbeitsweisen!

Im 3. Grad B empfängst du das vollständige, dreiteilige DKM. In der Regel wird es komplett bei der Einstimmung anderer verwendet. Als Lehrer kannst du es aber auch in seiner Gesamtheit für dich selbst in Meditationen verwenden, womit du dich immer wieder neu ‚einstimmen' kannst.

687. Lernt jeder dasselbe Symbol?

Ebenso wie im Symbol des 2. Grades gibt es auch beim DKM Unterschiede. Siehe *Frage 539* bezüglich der Erklärung für die Ursachen der Unterschiede.

688. Stimmt es, dass das DKM immer in seiner Gesamtheit mitgegeben werden muss?

Das kommt darauf an, wie der Lehrer es selbst gelernt hat bzw. wie seine persönliche Auffassung davon ist. Während der Einstimmungen wird zunächst immer nur der letzte Teil des DKM angewendet (das Meister-Symbol) und erst am Schluss der Einstimmung das Symbol in seiner Gesamtheit (DKM). Das heißt also, dass der letzte Teil des dreiteiligen Symbols auch unabhängig von den anderen Teilen verwendet werden kann.

Wenn dein Lehrer sagt, dem sei nicht so und man müsse während einer Einstimmung immer das komplette Symbol verwenden und nie den letzten Teil abgelöst gebrauchen, dann hat er es offenbar selbst so gelernt und es ist für ihn ‚seine' Wahrheit. Jeder hat seine eigene Arbeitsweise und seinen eigenen Stil. Der eine Stil ist nicht besser als der andere, nur eben anders. Arbeite so, wie es zu dir passt.

689. Ist das Symbol des 3. Grad A dasselbe wie des 3. Grad B?

Das kommt darauf an, wie du es lernst. Frage am besten zuvor deine Lehrer. Wenn dir die Arbeitsweise eines Lehrers nicht zusagt, dann gibt es andere Lehrer zur Genüge, die anders denken und möglicherweise deinen Wünschen eher entsprechen. Siehe *Frage 686* über die Unterschiede bei der Mitgabe der Symbole.

690. Was, wenn ich bei 3. grad A kein Symbol mitbekommen habe?

Dann ist das offenbar ein Ausdruck der Ansichten deines Lehrers. Er ist auch der einzige, an den du dich wenden kannst, um das Symbol doch noch zu bekommen, wenn du mit genau diesem Symbol arbeiten möchtest. Ansonsten bleibt dir nichts anderes übrig, als den 3. Grad A bei einem anderen Lehrer neu zu machen, der ein Symbol mitgibt. Du brauchst dann eine neue Einstimmung, da du nicht weißt, ob das von dem neuen Lehrer verwendete Symbol das Gleiche ist, wie das, mit dem du zuvor eingestimmt wurdest. Vielleicht ist der neue Lehrer auch bereit, dir einen Preisnachlass zu gewähren, wenn du dein Zertifikat vom vorigen Lehrer vorlegst.

691. Hat eine Einstimmung überhaupt Sinn, wenn ich kein Symbol mitbekomme?

Selbstverständlich bewirkt eine Einstimmung an sich (unabhängig vom Symbol) sehr viel in dir. Sie ist also auch ohne Symbol nicht vergebens! Jede Einstimmung sorgt dafür, dass deine Fähigkeit zur Energieaufnahme aus dem Energiefeld sich vergrößert und dass Körper und Geist für die höhere Schwingungsfrequenz frei gemacht werden!

Ein Kurs war also nicht umsonst, du hast eben nur keinen ‚Schlüssel' bekommen. Das ist jedoch schade, denn er eröffnet dir eine weitere Dimension der Energiearbeit.

F. Arbeiten mit den Symbolen

692. Wie arbeite ich mit dem Meister-Symbol?

- ▹ Das Symbol wird nach dem SHK und dem CKR gemacht.
- ▹ Das Symbol kann auch unabhängig von allen anderen Symbolen verwendet werden.
- ▹ Das Symbol kannst du beim Erden auch anstelle des CKR nutzen (siehe *Frage 647*).
- ▹ Das Symbol kannst du beim Meditieren verwenden (siehe *Frage 649*).

693. Wie arbeite ich mit dem dreiteiligen DKM-Symbol?

Abhängig davon, wie du es gelernt hast:

- ▹ Das DKM wird ausschließlich bei Einstimmungen genutzt.
- ▹ Das DKM wird bei Meditationen verwendet.
- ▹ Das DKM wird bei Behandlungen anstelle des Meister-Symbols verwendet.

694. Wie wirkt das Symbol bei der Übertragung von Energie auf andere?

Beim ‚Geben' von Energie an andere wirkt das Symbol auf die spirituelle Ebene ‚erleuchtend'. Es kann bewirken, dass in tieferen Schichten bei jemandem etwas angeregt wird, was die spirituelle Bewusstseinsentwicklung in Gang bringt (das Erwachen). Es heilt den Geist und beeinflusst damit auch den Körper positiv.

Bitte merken:

Der Empfänger bestimmt auf unbewusster Ebene selbst, was geschieht. Du kannst als Energie-Kanal niemanden heilen, auch nicht mit dem 3. Grad!

695. Darf ich das Symbol jederzeit verwenden?

Es wird eigentlich rein intuitiv verwendet und dabei ist es gleichgültig, wie oft du es anwendest. Du kannst da nichts falsch machen. Wenn du nicht intuitiv arbeitest und das Symbol ‚routinemäßig' immer nach anderen Symbolen anwendest, dann ist das auch in Ordnung. Jeder hat seinen eigenen Arbeitsstil.

696. Wie weiß ich, wann ich das Symbol anwenden muss und wann nicht?

Das ‚weißt' du nicht mit dem Verstand, sondern es ist eher ein inneres Wissen. Wenn das Symbol zu einer Zeit häufiger in dir aufsteigt, dann hat das in dem Moment sicher seinen Grund. Worin dieser besteht, ist rational meist nicht herauszufinden. Das ist aber auch nicht notwendig. Benutze das Symbol intuitiv, wann und so oft du den Drang dazu verspürst.

697. Besteht nicht die Gefahr, dass ich zu viel Energie an jemanden abgebe?

Auch mit diesem Symbol besteht keine Gefahr, zu viel Energie zu übertragen, denn der Empfänger bestimmt unbewusst selbst, wie viel er aufnimmt und was mit der aufgenommenen Energie geschieht.

698. Behandle ich nun immer noch auch mit den Techniken des 1. und 2. Grades?

Du kannst behandeln, wie es dir gefällt. Inzwischen dürftest du deinen eigenen Arbeitsstil entwickelt haben. Der 3. Grad wird dich nur noch mehr anspornen, auf deine Intuition zu hören (intuitiv behandeln), ohne irgendwelche Urteile zu fällen. Siehe auch *Teil I über das intuitive Behandeln (Frage 406)* und *Teil II (Frage 569).*

699. Kann ich die Techniken des 3. Grades als eine Art Therapie nutzen?

Reiki ist niemals ein Ersatz für fachkundige Hilfen und auch mit den Techniken des 3. Grades bist du kein Therapeut, nicht für dich und erst recht nicht für andere.

700. Funktioniert das Symbol auch, wenn ich spirituell noch nicht so weit entwickelt bin?

Das Symbol funktioniert bei jedem. Es ist die Schwingungsfrequenz, die auf die spirituelle Bewusstwerdung durchwirkt. Persönliche Belange, Entwicklungsstände etc. haben darauf keinen Einfluss. Energie tut immer und überall ihre Arbeit und lässt geschehen, was in dem speziellen Moment gut für dich ist. Daher kann man auch nie vergleiche, dass es bei dem einen besser ‚angeschlagen' habe als bei jemand anderem. Wenn du auf spiritueller Ebene noch nicht ‚erwacht' bist, dann ist die Arbeit mit dem Symbol ein schöner 1. Schritt auf deinen eigenen einzigartigen Weg, der sich immer von dem eines anderen unterscheiden wird.

701. Stimmt es, dass man das Symbol besser nicht anwenden sollte, wenn man sich nicht wohl fühlt?

Deine Selbstheilungskräfte bestimmen selbst und tun, was für dich in dem Moment das Beste ist. Dein System nutzt die Energie, um die Balance wiederherzustellen und heil zu werden. So kann es geschehen, dass du dich nach einer Behandlung müder und erschöpfter fühlst, statt besser. Wahrscheinlich hat dir die Behandlung dann nur umso bewusster gemacht, wie erschöpft du wirklich bist oder du hast unbewusst etwas beiseite geräumt und diese ‚Arbeit' hat dich müde gemacht. Der Weg zur Harmonie und Ganzheit ist kein Weg, bei dem man ständig obenauf ist!

Im Gegenteil kann es natürlich auch geschehen, dass nach einer Behandlung deine vorige Müdigkeit wie weggeblasen ist und du dich in jeder Hinsicht wieder topfit fühlst. Das hat allein mit deinem selbst regulierenden Energiesystem zu tun. Du nimmst nie mehr Energie auf, als du gerade brauchst! Nutze also ruhig ausgiebig das Symbol, auch und gerade, wenn du dich nicht so wohl fühlst.

Versuche auf die Signale deines Körpers zu hören. Reiki macht dich dafür offener.

702. Kann ich mit dem Symbol meditieren?
Ja, siehe *Frage 649* über das Meditieren mit den Symbolen. Du kannst nun das neue Symbol zusätzlich in deine Meditation einbauen oder damit allein meditieren.

Bücher zum 3. Grad A

703. Muss ich für den 3. Grad A bestimmte Bücher lesen?
Nein, es gibt keinen vorgeschriebenen Literaturkanon, den du für den 3. Grad lesen müsstest. Während des Kurses werden allerdings in der Regel lesenswerte Bücher zu den Themen Erschaffung der eigenen Wirklichkeit, kosmisches Bewusstsein, Entwicklung des Selbstbewusstseins empfohlen bzw. besprochen.

704. Welche Bücher werden u. a. für den 3. Grad A empfohlen?
Hier einige Beispiele nach Themengruppen:

Erschaffung der eigenen Wirklichkeit:

Empowerment von David Gershon & Gail Straub
Gutes Arbeitsbuch, welches Affirmationen, Visualisierung und das erschaffen der eigenen Wirklichkeit gut erklärt und alle Lebensbereiche anspricht (Arbeit, Gesundheit, Beziehungen etc.). Es stellt Fragen, mit deren Hilfe du deine eigenen Wachstumspotenziale entdecken kannst und hilft dir bei der Formulierung eigener Affirmationen und Visualisierungen.

Gedanken können heilen von Louise L. Hay
Ein schönes Buch (in unterschiedlichen Ausgaben erhältlich), worin die Autorin unter anderem verdeutlicht, wie wichtig es ist, sich selbst zu lieben und positiv über die unterschiedlichsten Themen in deinem Leben (etwa deine Vergangenheit, deinen Körper etc.) zu denken. Sie verbindet bestimmte Denkmuster mit bestimmten Symptomen, was man aber nicht unbedingt so wörtlich, sondern diese Verkoppelung eher als Anregung für die Suche nach eigenen entwicklungsfähigen und entwicklungswürdigen Feldern nehmen sollte.
Weitere Hinweise zum Thema Affirmation / Visualisierung findest du in *Teil IV: Sonstige Informationen.*

Kosmisches Bewusstsein:
(auch 'Christusbewusstsein' genannt, ohne dass dieses an eine bestimmte Konfession gebunden wäre)

Ein Kurs in Wundern
Dieses Werk besteht aus drei Teilen (Textbuch / Arbeitsbuch / Handbuch für Lehrer). Die Lektüre dieses mächtigen Werkes erfordert einiges an Zeit. Es gibt dazu auch spezielle Kursangebote.

Bücher, die auf ‚Ein Kurs in Wundern' basieren:

Marianne Williamson: *Rückkehr zur Liebe*
Paul Ferrini: *Leben in Hingabe*

Weitere Bücher:

Baird T. Spalding: *Leben und Lehren der Meister im Fernen Osten* (Band 1-4 in 2 Büchern)
Dieses Buch ist der Reisebericht einer Expedition im Jahre 1894 in den Fernen Osten, während der der Autor und seine Mitreisenden mit den Siddha in Kontakt kamen, die sie an ihren Erfahrungen und Fähigkeiten teilhaben ließen. Das Buch enthält auch die Lektionen, die sie von den Meistern erhalten haben.

Neale Donald Walsch: *Gespräche mit Gott 1-3*
Die Botschaft des Buches besteht darin, zu lernen auf die innere Stimme Gottes zu hören, die für jeden verständlich ist, der sich dafür öffnet. Auch in diesem Buch wird der Leser ermuntert, Schöpfer seines eigenen Lebens zu sein.

Selbstbewusstseinsentwicklung:

Die Bücher des PAD-WERK zielen darauf ab, eine Brücke zwischen Psychotherapie und Spiritualität zu schlagen. Beim PAD-WERK geht es vor allem um die Bewusstmachung unbewusster Denk- und Verhaltensmuster, die einem spirituellen Leben im Wege stehen. Es handelt sich bei den Texten um Verkündigungen, die über das Medium Eva Pierrakos (1915-1979) vermittelt wurden: *Der Pfad der Wandlung / Bereit sein zur Liebe / Fürchte dich nicht vor dem Bösen*. Für die genauen bibliographischen Angaben und weitere Literatur siehe *Teil IV: Sonstige Informationen*.

G. Der Reiki-Kurs 3 B

705. Was beinhaltet der 3. Grad B?
Der 3. Grad B befähigt dich, andere auszubilden und einzuweihen.

706. Muss ich erst den 3. Grad A gemacht haben?
Nein, das ist nicht verpflichtend, allerdings ist es eine gute Vorbereitung, erst den 3. Grad A zu absolvieren und eine Weile mit dem Symbol zu praktizieren und zu erleben, was du für dich selbst tun kannst. Viele Lehrer lassen ihre Schüler auch zuerst diesen Schritt machen und verbinden dies mit einem Workshop, in denen die Schüler Erfahrungen sammeln können.

707. Wie viel Zeit muss zwischen dem 3. Grad A und dem 3. Grad B vergehen?
Wenn du den 3. Grad A machst, kannst du zu gleicher Zeit auch den 3. Grad B machen. Auf energetischer Ebene gibt es zwischen 3 A und 3 B keinen Unterschied, daher braucht auch zwischen beiden Schritten keine bestimmte Zeitspanne (etwa eine 21-tägige Reinigungsphase) zu liegen. Dennoch wird häufig dazu geraten diese 21 Tage zwischen A und B zu legen, um dem angehenden Lehrer die Zeit zu geben, das Meistersymbol in sein Leben zu integrieren.

708. Wie lange dauert die Ausbildung?
Das hängt vom jeweiligen Lehrer, seinen Anforderungen und dem System ab, nach dem er arbeitet. Die Ausbildungsdauer variiert von einem Tag bis zu einem Jahr. Die meisten Kurse zum 3. Grad B dauern durchschnittlich zwischen drei bis sechs Monaten bis zu einem Jahr abhängig vom Programm und von der Geschwindigkeit, in der du dein Praktikum absolvieren kannst.

709. Ist ein Ausbildung, die ein Jahr dauert besser als eine, die nur einen Tag dauert?
Die Entscheidung, für welche Ausbildung du dich entscheidest, ist abhängig von dem, was du damit erreichen willst. Was willst du mit dem 3. Grad B machen? Willst du diesen Grad erreichen, um andere Menschen auszubilden oder ‚nur' um deinen Partner, deine Kinder oder deine restliche Familie einstimmen zu können? Wenn du selbst professionelle Kurse geben willst und dich aber für eine schnelle Ausbildung (etwa alle Grade an einem Wochenende) entscheidest, riskierst du viele essentielle Erfahrungen zu versäumen, die du brauchst, um die notwendigen theoretischen und praktischen Kenntnisse und Erfahrungen an deine Kursteilnehmer weiterzugeben. In einer ausführlichen Ausbildung wird sehr viel mehr Gelegenheit gegeben, sich ausreichend mit der Theorie und Praxis zu befassen und man erfährt zudem eine intensivere Begleitung durch den Lehrer, die es dir ermöglicht, damit anderen und zukünftigen Lehrern zu Diensten zu sein.

710. Was sollte ein Kurs zum 3. Grad B wenigstens beinhalten?

Um ein guter Reiki-Lehrer zu werden und ausreichend theoretisches Wissen und praktische Erfahrungen zu sammeln, sollten die unten folgenden Minimalanforderungen erfüllt sein. Frage deinen potentiellen Lehrer, inwieweit sein Programm mit diesen Punkten übereinstimmt:

- ▷ Vor Beginn des Kurses gibt jeder Teilnehmer eine schriftliche ‚Bewerbung' ab, in der er seine Motivation für diesen Kurs beschreibt.
- ▷ Es werden Aufnahmegespräche mit den einzelnen Teilnehmern geführt, in denen ihre Intentionen und ihre Motive, die Erwartungen die sie an die Ausbildung / den Lehrer / das Praktikum haben und umgekehrt, welche Anforderung an die Teilnehmer gestellt werden, besprochen werden.
- ▷ Jeder erhält eine schriftliche Fixierung der getätigten Absprachen.
- ▷ Du machst während der Ausbildung ein Praktikum.
- ▷ Du fertigst dazu einen Bericht an und besprichst diesen mit deinem Lehrer.
- ▷ Du liest eine Reihe von Büchern und fertigst darüber jeweils einen kurzen Bericht an.
- ▷ Eventuell assistierst du einem anderen Lehrer.
- ▷ Sofern angeboten, nimmst du an Supervisionstreffen fertig ausgebildeter Lehrer teil.
- ▷ Du übernimmst während des Praktikums einen Ausbildungsblock in den Kursen deines Lehrers.
- ▷ Es sollte ein Nachmittag für das Üben der Einstimmungen eingeplant werden.
- ▷ Die Einstimmung zum 3. Grad B empfängst du als Abschluss des Kurses.
- ▷ Du erhältst Zugang zu allem Wissen inklusive des Unterrichtsmaterials.
- ▷ Adressen, bei denen du Material, Bücher etc. zum Thema erhalten kannst, werden verteilt.
- ▷ Du erhältst schriftliches Material, in der auch die Einstimmung dokumentiert wird.
- ▷ Nach der Einstimmung erhältst du ein vom Lehrer im Original unterschriebenes und eventuell mit einem ‚Meister-Stepfel' abgestempeltes Zertifikat.
- ▷ Du kannst auch um eine Quittung bitten.
- ▷ Du kannst um Hilfe bei der Erstellung eines eigenen Prospektes bitten.
- ▷ Einen ‚Meister-Stempel' kannst du dir selbst anschaffen. Frage deinen Lehrer, wo man ihn anfertigen lassen kann (siehe dazu u. a. www.reiki-articles.com und http://www.reiki.de/produkte.html).

711. Kann jeder Lehrer werden?

Im Prinzip kann jeder Lehrer werden. Es wird aber vorausgesetzt, dass du die für eine Arbeit mit Gruppen notwendigen didaktischen Kenntnisse und Fähigkeiten erwirbst bzw. mitbringst. Du solltest kommunikativ begabt sein, dich in die Lage anderer versetzen können, keine Angst haben, vor Gruppen aufzutreten und ein gewisses Organisationstalent haben, sonst wird es schwierig. Jeder kann lernen und sich verändern. Die Arbeit mit Gruppen ist ein Lernprozess und man wächst im Laufe der Zeit an den Anforderungen. Hilfreich ist da eine intensive Ausbildung, die dir die Möglichkeit einräumt, praktisch mit Gruppen zu üben. In der Regel weißt du aber am besten, wozu du geeignet bist und wozu nicht bzw. was dir schwer fällt. Letztlich kannst du jedes Ziel erreichen, auch wenn es eine Menge Arbeit an dir selbst erfordert.

712. Kann ich auch Lehrer werden, wenn ich nicht mit Gruppen arbeiten möchte?

Manche Menschen möchten nur ihre Familien und Freunde ausbilden und fühlen sich gar nicht berufen, Kurse vor Fremden abzuhalten. Berate dich mit deinem Lehrer, wie deine eigene Ausbildung zum Reiki-Lehrer in diesem Fall aussehen könnte. In der Regel wird er dich dennoch ein Praktikum machen lassen und dich zur Lektüre bestimmter Bücher anhalten, um dich die für eine Lehrtätigkeit nötigen Kenntnisse und Erfahrungen sammeln zu lassen. Wesentliches Grundelement ist aber auch hier, dass du die Essenz der Energie verstanden hast, bevor du beginnst andere auszubilden.

713. Warum ist es wichtig, die Essenz der Energie verstanden zu haben, bevor ich Lehrer werde?

Ob du nun Unterricht vor Gruppen hältst oder privat einzelne Menschen ausbildest: Wichtig ist, dass du dein Thema beherrschst und auch mit kritischen Fragen umzugehen weißt. Diese Fragen sind für die anderen wichtige Bausteine, um das universale Energiefeld und das Arbeiten mit Energie verstehen zu lernen. Dazu gehört natürlich zu wissen, was mit Energie erreicht werden kann und was nicht, nicht zuletzt um gefährliche Situationen von vorneherein zu verhindern (beispielsweise, dass jemand glaubt, sich als Reiki-Lehrer zum Arzt aufspielen zu dürfen).

Ein Schüler lässt sich (zu Recht) nicht so schnell etwas vormachen! Wenn du als Lehrer Reiki in dein eigenes Leben integriert hast und die Essenz der Energie begriffen hast, bist du in der Lage, deine Schüler besser und hilfreicher bei ihrer Suche zu begleiten, so viele Fragen sich ihnen auch auftun mögen.

714. Was, wenn mein Lehrer mich nicht zum Lehrer ausbilden will?

Dann frage zunächst einfach einmal, warum er das nicht will. Wenn dein Lehrer dich aus welchen Gründen auch immer für nicht geeignet hält, muss er auch sagen können, worin diese Gründe bestehen. Du kannst dann anhand seiner Argumente für dich entscheiden, ob er deiner Ansicht nach Recht hat oder nicht. Womöglich wirst du nur vage Begründungen hören wie: „Ich habe von ‚oben' die Botschaft empfangen, dass ich dich nicht ausbilden darf" etc. Was sollst du dazu noch sagen? Bohre dann weiter und frage nach den ‚von oben' angegebenen Gründen dafür. Leider gibt es auch Lehrer, die keine anderen Lehrer ausbilden wollen, weil sie sich nicht die eigene künftige Konkurrenz heranziehen wollen, insbesondere dann, wenn du als potentieller Lehrer auch noch ganz in der Nähe wohnst (und womöglich dann später praktizierst). Wie auch immer die Argumente deines Lehrers für seine Ablehnung sind, prüfe sie, und wenn du sie für nicht stichhaltig hältst, dann suche dir lieber einen anderen Lehrer.

715. Bin ich für alle Zeit mit dem Lehrer verbunden, der mich zum Lehrer ausgebildet hat?

Das ist eine etwas ‚esoterische' Sichtweise. Auch in seiner Ausbildung hat ein Lehrer eines zu berücksichtigen: die Bedingungslosigkeit und den Respekt vor dem individuellen Lebensweg des anderen. Menschen an sich zu binden entspricht nicht der Reiki-Grundeinstellung der Vorbehaltlosigkeit.

Ein Lehrer lässt dich nach der Ausbildung deinen eigenen Weg gehen, wird aber in der Regel immer bereit sein, dich auch nach Jahren bei auftauchenden Fragen zu unterstützen.

Das gehört zum normalen ,Service', ist aber nicht mit irgendeiner Verpflichtung verbunden oder gar als eine Art Nabelschnur zu vergleichen.

716. Wann muss ich die Kursgebühren bezahlen?

Das hängt davon ab, was du und dein Lehrer im Aufnahmegespräch vereinbart habt.

717. Muss ich für das Praktikum eine Gebühr bezahlen?

Du bezahlst in der Regel einen Betrag X für deine Ausbildung und der beinhaltet zumeist auch das Praktikum. Frage zur Sicherheit vorher deinen Lehrer nach seiner Regelung, um nicht plötzlich vor einer unliebsamen Überraschung zu stehen.

718. Muss ich für ein Praktikum bei einem anderen Lehrer bezahlen?

Meist fordert ein anderer Lehrer eine Praktikums-Gebühr. Manchmal haben verschiedene Lehrer aber auch ein Praktikanten-Austauschprogramm untereinander vereinbart. Solche Detailfragen solltest du im Vorgespräch abklären.

719. Werde ich auch in der Anatomie des Menschen ausgebildet?

Das hängt sehr vom jeweiligen Kursprogramm ab. Meist wird erwartet, dass du dich bereits im Umfeld der vorangegangenen Kurse mit der menschlichen Anatomie beschäftigst hast und zumindest weißt, wo welche Organe liegen.

720. Werden mir auch medizinische Kenntnisse vermittelt?

Als Reiki-Lehrer wirst du ausgebildet, anderen beizubringen, wie man mit Energie arbeitet und wirst in der Regel keine medizinischen Kenntnisse vermittelt bekommen, da diese nicht zu deinem Tätigkeitsfeld gehören. Dennoch solltest du dir medizinische Grundkenntnisse über bestimmte Themen aneignen, wie sie z. B. im *Kapitel D. Spezielle Warnungen (Teil I: Praxis)* genannt sind. Es ist für dich als Lehrer sehr wichtig, die Grenzen deiner Behandlungsmöglichkeiten zu kennen und zu wissen, dass im Zweifelsfall immer einen Arzt oder sonstiger Fachmann konsultiert werden muss. Es ist nicht das Ziel, den Kurs zu einer medizinischen ,Sprechstunde' ausarten zu lassen, wo jeder Kursteilnehmer seine Wehwehchen ausbreitet.

721. Kann ich der Reiki Alliance oder dem Reiki Verband Deutschland beitreten?

Hier kannst du beitreten, wenn du von einem von diesen Verbänden anerkannten Lehrer ausgebildet wurdest. Informiere dich direkt bei den Verbänden nach den Aufnahmekriterien. Internetadressen von Verbänden findet du in *Teil IV: Sonstige Informationen.*

722. Kann ich auch anderen Vereinigungen beitreten?

Im Allgemeinen kann sich jeder Lehrer einer Vereinigung seiner Wahl anschließen, unabhängig vom System, in dem du ausgebildet wurdest bzw. unabhängig von deinem Ausbilder. Ausnahmen bilden hier nur die in der vorigen Frage genannten Verbände und die Tera Mai-Vereinigung. Siehe *Kapitel N. Systeme und Vereinigungen (Teil I: Theorie).*

H. Wenn du Reiki-Lehrer bist

Vor einem Kurs

723. Wie komme ich an Kursteilnehmer?
Wenn du gerade erst beginnst, ist es nicht leicht, Kursteilnehmer zu bekommen. Meistens stammen die ersten Teilnehmer aus dem eigenen ‚Netzwerk', aus dem Freundeskreis, der Familie etc. also. Allmählich kommen dann durch Mundpropaganda und/oder eigene Werbung weitere Interessenten dazu.

Natürlich kannst du auch selbst etwas unternehmen:
- ▹ Schalte Anzeigen in deiner Regionalzeitung oder in (regionalen) Alternativzeitungen (*Reiki-Magazin*, KGS, Nordstern, Esotera, Bio, Bewusster leben, Visionen usw.).
- ▹ Trete einer Reiki-Vereinigung bei und lasse dich auf deren Lehrer-Liste setzen.
- ▹ Lass dich auf der Homepage des Reiki-Magazins (www.Reiki-magazin.de) setzen.
- ▹ Verteile Prospekte über Naturkostläden, Esoterik-Geschäfte, Büchereien etc.
- ▹ Organisiere Einführungsabende.
- ▹ Halte Vorträge.
- ▹ Versuche, einen Bericht in der Lokalzeitung zu platzieren bzw. diese zu einem Interview mit dir zu überreden.
- ▹ Baue dir eine eigene Website und verlinke diese mit anderen Seiten.
- ▹ Du solltest stets ein paar Prospekte und Visitenkarten bei dir tragen und bei Gelegenheit verteilen.
- ▹ Präsentiere dich auf Esoterik-Messen etc.

724. Ist es sinnvoll, einen Informationsabend anzubieten?
Manche Lehrer tun dies regelmäßig, andere gar nicht. Der Vorteil eines Informationsabends besteht darin, dass sich die Besucher ganz unverbindlich mit dem Thema Reiki bekannt machen können und erfahren, was sich dahinter verbirgt. Vielleicht gibst du Ihnen zusätzlich die Möglichkeit, selbst die Wirkung der Energie zu erleben, indem du ihnen eine kurze Behandlung im Sitzen ‚spendierst'. Das kann dafür sorgen, dass sich aufgrund dieser eigenen Erfahrung von Reiki Menschen für einen Kurs bei dir anmelden werden.

725. Muss ich mit jedem potentiellen Kursteilnehmer ein Vorgespräch führen?
Es ist sinnvoll, vorab mit jedem möglichen Teilnehmer zu sprechen, um offene Fragen zu klären und auch um festzustellen, ob Bedingungen oder Situationen vorliegen, die von einer Kursteilnahme abraten lassen (siehe *Kapitel D. Besondere Warnungen (Teil I: Praxis)).*

Du beginnst ein solches Gespräch natürlich mit der Frage:

- ▷ Warum willst du Reiki lernen? Aus der dann kommenden Antwort kannst du schon Vieles über die wirklichen Beweggründe ablesen.

Eine weitere meist gestellt Frage ist:

- ▷ Hast du schon Erfahrungen auf anderen alternativen Gebieten und wenn ja, welche? So bekommst du heraus, ob die vor dir sitzende Person ein kompletter Laie ist oder eine alternative Methode nach der anderen ausprobiert.

Dann könntest du weiter fragen,

- ▷ ob er schon Erfahrungen mit Reiki hatte,
- ▷ ob es medizinische Gründe für den Wunsch einen Kurs zu belegen gibt,
- ▷ ob derjenige gerade in Behandlung bei einem Arzt oder Psychologen ist und
- ▷ ob bestimmte Erkrankungen vorliegen.

Diese Fragen kann man sowohl im direkten wie auch während eines telefonischen Gesprächs klären.

726. Kann ich jemandem eine Option auf einen Kursplatz anbieten?

Das geht. Manchmal ist es sinnvoll, einem potenziellen Teilnehmer eine Option zur Teilnahme einzuräumen und ihm beispielsweise für die Dauer einer Woche einen Platz zu reservieren. Diese Option sollte aber maximal eine bis zwei Wochen vor Kursbeginn positiv oder negativ entscheiden werden, damit du den Platz ggf. noch anderweitig vergeben kannst, falls der Interessent sich doch gegen die Teilnahme entscheidet.

727. Ist es sinnvoll, Bestätigungsbriefe zu verschicken?

Das ist sehr sinnvoll. So weiß jeder woran er ist. Der Brief sollte folgende Punkte enthalten:

- ▷ Ein Wort des Willkommens,
- ▷ das Datum die Uhrzeit und den Ort des Kursen,
- ▷ eine Information, ob Pausenbrote oder Lunchpakete mitzubringen sind oder ob Verpflegung gestellt wird,
- ▷ die Information, ob Gelegenheit zum Rauchen besteht oder nicht,
- ▷ die Information, welche Kleidung mitzubringen ist (Pantoffeln, bequeme Kleidung etc.),
- ▷ die Schreibung des Teilnehmernamens auf dem Zertifikat (für eventuelle Korrekturen),
- ▷ die Kursgebühr und der Zeitpunkt der Zahlung,
- ▷ die Aufforderung, mögliche gesundheitliche Hindernisse rechtzeitig mitzuteilen,
- ▷ die Bitte, Fragen oder Änderungswünsche schnellstmöglich mitzuteilen,
- ▷ und last but not least eine Anfahrtsbeschreibung mit Wegeskizze.

728. Wie verhalte ich mich, wenn ein Interessent bisher von einem anderen Lehrer ausgebildet wurde?

Das hängt davon ab, in welchem System er ausgebildet wurde. Wenn es das Gleiche System ist, in dem auch du arbeitest, dann kannst du ihn problemlos aufnehmen und den nächsten Grad bei dir machen lassen. Wenn er bisher in einem völlig anderen System ausgebildet wurde, musst du erwägen, ihn neu einzustimmen oder ganz von vorn mit dem 1. Grad beginnen zu lassen, damit er sämtliche Einstimmungen und Kenntnisse erhält, die zu dem von dir praktizierten System gehören.

729. Kann ich jemanden im 3. Grad B ausbilden, der den 3. Grad A bei einem anderen Lehrer gemacht hat?

Ja, das geht insofern, als die 3 A Einstimmung im gleichen System stattgefunden hat. Die betreffende Person sollte dann aber mit dem DKM-Symbol arbeiten, welches er von dir bekommt. Das ist allerdings auch nicht verpflichtend, wenn derjenige schon das komplette DKM-Symbol hat und damit auch schon eingestimmt wurde. Du solltest dennoch kontrollieren, ob die theoretischen Kenntnisse des vorigen Grades ausreichend vorhanden sind.

730. Darf ich Bewerber für einen Kurs ablehnen?

Ja, insbesondere wenn die Gründe in Situationen bzw. Bedingungen liegen, wie sie in *Kapitel D. Besondere Warnungen (Teil I: Praxis)* beschrieben sind. Wenn keiner dieser Gründe vorliegt, solltest du dich fragen, warum du den Interessenten ablehnst. Ist es Angst? Wovor? Hast du Vorurteile? Warum? Betrachte deine Motive ehrlich und offen, so kannst du aus solch einer Situation für dich lernen. Manche Menschen sind perfekte Spiegel, in denen du dich erkennen kannst.

731. Darf ich einen Interessenten, der sich in psychiatrischer Behandlung befindet, an meinem Kurs teilnehmen lassen?

Es ist immer sinnvoll, sich in solchen Fällen mit dem Interessenten, dem behandelnden Arzt oder Psychiater zu beraten. Du bist nicht ausgebildet, um mit Psychosen oder anderen psychischen Erkrankungen umzugehen. Nur mit Zustimmung und Begleitung des jeweiligen Therapeuten oder Arztes kann erwogen werden, einen solchen Interessenten in einen Kurs aufzunehmen. Möglicherweise ist ein individueller Unterricht statt eines Gruppenkurses hier angebrachter. Für viele Menschen, die sich gerade mit weniger ernsten psychischen Problemen oder Erkrankungen in Behandlung befinden, kann ein Reiki-Kurs sehr bereichernd sein und die Heilung fördern. In jedem Fall ist die Angelegenheit gut zu überdenken und man sollte sich mit anderen (Fachleuten) beraten. Fragen bringt Sicherheit.

732. Darf ich einen Suchtkranken in meinen Kurs aufnehmen?

Wenn jemand alkoholkrank oder drogensüchtig ist, dann ist es sinnvoller, ihn erst anzuspornen, dieses Problem in den Griff zu bekommen und unter fachlicher Begleitung einen Entzug durchzuführen und erst danach mit einem Reiki-Kurs zu beginnen. Rate dieser Person, sich während des Entzugs regelmäßig von einem Reiki-Behandler mit Energie unterstützen zu lassen, sodass er wieder zu Kräften kommt. In diesen Fällen ist konventionelle Hilfe zunächst wichtiger als ein Reiki-Kurs.

733. Darf ich jemanden in meinen Kurs aufnehmen, der weiche Drogen (z. B. Haschisch) konsumiert?

Die Warnung in der vorigen Frage gilt für die Konsumenten harter Drogen und nicht für Menschen, die gelegentlich einmal Haschisch, Marihuana oder dergleichen rauchen. Hierbei handelt es sich um bewusstseinserweiternde Drogen, die nicht abhängig machen (mal abgesehen vom Rauchen als solchem). Es gibt keinen Grund, Konsumenten solcher weichen Drogen nicht teilnehmen zu lassen. Fordere die entsprechenden Teilnehmer aber auf, kurz vor dem Kurs oder gar während dessen, keine Drogen zu nehmen. Es ist für alle Beteiligten angenehmer, wenn alle Teilnehmer auch gänzlich bei der Sache sind. Ebenso wie beim Alkohol kann Reiki die Wirkung weicher Drogen intensivieren. Es ist also Vorsicht geboten!

734. Wie verhält es sich bei Interessenten, die sehr viele Medikamente nehmen (müssen)?

In Situationen, wo die Arbeit mit Reiki gefährlich wäre, da die Medikamente zu schnell ausgeführt würden, sollte von einem Reiki-Kurs abgesehen werden (siehe *Kapitel D. Besondere Warnungen (Teil I: Praxis))*. Versuche, gleich beim Vorgespräch durch geschickte Fragestellung herauszufinden, ob ein solches Hindernis vorliegt oder nicht.

735. Wie verhalte ich mich gegenüber ernsthaft kranken Patienten?

Ernsthaft kranke Menschen sind meist auch nicht in der Lage zum Kurs zu kommen. Wenn du sie dennoch ausbilden möchtest, dann ist ein individueller Unterricht, nötigenfalls bei ihnen zu Hause, angebrachter. Du kannst auch, auf Wunsch der betreffenden Person, einem Schwerkranken kurz vor seinem Tod die Einstimmung geben (sogar eine Einstimmung zum 3. Grad B!). Für den Patienten wird es eine wunderbare Bereicherung darstellen und für dich eine bewegende und ganz besondere Erfahrung!

736. Kann ich Kinder ausbilden?

Kinder sind oft genauso ‚wild' nach Reiki wie Erwachsene und zugleich sehr empfänglich für universale Energie. Daher kannst du sie auch problemlos ausbilden. Kinder, die sich der Reiki-Wirkung bewusst sind und im Stande sind, zu behandeln, haben auch das Alter für eine Ausbildung im Prinzip erreicht. Wenn es nur um die Einstimmung geht und nicht die Ausbildung zum Behandeln, so geht das natürlich auch.

737. Wie zieht ein Kurs für Kinder aus?

- Der Kurs selbst muss natürlich auf das Niveau des Kindes zugeschnitten werden, also spielerisch, abwechslungsreich und eher kurz sein (je nach Aufnahmefähigkeit des Kindes mehrere Nachmittag jeweils nur wenige Stunden).
- Häufig ist auch ein Elternteil dabei, welches gleich als ‚Versuchskaninchen' fungieren und dem Kind nach dem Kurs bei den Übungen helfen kann.
- Es ist nicht empfehlenswert, Kinder mit zu viel Theorie zu belasten. Allerdings sollte man die Kinder immer wieder darauf hinweisen, dass sie sich bei irgendwelchen Problemen an die Eltern wenden.

- ▷ Kinder sollten während eines Kurses vor allem dazu angehalten werden, sich selbst zu behandeln (um zu verhindern, dass die ausgebildeten Kinder nun jeden behandeln ‚müssen', der sie darum bittet und dann schlecht Nein sagen können). Vor allem die Handpositionen zum Einschlafen und zum Aufladen kommen bei Kindern immer besonders an.
- ▷ Während des Kurses solltest du den Kindern beibringen, wie sie sich erden und sich selbst beschirmen, wenn sie in der Schule oder auf der Strasse geärgert werden oder unter Hänseleien anderer Kinder leiden. Der ‚Trick' etwa, den ‚Deckel zuzuschrauben', ist für jeden sehr leicht zu erlernen (siehe *Frage 350*).
- ▷ Schöne Unterrichtsmaterialien mit Fotos werden sehr willkommen sein.

Ein Lehrer, der sich auf Kurse für Kinder spezialisiert hat, kann dir gegebenenfalls Tipps geben. Im Internet kannst du auf den verschiedenen Reiki-Seiten auch diverse Angebote für Kinder-Kurse finden. (siehe *Teil IV: Sonstige Informationen*)).

Der Kurs

738. Worauf muss ich achten, wenn ich ein Kursprogramm zusammenstelle?

- ▷ Wichtig sind vor allem eine gute Organisation und ein gut strukturiertes Programm, sonst endet dein Kurs im Chaos. Über Energie kann man unendlich lange sprechen und dabei von Hölzchen auf Stöcken kommen. Achte auf den roten Faden!
- ▷ Die Reihenfolge und die jeweilige Dauer eines Themas sind nicht unbedingt das Wichtigste. Wichtiger ist, das jedes Thema des betreffenden Tagesprogramms bearbeitet wird.
- ▷ Auch die abwechslungsreiche Gestaltung mit theoretischen Erklärungen und praktischen Übungen ist wichtig.
- ▷ Achte darauf, dass du nicht zu viele Themen ansprichst, die nicht direkt mit Reiki zu tun haben, denn das geht zu Lasten des Reiki-Lehrstoffes.
- ▷ Passe dein Kurs-Programm den jeweiligen Gegebenheiten und Umständen an. Wenn du merkst, dass deine Teilnehmer anfangen wegzuduseln oder sich zu langweilen beginnen, dann schiebe eine Erdungsübung zwischen oder lass sie Karten ziehen. Danach kehrst du wieder zum Thema zurück.

739. Wie verhindere ich, dass mir der Kurs zeitlich aus den Händen gleitet?

Indem du den Ablauf schriftlich fixiert vor dir liegen hast und du beispielsweise nicht zu ausführlich auf Fragen eingehst, die zu einem späteren Zeitpunkt ohnehin noch behandelt werden. Du solltest dich auch selbst schützen, damit du nicht in allzu tiefe Diskussionen mit den Teilnehmern verstrickt wirst. Zu Anfang wird dir das häufiger geschehen, dass gerade dann die meisten Zweifel und Widerstände zu überwinden sind. Später vermindert sich das, da die persönlichen Erfahrungen dazu kommen! Sage in solchen Situation: *„Ver-*

suche doch trotz aller Zweifel auf Reiki zu vertrauen!" oder *„Warte einfach ab, die Erfahrungen kommen von selbst!"*. Das hilft häufig schon um unpassende Diskussionen abzubrechen. Mit Worten kannst du niemanden von der Wirkung der Energie überzeugen. Investiere also dahinein nicht zu viel Kraft.

Wenn du zu sehr auf die persönlichen Probleme eines Kursteilnehmers eingehst, geht das immer auch zu Lasten deines Programms und auch der anderen Kursteilnehmer.

Schenke jedem Kursteilnehmer die gleiche Aufmerksamkeit, auch denen, die eher still sind und nicht viel sagen, indem du Fragen stellst oder die Personen auf andere Weise einbeziehst.

Beobachte vor allem auch dich selbst genau. Wenn du zu viel sprichst, überforderst du die Teilnehmer und überziehst am Ende deine Unterrichtszeit auch noch gewaltig.

740. Wie stelle ich ein Programm für einen Kurs zum 1. Grad zusammen?

Hier folgt jetzt ein Vorschlag für die Gestaltung eines Kursprogramms für den 1. Grad. Es steht dir natürlich frei, dieses Programm deinen persönlichen Bedürfnissen bzw. deinem Arbeitsstil anzupassen:

1. Tag:

1. Begrüßung.
2. Besprechung der organisatorischen Fragen.
3. Vorstellungsrunde mit Nennung der Erwartungen* der Teilnehmer.
4. Theorie 'Was ist Reiki', Teil 1?'
5. Erklärung der Einstimmungen und dessen, was dabei geschieht.
6. Die 1. Einstimmung.
7. Demonstration der Handpositionen am Kopf mit entsprechenden Übungen.

Pause

8. Leitlinien des Behandelns besprechen.
9. Behandlung der Körpervorderseite.
10. Die 2. Einstimmung.
11. Fortsetzung der Behandlung der Körpervorderseite.
12. Erklärung der Eigenbehandlung.
13. Zum Abschluss eventuell eine Tageskarte ziehen lassen.

Abschluss 1. Tag

* Indem du die Kursteilnehmer zu Beginn des Kurses ihre Erwartungen schildern lässt, bekommst du schnell einen Überblick, ob es das zu hohe Erwartungen gibt (die du während des Kurses ‚neutralisieren' kannst). Jeder hat seine Erwartungen, doch der Schlüssel für die Arbeit mit Energie ist ja gerade, keine Erwartungen zu haben, vorbehaltlos zu sein.

- ▷ Als Hausaufgabe: Die Eigenbehandlung üben.
- ▷ Warnung bezüglich des Konsums von Alkohol und weichen Drogen.
- ▷ Die Teilnehmer bitten, am nächsten Tag ihren Kalender mitzubringen, um eventuell ein Nachtreffen zu terminieren.

2. Tag:

1. Empfang.
2. Austausch über die jeweiligen Erlebnisse mit der Eigenbehandlung.
3. Theorie: Wichtige Fragen (etwa spezielle Warnungen).
4. Eigenbehandlung der Chakren erklären.
5. Die 3. Einstimmung. Dabei die Eigenbehandlung der Chakren üben.
6. Rückenbehandlungen.

Pause

7. Reiki-Geschichte / Buchempfehlungen.
8. Rückenbehandlungen.
9. 4. Einstimmung.
10. Erdung.
11. Behandlung im Sitzen.
12. Vorstellung der Entfernungsbehandlung.

Abschluss 2. Tag

- ▷ Auswertung.
- ▷ Aushändigung der Zertifikate und Unterrichtsmaterialien.
- ▷ Eventuell ein Foto der Gruppe machen.
- ▷ Eventuell einen Termin für ein Nachtreffen absprechen.

741. Wie stelle ich ein Programm für den 2. Grad zusammen?

Hier folgt jetzt ein Vorschlag für die Gestaltung eines Kursprogramms für den 2. Grad. Es steht dir natürlich frei, dieses Programm deinen persönlichen Bedürfnissen bzw. deinem Arbeitsstil anzupassen:

1. Begrüßung.
2. Besprechung der organisatorischen Fragen.
3. Vorstellungsrunde mit Nennung der Erwartungen* der Teilnehmer.
4. Theorie 'Was ist Reiki', Teil 2?
5. Reiki-Symbole zeichnen und üben.
6. Erklärung der Einstimmung und dessen, was dabei geschieht.
7. Die Einstimmung.
8. Gruppenbehandlung unter Anwendung der Symbole.

Pause

9. Eventuell eine kurze Auffrischung der Reiki-Kenntnisse (1. Grad).
10. Buchempfehlungen.
11. Theorie: mentale Behandlung.
12. Gruppenbehandlung unter Anwendung der Symbole.
13. Theorie: Erden, mit praktischer Übung
14. Theorie: Weitere Anwendungsmöglichkeiten der Symbole.
15. Weitere Gruppenbehandlung unter Anwendung der Symbole.
16. Herzchakrameditation.
17. Theorie: Entfernungsbehandlung.
18. Übungen zur Entfernungsbehandlung (dazu die Gruppe teilen).

Abschluss

- ▷ Auswertung.
- ▷ Aushändigung der Zertifikate und Unterrichtsmaterialien.
- ▷ Eventuell ein Foto der Gruppe machen.
- ▷ Eventuell einen Termin für ein Nachtreffen vereinbaren.

---

* Indem du die Kursteilnehmer zu Beginn des Kurses ihre Erwartungen schildern lässt, bekommst du schnell einen Überblick, ob es das zu hohe Erwartungen gibt (die du während des Kurses ‚neutralisieren' kannst). Jeder hat seine Erwartungen, doch der Schlüssel für die Arbeit mit Energie ist ja gerade, keine Erwartungen zu haben, vorbehaltlos zu sein.

742. Wie stelle ich ein Programm für den 3. Grad A zusammen?
Hier folgt jetzt ein Vorschlag für die Gestaltung eines Kursprogramms für den 3. Grad A. Es steht dir natürlich frei, dieses Programm deinen persönlichen Bedürfnissen bzw. deinem Arbeitsstil anzupassen:

1. Begrüßung.
2. Besprechung der organisatorischen Fragen.
3. Vorstellungsrunde mit Nennung der Erwartungen* der Teilnehmer.
4. Theorie 'Was ist Reiki', Teil 3 A?
5. Symbol zeichnen und üben.
6. Erklärung der Einstimmungen und dessen, was dabei geschieht.
7. Die Einstimmung.
8. Gruppenbehandlungen unter Anwendung der Symbole.

Pause

9. Auffrischung: Reiki 1 und Reiki 2.
10. Gruppenbehandlungen unter Anwendung der Symbole.
11. Erdung + Erdungsübungen.
12. Unterstützung des Bewusstwerdungsprozesses mit Hilfe weiterer Buchempfehlungen.
13. Gruppenbehandlungen unter Anwendung der Symbole.
14. Theorie: Meditation + unterschiedliche Meditationsformen, angereichert durch die Nutzung der Symbole.
15. Meditation (gegebenenfalls auch eine geführte Meditation).

Abschluss

- ▷ Auswertung.
- ▷ Aushändigung Zertifikate und Unterrichtsmaterialien.
- ▷ Eventuell ein Foto der Gruppe machen.
- ▷ Eventuell einen Termin für ein Nachtreffen vereinbaren.

* Indem du die Kursteilnehmer zu Beginn des Kurses ihre Erwartungen schildern lässt, bekommst du schnell einen Überblick, ob es das zu hohe Erwartungen gibt (die du während des Kurses ‚neutralisieren' kannst). Jeder hat seine Erwartungen, doch der Schlüssel für die Arbeit mit Energie ist ja gerade, keine Erwartungen zu haben, vorbehaltlos zu sein.

743. Wie stelle ich ein Programm für den 3. Grad B zusammen?

Hier folgt jetzt ein Vorschlag für die Gestaltung eines Kursprogramms für den 3. Grad B. Es steht dir natürlich frei, dieses Programm deinen persönlichen Bedürfnissen bzw. deinem Arbeitsstil anzupassen:

Wenn die Ausbildung abgerundet ist (siehe *Frage 710* für die Minimalanforderungen der Ausbildungsinhalte), könnte der 3 B-Tag/bzw. –Nachmittag so aussehen:

1. Begrüßung.
2. Besprechung der organisatorischen Fragen.
3. Unterrichtsmaterialien für den 3. Grad B aushändigen.
4. Auswertung des Praktikums.
5. Buchbesprechungen durchnehmen.
6. Symbol + Erklärung von DKM-/Meister-Symbol.
7. Eventuell Wiederholung der Einstimmung(en).
8. 3 B-Einstimmung.
9. Tipps für spätere Kurse.

Pause

10. Tipps für die Programmeinteilung.
11. Tipps für die Erstellung eines eigenen Prospektes.
12. Verbände bzw. Reiki-Vereinigungen vorstellen.
13. Ermahnung, nicht ‚Gott' zu spielen (auch als Lehrer ist man nur Kanal).
14. Ermahnung, nicht Therapeut zu spielen.
15. Verantwortung gegenüber Kursteilnehmern und sich selbst besprechen.
16. Zukünftige Lehrertreffen anbieten.
17. Bezugsadressen für Materialien vorstellen / Tipps für die Beschaffung einer Behandlungsliege etc. geben.
18. Über die Praxis der Einstimmung in den zukünftigen Kursen sprechen.
19. Einstimmungen üben.

Abschluss

- ▹ Auswertung dieses Tages.
- ▹ Aushändigung des Zertifikats.
- ▹ Eventuell ein Foto machen oder Geschenke verteilen.
- ▹ Das komplette Kursmaterial auf Diskette oder CD-Rom aushändigen.
- ▹ Auffrischungstreffen anbieten.
- ▹ Hilfe bei der Vorbereitung des ersten Kurses anbieten.

744. Was muss ich zu Beginn eines Kurses alles an organisatorischen Fragen klären?

- ▷ Den Tagesablauf inklusive Pausenzeiten vorstellen.
- ▷ Alle Teilnehmer auffordern, ihre Mobiltelefone auszuschalten.
- ▷ Ggf. vor Kursbeginn die Teilnehmer ihre Gebühr bezahlen lassen (das am besten vorher im Bestätigungsbrief ankündigen).
- ▷ Entweder schon im Bestätigungsbrief mitteilen, dass während des Kurses nicht geraucht werden darf oder, wenn du Rauchpausen zulässt, diese mit den Teilnehmern abklären.
- ▷ Ankündigen, dass jederzeit Fragen gestellt werden dürfen, dass aber viele Fragen sich ohnehin im Verlauf des Kurses von selbst beantworten. Ankündigen, dass du in dem Falle ggf. die Frage zurückstellen wirst, bis das Thema an die Reihe kommt.

745. Muss ich für einen Imbiss sorgen?

Das liegt ganz an dir. Wenn du einen Imbiss anbietest, musst du dir klar darüber sein, dass die Vorbereitung (einkaufen, herrichten etc.), aber auch dann im Kurs der Verzehr eine Menge Zeit kostet (je nachdem, was du anbietest). Das geht dann möglicherweise zu Lasten der Unterrichtszeit. Zumeist werden die Kursteilnehmer gebeten, sich ein Pausenbrot selbst mitzubringen. Dann reicht meist eine halbe Stunde Mittagspause aus.

746. Muss ich Übernachtungsmöglichkeiten anbieten?

Das kommt darauf an, ob du diese Möglichkeiten hast (Gästezimmer, große Scheune etc.), ob du das willst und ob es ggf. aus Gründen der schlechten lokalen Infrastruktur (kein geeignetes Hotel oder Gästehaus im Dorf o. ä.) nötig ist. Manche Lehrer bieten Komplett-Wochenenden an inklusive Übernachtung und Verpflegung. Bei den meisten ist es aber so, dass die Kurse tagsüber stattfinden und die Teilnehmer abends nach Hause gehen. Sollte für die Teilnehmer bzw. einige von ihnen eine Übernachtung notwendig sein, dann solltest du Hilfestellung anbieten (wenn du nicht selbst über Zimmer verfügst). Du kennst sicher eine nette Pension in deiner Nähe, die du empfehlen kannst.

747. Wann ist der geeignete Moment für das Kassieren der Kursgebühr?

Am besten ist es, die Teilnehmer bis zu einem bestimmten Stichtag (etwas 1 Woche vor Kursbeginn), oder einen Teil vorab, den Rest zum Kursbeginn oder alles gleich am ersten Tag des Kurses zahlen zu lassen. Am Ende eines Kurses herrscht meist eine euphorische Aufbruchstimmung. Manche Leute wollen auch schon früher aufbrechen, um z. B. ihren Zug noch zu erreichen etc. und dann ist das Bezahlen schnell vergessen. Wenn du die Kursteilnehmer nicht deutlich auf die Zahlungsmodalitäten hinweist (in der Anmeldebestätigung, schon vorher in deinem Prospekt) und ihnen die Zahlung selbst überlässt, wirst du vielfach dem Geld hinterherlaufen.

748. Was, wenn jemand das Geld für die Kursgebühren nicht bei sich hat?

Beim 1. Grad lässt du ihn dann eben am zweiten Tag des Kurses bezahlen. Bei den anderen Graden gibst du dem Teilnehmer (so möglich) die Gelegenheit, zwischendurch am Geldautomaten den nötigen Betrag zu holen oder du lässt dir den Betrag im Nachhinein überweisen. Wenn du auf Vorkasse z. B. bei Anmeldung oder zu einem bestimmten Stichtag vor Kursbeginn bestehst, wirst du in solche Probleme nicht geraten.

749. Ist es besser eine Anzahlung bei der Anmeldung zu nehmen?

Eine Anzahlung bei der Anmeldung unterstreicht für den Teilnehmer (und den Lehrer) die Verbindlichkeit der Anmeldung, d. h. der Teilnehmer wird bei Kursbeginn auch erscheinen und nicht einfach wegbleiben. Das Nichterscheinen fällt nämlich leichter, wenn noch nichts bezahlt werden musste! Und es wäre doch schade, wenn deswegen einem anderen Teilnehmer, der auch gerne teilgenommen hätte, aber nicht mehr aufgenommen werden konnte, weil der Kurs ausgebucht war, die Chance zur Teilnahme verwehrt bliebe.

Es erfordert allerdings etwas mehr Verwaltungsaufwand, wenn du die Gebühr in Raten zahlen lässt.

750. Kann ich auch für einen Kurs für Freunde Geld verlangen?

Du bist frei, zu tun und zu lassen, was du willst. Wenn du andere Menschen gratis ausbilden möchtest ist das prima! Denke aber daran, dass du es ‚vorbehaltlos' tust, wenn du gratis ausbildest. Wenn du im Hinterkopf dann doch eine unausgesprochene Gegenleistung erwartest, Dankbarkeit o ä.), dann arbeitest du nicht mehr vorbehaltlos. Zudem bist du dann enttäuscht, falls die erwartete Gegenleistung nicht kommt. Auf der anderen Seite fühlen sich manche Menschen unwohl, wenn sie etwas bekommen (eine Ausbildung), ohne etwas dafür bezahlen zu müssen (sich verpflichtet fühlen). Du kannst dich natürlich jederzeit für eine andere Arte des Energie-Austausches entscheiden. Im Privatlebengibt es diesen Austausch ohnehin von Natur aus.

751. Muss ich auch eine Gruppenmeditation anbieten?

Wenn du das schön findest, dann baue ruhig eine Gruppenmeditation in deine Kurse ein. Manche Lehrer sind davon ganz begeistert, andere empfinden das als völlig überflüssig. Es gibt eine ganze Reihe von Möglichkeiten eine solche Meditation durchzuführen:

Ein Beispiel:

Die Teilnehmer stehen im Kreis und reichen einander jeweils eine Hand. Die linke Hand (Yin – empfangend) ist offen und mit der Handfläche nach oben gerichtet. Die rechte Hand (Yang – gebend) ist nach unten gerichtet und liegt mit der Handfläche auf der Handfläche der offenen Hand des Nachbarn. Nun erteilst du jedem den Auftrag, mit der rechten Hand Energie zu geben und mit der linken Hand Energie zu empfangen. Häufig fühlen die Teilnehmer die Energie zirkulieren'. Lass so einige Minuten vergehen und sprich zum Ende hin einige selbst gewählte Worte (einen Dank, einen Gruß, o. ä.).

Achtung: Ziehe die Gruppenmeditation zeitlich nicht zu sehr in die Länge. Manche Menschen bekommen Probleme mit dem Rücken oder mit den Beinen durch das lange Stehen.

Möglicherweise ist es je nach Zusammensetzung der Teilnehmer besser, die Meditation im Sitzen zu machen.

Variante: Setze jemanden physisch in die Mitte oder lass die Gruppe eine Person oder einen Gegenstand in der Mitte visualisieren und dann gemeinsam Energie dorthin schicken. Die Handhaltung ist ebenso, wie in dem vorigen Beispiel beschrieben.

752. Ist es ratsam, im Kursablauf Reiki-Themen und Orakelsysteme abwechselnd zu behandeln?
Das kann eine runde Sache sein. Allerdings sollte die Besprechung von Orakelsystemen (Tarot etc.) nicht zu Lasten des Reiki-Stoffes gehen. Im Zweifelsfall und bei Zeitnot dann immer lieber Orakelsysteme ausfallen lassen, als Reiki-Themen.

Zur Vorgehensweise

753. Was muss ich mir beim Unterricht immer vor Augen halten?
Dass du auch als Lehrer nur ein Kanal für die Energie bist, nicht mehr, aber auch nicht weniger!
Kümmere dich um deine Kursteilnehmer und gehe immer wieder zu jedem Einzelnen hin. Du hast es nun einmal mit Laien und Leuten, die schon etwas können, zugleich zu tun!

754. Darf ich mein eigenes Wesen und meine persönlichen Überzeugungen in einem Kurs vertreten?
Jeder Lehrer hat seinen eigenen Stil, seine eigene Identität und seine Überzeugungen. Um viele Menschen mit Reiki zu erreichen und für Reiki zu begeistern, ist es aber besser, sich möglichst neutral zu verhalten. Wenn du zu viel von deinen eigenen Ansichten in einen Kurs ‚packst', erhält dein Unterricht leicht einen dogmatischen Zug. Ziel ist es jedoch gerade, die Menschen anzuregen, ihre eigene innere Kraft, ihren eigenen Glauben und Überzeugungen zu finden, schätzen zu lernen und zu behalten. Natürlich wirst du als Lehrer die Themen betonen, die dir selbst wichtig sind. Bleibe dabei aber immer selbstkritisch. Du darfst niemandem deine Überzeugungen oder deinen Glauben aufzwingen!
Wenn du während des Unterrichtes zu sehr ‚abhebst', kann das Manchen abstoßen. Du kannst nicht deine kompletten seelischen Entwicklungsprozesse bzw. alles, was dir persönlich wichtig ist, in einem Kurs thematisieren. Damit überforderst du lediglich die Teilnehmer und überfütterst sie mit Material, was sie eigentlich gar nicht interessiert oder mit dem sie nichts anfangen können. Du erreichst die Menschen viel besser, wenn du deinen Unterricht nüchtern und neutral hältst. Jeder hat seine eigene Arbeitsweise, auch die Kursteilnehmer, die zu dir kommen.

755. Kann ich den Reiki-Kurs auch mit Unterricht in anderen Themen kombinieren?
Ja, das geht. Solange es nicht zu Lasten des zu unterrichtenden Reiki-Programmes geht, ist das kein Problem. Du solltest aber von vornherein in deinem Prospekt darauf hinweisen, damit die Interessenten wissen, was auf sie zukommt und die Chance haben, sich entspre-

chend ihrer Wünsche zu entscheiden. Ansonsten sehen sie sich möglicherweise plötzlich mit Gegenständen konfrontiert, mit denen sie nicht gerechnet hatten.

756. Kann ich meine Religion in einen Reiki-Kurs einbringen?
Ja, das geht. Auch hier solltest du den Teilnehmern aber schon im Vorfeld mitteilen, was auf sie zukommt. Deinen Glauben zu vertreten ist nicht falsch. Wenn dass deine Berufung ist, gehört es zu deinen eigenen Lebensweg. Energie an sich ist neutral und fließt für jeden Menschen ungeachtet seines Glaubens und seiner Überzeugungen. Reiki zu erleben steht jedem offen. Ebenso kannst du dich entscheiden, eine neutrale Haltung einzunehmen, um nicht irgendeine Färbung in den Kurs zu bringen. Aber wie gesagt, die Entscheidung liegt ganz bei dir. Es ist dein Weg!

757. Inwieweit kann ich von dem, was ich gelernt habe, abweichen?
Du bist im Prinzip nichts und niemandem Rechenschaft schuldig (es sei denn du bist Mitglied eines bestimmten Verbandes, der bestimmte Anforderungen und Bedingungen an seine Lehrerschaft stellt) und daher bist du völlig frei, der Energie auf deine Weise ihren Platz einzuräumen (vorausgesetzt natürlich, du tastest damit nicht die Freiheit anderer an oder überschreitest ethische Grenzen).
Das Usui-System beispielsweise ist permanenten Veränderungen unterworfen. Betrachte nur die Unterschiede zwischen der japanischen und der in Westeuropa praktizierten Energiearbeit! Auch die unterschiedlichen Strömungen, die inzwischen entstanden sind, zeigen, dass es viele Methoden gibt, mit Energie zu arbeiten.
Energie ist allgegenwärtig und jede Kultur hat ihre eigene Betrachtungsweise. Dennoch bleibt die Energie immer dieselbe.
Indem die Menschen ihre eigenen Lebensumstände und Überzeugungen in das einbringen, was sie gelernt haben, entstehen logischerweise die Unterschiede. Wenn du einmal sämtliche diesbezüglichen Dogmen außer Acht lässt, so gilt: Keine der Methoden ist besser als die andere, nur eben anders!

758. Warum sollte ich keine therapeutisch ausgerichteten Kurse geben?
Wir haben gelernt, mit Energie zu arbeiten. Damit hast du noch lange nicht den Freibrief erworben, an anderen Menschen herum zu doktern, es sei denn, du hast zuvor selbst eine therapeutische Ausbildung erhalten!
Arbeite so viel wie möglich als Reiki-Lehrer. Vergiss dabei nicht, dass du nicht zum Psychotherapeuten ausgebildet wurdest. Reiki ist eine Unterstützung der Bewusstseinsentwicklung. Wenn der Kursteilnehmer dafür bereit ist, kommt die Entwicklung von selbst in Gang. Als Lehrer brauchst du dabei nichts weiter zu tun, außer Kanal für den Energiefluss zu sein. Den Rest macht die Natur ganz allein.
Wenn sich tatsächliche Probleme auftun, dann solltest du den betreffenden Teilnehmer zu einem entsprechenden Arzt oder Therapeuten schicken.

759. Wie verdeutliche ich, dass mein Kurs keine Therapie ist?
Erkläre gleich zu Beginn deutlich, was Reiki ist und das die Kursteilnehmer nicht in einer Therapiegruppe sind. Vermittle den Teilnehmern auch, dass du gelernt hast, anderen Menschen den Umgang mit Energie beizubringen, aber damit noch lange kein Therapeut bist. Selbstverständlich wirst du alle Fragen, die mit Energie zu tun haben auch beantworten. Fragen auf medizinischem oder psychologischem Gebiet zu beantworten, liegt nicht im Rahmen deiner Möglichkeiten und Befugnisse!

760. Muss ich Kursteilnehmer in den 5 Reiki-Prinzipien ausbilden?
Das hängt von deinen Präferenzen als Lehrer und von der zur Verfügung stehenden Zeit ab. Eine Verpflichtung, die Reiki-Prinzipien zu thematisieren besteht nicht. Doch es kann nicht schaden, die Kursteilnehmer darüber zu unterrichten und ihnen die förderliche Wirkung der Prinzipien auf die Bewusstseinsentwicklung zu vermitteln.

761. Muss ich selbst die Reiki-Prinzipien in meinem Leben anwenden?
Reiki kennt nur ein Dogma: Habe kein Dogma! Eine Verpflichtung dafür gibt es also nicht, es ist einfach ein Weg, den du gehst oder nicht gehst. Als Lehrer wird von dir erwartet, dass du die Essenz der Energie durch und durch verstanden hast und so andere auf ihrem Energieweg begleiten kannst. Ein Heiliger wirst du damit nicht. Der eine Reiki-Lehrer integriert die Reiki-Prinzipien in sein Leben, der andere nutzt andere ‚Tools' auf seinem persönlichen Weg.

762. Wie gehe ich mit medizinischen Fragen um?
Für medizinische Fragen sind die Ärzte zuständig. Als Reiki-Lehrer kannst du zwar Handpositionen gegen bestimmte Beschwerden zeigen (siehe dazu die im *Kapitel F. (Teil I: Praxis)* genannten Aspekte bzw. die Beschwerden-Listen in den Handbüchern: *Das grosse Reiki-Heilbuch* und *Das Reiki Handbuch* (siehe *Teil IV: Sonstige Informationen*).

763. Was mache ich mit jemandem, der in der Gruppe sehr emotional reagiert?
Es kann passieren, dass innerhalb eines Kurses jemand plötzlich sehr emotional reagiert. Hier ist es wichtig, dass dieser Teilnehmer die Freiheit bekommt, seine Gefühle zunächst einmal frei heraus zu lassen und dass du oder die Gruppe diese Person nicht sofort tröstend in den Arm nimmt. Lass den Emotionen freien Raum. Sie haben ein Recht darauf! Einen emotional aufgelösten Teilnehmer gleich zu trösten, kann bei diesem als Aufforderung aufgefasst werden, schnell wieder still zu sein. Überschreite nicht einfach ungefragt die persönlichen Grenzen einer Person, indem du sie einfach tröstend in den Arm nimmst! Frage zunächst, ob du etwas für die Person tun kannst (etwa ein Glas Wasser holen oder ob sie in den Arm genommen werden möchte), bevor du aufstehst und etwas tust.

764. Was, wenn mich Kursteilnehmer anrufen, um mir ihre privaten Probleme zu schildern?
Was tust du, wenn dich jemand in Not anrufst? Du hörst erst einmal freundlich zu, ganz von Mensch zu Mensch. Wenn von dir eine Lösung des Problems erwartet wird, dann

kannst du freundlich und auf subtile Weise erklären, dass du als Reiki-Lehrer nicht der geeignete Ansprechpartner für alle Probleme deiner Kursteilnehmer bist, dass du aber sehr wohl unterstützende Energie schicken kannst. Du kannst die Person dann noch anregen, selbst an der Lösung des Problems zu arbeiten (Anregung, die eigenen Kräfte zu mobilisieren) oder sie auffordern, sich je nach Problemlage geeignete Hilfe zu suchen.
Unabhängig von Freundlichkeit und Mitmenschlichkeit solltest du auch an dich denken und selbstkritisch analysieren, ob du vielleicht schon im Kurs ‚therapeutisch' gearbeitet hast und so deine Teilnehmer (unbewusst) animiert hast, mit allen Problemen zu dir zu kommen.

765. Was antworte ich, wenn Kursteilnehmer nach meinen persönlichen Wahrnehmungen fragen?
Halte dich da lieber etwas zurück, um nicht zu viel Aufmerksamkeit auf dich zu lenken. In dieser Frage ganz neutral zu bleiben (du bist schließlich nur der Kanal; deine eigene Person und deine Wahrnehmungen sind völlig unerheblich), lässt die Teilnehmer gleich lernen, dass Wahrnehmungen nicht wichtig sind sondern dass es allein darum geht ohne jede Bedingung ein Kanal für die Energie zu sein. Reiki ist so normal wie essen und trinken. Es wird Zeit, Reiki aus der ‚'Geheimnis-Ecke' herauszuholen, und du trägst mit deinem Verhalten dazu bei.

766. Wie verhalte ich mich in Diskussionen?
Erkläre ruhig und freundlich das Wesen der universalen Energie und dass sich bislang noch niemand allein durch Worte von der Reiki-Kraft hat überzeugen lassen, wohl aber durch das eigene Erleben. Jeder Mensch braucht dieses eigene Erleben, um die Wirkung der Energie zu erkennen. Das braucht oft Zeit und kann nicht einfach mal so ‚angeknipst' werden.

767. Wie gehe ich mit Widerstand und Zweifeln um?
Widerstand und Zweifel haben ihre Berechtigung! Denk nur einmal zurück, wie du reagiert hast, als du zum ersten Mal mit Reiki in Berührung kamst. Hast du sofort daran geglaubt? Gestehe den Kursteilnehmern ihre Zweifel und ihre Skepsis zu. Indem du betonst, dass dies völlig normal und sogar erwünscht ist, nimmst du den Druck aus der Situation. Du kannst ihnen beispielsweise sagen, dass du lediglich dazu da bist, sie auf dem Gebiet der Energiearbeit ein wenig zu begleiten und ihnen nur hilfst, besser damit umzugehen, sie aber mitnichten von irgendetwas überzeugen willst. Das macht Reiki schon von selbst. Eine neugierig-skeptische Zweifelshaltung ist ganz normal und sogar eine gute Basis für die Erforschung des Themas Energie. Wenn jemand Reiki rundheraus ablehnt, dann ist das seine freie Entscheidung. Früher glaubten alle, die Erde sei eine Scheibe und heute können wir froh sein, dass es einige wenige gab, die gegen alle Zweifel und auch trotz ihrer eigenen Skepsis sich von der Kugelgestalt der Erde überzeugen ließen. Für sie eröffnete sich damit tatsächlich eine neue Welt.

768. Was tue ich mit Teilnehmern, die versuchen meinen Unterricht zu sprengen?

So wie du immer einige stille Zeitgenossen im Kurs hast, so wirst du auch immer einige laute und dominante Menschen darin haben, die das Wort führen und vielleicht sogar auf Grund ihrer eigenen vielfältigen Erfahrungen in der Esoterik-Szene versuchen, dir die ‚Leviten zu lesen'. In solchen Situationen ist es wichtig, dass du ganz du selbst bleibst. Gestehe dem anderen seine Meinung zu und lass dich nicht in deiner irritieren. Vielleicht kannst du antworten:

"*So hast du es gelernt und so mag es auch für dich richtig sein*" oder
"*Du kannst damit tun, was du willst*" oder
"*Du brauchst es ja nicht auf meine Weise machen*".
Und dann setzt du einfach dein Kursprogramm fort.

769. Was mache ich, wenn jemand die Atmosphäre im Kurs zu vergiften droht?

Vermutlich rufst du in diesem Teilnehmer einen bestimmten Widerstand hervor. Versuche zu ergründen, warum und versuche vor allem aber nicht, diesen Teilnehmer mit allen Mittel zu überzeugen. Vermeide geradezu die Diskussion darüber. Wenn jemand es darauf anlegt, den Kurs zu sprengen, dann hast du alles Recht der Welt zu fragen, warum er überhaupt gekommen ist. Und wenn es ihm Leid tut, gekommen zu sein, dann darf er jederzeit gerne gehen. Er ist ein freier Mensch. Niemand zwingt ihn, deinen Kurs zu besuchen. Und wenn er dann argumentiert, es sei ohnehin alles Unsinn, was du erzählen würdest, dann wird es Zeit, ihn freundlich aber bestimmt zu verabschieden. Es hat keinen Sinn, den ganzen Kurs unter einem Quertreiber leiden zu lassen.

770. Wie gehe ich damit um, wenn mich ein Kursteilnehmer ‚bewundert'?

Indem du diesem Teilnehmer schnell klar machst, das auch du nur ein Mensch bist und dass das Leben auch für dich ein immer währender Lernprozess mit Höhen und Tiefen ist und dass du selbst auch noch längst nicht am Ziel angekommen bist. Du seiest nun einmal zufällig etwas versierter in Reiki, würdest dich aber vor allem darauf freuen, was du von diesem Teilnehmer lernen kannst.

771. Was, wenn mich jemand auf einen Thron setzt?

Möglicherweise strahlst du etwas aus, was dem anderen suggeriert, du seiest weiter und besser entwickelt als er selbst. Wichtig ist aber, dass die Kursteilnehmer lernen, aus eigener Kraft zu sein und sich in keiner Weise von jemand anderem (z. B. von dir und deiner ‚unerschöpflichen Weisheit') abhängig zu machen. Vermittle deinen Kursteilnehmern, dass auch du viel von ihnen lernst, und das deine zufällige Spezialisierung auf Reiki dich noch nicht zu einer erleuchteten Person macht. Das hilft sicher, dass die Teilnehmer dich als Mensch sehen und nicht als ihren ‚Guru' und dass sie sich der Eigenverantwortlichkeit für ihr Leben bewusster werden.
Ein Kursteilnehmer ist immer auch ein Spiegel für dich!

Die Einstimmungen

772. Wie bereite ich die Kursteilnehmer auf die Einstimmungen vor?
Erkläre ihnen genau, was die Einstimmungen bewirken und wozu sie notwendig sind. So nimmst du den Teilnehmern im Voraus Ängste, Zweifel und Skepsis zum großen Teil schon ab. Wenn du genau erklärst, was geschehen wird, also etwa deine Bewegungen in der Aura der Teilnehmer, das Blasen, das Nachformen der Symbole über ihnen oder in ihren Händen, das Glöckchen am Ende usw., so hilft ihnen das, sich der Situation ganz zu überlassen. Es ist nicht leicht, einfach so jemandem zu vertrauen, vor allem wenn man mit geschlossenen Augen dasitzen muss. *„Versuche doch trotz aller Zweifel auf Reiki zu vertrauen!"*, dieser Satz mag auch helfen, das der Kursteilnehmer ganz entspannt die Einstimmungen über sich ergehen lässt. Meistens ist es nach der 1. Einstimmung schon nicht mehr neu und aufregend, sodass er die anderen Einstimmungen angstfrei genießen kann.

773. Wie viel Zeit muss zwischen den einzelnen Einstimmungen vergehen?
In der im Westen praktizierten Methode wird eine Zeitspanne von 2 bis maximal 24 Stunden zwischen den vier Einstimmungen des 1. Grades empfohlen. Nach der alten japanischen Methode kann sich der 1. Grad über ein halbes Jahr oder länger hinziehen, sodass die Einstimmungen entsprechend nur je eine pro Monat oder gar Quartal vollzogen werden. Hierbei wurde jede Einstimmung als ein Grad betrachtet. Das wirkt noch heute in den vier Einstimmungen nach, die zusammen in den 1. Grad fallen. Die Einstimmung geht also nicht ‚verloren', auch wenn zwischen den einzelnen Einstimmung längere Zeitspannen liegen.

774. Muss ich die Einstimmungen auswendig können?
Das Einstimmen muss zu einer Art zweiter Natur von dir werden, bevor du sie in Gruppen anwendest. Zwischendrin auf einen Spickzettel zu schauen, lenkt deine Konzentration und die des Einzuweihenden von dem ab, was gerade geschieht und das wäre doch zu schade! Du kannst vielleicht eine Auffrischungs-Einstimmung (*blessing*; siehe *Frage 783*) wieder und wieder an einer Person üben, die bereits eingestimmt ist, umso mit den Abläufen vertraut zu werden (oder du visualisierst dir einen Teilnehmer und ‚übst' an dieser Visualisierung).

775. Muss während der Einstimmungen jeglicher Schmuck abgelegt werden?
Armbanduhren mit Batterien können das universale Energiefeld stören. In jedem Falle sollten die Kursteilnehmer und du selbst natürlich auch, also Armbanduhren ablegen. Auch Metalle können hinderlich wirken. Trägt jemand viel Schmuck, dann lass ihn diesen ablegen. Es braucht aber nicht jeder Ehering oder jeder kleine Ohrstecker abgelegt werden!

776. Warum sollen die Kursteilnehmer bei der Einstimmung gut geerdet sein?
Weil ihnen sonst während der Einstimmung schwindelig werden könnte. Häufig atmen sie durch die Anspannung und eventuelle Angstgefühle ohnehin sehr flach und hoch und können durch die Einstimmung selbst die Erdung verlieren. Für die Einstimmung spielt das wei-

ter keine Rolle, doch der Teilnehmer wird sie dann womöglich als unangenehm erfahren. Eine gute Erdung (beide Füße fest auf den Boden stellen) sorgt für die nötige Balance.

777. Was tue ich, wenn der Einzustimmende während der Einstimmung Probleme mit dem Nacken bekommt?

Wahrscheinlich sitzt der Teilnehmer völlig verspannt und mit hochgezogenen Schultern da. Erkläre vor der Einstimmung genau, was du alles tun wirst und dass sich die Einzustimmenden möglichst entspannt mit den Händen in ihrem Schoß hinsetzen. Wenn die Arme in Höhe des Herzchakras bzw. der Thymusdrüse liegen, können die Oberarme entspannt am Körper anliegen und das beruhigt! Auch wenn du die Arme des Teilnehmers anhebst und lange über ihrem Kopf fest hältst, können Nacken- oder Schulterprobleme bei manchen Menschen auftreten. Achte also darauf, was der Teilnehmer machen kann und was nicht. Bei bekannten oder akuten Problemen im Schulter-Nackenbereich sollten die Hände in jedem Fall entspannt im Schoß des Teilnehmers liegen bleiben!

778. Muss ich die Symbole in beide Hände zeichnen?

Das kannst du frei entscheiden. Sie in beide Hände zu zeichnen ist ebenso gut, wie wenn du sie nur in einer Hand nachformst. Die meisten Kursteilnehmer empfinden es aber als logischer, angenehmer und ‚kompletter', wenn sie die Symbole in beide Hände gezeichnet bekommen.

779. Was mache ich bei Menschen, die eine gelähmte Hand oder einen gelähmten Arm haben?

Lass den gelähmten Arm einfach im Schoß des Teilnehmers ruhen und beginne dort deine Einstimmung. Die Arme brauchen dabei nicht zwangsläufig gehoben werden (es gelingt auch ohne das). Die Symbole kannst du über den Händen machen, auch wenn sie im Schoß liegen.

780. Muss ich die Einstimmungen nach Diana Stein machen?

Bei den Einstimmungen nach Diana Stein (*Reiki-Essenz*) geht es um ihren speziellen Arbeitsstil. Sie hat verschiedene Aspekte in die Einstimmung mit einfließen lassen (Qi Gong, Tao, etc.). Daher drückt sie während der Einstimmung ihre Zunge an den Gaumen, zieht ihr Hui Yin zusammen (Zusammenziehen von Anus und Vagina) und hält den Atem an. So kompliziert brauchst du es nicht machen, es sei denn du willst es so. Es ist deine freie Entscheidung. Die Einstimmung wird dadurch nicht positiv oder negativ beeinflusst, es macht die Energie also nicht stärker, wenn du diese Prozedur nicht machst. Der Empfänger bestimmt auch bei der Einstimmung selbst, was geschieht. Auch als Einstimmender bist du lediglich der Kanal für den Energiefluss. Die Anrufung von Schutzengeln etc. ist lediglich Ausdruck persönlicher Vorlieben. Die Einstimmung selbst wird davon nicht beeinflusst, möglicherweise steigert dergleichen aber das spirituelle Erleben des Einstimmenden.

781. Kann ich einstimmen, während die Gruppe behandelt?

Wenn du einen Assistenten hast, mag das gehen. Ansonsten ist es beim 1. Grad nicht so angeraten, denn die Teilnehmer brauchen noch viel Hilfe und korrigierende Eingriffe seitens des Lehrers, der daher keine Zeit bzw. keine Ruhe hat, jemanden einzustimmen.

782. Kann ich alle Einstimmungen des 1. Grades auf einmal geben?

Das geht und manche Lehrer bevorzugen dies sogar. Das traditionelle Usui-System geht allerdings davon aus, dass die Einstimmungen des 1. Grades in vier getrennten Schritten vollzogen werden (ursprünglich waren es auch vier separate Grade, die dann später zum 1. Grad zusammengefasst wurden). Die meisten Kursteilnehmer finden es auch schöner, vier getrennte Einstimmungen zu bekommen, als nur eine einzige. Die erste der vier Einstimmung wird dabei als ein ‚sich daran gewöhnen' empfunden, die restlichen drei können dann meist intensiver genossen werden.

783. Was ist ein* Blessing *(Segen)?

Ein *Blessing* (Segen) ist eine Auffrischungs-Einstimmung. Voraussetzung hier ist, dass derjenige, der sie bekommt, den 1. Grad bereits hat. Als *Blessing* (Segen) wird die letzte der vier 1.Grad-Einstimmungen wiederholt.

784. Wie oft darf ich einen* Blessing *(Segen) geben?

Der Segen darf häufig gegeben werden. Du gibst ihn jemandem, um dessen Einstimmung aufzufrischen. Auch Praktikanten erhalten häufig einen Segen als Dank des Lehrers. Menschen, die sich nicht wohl in ihrer Haut fühlen, selbst aber schon eine Reiki-Einstimmung haben, kannst du statt einer Behandlung eine Auffrischungs-Einstimmung (Segen) geben. Zu viel Energie kannst du dadurch nicht übertragen, da ja der Empfänger bestimmt wie viel er aufnimmt und wofür er sie verwendet. Jeder Segen ist ein weiterer kleiner Schritt auf dem Energie-Weg.

785. Kann ich jemanden auf Entfernung einstimmen?

Weil alles und jeder mit dem universalen Energiefeld verbunden ist, ist es auch möglich, jemanden auf Entfernung einzustimmen. In der Praxis sieht es dabei aber so aus, dass der Eingestimmte im Allgemeinen ganz andere Empfindungen hat als bei einer direkten Einstimmung. Daher taucht möglicherweise der Zweifel beim Eingestimmten auf, ob die notwendigen Handlungen tatsächlich auch ausgeführt wurden, was ja auf Grund der physischen Abwesenheit nicht zu kontrollieren ist. Abgesehen davon dass das Erreichen eines Reiki-Grades nicht nur auf einer Einstimmung beruht!! Einem Interessenten einen Kurs anzubieten, indem neben der Einstimmung auch die ganze Theorie und Praxis des Reiki behandelt wird, macht es dem Teilnehmer leichter, Reiki in sein eigenes Leben zu integrieren, als eine Fern-Einstimmung ohne Kurs.

Die Behandlungen

786. Wie organisiere ich eine Behandlung im Liegen mit der Gruppe?
Mit einer Gruppe aus 6 Personen arbeitest du beispielsweise wie folgt:
- ▷ Ein Kursteilnehmer liegt auf der Behandlungsliege.
- ▷ Ein Kursteilnehmer sitzt am Kopf des Behandelten.
- ▷ Zwei Kursteilnehmer sitzen einander gegenüber jeweils an einer Seite des Rumpfes.
- ▷ Zwei Kursteilnehmer sitzen einander gegenüber an den beiden Beinen des Probanden.
- ▷ Derjenige, der am Kopfende sitzt, hilft dem Kursteilnehmer auf die Liege und wieder herunter. Dieser Kursteilnehmer streicht auch eventuell die Aura aus, holt ein Glas Wasser usw.
- ▷ Die anderen Teilnehmer an Rumpf und Beinen sollten so synchron wie irgend möglich arbeiten.
- ▷ Achte darauf, dass bei Wechseln jeder einmal für alle Positionen verantwortlich ist.

787. Wie lange dauern solche Gruppenbehandlungen?
Man spricht zuvor ab, dass beispielsweise jeder eine Behandlung von 15 Minuten bekommt. Je nach zur Verfügung stehender Zeit kann diese Spanne auch länger oder kürzer sein.

- ▷ Dabei kannst du einen speziellen Reiki-Timer verwenden (über das Internet zu beziehen; siehe u. a. www.Reiki-articles.com) oder eben selbst auf die Zeit achten. Einen Reiki-Timer kannst du auf eine bestimmte Zeit einstellen und nach Ablauf dieser Spanne erklingt ein Gong. Entweder stellt du die gesamte Behandlungsdauer ein oder du lässt den Gong nach 3 Minuten erklingen und achtest dann die restliche Zeit selbst auf die Uhr.
- ▷ Lege eventuell eine spezielle Reiki-CD mit einem Klingelton alle drei Minuten in den CD-Player. Vor allem bei Kursen zum 1. Grad finden die Teilnehmer das sehr hilfreich, wenngleich sie wissen, dass sie sich nicht an bestimmte Zeiten halten müssen und die drei Minuten auch nur eine grobe Richtschnur darstellen.

Die Behandlungen sollten nicht all zu lange dauern, da die Kursteilnehmer (insbesondere in Kursen zum 1. Grad) nicht so daran gewöhnt sind und leicht Probleme mit Schultern, Nacken oder Rücken bekommen können.

788. Worauf muss ich bei einer Gruppenbehandlung achten?
- ▷ Alle Kursteilnehmer waschen vor und nach jeder Behandlung ihre Hände (für trockene Handtücher sorgen!).
- ▷ Armbanduhren und eventuell störender Schmuck sollten abgelegt werden.
- ▷ Du besprichst mit den Kursteilnehmern, dass sie sich sofort melden, wenn sie etwas als unangenehm empfinden.

- ▷ Frage den Teilnehmer, der als Proband fungiert, ob er noch besondere Wünsche hat und ob er etwas dagegen einzuwenden hat, direkt berührt zu werden.
- ▷ Achte darauf, dass jeder locker und entspannt sitzt. Kissen können bei schweren Armen als Stütze dienen. Sage auch an, dass jeder, dem die Arme zwischendurch schwer werden, die Handpositionen und die Körperhaltung ändern kann. Betone auch deutlich, dass sich niemand zu sehr anstrengen oder verkrampfen soll, sonst muss er am nächsten Tag womöglich zum Physiotherapeuten!
- ▷ Achte darauf, dass sich niemand auf dem Körper des Übungs-Person (= Proband) abstützt!
- ▷ Achte vor allem darauf, dass niemand zu heftig drückt, denn die Teilnehmer auf der Liege wagen häufig nicht (aus Rücksicht auf die Mitschüler etc.) zu sagen, dass der eine oder andere Handdruck ihnen wehtut.
- ▷ Achte darauf, dass sich der Proband auf der Liege wohl fühlt (Unruhe kannst du an schnellerer Atmung erkennen, an sich bewegenden Füßen oder Fingern etc.). Frage zwischendurch, ob alles in Ordnung ist und fordere ihn auf, direkt zu sagen, wenn etwas unangenehm wird oder er lieber sich anders hinlegen möchte (etwa um den Rücken behandeln zu lassen).
- ▷ Lass eventuell sich Bahn brechenden Gefühlen Raum. Reiche dem Probanden dann ein Glas Wasser und vielleicht ein Taschentuch. Wenn er sich gar nicht wieder beruhigen kann, dann gönne ihm eine kurze Pause. Wenn er zustimmt, kann die Behandlung fortgesetzt werden. Versuche aber nicht, intensive Ursachenforschung für den Gefühlsausbruch zu treiben. Du bist kein Therapeut!
- ▷ Lieber kein Gerenne zur Toilette während der Behandlung. Das kannst du vorher ansagen.
- ▷ Achte darauf, dass nicht unnütz gesprochen wird und die ganze Aufmerksamkeit sich auf den Probanden richtet. Für den Energiefluss ist das zwar unerheblich, der Proband wird es aber als angenehmer empfinden.

789. Was mache ich, wenn die Gruppe doch plötzlich zu schwatzen beginnt?

Auf jeden Fall nicht mitschwatzen! Wenn die Sache aus dem Ruder zu laufen scheint, dann frage freundlich, wie die Kursteilnehmer es wohl finden würden, wenn sie selbst auf der Liege lägen und rundherum würde geschwatzt, anstatt dass sich die Aufmerksamkeit voll und ganz auf den Behandelten richtet? Selbst wenn der aktuelle Proband behauptet, es mache ihm nichts aus, wenn die anderen sich unterhalten. Dennoch ist es für die meisten Kursteilnehmer (und auch die Behandler) schöner, wenn in Ruhe behandelt wird.

Selbstverständlich werden von dir während der Behandlung Hinweise und Tipps gegeben und durchaus auch Fragen beantwortet. Es ist angenehmer, wenn alles in gedämpfter Tonlage gesagt wird.

790. Wie kann ich eine Chakra-Behandlung auf dem Rücken durch eine Gruppe machen lassen?
Derjenige, der am Kopf des Probanden sitzt, behandelt das 7. und das 6. Chakra.
Die anderen verteilen ihre Hände über die restlichen Chakren entlang der Wirbelsäule und natürlich die Hand- und Fuß-Chakren.
Für die Erdung ist es besser, am Schluss der Behandlung die Hände ganz langsam von oben nach unten weg zu nehmen. Der am Kopf sitzende lässt also zuerst das 7. Chakra los, dann das 6. und so geht es langsam abwärts. Ganz zuletzt lässt der Teilnehmer los, der die Füße behandelt hat.

791. Brauche ich mehr als eine Behandlungsliege?
Wenn die Gruppen größer werden als 6 Personen, sind zusätzliche Liegen sehr zu empfehlen.

792. Wie organisiere ich eine (Chakra-)Behandlung im Sitzen in der Gruppe?
Stelle ein paar Stühle mit stabiler Rückenlehne auf. Der Proband setzt sich ‚verkehrt herum' (d. h., mit dem Gesicht zur Lehne) auf einen Stuhl in der Mitte. So können die anderen Kursteilnehmer von allen Seiten an den Probanden herankommen. Dieser kann seine Arme entspannt auf die Rückenlehne stützen und braucht nicht die ganze Zeit steif und kerzengerade auf dem Stuhl zu sitzen.
Wenn du die Kursteilnehmer eine Chakra-Behandlung geben lässt, dann kannst du als Aufgabe stellen, die Chakren zu erfühlen. Während der Behandlung wird nicht gesprochen. Anschließend (nach Ende der etwa 15-minütigen Behandlung) fragst du jeden Teilnehmer, wie er die Chakren wahrgenommen hat. So kannst du allen auf schöne Weise demonstrieren, wie unterschiedlich die Wahrnehmungen der einzelnen Menschen sind und dass das, was die Behandelnden spüren, gänzlich anders sein kann als das, was der Behandelte wahrnimmt. Derjenige, der selbst nichts gespürt hat, erfährt auf diese Weise, dass der Proband/der Behandelte aber sehr wohl etwas wahrgenommen haben kann. Womit klar wird, dass die Energie ihre ‚Arbeit' tut, auch wenn dies nicht konkret wahrgenommen wird.
Nach der Auswertung wechseln die Teilnehmer durch, bis dass jeder einmal behandelt wurde.

793. Wie organisiere ich eine Entfernungsbehandlung in der Gruppe?
1. Teile die Gruppe in zwei Teilgruppen auf, wobei die eine Gruppe die Energie verschickt, die andere Gruppe nimmt die Energie auf. Wenn Platz genug dafür vorhanden ist, sollte die empfangende Gruppe in einen anderen Raum gehen. Es ist sehr interessant, wenn die Empfänger nicht wissen, von wem sie gerade behandelt werden.
2. Nach ungefähr 10-15 Minuten Behandlungsdauer lässt du die Behandelten in den Gruppenraum zurückkommen und lässt sie von ihren Erfahrungen berichten. Mache aber klar, dass physische Wahrnehmungen nicht relevant sind und dass sich die Teilnehmer nicht darauf fixieren sollten, in der Praxis unbedingt etwas spüren zu wollen (das wäre ohnehin zielorientiertes Handeln und nicht mehr vorbehaltlos!). Verdeutliche, dass dies nur eine Übung war.

3. Dann befrage die Energie-Sender nach ihren Erfahrungen. Es kann zwischen den Erfahrungen dieser Gruppe und den Erfahrungen der Empfänger-Gruppe spannende Übereinstimmungen geben, allerdings können die Erfahrungen auch ganz anders sein.
4. Nach dieser Auswertung wiederholst du die Übung mit entsprechendem Rollentausch der Teilgruppen. Die Empfänger der ersten Runde werden nun die Sender und umgekehrt.

794. Wie organisiere ich eine mentale Behandlung in der Gruppe?
Lass die Kurteilnehmer sich selbst oder untereinander eine kurze (5 Minuten) mentale Behandlung geben. Diese kurze Behandlung kannst du auch in eine Behandlung im Sitzen oder im Liegen einbauen.

795. Was mache ich mit jemandem, der nicht mitmachen will?
Frage ihn (gegebenenfalls unter vier Augen) nach den Gründen für seine Weigerung, bei der Behandlung mitzuwirken. Wenn die Ursachen dafür in Bereichen liegen, die du oder die Gruppe ändern kann, dann kannst du die Behandlungen darauf einstimmen. Wenn die hindernden Ursachen nicht von dir ausgeräumt werden können, dann respektiere den Willen des Teilnehmers und lass ihn einfach zuschauen.

Nach einem Kurs

796. Muss ich Nachtreffen organisieren?
Die meisten Kursteilnehmer schätzen es sehr, wenn nach einem Kurs zum 1. Grad in angemessenem Abstand (z. B. nach 21 Tagen) ein Nachtreffen angeboten wird. An einem solchen Abend besteht die Gelegenheit zum Erfahrungsaustausch und zur Diskussion von Unsicherheiten oder Zweifeln. Auch gegenseitige Behandlungen werden meist als sehr angenehme Aspekte eines solchen Treffens empfunden. Die Zweifler hören die Erfahrungen der anderen, was sie meist dann doch im Weitermachen bestärkt. Du selbst kannst diese Menschen dazu anregen, sich eine feste Zeit für Reiki in ihrem Tagesplan einzubauen und damit zum festen Bestandteil ihres täglichen Lebens zu machen. Denn das ist oft das größte Problem: die alten Gewohnheiten zu durchbrechen.
Auch nach einem solchen ersten Wiedersehen kannst du weitere Nachtreff-Termine anbieten. Das gilt natürlich auch für Gruppen der höheren Reiki-Grade. Pflicht sind solche Angebote aber nicht.

Du kannst auch ein regelmäßiges offenes Treffen organisieren, dass allen deinen ehemaligen Kursteilnehmern unabhängig vom jeweiligen Grad offen steht. Dabei kannst du entweder alle Grade mischen oder auch trennen, etwa nachmittags die Ex-Teilnehmer des 1. Grades, abends die des 2. und 3. Grades.

797. Darf ich für solche Treffen Geld verlangen?

Ja, du kannst eine Vergütung für deine Zeit, die Räumlichkeiten, Kaffee, Kuchen etc. verlangen. Das erste Treffen nach einem Kurs zum 1. Grad kannst du vielleicht gratis als Zusatzservice anbieten.

798. Darf ich für eine Auffrischungs-Einstimmung Geld verlangen?

Auch für eine Auffrischungs-Einstimmung (Blessing oder Segen) kannst du Geld verlangen, wobei es sich aber zumeist um niedrige Beträge handelt. Es steht dir aber auch frei, einen Segen auch gratis zu geben.

799. Muss ich nach einem Kurs für die Teilnehmer jederzeit für Fragen ansprechbar sein?

Es ist für die Teilnehmer tatsächlich ein beruhigendes Gefühl, wenn sie sich auch nach dem Kurs mit ihren Fragen an einen kompetenten Ansprechpartner (also dich in diesem Falle) wenden können. Wenn du selbst eine gut laufende Praxis hast, ist es sinnvoll, feste Sprechzeiten einzurichten, um die Anfragen in geordnete Bahnen zu lenken. Diese Sprechzeiten solltest du auch auf einem Ansageband am Telefon kundtun. Je besser, umfangreicher und präziser deine Unterrichtsmaterialien sind, desto weniger Fragen werden nachher zu klären sein!

800. Bin ich zur ‚Nachsorge' verpflichtet?

‚Nachsorge' ist etwas, was Therapeuten ihren Klienten anbieten, aber nichts für einen Reiki-Kurs! Natürlich ist es für die Teilnehmer hilfreich und beruhigend zu wissen, dass du für eventuelle Fragen nach dem Kurs ansprechbar bist (siehe auch die vorige Frage).

Verschiedene Themen

801. Kann ich jemandem gleichzeitig in zwei Grade einstimmen?

Das geht, denn zu viel Energie kannst du nicht übertragen. In einem solchen Fall kannst du natürlich zunächst die Einstimmungen in den 1. Grad und danach die Einstimmung in den 2. Grad vollziehen. Das kann durchaus direkt hintereinander weg geschehen. Eine solche ‚Eil-Einstimmung' sollte aber die große Ausnahme sein und gehört eigentlich nicht zu einer grüdnlichen Ausbildung, es sei denn du praktizierst das System ‚alle Grade an einem Wochenende' (siehe dazu auch *Kapitel N. (Teil I: Theorie).*
Warum dann eine solche Eil-Einstimmung? Vielleicht ist derjenige, der die Einstimmung erhalten soll, sehr krank oder du willst jemanden noch schnell ausbilden, weil du ihn etliche Monate oder Jahre nicht oder vielleicht sogar nie wieder siehst. Das Wissen, dass zu den Einstimmungen gehört, kann in solchen Fällen auch nach der Einstimmung per E-Mail oder Telefon ausgetauscht werden. Möglicherweise ist es für den Betreffenden auch einfach zu viel Stoff an einem Tag, den er gar nicht in dieser kurzen Zeit aufnehmen kann. Dann ist es besser, die Einstimmungen zu vollziehen und den Stoff in kleinen Häppchen später zu vermitteln. Du kannst die so eingestimmte Person auch auffordern, zunächst ei-

ne Weile nur mit den Techniken des 1. Grades zu arbeiten und die Symbole erst nach beispielsweise 21 Tagen zu benutzen. Aber auch hier gibt es keine Vorschriften, handhabe das, wie du es für richtig hältst.

802. Was tue ich, wenn mir Unbekannte einen Auffrischungskurs bei mir machen wollen?
Da kommt jemand, der seinen Kurs bei einem anderen Reiki-Lehrer gemacht hat und will bei dir (womöglich noch zu einer reduzierten Gebühr) noch einmal mitmachen, „weil es bei dir so gut ist". Es liegt jetzt ganz an dir und der Situation sowie an den Gründen, die der Interessent angibt, wie du auf eine solche Anfrage reagierst. Du kannst tatsächlich überlegen, diesem Teilnehmer nur eine reduzierte Gebühr abzuverlangen, du kannst ihn aber ebenso gut voll bezahlen lassen. Ein Lehrer fühlt sich in der Regel nicht verpflichtet, Ausbildungsversäumnisse anderer Lehrer auszubügeln, insbesondere dann nicht, wenn dies zu Lasten seiner eigenen Kursplätze geht.

803. Was tue ich gegen Konkurrenzdenken und 'Futterneid' anderer Lehrer?
Wenn wir alle mehr zusammenarbeiten würden, gäbe es auch viel mehr Synergien (zusammen sind wir nämlich mehr als nur die Summe unserer Teile). Solange wir uns gegenseitig verurteilen, weil wir anders denken, ist Zusammenarbeit kaum möglich. Angst ist häufig die Ursache für ‚Futterneid'. Ich denke, dass diese Leute mehr an ihre eigenen Kräfte glauben und dem Überfluss, den wir Kosmos nennen, vertrauen sollten. Verschwende keine Zuwendung an den Neid (Energie folgt nämlich der Zuwendung) und steuere einfach deinen Kurs. William Rand hat in seinem Buch *Das Reiki Kompendium* (siehe *Teil IV: unter Lübeck/Petter/Rand)* einen schönen Beitrag zum Thema Zusammenarbeit veröffentlicht (*Kapitel 22 – Harmonie zwischen allen Reiki-Gruppierungen*).

804. Wie gehe ich mit Menschen um, die mit meiner Arbeitsweise nicht eins sind?
Siehe die vorige Frage. Jeder von uns ist anders und jeder hat seine eigene Arbeitsweise, die nicht besser, aber auch nicht schlechter ist als die anderen. Nur eben anders. Für die Energie ist die angewandte Technik gleichgültig. Versuche immer offen für Kritik zu sein. Du kannst von jedem lernen. Übernehme, was für dich gut ist und halte ansonsten deinen Kurs ein.

805. Muss ich nach meinem Kurs zum 3. Grad B weitere Aufbaukurse machen?
Auch ein Lehrer ist nie fertig. Nach dem 3B-Kurs wirst du wahrscheinlich noch weitere Kurse auf anderen Gebieten belegen. Bleibe offen und nutze die vielen spannenden Dinge auf deinem Weg für dein persönliches Wachstum.

Wenn du bereits bist, Lehrer auszubilden

806. Was muss ich tun, wenn jemand von mir zum Lehrer ausgebildet werden möchte?
Zuerst musst du ihn fragen, warum er Lehrer werden will. Dann erläuterst du die Inhalte der Ausbildung. In einem späteren Aufnahmegespräch gehst du dann in die Details. Siehe dazu auch *Frage 710*.

807. Darf ich jemanden ablehnen, der eine Lehrer-Ausbildung bei mir machen will?
Ja, du kannst Bewerber ablehnen. Wenn du jemanden zum Lehrer ausbilden willst, musst du mit dieser Person ‚zusammen durch eine Tür gehen' können, d. h., wenn Lehrer und Lehreranwärter nicht die gleiche Wellenlänge haben, wird es schwierig. Dann wäre ein anderer Lehrer sicher geeigneter.
Ihr braucht nicht dasselbe zu denken oder zu tun, ja ihr könnt sogar ganz verschieden sein. Doch ist es besser, wenn beide Parteien offen sind, vom jeweils anderen zu lernen, ohne den anderen zu indoktrinieren, und einander dabei respektieren. Manchmal sind aber die Unterschiede so groß und die Meinungen so verschieden, dass es einfach unangebracht ist, zusammenzuarbeiten.

808. Kann ich mehrere Lehrer zugleich ausbilden?
Je mehr Kurse du gibst, desto mehr Ausbildungsplätze kannst du anbieten und damit auch desto mehr Interessenten gleichzeitig ausbilden.

809. Wer bildet eigentlich wen aus?
Diese Frage wirst du dir immer wieder stellen. Und diese Frage hilft dir, stets für neue Erfahrungen und Einsichten offen zu sein und die Möglichkeiten für persönliches Wachstum zu erkennen.
Selbstverständlich bildest du die Kursteilnehmer aus, aber auch du lernst immer von deinen Kursteilnehmern. Jeder Teilnehmer ist ein Spiegel für dich.
Wie gehe ich mit anderen um? Wie sehe ich mich selbst? Wie werde ich gesehen? Kann ich andere respektieren, auch wenn ich nicht ihrer Ansicht bin? Vertrete ich Dogmen?

Berichte deinen Lehrer-Schülern von den Erfahrungen, die du durch Feed-back gemacht hast, und welche Wachstumsprozesse sie bei dir in Gang gesetzt haben. So regst du sie zugleich wieder an, selbst auch immer offen für Eindrücke zu bleiben. Du darfst ruhig sagen, dass du über dieses oder jenes früher anders gedacht hast und dass das Unterrichten wunderbare Entwicklungen in dir hervorgerufen hat. Damit verhinderst du gleichzeitig, dass du als ‚allwissender Reiki-Guru' angesehen wirst, der scheinbar nichts mehr zu lernen braucht.

810. Welche Bücher kann ich angehenden Lehrern zur Lektüre empfehlen?
Einige Bücher, die gute Basisinformationen über Reiki und Energie enthalten sind:
- ▷ *Der Reiki-Ratgeber*
(mehr als 800 Fragen, beantwortet für den Laien und den Lehrer)
- ▷ *Das Reiki-Kompendium*
(um Detailinformationen über die Historie, Symbole, etc. zu erhalten)
- ▷ *Energiearbeit mit Aura und Schakra sowie Gronden*
(um die Bedeutung des Erdens zu erkennen)
- ▷ *Das Reiki Handbuch* und *Reiki – Heile dich selbst*
(für die praktische Anwendung von Reiki)
- ▷ *Reiki-Essenz*
(um sich mit anderen Sichtweisen und Symbolen vertraut zu werden; im Unterricht wird der Lehrer mit Sicherheit dazu gefragt werden.)
- ▷ *Das Chakra-Handbuch*
(um sich über die Funktion der sieben Chakren zu informieren)
- ▷ *Das Nullpunkt-Feld*
(um sich über die wissenschaftlichen Aspekte der Energie zu informieren und um das Bewusstsein über das universale Energiefeld weiter zu entwickeln)

Siehe mehr in *Teil IV: Sonstige Informationen*. Jeder Lehrer bevorzugt andere Bücher, die er dann auch in seiner Ausbildung einsetzt. Die oben genannten sind also nur Beispiele.

811. Was lasse ich einen Praktikanten arbeiten?
- ▷ Lass ihn als Beobachter arbeiten und während eines Kurses Protokoll führen (informiere die Teilnehmer natürlich zuvor darüber, dass und wozu dein Praktikant mitschreibt).
- ▷ Ein Praktikant kann auch an Gruppenbehandlungen teilnehmen, erhält aber selbst ebenso wie der Lehrer keine Behandlung.
- ▷ Der Praktikant kann die Anleitungen für die Positionen übernehmen.
- ▷ Du kannst ihn auch selbständig ein Thema vortragen lassen. Dazu musst du ihn natürlich vorher gut einweisen und eventuell üben lassen, denn es wäre für alle Beteiligten unangenehm, wenn du mitten in seinem Unterricht eingreifen müsstest. Sprich mit ihm auch die Zeit ab, die ihm dafür zur Verfügung steht, um zu verhindern, dass er eventuell überzieht und dich damit in Zeitdruck bezüglich deiner eigenen Unterrichtsteile bringt.

812. Wann muss ich die Gebühren bezahlen lassen?
Das liegt ganz an dir. Du kannst dich dafür entscheiden, dass ein Teil der Kursgebühren vorab bezahlt wird und der Rest zu Beginn eines Kurses, oder du lässt alles am Anfang oder am Ende des Kurses bezahlen. Manche Lehrer fordern auch eine komplette Vorauszahlung.

813. Wie verhalte ich mich, wenn jemand mittendrin die Ausbildung abbricht?

Das hängt davon ab, wie du deine Abrechnungsmodalitäten geregelt hast, was der Teilnehmer alles schon bekommen hat und wie viel Zeit du investiert hast. Du kannst dann entscheiden, ob bzw. wie viel Geld du dem Teilnehmer zurückerstattest. Am besten ist es, solche Fälle schon im Voraus, etwa im Bestätigungsschreiben, zu regeln, um Streit zu verhindern.

814. Kann ich selbst auch mittendrin eine Ausbildung abbrechen?

Ebenso wie die Kursteilnehmer das Recht haben, ihre Ausbildung abzubrechen, so hast auch du im Prinzip dieses Recht. Du solltest dir vor allem klar darüber sein, warum du einen Kurs abbrichst. Wenn sich herausstellt, dass eine Zusammenarbeit mit einem Teilnehmer doch nicht (mehr) möglich ist, weil sich eure Meinungen zu sehr auseinander bewegt haben oder eure Charaktere doch nicht zusammenpassen, dann beende eine Ausbildung. Bedenke aber, dass du niemanden zwingen kannst, ein Klon von dir zu sein. Jeder hat seinen eigenen Weg zu gehen. Auch wenn die Kursteilnehmer deine Ausbildungsanforderung nicht respektieren, sich nicht sonderlich anstrengen oder deinen Hinweisen einfach nicht folgen wollen, kannst du erwägen, den Kurs abzubrechen. Ein intensives Aufnahmegespräch mit jedem Interessenten und klare Absprachen im Voraus können solche misslichen Situationen verhindern.

815. Muss ich Nach- oder Auffrischungstreffen für von mir ausgebildete Lehrer organisieren?

Wenn du schon eine ganze Reihe von Lehrern ausgebildet hast, kann es sehr interessant sein, spätere Treffen anzubieten. Die meisten Lehrer schätzen solche Treffen sehr. Hier können Erfahrungen ausgetauscht, Fragen gestellt und konstruktiv diskutiert werden usw. Reiki-Lehrer zu sein, ist ein eher ‚einsamer' Beruf und daher ist es schön, sich mit anderen Lehrern austauschen zu können.

816. Muss ich mit den von mir ausgebildeten Lehrern in Kontakt bleiben?

Nein, das ist keine Verpflichtung. Allerdings gibt es häufig auch nach der Ausbildung noch Kontakte und Zusammenkünfte, in denen der von dir ausgebildete Lehrer aktuell in der Praxis aufgetauchte Probleme mit dir diskutieren möchte. Ob und wie intensiv nach der Ausbildung noch Kontakte gepflegt werden, hängt einfach von der gegenseitigen Sympathie ab. Es gibt keine 'lebenslänglichen Blutbande' zwischen dir und den von dir ausgebildeten Lehrern.

817. Muss jeder die Chance bekommen, Reiki-Lehrer zu werden?

Im Prinzip sollte tatsächlich jeder die Chance bekommen, auch Reiki-Lehrer zu werden. Lehrer sein bzw. Lehrer werden ist ein Entwicklungsprozess, den du mit Erreichen des 3. Grades B noch nicht einmal begonnen hast.

Du trägst als Lehrer eine große Verantwortung insbesondere bei der Ausbildung von weiteren Lehrern, denn die werden ihrerseits später womöglich wieder Lehrer ausbilden. Wenn du kein Vertrauen in einen Kandidaten hast, dann steht es dir frei, ihn vielleicht lie-

ber nicht auszubilden. Aber spiele dich dabei nicht zum Herrscher aller Reusen auf. Jeder Mensch ist anders und keiner ist wie du! Möglicherweise ist es für deine eigene Weiterentwicklung notwendig, jemanden auszubilden, der dein genaues Gegenteil ist...
Ein guter Lehrer lernt von seinem Schüler am meisten. Du lernst dein Leben lang, selbst wenn du schon seit Jahren selbst als Lehrer arbeitest.

Bleibe vor allem mit beiden Beinen fest auf der Erde, hebe nicht ab und halte dich nicht für interessanter, als du bist.

Denn Reiki ist...

→ Blättere zurück zur Seite 1 und lies alles noch einmal, wenn du den Satz noch nicht vervollständigen kannst! ☺

Teil IV:

Sonstige Informationen

A. Literatur (nach Themen)

[Im Folgenden finden Sie eine Auswahl an deutschsprachiger Literatur zu den aufgeführten Themen. Titel, die nicht in deutscher Sprache erhältlich sind, werden in der Rubrik „in englischer Sprache" aufgelistet. Anm. d. Ü.]

Reiki-Bücher

Anand, Aziza / Shunyata: Der Feuer–Flug der Reiki – Schamanin. REIKI Ku Do® Initiation, Heilung und Ermächtigung in der direkten spirituellen Linie von AN.
(Raben – Verlag – ISBN 3–934416–00–4

Asbach, Gerda: Reiki – Heilende Kraft der Hände. Die universelle Lebensenergie zur Heilung von Körper und Seele einsetzen.
(Ludwig, W. – ISBN 3–7787–3555–1)

Baginski, Bodo J / Sharamon, Shalila: Reiki. Universale Lebensenergie zur ganzheitlichen Behandlung. Patientenbehandlung, Fernheilung von Körper, Geist und Seele.
(Synthesis – ISBN 3–922026–35–4)

Barnett, L / Chambers, M.: Reiki – Energie Medizin. Heilende Berührung für Praxis, Krankenhaus, Beruf und zu Hause.
(Synthesis – ISBN 3–922026–85–0)

Beck–Herla, Erika: Aura–Soma und Reiki in der psychologischen Beratungspraxis.
(Fischer, Rita G. – ISBN 3–89501–778–7)

Binder, Walter: Der Energiekörper im Feld der Reiki–Kraft.
(Verlag f. Naturmedizin u. Bioenergetik – ISBN 3–9800985–5–9)

Blaszok, Beate / Rohr, Wulfing von: Reiki fürs Leben. Eine praktische Einführung in beide Reiki–Systeme.
(Goldmann Verlag – ISBN 3–442–13769–1)

Dalberg, Andreas: Der Weg zum wahren Reiki Meister. Mit den Symbolen, Mantren und Einweihungsritualen aller Reiki–Grade.
(Droemer Knaur – ISBN 3–426–87035–5)

DAO Sonderheft Reiki. (Kolibri Hamburg – ISBN 3–928288–17–2)

DAO Sonderheft Reiki II. (Kolibri Hamburg – ISBN 3–928288–23–7)

Delnooz, Fons / Martinot, Patricia: Reiki – die Berufung zum Heilen. Die unsichtbare Welt hinter Reiki. Energetische Werkzeuge für ein tieferes Verständnis der Reiki–Erfahrung.
(Windpferd – ISBN 3–89385–409–6)

Distel, Wolfgang / Wellmann, Wolfgang: Das Herz des Reiki.
(Goldmann Verlag – ISBN 3–442–13823–X)

Distel, Wolfgang / Wellmann, Wolfgang: Die Praxis des Reiki.
(Goldmann Verlag – ISBN 3–442–13942–2)

Feuser, Astrid / Dröschel Rosemarie: Energie–Essenzen. Feinstoffliche Schwingungsheilmittel selbst herstellen und anwenden mit der Rainbow–Reiki–Methode.
(Windpferd – ISBN 3–89385–375–8)

Froelich, Anisis: Engel's Reiki. Sieben Phasen zur Erleuchtung.
(Saphira – ISBN 3–9522893–2–9)

Glaser, Brigitte: Reiki. Wohlbefinden durch die Heilkraft der Hände.
(Goldmann Verlag – ISBN 3–442–16496–6)

Grünewald, Matthias: Reiki – Weg der Hände. Reiki–Geschichten.
(Kleine Schritte – ISBN 3–923261–75–6)

Günther, Edith: Reiki Weisheiten. Die aus dem Herzen kommen.
(Erd, Peter – ISBN 3–8138–1001–1)

Günther, Horst H / Günther, Edith / Woeller, Michèle: Fit mit Reiki.
(Erd, Peter – ISBN 3–8138–0367–8)

Günther, Horst H / Marché, Angelika: Reiki – Energie aus eigener Hand. Selbstbehandlung, Erfahrungen, spezielle Anwendungen. (Kösel – ISBN 3–466–34483–2)

Günther, Horst H / Müller, Brigitte: Reiki – Heile Dich selbst. (Erd, Peter – ISBN 3–8138–0209–4)

Hilf, Gabriela: Reiki im Alltag. Neue Türen öffnen sich. (Silberschnur – ISBN 3–89845–045–7)

Hilswicht, Judith: Reiki – heilsame Lebensenergie. (Gräfe &Unzer – ISBN 3–77422–558–3

Hoffmann, Britta: Reiki4all. Reiki für Tiere. (Monsenstein und Vannerdat – ISBN 3–936600–22–8)

Honervogt, Tanmaya: Reiki. Gesundheit und Harmonie durch die Heilkraft der Hände.
(Edition Innenwelt – ISBN 3–936360–07–3, Buch + 1 Audio–CD)

Horan, Laxmi P.: Das grosse Buch der Reiki–Kraft. Ein Handbuch für die persönliche und globale Transformation. (Windpferd – ISBN 3–89385–447–9)

Hosak, Mark / Lübeck, Walter: Das grosse Buch der Reiki–Symbole. Das umfassende Werk über die Symbolkraft des Reiki. (Windpferd – ISBN 3–89385–445–2)

Kathrein, Satyam S.: Das Reiki-Praxisbuch. Die 7 neuen tibetischen Reiki-Übungen. (Goldmann Verlag – ISBN 3-442-39062-1)

Kathrein, Satyam S.: Reiki-Therapie. (Ullstein Taschenbuch Verlag – ISBN 3-548-74293-9)

Klatt, Oliver: Die Reiki-Systeme der Welt. Reiki im Überblick mit praktischen Übungen. (Windpferd – ISBN 3-89385-465-7)

Klinger-Raatz, Ursula: Reiki mit Edelsteinen. Mit universaler Lebenskraft und den lichtvollen Kräften edler Steine zur ursprünglichen Harmonie finden. (Windpferd – ISBN 3-89385-067-8)

Kolland, Karin E.: Intuitives Reiki nach Sensei Mikaomi Usui. Der 1. Grad. Die kosmische Muttersprache. (Hanael – ISBN 3-9500745-1-1)

Kolland, Karin E.: Intuitives Reiki nach Sensei Mikaomi Usui. Der 2. Grad. Die Symbole und ihre Anwendungen. (Hanael – ISBN 3-9500745-0-3)

Kolland, Karin E.: Intuitives Reiki nach Sensei Mikaomi Usui. Meistergrad. Licht – Körper – Entwicklung. (Hanael – ISBN 3-9500745-2-X)

Kreische, Karlsiegfried: Reiki-Praxis 1. Grad. Das Reiki-Handbuch für Einsteiger und erfahrene Anwender. (Kreische, Karlsiegfried – ISBN 3-00-015315-2)

Kreische, Karlsiegfried: Reiki-Praxis 2. Grad. Das Reiki-Handbuch für den 2. Grad. (Kreische, Karlsiegfried – ISBN 3-00-015314-4)

Kröger, Ilona / Uhl-Kutsch, Christine: Reiten im Einklang mit mir selbst. Kinesiologie, Energiearbeit, Reiki. (Kosmos – ISBN 3-440-09488-X)

Lackner, Dietmar: Spüre dich fühle dich. Reiki zärtliche Berührung für Körper Geist und Seele. (Freya – ISBN 3-901279-90-3)

Lübeck, Walter: Das grosse Reiki-Heilbuch. Die Hausapotheke der universellen Lebensenergie.Mit Anleitungen zur Energieheilung von Körper und Geist. (Windpferd – ISBN 3-89385-430-4)

Lübeck, Walter: Rainbow-Reiki. Alte und neue Techniken zur Erweiterung des Reiki-Systems um kraftvolle spirituelle Fähigkeiten. (Windpferd – ISBN 3-89385-407-X)

Lübeck, Walter / Petter, Frank A.: Reiki – Die schönsten Techniken. Wundervolle Werkzeuge des Heilens für den ersten, zweiten und dritten Reiki-Grad. (Windpferd – ISBN 3-89385-391-X)

Lübeck, Walter: Reiki – Weg des Herzens. Der Reiki-Einweihungsweg – Eine Methode der ganzheitlichen Heilung von Körper, Geist und Seele. (Windpferd – ISBN 3-89385-392-8)

Lübeck, Walter: Das Reiki-Handbuch. Von der grundlegenden Einführung zur natürlichen Handhabung. Eine Anleitung für die Reiki-Praxis. (Windpferd – ISBN 3-89385-064-3)

Lübeck, Walter / Petter, Frank A. / Rand, William L.: Das Reiki-Kompendium. Ein umfassendes Handbuch über das Reiki-System. Von der Tradition bis zur Gegenwart: Grundlagen, Übertragungslinien, Originalschriften, Meisterschaft, Symbole, Techniken, Behandlungen. (Windpferd – ISBN 3-89385-340-5)

Manasek, Gertrud A.: Das Mysterium der Reiki-Meister-Energie. (Turmalin Verlag – ISBN 3-929380-77-3)

Manasek, Gertrud: Das Gnadengeschenk – Reiki II. (Turmalin Verlag – ISBN 3-929380-54-4)

Manasek, Gertrud: Reiki – Ein Geschenk des Himmels. (Turmalin Verlag – ISBN 3-929380-37-4)

McFadyen, Mary: Die Heilkraft des Reiki. Mit Händen heilen. Schnellbehandlung. (Rowohlt Taschenbuch – ISBN 3-499-61400-6)

Mirtitsch, Klaus: Reiki Edelstein-Anwendungs-Praxis. Aus der Praxis für die Praxis. (Ki Esoterik – ISBN 3-902193-00-X)

Noordendorp, Hergen: Reiki aus der Sicht mitteleuropäischer Esoterik. (Novalis Media – ISBN 3-907160-89-4)

Petter, Frank A.: Das Reiki-Feuer. Neues über den Ursprung der Reiki-Kraft. Das komplette Lehr- und Arbeitsbuch. (Windpferd – ISBN 3-89385-187-9)

Petter, Frank A. / Yamaguchi, Tadao / Hayashi, Chujiro: Die Reiki-Techniken des Dr. Hayashi. Die traditionellen Techniken des Begründers des westlichen Reiki-Systems. (Windpferd – ISBN 3-89385-408-8)

Petter, Frank A.: Reiki – Das Erbe des Dr. Usui. Wiederentdeckte Dokumente zu den Ursprüngen und Entwicklungen des Reiki-Systems sowie neue Aspekte der Reiki-Energie. (Windpferd – ISBN 3-89385-281-6)

Piper, Dorothea / Mietke, Marion: Die Reiki-Botschaft. Das Kartenset für den Reiki-Prozess. (Silberschnur – ISBN 3-89845-035-X)

Die Reiki-Erfolgsberichte. Hände, die heilen. Erfahrungsberichte. (Kleine Schritte – ISBN 3-923261-99-3)

Reiki-Hände. (KOHA-Verlag – ISBN 3-936862-42-7)

Reiki-Kalender. Jahresschrift für Reikipraktizierende. Taschenkalender. (éditions trêves) erscheint jährlich

Die Reiki-Lebensregeln. Fünf Prinzipien für ein gutes und spirituelles Leben. (Windpferd – ISBN 3-89385-485-1)

Reiki-Tagebuch. (Kleine Schritte – ISBN 3-923261-49-7)

Schulte, Stefan: Reiki und Energiearbeit. Eine umfassende Einführung in Reiki und den Umgang mit energetischen Prozessen. (Windpferd – ISBN 3-89385-133-X)

Schwarz, Aljoscha A / Schweppe, Ronald P.: Reiki. Heilen durch Handauflegen. (mvg – ISBN 3-478-08530-6)

Seligmann,Christel: Frischer Wind beim Handauflegen. Für Reiki-Praktiker und andere Hand-Arbeiter. (Erd, Peter – ISBN 3-8138-1042-9)

Seligmann, Christel: Reiki mit Tieren. (Erd, Peter – ISBN 3-8138-0348-1)

Simonsohn, Barbara: Das authentische Reiki. Wirksame Hilfe gegen die körperlichen und seelischen Probleme der heutigen Zeit. (Goldmann Verlag – ISBN 3-442-14210-5)

Simonsohn, Barbara: Reiki für Fortgeschrittene. (Goldmann Verlag – ISBN 3-442-21714-8)

Sommer, Doris: Reiki – Der dritte Grad. Lichtarbeit mit dem Meistersymbol. (Erd, Peter – ISBN 3-8138-0476-3)

Sommer, Doris: Reiki II – Anwendungen. Gesundheits-Lexikon mit heilendem Mentaltraining. (Erd, Peter – ISBN 3-8138-0413-5)

Sommer, Doris: Reiki mit Bachblüten. (Erd, Peter – ISBN 3-8138-1004-6)

Sommer, Doris: Das Reiki-Lexikon. Beratungsbuch zu allen Fragen der Reiki-Heilenergie-Anwendung. (Erd, Peter – ISBN 3-8138-0390-2)

Stahl, Dieter: Gesund und fit durch Reiki. Entspannung, natürliche Heilung und Persönlichkeitsentwicklung. (Oesch – ISBN 3-0350-5030-9)

Stahl, Dieter: Reiki gegen Stress. Wie wir zur Mitte zurückfinden und uns ein gesundheitsförderndes Umfeld in Karriere und Alltag schaffen. (Oesch – ISBN 3-0350-3015-4)

Stein, Diane: Reiki-Essenz. (Medizin & Neues Bewusstsein – ISBN 3-925610-03-0)

Stenglin, Roland: Reiki – Energie und Weg. Eine umfassende und fundierte Einführung in Theorie und Praxis der universalen Lebensenergie. (Windpferd – ISBN 3-89385-135-6)

Usui, Mikao / Petter, Frank A.: Original Reiki-Handbuch des Dr. Mikao Usui. Alle Usui-Behandlungspositionen und viele Reiki-Techniken für Gesundheit und Wohlbefinden. (Windpferd – ISBN 3-89385-320-0)

Verschure, Yasmin: Reiki – Der Weg zum Licht. (Windpferd – ISBN 3-89385-162-3)

Vögtli, René: Weltverbesserer. Die Suche nach Erfüllung. Die Geschichte eines Suchenden und 111 Antworten zum Thema Reiki. Eine Synthese zwischen Roman und Sachbuch. (Editions à la carte Zürich – ISBN 3-908730-25-2)

Walz, Doris: Reiki – Die universelle Lebensenergie. (Raphael Neustadt – ISBN 3-9804006-0-3)

Warnecke, Eckart: Reiki – Der II. Grad. (Erd, Peter – ISBN 3-8138-0410-0)

Warnecke, Eckart / Warnecke, Gabriella: Reiki in der Schwangerschaft. (Erd, Peter – ISBN 3-8138-0370-8)

Weber, Rita: Reiki – den Himmel auf die Erde bringen. (videel – ISBN 3-89906-143-8)

Wehrend, Ute: Das Reiki-Buch. Heilung und Weg. (Arche Noah – ISBN 3-931721-34-5)

Weidner, Michaela: Das Reiki-Buch für Kinder. (Arche Noah – ISBN 3-931721-48-5)

Wilde, Clare: Reiki – Heilende Energie für Pferd und Reiter. (Müller Rüschlikon – ISBN 3-275-01348-3)

Wolf, Ulrike: Die Radiance-Technik. Das authentische Reiki. (Lüchow – ISBN 3-363-03046-0)

Ziegler, Brigitte: Erfahrungen mit der Reiki-Kraft. (Windpferd)

Zopf, Regine: Reiki – Ein Weg sich selbst zu vervollkommnen. Erklärungen von Sameen Al Hoskia Ra und den Weltenhütern. (Archantaya – ISBN 3-937534-09-1)

Zopf, Regine: Das Wunder von Reiki. Die sieben Grundregeln einer erfolgreichen Reiki-Arbeit. (Archantaya – ISBN 3-937534-14-8)

in englischer Sprache:

Milner, Kathleen: Reiki and Other Rays of Touch Healing (Kathleen Milner – ISBN 1886903972)

Mitchell, Karyn: Reiki a torch in daylight (Mind Rivers Publication – ISBN: 0-9640822-1-7)

Rand, William Lee: Reiki – The Healing Touch. (Vision Publications – ISBN 0-9631567-0-5)

Ray, Barbara: The 'Reiki' Factor in The Radiance Technique (Radiance Associates – ISBN 0-933267-06-1)

Chakren und Aura

Andrews, Ted: Die Aura sehen und lesen. Feinstoffliche Energien wahrnehmen und deuten. (Schirner – ISBN 3-89767-400-9)

Beck–Herla, Erika: Aura-Soma und Reiki in der psychologischen Beratungspraxis. (Fischer, Rita G. – ISBN 3–89501–778–7)

Brennan, Barbara A.: Licht-Heilung. Die Aura im Gesundungsprozess – Anleitung zur Selbstheilung. (Goldmann Verlag – ISBN 3–442–12222–8)

Bruyere, Rosalyn L.: Das Geheimnis der Chakras. Unsere Licht– und Energiezentren. (Ullstein Taschenbuch Verlag – ISBN 3–548–74167–3)

Davies, Brenda: Chakras – Tore zur Seele. (Aquamarin – ISBN 3–89427–181–7)

Gelder–Kunz, Dora van: Die Chakras und die feinstofflichen Körper des Menschen. Neue Wege zur ganzheitlichen Heilung. (Aquamarin – ISBN 3–922936–86–5)

Georgii, Ursula: Energiearbeit mit Aura und Schakra. 56 Praktische Übungen für Erdung, Kontakt und Reinigung. (Neue Erde – ISBN 3–89060–460–9)

Govinda, Kalashatra: Atlas der Chakras. Die sieben Energiezentren des Menschen – Der Weg zu Gesundheit und spirituellem Wachstum. (Ludwig, W. – ISBN 3–7787–3816–X)

Govinda, Kalashatra: Chakra-Praxisbuch. (Südwest Verlag – ISBN 3–517–06964–7)

Lübeck, Walter: Die Chakra-Energie-Karten. Heilende Worte für Körper, Geist und Seele. Für alle Formen von Energieheilung und Reikibehandlungen. Mit Heilungs–Siegeln der grossen Göttin und ihrer Engel. (Windpferd – ISBN 3–89385–374–X)

Lübeck, Walter: Das Aura-Heilbuch. Die Aura lesen und deuten lernen. Energiefelder farbig sehen und zur ganzheitlichen Heilung einsetzen. (Windpferd – ISBN 3–89385–082–1)

Michel, Peter: Das grosse illustrierte Aura-Buch. (Aquamarin – ISBN 3–89427–265–1)

Mohr, Ursula: Aura-Schutz. (Falk, Christa – ISBN 3–89568–034–6)

Müller, Brigitte: Energie der 12 Sonnen-Chakra Strahlen. (Erd, Peter – ISBN 3–8138–0276–0)

Oetinger, Manuela: Die Aura des Menschen. Wie Gedanken und Energiefelder das tägliche Leben bestimmen. (Aquamarin – ISBN 3–89427–173–6)

Paulson, Genvieve Lewis: Das Kundalini- und Chakra-Handbuch. Die Erweckung der Kundalini-Kraft als Weg zur persönlichen und spirituellen Entwicklung. (Windpferd – ISBN 3–89385–450–9)

Rasch, Ega: Heilen über die Chakras. (Aquamarin – ISBN 3–89427–175–2)

Schang, Sumitra / Alves, Narayani: Die Aura des Menschen. Farbenprächtige Ausstrahlung der Chakras. (Mangalam – ISBN 3–922477–04–6)

Sharamon, Shalila / Baginski, Bodo J.: Das Chakra-Handbuch. Vom grundlegenden Verständnis zur praktischen Anwendung. Eine umfassende Anleitung zum Harmonisieren der Energiezentren durch Klänge, Farben, Edelsteine, Düfte, Atemtechniken, Naturerfahrungen, Reflexzonen und Meditationen. (Windpferd – ISBN 3-89385-038-4)

Sherwood, Keith A.: Chakra-Therapie. Aktivierung der Kraftzentren des Lebens. (Schirner – ISBN 3-89767-147-6)

Sherwood, Keith A.: Chakras und Karma. Chakra-Arbeit zur Karma-Auflösung. (Schirner – ISBN 3-89767-153-0)

Vollmar, Klausbernd: Das Arbeitsbuch zu den Chakras. (IRIS – ISBN 90-76274-48-7)

Sonstige

McTaggart, Lynne: Das Nullpunkt-Feld. Auf der Suche nach der kosmischen Ur-Energie. (Goldmann Verlag – ISBN 3-442-30831-3)

in englischer Sprache:

Gerber, Richard: Vibrational Medicine: New Choices for Healing Ourselves (Bear & Co – ISBN 1879181282)

Oschmann, James L.: Energy Medicine – The scientific basis (Churchill Livingstone – ISBN 0-443-06261-7)

Affirmationen und Visualisieren

Epstein, Gerald: Wachtraumtherapie: Der Traumprozeß als Imagination. (Klett-Cotta – ISBN 3-60895-264-0)

Freitag, Erhard F.: Heilende Gedanken. Affirmationen für ein erfülltes Leben. (Droemer Knaur – ISBN 3-426-87210-2)

Gawain, Shakti: Reflexionen im Licht. Affirmationen für jeden Tag. (Hugendubel Verlag – ISBN 3-7205-2624-0)

Gawain, Shakti: Die Stimme der Intuition. 52 Affirmationskarten. (Hugendubel Verlag – ISBN 3-7205-2596-1)

Hay, Louise L.: Ein Garten aus Gedanken. Affirmationen zur Bejahung des Lebens. (Lüchow – ISBN 3-363-03041-X)

Hay, Louise L.: Liebe deinen Körper. Positive Affirmationen für einen gesunden Körper. (Lüchow – ISBN 3-363-03017-7)

Hay, Louise L.: Gedanken können heilen. Affirmationen für Körper, Geist und Seele. (mvg – ISBN 3–478–08742–2) Audiokassette

Hay, Louise L.: Jeder Tag ist ein Geschenk. Positive Affirmationen. (mvg – ISBN 3–478–08721–X) Audiokassette

Ulsamer, Bertold: Empowerment in Zeiten der Krise. An Schwierigkeiten wachsen, statt darin unterzugehen. (Goldmann Verlag – ISBN 3–442–21698–2)

Wilde, Stuart: Affirmationen. Gedanken haben Schöpferkraft. (Hugendubel Verlag – ISBN 3–89631–279–0)

in englischer Sprache:

Gershon, David & Gail Straub – Empowerment: The Art of Creating Your Life as You Want It (High Point Press – ISBN 0967237408)

Robbins, Anthony – Unlimited Power: The New Science Of Personal Achievement (Neuro Linguistic Programming) - (Free Press – ISBN 0684845776)

Meditation

Maharishi, Mahesh: Die Wissenschaft vom Sein. (Kamphausen, J. – ISBN 3–933496–40–3)

Schachinger, Wolfgang / Schrott, Ernst: Gesundheit aus dem Selbst: Transzendentale Meditation. (Kamphausen, J. – ISBN 3–933496–42–X)

Huth, Almuth / Huth, Werner: Praxis der Meditation. (Kösel – ISBN 3–466–20451–8)

Long, Barry: Meditation. Ein Grundkurs. Ein Buch in zehn Lektionen. (Kamphausen, J. ISBN 3–933496–29–2)

Spiritualität

Ferrini, Paul: Leben in Hingabe. Wie man sein Herz öffnet und darin wohnen bleibt. (Schirner – ISBN 3–930944–92–8)

Ein Kurs in Wundern. Textbuch / Übungsbuch / Handbuch für Lehrer. (Greuthof – ISBN 3–923662–18–1)

Pierrakos, Eva: Der Pfad der Wandlung. (Synthesis – ISBN 3–922026–70–2)

Pierrakos, Eva: Bereit sein zur Liebe. Das weibliche und männliche Prinzip und die Illusion der Getrenntheit – das Pfadbuch für Beziehungen. (Synthesis – ISBN 3–922026–89–3)

Pierrakos, E / Thesenga, D.: Fürchte Dich nicht vor dem Bösen. Die Pfad–Methode zur Transformation unserer negativen Gefühle. (Synthesis – ISBN 3–922026–92–3)

Spalding, Baird T:
Leben und Lehren der Meister im Fernen Osten – Band 1 bis 3. ISBN 3–89767–416–5
Leben und Lehren der Meister im Fernen Osten – Band 4 und 5. ISBN 3–89767–437–8
(Schirner)

Stolp, Hans: Die erlösende Kraft des Verzeihens. Durch wahres Vergeben alte Bande auflösen und wahrhaft frei werden. (Aquamarin – ISBN 3–89427–279–1)

Stolp, Hans: Der Weg ins Jenseits. Ein Trostbuch, wenn ein geliebter Mensch in eine lichtere Welt weitergegangen ist. (Aquamarin – ISBN 3–89427–257–0)

Walsch, Neale D.: Gespräche mit Gott 1
Band 1: Ein ungewöhnlicher Dialog, ISBN3–442–30737–6
Band 2: Gesellschaft und Bewusstseinswandel, ISBN 3–442–33612–0
Band 3: Kosmische Weisheit, ISBN3–442–33627–9 (Goldmann Verlag)

Wiemer, Liza M.: Wir sind immer für die da. Wie Sie sich mit Ihren spirituellen Helfern verbinden. (Bauer – ISBN 3–7626–0587–4)

Williamson, Marianne: Rückkehr zur Liebe. (Goldmann Verlag – ISBN 3–442–12209–0)

in englischer Sprache:

Rother, Steve & the Group – Re-member: a Handbook for Human Evolution
(Lightworker Publications – ISBN 1928806082)

Inneres Wachstum

Dyer, Wayne:
Die 10 Geheimnisse für Erfolg und inneren Frieden. (Goldmann Verlag – ISBN 3–442–33725–9)
Der wunde Punkt. Die Kunst, nicht unglücklich zu sein. Zwölf Schritte zur Überwindung der seelischen Problemzonen. (Rowohlt Taschenbuch – ISBN 3–499–17384–0)

in englischer Sprache:

Milman, Dan – Everyday Enlightenment: The Twelve Gateways to Personal Growth
(Warner Books – ISBN 0446674974)

Intuition

Day, Laura: So werden Wünsche wahr. Wie die Kraft eines einzigen Wunsches Ihr Leben verändern kann. (Droemer Knaur – ISBN 3-426-66689-8)

Gawain, Shakti / King, Laurel: Leben im Licht.
(Ullstein Taschenbuch Verlag – ISBN 3-548-74178-9)

in englischer Sprache:

Keen, Linda – Intuition Magic: Understanding Your Psychic Nature
(Hampton Roads Publishing Company – ISBN 1571741127)

Östliche Weisheit

Dalai Lama XIV. / Cutler, Howard C.:
Glücksregeln für den Alltag. Happiness at work. (Herder – ISBN 3-451-28342-5)
Die Regeln des Glücks. (Lübbe – ISBN 3-404-70170-4)

Ritskes, Rients R.: Zen für Manager. (Hugendubel Verlag – ISBN 3-424-00970-9)

Das Totenbuch der Tibeter. (Hugendubel Verlag – ISBN 3-424-00506-1)

Trungpa, Chögyam:
Das Mandala in uns. Der buddhistische Weg zur inneren Ordnung.
(Hugendubel Verlag – ISBN 3-7205-2535-X)

Weltliche Erleuchtung. Die Weisheit Tibets für den Westen. (Arbor – ISBN 3-924195-54-4)

Wimala, Bhante Y.: Wie eine Lotosblüte. Die praktischen Lehren eines Wandermönchs. (Lübbe – ISBN 3-404-70175-5)

B. Reiki-CDs

Einige der genannten CDs sind in Deutschland ggf. nicht erhältlich.
Sie können über www.amazon.com bestellt werden.

Aeoliah: (Oreade Music www.oreade.com)
Angel Love for Children
Angel Love
Angel Love II

Aeoliah & M. Rowland: The Reiki Effect (Oreade Music www.oreade.com)

Akshara Weave: (Etherean Music: www.EthereanMusic.com)
Hon Sha Ze Sho Nen
Sei He Ki
Cho Ku Rei

Akwara: Reiki. (Windpferd -ISBN 3-89385-812-1)

Arjava Petter, Frank: Reiki. Meditationen im Licht. (Windpferd - ISBN 3-89385-995-0)

The Beauty Temple / Parzzival: Reiki. (ZYX Music - ISBN 3-86549-126-X)

Günther, Horst H / Günther, Edith: Die Reiki-Selbstbehandlung.
(Erd, Peter - ISBN 3-8138-0375-9)

Häckelmann, Romy: Der Meisterschlüssel. Geführte Übungen für den Umgang mit dem Reiki-Meistersymbol. (Windpferd - ISBN 3-89385-985-3)

Häckelmann Sensei, Romy: Auf dem Weg zur Reiki-Meisterschaft. Geführte Anleitungen und Meditationen mit Klangschalen. (Windpferd - ISBN 3-89385-981-0)

The Heart of Reiki (Windpferd - ISBN 3-89385-933-0)

Hofegger, Roman: Reiki Meditation der Stille. Geleitete Meditation mit Reiki-Meister und Lehrer Roman Hofegger. (Djassemi Verlag - ISBN 3-938104-06-6)

Honervogt, Tanmaya:
Behandle dich selbst mit Reiki. Stärkung der Selbstheilungskräfte. (Edition Innenwelt - ISBN 3-936360-03-0)
Entspannt und fit mit Reiki. Drei Reiki-Kurzbehandlungen auf CD. (Edition Innenwelt - ISBN 3-936360-34-0)

Kamal: Reiki Whale Song. (ISBN 3-933712-28-9)

Kiesewalter, Harald: Okuden. Meditative Einführung in die Anwendung der Symbole des zweiten Reiki-Grades. (Wunderland - ISBN 3-933139-11-2)

Kolland, Karin E.: Meditation intuitives Reiki - Entspannung, Klang, Heilung. CD zu den 3 Reiki Büchern von Karin E. J. Kolland. (Hanael - ISBN 3-902383-06-2)

Lange, Rainer:
Quell der Heilung. Musik für Reiki. (Audio-CD: ISBN 3-931721-11-6 / Audiokassette: ISBN 3-931721-14-0)
Quell der Heilung. Volume 2. Das Wunder Reiki. (Audio-CD ISBN 3-931721-17-5 / Audiokassette: ISBN 3-931721-18-3)
(Arche Noah)

Merlin's Magic:
Reiki - Light Touch. Musik für die Reiki-Behandlung. (Windpferd - ISBN 3-89385-773-7)
Reiki. Space of Peace and Love. (Windpferd - ISBN 3-89385-984-5)
Reiki-Musik. Musik zur Reiki-Behandlung, Inspiration und Heilung. (Windpferd - ISBN 3-89385-735-4)

Müller, Brigitte:
Heile dich selbst. Reiki-Chakra Selbstbehandlung - Geführte Visualisation und Affirmationen. (ISBN 3-8138-2010-6)
Reiki Chakra-Selbstbehandlung. Visualisationskassette. (Erd, Peter - ISBN 3-8138-0213-2)

Thors: Reiki. Wonderful Instrumental Music for Your Wellness. (Neptun Media - ISBN 3-89321-092-X)

Reiki-CDs mit Klingelton alle 3 Minuten

Ajad:
Reiki Music Vol. 1
Reiki Music Vol. 2

Chakra-Reise CD

Anugama: Shamanic Dream (Open Sky Music: www.openskymusic.com)

C. Internetseiten

Im Internet erscheinen ständig neue Reiki-Seiten. Die vorhandenen Seiten werden permanent aktualisiert, sodass sich dauernd Änerungen ergeben. Für Aktualisierungen zu diesem Buch siehe meine homepage: www.der-reiki-ratgeber.de.
Im Zweifelsfall gib einfach bei der von dir bevorzugten Suchmaschine (z. B. www. google.de) den Suchbegriffe „Reiki" ein und es werden dir Hunderte einschlägiger Seiten vorgeblendet.

Im Folgenden einige deutsche und internationale Websites (Auswahl):

www.reiki.de	
www.reiki-online.de	
www.reiki-magazin.de	
www.myreiki.de	viele Adressen etc.
www.spiritual.de	dort zur Themenseite Reiki zahlreiche Links und weitere Adressen

in englischer Sprache:

www.reiki.org
www.reiki.start4all.com

Vereinigungen und Verbände:

www.reiki-allianz.de	Reiki Alliance
www.reiki-network.de	Reiki-Network im deutschsprachigen Europa
www.reiki-verband-deutschland.de	Reiki Verband Deutschland e.V.
www.reiki-forum.de	Reiki forum via Internet
www.lehrpraxis.de	Reiki forum und chat Gruppe via Internet

http://groups.yahoo.com/search?query=Reiki&submit=Search
Yahoo Reiki Gruppe via Internet
www.geocities.com/HotSprings/9434/reikiorg.html
Internationale Liste mit Reiki-Organisationen in verschiedenen Ländern

Informationen über die unterschiedlichen Systeme und Lehrer sind zu finden auf:

www.lifepositive.com/Body/energy-healing/Reiki/Reiki-masters.asp
www.myreiki.de
www.reiki-magazin.de
www.reiki-online.de/mitmachen/liste.asp

und im *Kapitel N. Die Systeme (Teil I: Theorie)*

Homepages von im Text genannten Autoren:

www.der-reiki-ratgeber.de	Els Valkenburg-Walsteijn
www.reikidharma.com	Frank Arjava Petter
www.reiki.org	William Rand
www.rainbowreiki.net	Walter Lübeck

Bezugsquellen Bücher, CDs und andere Artikel:

In den meisten Buchhandlungen findest du eine ansprechende Auswahl an Büchern, CDs und Karten zum Thema. Nicht Vorrätiges kann in der Regel innerhalb von 24 Stunden beschafft werden. Sollte keine Buchhandlung in deiner Nähe sein, können dir folgende Internetadresse sicher weiterhelfen:

www.reiki-versand.de	Onlineshop: Produkte für Reiki-Praktizierende.
www.reiki-articles.com	Reiki-Artikeln, u. a. Reiki-Timer

Bücher, CD's und Karten sonst auch bei den bekannten Internetbuchhandlungen:

www.amazon.de www.buecher.de www.bol.de

Kirlian-Fotografie

www.reiki-4-all.com/kirlian.html
www.kirlian.org
www.kirlian.com
www.synergy-co.com/pages/kirlianphotos.html

Shambhala Multi Dimensional Healing (Shambhala-Reiki):

www.mahatma.co.uk (John Armitage)
www.awakening-spirits.net/attunements-nl.htm
www.awakening-spirits.net/masters-ger.htm

Shambhala-Organisation (ist nicht gleich Shambhala-Reiki!)

www.shambhala.org

Transzendentale Meditation:

www.transzendentale-meditation.de
www.artoflife.de (Linkverzeichnis zum Thema)
www.tm-portal.de

D. Stichwortverzeichnis

Die angegebenen Nummern beziehen sich auf die Nummer der Frage, in der dieses Thema behandelt wird, nicht auf die Seitenzahl! Zu allgemeinen Stichworten, die in fast jeder Frage vorkommen (z. B. Energie,) werden nur die Fragen angegeben, in denen die Begriffe definiert werden (Def.) bzw. die relevante Informationen dazu anführen.

A

B

C

H

I • J

K

L

M

N

O

P

R

S

T

U

V

W

X • Y • Z

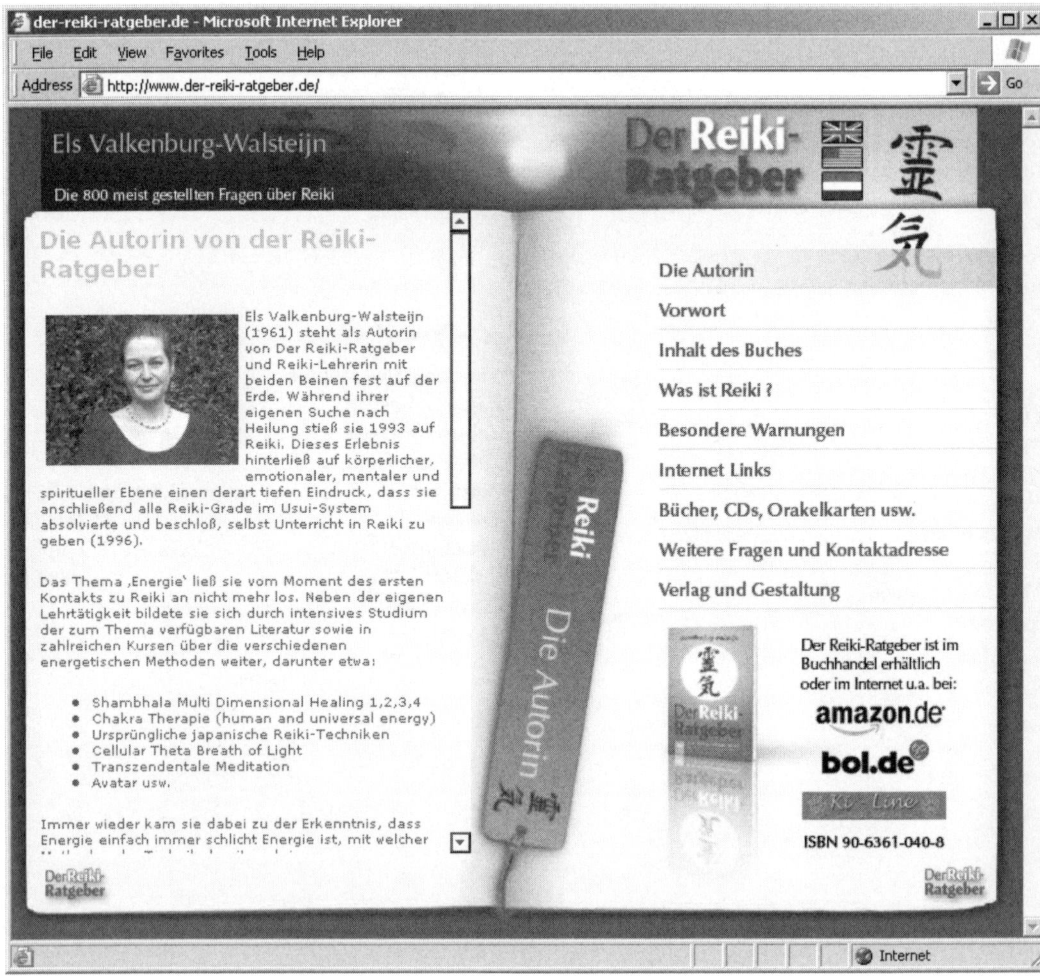

http://www.der-reiki-ratgeber.de

Broschiert, 352 Seiten

mit 135 Pendeltafeln

ISBN 90-76274-81-9

Broschiert, 176 Seiten

Abbildungen in Schwarz/Weiss

ISBN 90-76274-48-7